教师教育精品教材·学前教育专业系列　　i教育·融合创新一体化教材

# 学前儿童语言教育与活动指导

**微课版**

张明红 ◎ 编著

**第 4 版**

**华东师范大学出版社**
上海

图书在版编目(CIP)数据

学前儿童语言教育与活动指导/张明红编著. —4版. —上海:华东师范大学出版社,2021
学前教育专业系列教材
ISBN 978-7-5760-0255-3

Ⅰ.①学… Ⅱ.①张… Ⅲ.①学前儿童-语言教学-幼儿师范学校-教材 Ⅳ.①G613.2

中国版本图书馆 CIP 数据核字(2021)第 022934 号

# 学前儿童语言教育与活动指导(第4版)

编　　著　张明红
责任编辑　余思洋
特约审读　朱美玲
责任校对　邱红穗　时东明
版式设计　俞　越　庄玉侠
封面设计　庄玉侠

出版发行　华东师范大学出版社
社　　址　上海市中山北路3663号　邮编 200062
网　　址　www.ecnupress.com.cn
电　　话　021-60821666　行政传真 021-62572105
客服电话　021-62865537　门市(邮购)电话 021-62869887
地　　址　上海市中山北路3663号华东师范大学校内先锋路口
网　　店　http://hdsdcbs.tmall.com

印 刷 者　常熟市文化印刷有限公司
开　　本　787毫米×1092毫米　1/16
印　　张　19.75
字　　数　418千字
版　　次　2021年5月第4版
印　　次　2025年1月第9次
书　　号　ISBN 978-7-5760-0255-3
定　　价　49.00元

出版人　王　焰

(如发现本版图书有印订质量问题,请寄回本社客服中心调换或电话 021-62865537 联系)

# 目录

## 第一章　学前儿童语言教育及其研究 / 1

第一节　学前儿童语言教育的相关概念 / 1
第二节　学前儿童语言教育的意义 / 6
第三节　学前儿童语言的本质 / 11

## 第二章　影响学前儿童语言发生与发展的因素 / 27

第一节　语言发生与发展的生理基础 / 28
第二节　语言发生与发展的心理基础 / 43
第三节　语言发生与发展的社会因素 / 45

## 第三章　学前儿童语言发展与教育的理论 / 50

第一节　后天环境论 / 50
第二节　先天决定论 / 56
第三节　先天与后天相互作用论 / 60
第四节　全语言理论 / 63

## 第四章　0—3岁儿童语言的发展与教育 / 69

第一节　0—1岁儿童语言的发展和教育 / 70
第二节　1—2岁儿童语言的发展和教育 / 83
第三节　2—3岁儿童语言的发展和教育 / 92

第四节　0—3岁儿童语言教育中应注意的问题 / 100

## 第五章　0—6岁儿童语言的发展与教育 / 103

第一节　学前儿童语音的发展与教育 / 103
第二节　学前儿童词汇的发展和教育 / 116
第三节　学前儿童语法的发展与教育 / 122

## 第六章　学前儿童语言教育的目标与内容 / 127

第一节　学前儿童语言教育的目标 / 127
第二节　学前儿童语言教育的内容 / 140

## 第七章　学前儿童语言教育的方法与途径 / 149

第一节　学前儿童语言教育的方法 / 149
第二节　学前儿童语言教育的途径 / 156

## 第八章　学前教育机构语言教育活动的设计与实施 / 170

第一节　学前儿童语言教育活动 / 170
第二节　学前儿童谈话活动 / 178
🎬 教育活动视频：谈话活动——晴天和雨天（大班）/ 191
第三节　学前儿童讲述活动 / 192
🎬 教育活动视频：讲述活动——水果多又多（中班）/ 202
第四节　学前儿童阅读准备活动 / 203
🎬 教育活动视频：早期阅读活动——蛋糕哪去了（大班）/ 220
　　　　　　　　文学作品教育活动——大狮子和小老鼠（中班）/ 244
第五节　学前儿童书写准备活动 / 245
第六节　学前儿童听说游戏 / 250
🎬 教育活动视频：听说游戏——仔细听、认真记（大班）/ 259

| 第九章 | 学前儿童语言教育的评价体系 / 261

第一节　学前儿童语言教育评价的作用和原则 / 261
第二节　学前儿童语言教育评价的内容和方法 / 265

**附录1　《幼儿园教育指导纲要（试行）》/ 272**
**附录2　《3—6岁儿童学习与发展指南》/ 281**
**后记 / 310**

# 第一章 学前儿童语言教育及其研究

 **学习目标**

1. 了解学前儿童语言教育的有关概念。
2. 理解学前儿童语言教育的意义。
3. 明白学前儿童语言教育的本质。

## 第一节 学前儿童语言教育的相关概念

人们很早就开始了对儿童语言的探究。从古至今,这种探究从未中断过。对于学前儿童而言,他们只有学好语言,才能有效地探索世界,才能有效地进入人类文化的"思想库",才能使智慧潜能得以充分实现,才能运用语言这一工具进行心智的操作和精神的创造。对于学前教育活动而言,它也是依赖语言的,语言是教育的工具:它既是教师教学的工具,也是儿童学习的工具。然而,语言又不仅仅是一种工具,它还承载着记录和传递人类文明的历史使命。离开语言,教育作为人类独有的文化传递活动,便无法发生。因此,语言、儿童的语言,包括学前儿童语言教育应当成为学前教育领域关注的最主要的课题之一。

学前儿童语言教育是研究儿童语言发生发展的现象、规律及其训练和教育的一门学科,是师范院校培养教师的一门应用性科目。它与其他学前教育学科相联系,从语言出发研究学前教育的理论与实践,为促进学前儿童身心各方面的和谐发展服务。近二三十年来,学前儿童语言教育获得了突飞猛进的发展,成为学前教育的支柱学科之一,并对学前教育相关领域的发展起到了巨大的推动作用,已成为一门独立学科。由于学前儿童的语言经历了一个不断发展的过程,因此,学前儿童语言教育又被称为"学前儿童语言发展与教育"。

## 一、狭义的学前儿童语言教育

狭义的学前儿童语言教育只把3—6岁儿童掌握母语口语的过程,特别是把3—6岁儿童早期为掌握母语而进行的听说训练和教育作为研究的主要对象,旨在对3—6岁儿童加强口语听说训练。一般来说,母语是人们掌握的第一语言,而且母语的学习方式主要是自然获得,故称为母语获得或第一语言习得,是不同于第二语言的学习的。因此,狭义的学前儿童语言教育无论是在研究对象上,还是在对学前儿童语言学习的看法上都有失偏颇。同时,对学前儿童语言教育的狭义限定既不利于0—6岁儿童语言一体化的研究与教育,也不利于学前儿童语言的健康发展,更不利于在实际教育工作中对学前儿童语言的具体指导。

## 二、学前儿童语言的基本概念

### (一) 语言和言语

在日常生活中,语言和言语这两个概念经常混用,但在研究言语交际过程时,区分语言和言语这两个概念是十分必要的。语言和言语是两个彼此不同却又紧密联系的概念。

语言是人类社会中客观存在的现象,是一种社会上约定俗成的符号系统。语言是以语音为物质外壳,以词汇或字形为建筑材料,以语法为结构规律而构成的体系。语言以其物质化的语音或字形而被人所感知,它的词汇标示着一定的事物,它的语法规则反映着人类思维的逻辑规律,因此它是作为人类最重要的交际工具而产生和存在的。

言语是人运用语言材料和语言规则进行交际活动的过程,也就是人们说出的话和听到的话,又叫"话语"。言语交际的具体过程,实际上就是言语产生(编码)和言语理解(译码)的过程,是在社会交往中运用语言的过程。汉语、英语、俄语等就是作为交际工具的语言。使用某种语言的人,他或者听话,或者说话,或者阅读,或者写作。这些听、说、读、写的活动,就是作为交际过程的言语。所以说,言语既是说话行为的产物,又是听话行为的对象。言语可以是长篇大论,如长篇小说、演说词,也可以是一个简单的词,如约人外出喝咖啡时只要说一声"走"就够了。总之,言语是一种联系着特定的说话者,有特定的场合和特定的交际目的的交际活动过程。

语言和言语两者互相影响,互相依存。一方面,言语活动是依靠语言材料和语言规则来进行的,个体言语活动的效能如何,受到其语言掌握程度的制约,因此离开了语言,就不会有言语活动。另一方面,语言也离不开言语活动。因为语言是人在具体的言语交际中形成和发展起来的,并且任何一种语言都必须通过人们的言语活动才能发挥它作为交际工具的作用;如果某种语言不再被人们用来交际,那它最终将从社会中消失。

言语和语言也存在着显著的区别,最早由瑞士语言学家索绪尔在《普通语言学教程》中明确提出。他认为:"对言语活动的研究包含着两个方面的内容,一部分是主要的,它实质上以社会的语言,而非个体的语言为研究对象;另一部分是次要的,它以语言活动的个体部分,即言语为研究对象。"

区分语言和言语这两个基本概念,有助于明确不同学科的研究对象。语言主要是语言学的研究对象,而言语主要是心理学的研究对象。其区别主要表现在以下几个方面。

1. 整体性与个体性

语言作为一种社会现象,是一种社会上约定俗成的符号系统。它对使用某个语种的人来说是统一的,无论多少不同的人说的话中都会反复出现同样的音义结合体和同样的规则。如果把发生话语中具有整体性(同一性)的成分(音素、音节、语素、词)和规则抽象出来,就可以概括成一个完整的系统,所以语言具有整体性。

而言语则是心理现象,它具有个体性,带有一定个体主观地反映和表述客观事物的印记。不同人的言语在发音和语法结构方面互有区别,而同一个人的言语在不同的场合也会表现出不同的言语方式和风格。如同样表达"大家一起去看电影"的意思,每个人的表达方式都不一样。

甲:"我们一起去看电影。"(告知)

乙:"走!看电影去!"(命令)

丙:"我们去看电影好吗?"(询问)

丁:"我看我们还是一起去看电影好。"(建议)

2. 稳定性和多变性

语言作为社会规范约定俗成的符号表征系统,其变化是缓慢的。每种语言都具有发音、词法、句法等方面的一整套规则,这些规则一经产生,就具有较大的稳定性。而言语作为一种个体现象,无时无刻不在变化。在言语交际中,个体不断创造新成分,产生新的词汇,补充到词汇体系中,使语言系统在言语交际中不断扩充、不断发展。如地方方言中的一些词汇会被吸取到普通话中。"搞""名堂""噱头"等带有浓厚地方色彩的方言词也时常在书面语中出现。吴语中"穿穿看""唱唱看"的"看"字,具有特殊的表达功能,也已被吸收。外来语中的某些格式,只要它是有用的,也可以吸收,如"过去是、现在是、将来仍然是我们学习的榜样""我们进行了并且正在进行着这项事业"等。

3. 工具与工具使用

语言是人们在一定社会中进行交际活动的一种工具,是个体在不断的交际中逐步抽象出来,并不断加以规范化、系统化的产物。而言语则是人们学习和应用已有的语音、词汇和规则进行交际的过程,可以说言语是对语言这个交际工具的具体使用。

对儿童来说,只能在具体的语言环境中,通过对个别的、具体的词和句子的学习,才能具备一定的语言能力,学会与人交流,逐步掌握语言的普遍规则。而言语有许多变体,其最大的特点是多变性和应用性。一个词的语言意义是固定的,但一个词的言语意义往往随交际情境的不同而有所变化。有了这一认识,在对儿童进行语言教育时就应注意以下几点。

(1) 既要遵守语言的规定性,又要考虑个体的言语风格和言语习惯。语言有其约定俗成的社会规范性和统一性,教师须注意在进行有目的、有计划、有组织的语言教学和指导儿童使用语言进行交往时,既要规范儿童的发音,使其恰当地表达用词、正确地使用语法规则,又要充分考虑儿童具有独特的、个性的言语风格和言语习惯,这是由儿童身处不同环境,具有不同语言经验而导致的。如有的儿童语言表达较简洁,常常用省略句。如果是在日常生活中,当听者对其所表达的意思十分了解的时候,我们一般不要求儿童必须说完整句。但在语言学习中,如果是学习句型或练习造句就必须要求儿童把句子说完整。

(2) 既要有规范语言模式的示范,又要有各种变体的示范。语言的规则有其相对稳定性,教师在语言教育活动中首先应示范正确的表述方式,但切忌让儿童反复机械地模仿,而应允许儿童或教师对同一内容进行不同形式表述的示范。如"高高的树上有一只顽皮的小猴",又可以同义演绎成"一只顽皮的小猴在高高的树上",或者引申演绎为"一只顽皮的小猴在高高的树上荡秋千"等,从而培养与训练儿童的创造性语言。

(3) 既要有静态的语言学习,又要在言语交际过程中帮助儿童练习语言。儿童语言能力的发展是离不开语言学习的。语言作为儿童学习的对象,教师既要安排静态的语言学习活动,又要组织儿童在具体的操作活动中主动地进行学习。

(二) 第一语言、第二语言和外语

第一语言指的是一个人从小就从父母或周围环境中自然学到并用于交际的语言,即本族语或母语。

第二语言是指在多民族聚居的国家或地区,每个民族都有自己的语言,在这种复杂的"语言接触"环境里,为了和其他民族的人顺利地进行交际,人们往往还要学习一种非本民族的语言,如在我国云南、贵州等少数民族聚居的地区,儿童用两种甚至多种民族的语言进行交际的现象屡见不鲜。在欧洲斯拉夫民族集聚的国家和地区,儿童在日常生活中自然地学会用德语、法语等第二语言进行交际。

**拓展阅读**

### 濒危语言

联合国教科文组织的世界濒危语言地图文献指出,世界上的 2279 种语言正在面临不同程度的濒危,其中 538 种处于极度濒危状态:会说这些语言的人都是老年人,一旦这些老年人离世,这 538 种语言将永远消失。语言濒危是因为人们不再使用他们的母语,而使用在政治、经济等方面占主要地位的语言。造成语言濒危的原因除了人类自身和自然灾害外,还包括:(1)正式的教育语言不是学生的母语,因此孩子们没有完整地学习他们的母语;(2)大众传媒、娱乐和其他文化产品都使用政治、经济等方面占主要地位的语言;(3)主要语言的地位远远高于少数民族语言的地位;(4)城市化、移民、就业流动导致了少数民族语言群体的解体;(5)劳动力市场对占主要地位的语言知识的要求影响少数民族语言;(6)语言多样化没有得到重视,政治、经济等方面占主要地位的语言单语制被认为是充分和理想的,所以孩子们主动或被动地选择学习占主导地位的语言。

(资料来源:许娥:《少数民族濒危语言的保护研究》,《贵州民族研究》2012 年第 4 期)

外语是一种非本民族的语言,是人们用来和外国人进行交际的语言。除了用它直接进行对外交往外,人们还可以它为工具,阅读外文书刊,收听外语广播,以提高自己的科学文化水平。有人认为外语也是一种第二语言,不必细分;有的则主张略加区别,因为它们的使用环境不同。在某些地区第二语言往往是和第一语言同时被使用的:有一部分人把语言甲当作第一语言,语言乙当作第二语言;而另一部分人则把语言乙当作第一语言,把语言甲当作第二语言。外语则不同,把第二语言当作外语的国家和地区,一般没有使用它的环境,不会有一部分人把它当作第一语言。

### (三)双语和双语教育

双语是指个人或集团使用两种语言的现象。双语现象大多出现在多民族国家里。世界上大多数国家是多民族国家,人们可以使用多种不同的民族语言,如瑞士人大多懂德语、法语、意大利语三种语言。从使用频率来分类,双语可以分为两种类型,一类是以本民族语言为主要交际工具,使用频率高;另一类是以第二语言为主要交际工具,本民族语言反而使用频率低。当今世界的民族,由于科学文化的不断发展,交通往来的日益方便,使用双语的人也越来越多。

所谓双语教育,是以两种语言作为教学媒介的教育形式,其中一种语言并非总是学生的第一语言。双语教育是相对于单语教育提出的,它的一个重要特征是在同一教育机构中,学生同时学习两种语言,并通过两种语言学习其他知识。判断一个教育机构(如幼儿园、中小学)是否实施了双语教育的唯一标准是:该教育机构中教师使用的语言是不是两种民族语言。如果考察一下双语教育历史,我们不难发现,双语教育的最初目的是为了解决一个国家或地区的移民、少数民族儿童的教育平等问题,促进各个群体的和平共处。双语主要存在于双语区或多语区内的幼儿园、中小学中。

时至今日,在许多单语国家或地区,为了适应未来"世界一体化"的需要,双语教育开始担负起培养面向未来、面向世界的双语人才的重任。我国许多单汉语区的幼儿园开始实施汉英双语教育的现象,就是在这个背景下产生的。我国幼儿园实施汉英双语教育的最终目的是为了培养双语幼儿,满足21世纪我国社会、经济和文化的发展对人才的需求,但是培养双语幼儿并不能以牺牲幼儿其他方面的发展为代价,双语教育也要达到与单语教育相同的非语言目的。

### (四)语言能力和语言运用

语言能力和语言运用是乔姆斯基提出而又时常被人引用的两个概念。语言能力指的是在人的大脑中形成的一种能够按照本族语的语言规则把声音和意思联系起来的能力,即语言使用者对语言内容内在规则的了解;语言运用即是这种语言能力的实际运用,是指在一定的语言环境中对于语言的具体运用。乔姆斯基认为语言能力是隐秘的语言规则的集合,是语言或语言知识的核心。但是研究语言只限于研究语言能力是不够的。语言能力只是描述语言中的规则,这些规则怎样应用就构成了语言研究的另一重要领域,即语言运用的领域。语言能力和语言运用并不直接对应,应该区别开来,因为语言运用并非语言能力的简单反映,只有在某种理想的情况下,语言运用才是语言能力的直接反映。语言运用牵涉到许多因素,特别是一些心理因素,如有的人因为记忆力差,注意力不集中,心绪不宁,常会讲出一些不合语法的话。研究语言运用,就是要解释或描述人们使用语言能力的过程,其中包括语言的生成、理解和获得的过程。

### (五)语言的深层结构和表层结构

这两个概念虽非乔姆斯基首创,但在他的转换生成语法里,却是作为其理论基础的一部分而被提出来的。他认为每一个句子都有深层结构和表层结构。深层结构显示基本的句法关系,决定句子的意思;表层结构则表示用于交际中的句子形式,决定句子的语音。句子的深层结构通过转换规则变为表层结构。如"小女孩被大黄狗咬了"这个句子的表层结构就是由"狗是黄色的""狗是较大的""狗咬女孩""女孩是小的"四部分组成的深层结构转换而来的。通过深层结构和表层结构的理论,可以把表面不同而意思相同的句子联系起来,如一个句子的主动语态和被动语态的表层结构不同,但深层结构却相同,也可以把表面相同而意思不同的句子区别开来。

## 第二节　学前儿童语言教育的意义

作为学前教育的一个重要领域,我国学前儿童语言教育的基本任务是:提供普通话的语言环境,培养儿童正确说普通话;创造一个自由、宽松的语言交往环境,培养儿童语言交往的习惯,提高儿童语言交往的能力;发展儿童的语言理解能力和表达能力;积极引导并提高儿童倾听和欣赏儿童文学作品的能力;引发儿童对阅读与书写的兴趣,培养儿童阅读与前书写的习惯和能力,为儿童入小学后的继续学习做好准备。学前儿童语言教育的研究任务,主要包括下述四个方面。

## 一、探讨学前儿童语言教育的作用

### (一) 促进学前儿童语言和行为的社会化进程

语言教育的基本任务在于促进学前儿童语言能力的发展。因此,语言教育的首要任务也就是使学前儿童的发音清晰、词汇丰富、口语表达完善、语言交往技能提高。

在语言教育中,成人会为儿童提供各种各样的语言范例,包括日常对话、故事、诗歌等,让儿童自己去感知、体会、理解和记忆。在此过程中,学前儿童不断积累新的语音和词汇,不断吸收新的句式和表达方法,然后逐渐把他人的语言转化为自己的语言,用来表达自己的思想和情感,对他人的行为施加影响,实现各种交往目的。

儿童获得语言,在心理学上被称为儿童社会化发展历程中的一个里程碑,对儿童身心健康、全面发展具有积极的影响。儿童获得语言之后,就能用语言与周围人进行交流。这种交流有助于儿童克服自我中心,使他们能够主动地适应他人的行为,并在此基础上逐渐形成语言的自我调节能力,使自己的情感、态度、习惯、行为等与社会规范逐渐接近并相吻合。如"未经允许不能随便拿别人的东西""自己能做的事情自己做""得到别人的帮助要说声'谢谢'"等,都是社会对儿童的行为要求,它们先是由成人用语言对儿童进行他律,以后儿童就可以用语言进行自律,形成一定的、较稳固的行为习惯。儿童语言和社会化行为的发展,也使得儿童社会交往的精神需要得到一定的满足。

**拓展阅读**

### 赵单学说普通话

赵单两岁从长沙到乌鲁木齐时,满口长沙话。但由于受电视中节目的影响,此时他能听懂普通话。在新疆住了一个月,其间,他听的是普通话,说的仍是长沙话。有趣的是,尽管不会说普通话,但他能迅速地自动地把普通话的字转成相应的长沙音。如,普通话中的"饭(fàn)",他转成长沙音的"饭(fǎn)";普通话中的"肉(ròu)",转为"肉

(róu)"。可以看出,此时孩子已基本形成以长沙方言为主的PG(个别语法),但并不意味着对普通话形成封闭;相反,经过一个月耳濡目染的普通话环境的熏陶,已隐约出现了普通话的PG,即双言现象(方言区的儿童,尤其是城市的儿童,双言现象已相当普遍,这对推广、普及普通话无疑是非常有利的)。因此,孩子回到长沙后,时不时从嘴里蹦出相当标准的普通话词汇,而且,还能轻易模仿电视上的广告用语、电视剧人物所说的较短的词汇。

(资料来源:赵强:《试析儿童语言形成发展期的几种现象》,《吉首大学学报(社会科学版)》2001年第1期)

### (二) 促进学前儿童学习能力和认知能力的发展

语言具有高度的概括性,语义内容也相当丰富。儿童语言的加工,与其他认知加工有许多相似之处。语音需要理解,语法规则需要抽象和概括。儿童加工语言使认知能力得到训练与提高,但是语言加工又不等同于其他的认知加工。语言通过语词、概念向儿童传递间接经验,有助于扩大儿童的眼界,提高思维和想象能力,也有助于儿童学习能力的发展。

在语言输出的加工中,儿童要把话语表达得正确、清楚、完整和连贯,也需要有感知、记忆、思维、想象过程的积极参与。随着儿童语言水平的提高,语言和认知能力的结合也渐趋密切。我国心理学家朱智贤教授认为,儿童语言连贯性的发展是儿童言语能力和逻辑思维能力发展的重要环节。心理学家们普遍认为,儿童早期语言能力的发展是他们认知发展的重要标志。

### (三) 促进学前儿童语言兴趣的提高

随着语言的不断丰富,语言交往技能的不断提高,儿童学习和运用语言的兴趣也越来越大。听和说的兴趣、自信和主动精神都有赖于语言听说能力的提高,而儿童一旦产生学习语言的兴趣,就会主动寻找学习语言的机会,学习更多的语言符号,尝试更新的言语技巧,语言的潜能就能得到尽情发挥。这种兴趣不仅对儿童当前的语言学习活动有积极影响,而且可能影响他们入学乃至成年后学习和运用语言的兴趣。国内外许多作家小时候经常听成人讲故事、读书,正是这些经验才使他们对文学作品和写作活动产生了浓厚兴趣,并最终走上文学创作的道路。

## 二、揭示学前儿童语言发展与教育的规律

充分描述学前儿童语言的发展过程是本学科研究的基础,但不是目的。本学科研究的重要目的之一是要揭示规律;也只有在描述的基础上总结出规律,研究才具有科学的意义。

如果说儿童语言的发展过程是"自然意义上的'是什么'"的问题,那么,揭示儿童语言的发展规律才是"科学意义上的'是什么'"的问题。

当前学术界已经揭示了一些儿童语言发展与教育的规律,如:前置的语法形式比后置的语法形式先掌握;无标记成分比有标记成分先掌握;肯定句比否定句先掌握;儿童先理解"感觉比喻"后才能理解"关系比喻"等。因此,学前儿童语言教育中要根据这些规律开展教学与训练。许多教育工作者在实际教学中也摸索出了丰富的经验,揭示了儿童语言教育的一般规律,而且在实际应用中取得了一定的成效。但是,上述探索所揭示的规律还很有限,而且许多规律是在有限材料的基础上概括出来的,是否具有普遍性,还有待于实践的检验。

### 三、解释学前儿童语言发展过程及各种现象

就某种意义而言,科学的力量在于解释,解释是科学研究的最高层次的追求。儿童语言发展的过程,尤其是儿童语言习得的过程,无论他们出生的地点、出生后所接触的语言如何,也无论他们开始掌握语言的时间快慢、智力发展的水平高低如何,其中表现出的掌握母语的进程都惊人的相似,主要可以分为以下几个阶段。

#### (一)出生后半年至1岁左右为喃语阶段

在这一阶段里,婴儿能自言自语地发出各种声音,但还不能说这些声音表示了什么意思,这就是通常所说的儿童咿呀学语阶段,即喃语阶段。这时的婴儿已能理解成人的一些面部表情和语调,如果成人板着脸对他大声呵斥,他就会号啕大哭。这时候的婴儿已能对成人的某些手势和简单的指令作出相应的反应,如当成人说"笑一笑""谢谢""欢迎欢迎",他就会做出相应的动作。

#### (二)从1岁左右开始说话,进入单词句阶段

儿童开始说话的时间有早有迟,早的为10个月,晚的要近1岁半,最迟的是2岁前后;一般而言,女孩开始学说话的时间要早于男孩。单词句阶段通常延续半年时间。在这个阶段,儿童说出的句子由一个单词构成,随语境的不同可以表示多种意义。例如:"妈妈"在儿童的语言中可以表示"妈妈,到这儿来""我要妈妈""妈妈抱抱我""妈妈,我要小便",也可能是"妈妈,我肚子饿了,我要吃饭",等等。

#### (三)大约1岁半以后进入双词句阶段

组成双词句的词可以分成两类:一类是轴心词,它们数量少,使用频率低。另一类是开放词,它们数量多,使用频率高。有的句子由轴心词加开放词构成,如:唱琴(弹琴),more cookie(再要些饼干)。有的句子由开放词加开放词构成,例如:put floor=I put it on floor(我把它放在地板上)。

### (四) 大约在 2 岁半以后进入实词句阶段

实词句是只用实词不用虚词的句子,字数可以超过两个,例如"妈妈班班"等。这种句子和成人打电报用词相仿,故称为"电报句"。在这个阶段,儿童开始掌握语言的语法系统,往往出现过度概括现象,例如:儿童和母亲一起在超市里购物,孩子会拉着妈妈的手说"妈妈买,妈妈买",至于买什么谁也搞不清楚。

### (五) 大约 5 岁左右进入成人句阶段

这时儿童习得语言的过程已基本完成,虽然他们掌握的词汇数量有限,但已经掌握了基本的语法结构,能够分辨正确的表达方法和错误的表达方法,能区别语句的同义关系和歧义关系。这时,儿童对语言的运用已不限于谈论眼前的事物。他已经能够谈论以前发生的事情,也能谈论他们计划要做的一些事情,甚至谈论一些实际上并不存在的事情。

儿童似乎并不费力便能习得十分复杂的语言系统,这让心理学家感到十分惊奇并表现出极大的兴趣。为了解释这种现象,他们提出了各种理论,如古典行为主义者的模仿理论、乔姆斯基的先天语言习得机制、勒纳伯格的自然成熟理论和关键期学说、皮亚杰的认知说等。这些解释有些已经被证明有严重的缺陷,有些只是目前还无法证明的假说。值得注意的是,这些理论学家有关儿童语言发展的观点往往是一些推论,带有一定的片面性。目前,任何一派学说都无法全面、客观地对儿童语言发展的过程作出普遍意义上令人满意和信服的解释。所以,解释儿童语言习得过程还是儿童语言学及语言教育学界长期奋斗的任务之一。

#### 拓展阅读

## 让·皮亚杰生平简介

让·皮亚杰(Jean Piaget,1896—1980),瑞士人,是近代最有名的儿童心理学家。他的认知发展理论成为了这个学科的典范。皮亚杰早年接受生物学的训练,但他在大学读书时就已经开始对心理学有兴趣,曾涉猎心理学早期发展的各个学派,如病理心理学、弗洛伊德和荣格的精神分析学说。从 1929 年到 1975 年,皮亚杰在日内瓦大学担任心理学教授。皮亚杰对心理学最重要的贡献,是他把弗洛伊德的那种随意、缺乏系统性的临床观察,变得更为科学化和系统化,使日后的临床心理学有了长足的发展。

图 1-1　皮亚杰

### 四、研究学前儿童语言教育实践应用的理论和方法

应用体现着科学的价值,也是验证科研成果真伪的一个方面,甚至是一个不可或缺的方面。因此,把科研成果付诸于应用,是任何一门成熟的学科都责无旁贷的社会使命。当然,作为应用学科的学前儿童语言教育,既要解决应用的具体实践问题,又要进行理论和方法的相互对应及转换的探讨,这是一个不容忽视的重要领域。在实际的教育教学工作中,学前教育理论工作者的研究往往和一线教师的实践脱节,致使学前儿童语言领域的教研和科研的总体水平不高,其应用潜力尚未充分发挥。其中一个重要的原因就是,目前人们对于儿童语言教育研究成果的应用基本上还是持"拿来主义"的态度,看样学样,生搬硬套,根本不认真考虑本幼儿园、托儿所儿童的语言发展现状和具体特点,缺乏冷静的、对应用理论和应用方法的思考和研究。因此,出现"刚学人家三分像,人家又有新花样"这种被别人牵着鼻子走的现象也就不足为奇了。

研究教育实践应用的理论和方法,从一般意义上说,就是探明学前儿童语言教育"有什么价值"和"怎样实现它的价值"的问题。当然,这也是学前教育相关的应用学科领域所关心的问题。

## 第三节　学前儿童语言的本质

语言是什么?对此,不同学科有不同的解读。即使同一个学科,出于不同的目的或从不同的角度出发,也可以下不同的定义。语言与哲学、心理学、教育学、逻辑学等学科都有密切的关系。从语言学的角度来说,语言有三种基本属性:一是符号属性,指语言是一种符号系统;二是信息属性,指语言是一种信息系统;三是工具属性,指语言是一种交际和思维的工具。从儿童语言教育的角度,还应补充语言是儿童学习的对象这一属性。下面对学前儿童语言的本质作具体说明。

**拓展阅读**

**语言是什么**

语言是什么,这是语言学研究的首要问题。然而,时至今日,语言的定义还是各国语言学家们争论不休的一大问题。下面我们通过国外一些权威工具书对语言的解释,来了解他们认识的语言是什么。

《语言与语言学词典》中解释:"语言是人类交际最重要的工具。语言是语言学研

究的主要对象,语言学家在什么是语言的问题上观点各不相同(文国按:以下举萨王尔、索绪尔、乔姆斯基为例)……除了语言学家的贡献之外,其他学科也有所建树,如人类学家认为语言是文化行为的形式;社会学家认为语言是社会集团的成员之间的互相作用;文学家认为语言是艺术媒介;哲学家认为语言是解释人类经验的工具;语言教师则认为语言是一套技能。"(Hartmenn 和 Stork,1972:123—124)

《哥伦比亚百科全书》中解释:"语言是声音符号的交际系统,是人类具有的普遍特点。"(NE,1975:1527)

法国《拉鲁斯百科大辞典》中解释:"(1)人类具有的普遍能力,先用声音符号系统,后来又用文字系统,来表达思想、进行交际。(2)用以体现声音符号实际交际功能的结构体系。"(EL,1984:6119)"各个社团内部用来表达思想和进行交际的声音符号系统及后来的文字系统。"(EL,1984:6124)

《牛津英语大词典》中解释:"一个国家、一个民族或'种族'使用的全部词及词的组合方式。"(OED,1989:634)

德国《路德里奇语言与语言学词典》中解释:"语言是表达或交换思想、概念、知识与信息的工具,也是凝固和传递经验与知识的工具。"(Bussmann,1996:253)

《美国百科全书》中解释:"语言是正常人类所具有而为其他物种所不备的能力,能通过口头或书面方式,来表达精神现象或事件。其根本点是在语音与思想、概念、头脑中的形象之间建立联想关系,并能用重复方式发出和理解这些语音。语言的主要功能是进行人际交往。"(EA,1996:727)

《大英百科全书》中解释:"人类作为社会集团的成员及其文化的参与者,所用来交际的约定俗成的说话和书写系统。"(EB,1997:147)

《剑桥语言百科全书》中解释:"(1)人类社会用来交际或自我表现的、约定俗成的声音、手势或文字系统。(2)一种特别设计的信号系统,可为计算机进行编程与进行人机对话。(3)动物用来交际的手段。(4)语音学(常包括音系学)以外的语言符号。"(Crystal,1997:430)

看了以上材料,恐怕谁都会大吃一惊:想不到这么一个似乎简单的问题,竟会有这么多不同的回答。更值得注意的是,这些定义的分歧之多、之大。

(资料来源:潘文国:《语言的定义》,《华东师范大学学报(哲学社会科学版)》2001年第1期)

## 一、语言是一种符号系统

所谓符号,可以说是一种信号,代表一定的意义,也就是说代表特定的事物。而一个语言符号之所以能代表一个特定的意义,是因为它是按照约定俗成的方式确定下来的。语言的约定俗成性,是指语言的产生和发展变化都不以个体的意志为转移,而是社会集体意志的产物,自始至终受到社会和群体意识的制约。它只能是约定俗成的,而不可能由个体或少数人来创造。当某个社会群体经常用某个语音或词语来表示某个事物时,日久天长,这个群体里的所有人都接受了这个音或这个词,于是他们就都用它来表示那个事物。

语言作为符号系统具有其专有特性:从形式上说,是不以人的发音器官发出来的声音为载体的;从内容上说,以整个客观物质世界和主观世界为表征对象。这两点是不能分离的,是区别于其他所有符号系统(包括交际符号系统)的基础。语言符号的这种特性对儿童的语言学习至少有以下两个方面的影响。

### (一) 语言不是自发产生的

人们只有通过后天学习才能掌握本民族或本地区的语言,正是由于语言符号具有约定俗成的特点,因此,如果一个儿童从未听说过"门"这个词,那么他就不知道他天天通过的、进进出出的就是"门"。通过日常生活中的语言环境,或者直接教授儿童某个词汇,都是儿童学习掌握语言的基本途径。否则,单靠儿童自然成熟,也许他能形成一套自己的语汇,用来表示自己饿了或渴了、高兴或伤心,但他无论如何也不能说出别人理解的词汇。

有关儿童早期语言剥夺的研究已经证明了这一点。如果剥夺儿童从小和他人进行语言交流的机会,让其严重缺乏语言交流的刺激,那么他就会成为一个"哑巴"。国外曾经发现这样一个聋哑儿童,他的耳朵和发音器官都很正常,但他的父母都是聋哑人。由于父母都不能开口说话,他们便让孩子天天看电视、听广播,期望孩子能从电视、广播里学会说话。结果,孩子的确从电视、广播里模仿了许多词和句子,但在日常生活中却几乎不会说话。导致这种现象的一个重要原因就是孩子没有机会学习日常生活所需的语音和词汇,因此也就无法通过语言来表达自己所需要的事物或描述周围环境。

**拓展阅读**

## 儿童语言发展的警告信号

表1-1 儿童语言发展的警告信号表

| 月龄 | 警告信号 |
| --- | --- |
| 1个月 | 不会注视眼前的人,视线也不会随着人脸移动。<br>对响亮的声音没有反应。 |

续 表

| 月龄 | 警告信号 |
| --- | --- |
| 3个月 | 对响亮的声音没有反应。<br>自己不能发出声音。<br>听见家人的声音或看见家人的脸也不会笑。 |
| 6个月 | 对别人的叫唤没有反应。<br>听到声音不会转头寻找。<br>很少或不会发出任何声音。 |
| 9个月 | 对别人的叫唤反应很慢。<br>很少发出声音。 |
| 12个月 | 别人叫他的名字,没有相应反应。<br>即使有动作提示也不会做简单的动作,例如"再见""谢谢"等。<br>不会用手指指点或通过其他动作表达自己的需要。<br>不会咿呀学语。 |
| 18个月 | 游戏动作很单调,比如重复扔东西、敲打、放进嘴里。<br>对日常的简单指令很少有反应。 |
| 24个月 | 不能辨认日常生活用品或身体部位。<br>不会听从简单的指令。<br>不会用动作或说话引领你去注意他感兴趣的事或物体。<br>不会说单词。<br>不会玩假扮性游戏(如给玩具小熊喝水、乘车)。<br>对家长希望让其学习的内容不感兴趣或者不明白。 |
| 36个月 | 不明白简单的指示,例如"把大衣拿进房间"。<br>不会表达2—3个字的短语,例如"要喝水"。<br>对其他儿童不感兴趣。<br>基本不会玩假扮性游戏(如给玩具小熊喝水、乘车)。 |

(资料来源:陆怡君、沈晔:《宝宝要说话》,《上海托幼(育儿生活)》2010年第7期)

## (二) 语言符号系统具有地域的、民族的、阶层的差异性

世界上不同的国家和地区存在许多语言和文字,如汉语、英语、法语、日语、德语、西班牙语、葡萄牙语等。在我国,也存在着多种不同的语言和文字,如汉语、朝鲜语、维吾尔语、藏语、蒙古语等。即使在汉语语言体系之内,不同地域也有各自的方音方言,对同一个汉字可能有多种读音。也就是说,同为中国人,同说中国话,不同民族和不同地域的人之间的语言符号系统也不是完全一致的。因此,为了方便我国不同民族和不同地域人们之间的沟通,在学习本地方言的基础上,我们应该从小让儿童学习全国通用语,即普通话。同时,为了便于

和促进国际间的交流与合作,还应根据儿童的兴趣和发展需要,以及客观社会生活环境,积极创造条件在适宜的时机支持儿童学习1—2种外语。

## 二、语言是一种信息系统

语言是传递信息的重要媒介。在社会交际活动中,信息还必须是意义的载体。即信息不是词或句,而是表现语义的一个单一体。语言的信息性首先表现在它是客观物质世界和主观精神世界结合的中介,即认识的中介;其次,它对客观世界和主观世界起着表征的作用,又是信息的载体。

人们之所以要说话,通常是为了表达自己的某种想法,传递某种信息。根据语言学家的分析和研究,人们使用语言主要是为了传递以下信息:

对事物进行陈述、描述、判断和推理。如推断:"今晚天空布满星星,明天准是个好天气。"或者描述:"他那幅画画得可好啦,他画了……"

对他人的行为施加影响,包括提出愿望、请求、命令、劝告、警告等。

表示允诺,如打赌、保证、许诺等。

传达自己的情感,包括致谢、道歉、慰问、祝贺、哀悼等。

表明自己的态度,如宣战、争辩、让步、告状、评价等。

虽然,在学会说话之前,婴幼儿已经能通过各种非语言手段向成人传递自己需要的信息,如不同的哭声、各种体态语等。但是,由于受生活环境和生活经验的限制,成人常常不能及时满足儿童的各种需要,只有儿童最熟悉和最亲近的人才能识别其不同哭声和体态语的特定含义。当儿童具备了一定的语言能力之后,他们传递的信息才逐渐具备准确性、有效性等特点。

**拓展阅读**

### 解读宝宝的哭声

哭是婴儿的一种特殊语言,由于孩子不会讲话,只能用哭声来表达自己的要求和痛苦,如冷、热、饿、湿、痛等。因此,做父母的要细心观察婴儿的表情,学会辨别不同的哭声,这样照顾起宝宝来才能得心应手。

一般来说,当婴儿因饥饿而哭泣时,哭声短促、高昂,带有乞求感,表情不安,头左右摇动,小嘴大张着,哭一会儿就将小手指塞到嘴里吸吮一阵,然后再哭。这时,如果到了喂奶时间,成人应及时喂奶;如果不到喂奶时间,可先喂点水果等。

婴儿尿布尿湿了或解了大便、眼睛被蒙住、感到太冷或太热时,哭声高亢冗长,手脚舞动,拳打脚踢。当引起他不舒服的原因被消除时,也就是婴儿的"要求"被满足后,他就会安静下来。

婴儿要人抱时,干哭而无泪,哭声断断续续,头左顾右盼。当成人走近跟他讲话时,哭声就会停止,并会"呃、呃"作答。

孩子患病时,一般比平时爱哭闹,哭声也明显与平时不同。若患的是支气管肺炎,则哭声软弱无力;腹泻、腹痛时,哭声断断续续,忽缓忽急;消化不良时,多在夜间啼哭,并骚动不安;喉头水肿时,哭声嘶哑。如有上述情况,应及早到医院检查治疗。

要知道,宝宝的哭不仅是一种语言信号,也是一种有益的全身运动。因为婴儿啼哭时头部转动,四肢像做操一样不停地挥动,腹部起伏,胸膈扩大,肺活量增加,新鲜空气被大量吸入,废气被大量排出。同时,全身血液循环加快,代谢增强,对婴儿生长发育很有好处。所以,对于不是因为疾病引起的,而是由于尿布湿了、要求抱等生理原因引起的,可以适当让婴儿哭一会儿。而有些妈妈,一听到孩子的哭声就心疼,马上抱起来,或者马上喂吃的,这样反而会阻碍宝宝的心肺活动。当然,不宜让孩子哭得太久。过长时间或过于剧烈的啼哭会使孩子声带充血,体力消耗,特别是患有心脏病的婴儿,哭闹会增加氧气消耗,加重病情,严重时还会引起心力衰竭。

## 三、语言是一种交际和思维工具

语言交际和思维的功能是统一的,语言作为抽象思维的载体,在交际过程中使思维成果外化和物质化。语言作为思维的介质,从思维的整体过程来说,首先是实现思维的工具;其次,整个思维过程以及思维的成果都要由语言来体现;再次,思维必然要通过语言来表达。上述这种语言与思维的功能关系,既包括抽象思维,也包括形象思维,但主要指抽象思维,因为形象思维还有其他实现和体现的手段或工具。学前儿童与成人或同伴之间交际、交流思想要运用语言,他们形成思维和思想也要运用语言。因此,语言既是学前儿童的交际工具,也是学前儿童的思维工具。要想认识学前儿童语言的本质,必须正确理解语言与儿童思维的关系。

### (一)语言对思维过程有一定的影响

**1. 儿童对客观事物的感知和记忆受语言的影响**

儿童产生语言之后,对各种信息有了一定的理解度,使儿童对客观事物的感知和理解更加清晰、完善。同时,语言的参与为儿童提供了许多间接经验,也可以帮助儿童更好地感知和认识世界。儿童文学作品是各种信息的结合体,在文学作品中出现的信息,往往是儿童通过自己的观察和操作不能直接发现的信息,也可能是儿童观察不到或者即使观察到也不太明确的信息,而有了语言的参与,儿童就可以明确地理解和掌握。如儿童知道"鱼"的概念,但往往不知道什么是鲤鱼。在"鲤鱼跳龙门"的故事中,儿童获得了许多关于鲤鱼以及人和鱼生活环境的物体、事件的信息,对客观事物有了更清晰的感知,增长了新的知识。

语言可以强化各种概念,帮助儿童记忆,尤其是文学作品,作为一种信息载体,儿童可以反复听、看、讲,从而牢牢地记住。反之,儿童学习语言也可以发展记忆,扩大记忆的范围。一方面,儿童必须记住某个声音所代表的语义,才能理解词语;另一方面,在语言交际过程中,在听别人说完一句话之前,要把这句话前面的部分暂时记住,才能做到理解整个句子。在语言教育活动中,儿童观看了一个故事表演——"让座",他要用自己的语言来组织自己的识记,表演谁先上车、谁让座等内容和任务的对话,使无意识记变为有意识记。

使用不同语言的人们,对同一事物可能产生不同的知觉和记忆。例如,在英语里,雪就是雪,没什么不同。而因纽特人因生活环境处于极寒之地,对雪却有 12 种不同的说法,包括正在下的雪、铺在地上的雪、半融化的雪、被风吹起来的雪等。正因如此,在因纽特语言环境里成长的儿童对雪的认识和知觉,远比在其他语言环境下成长的儿童要丰富。

### 2. 人类的高级心理机能离不开语言

"先画个太阳,再画两个小朋友,再画一个小猫。"当儿童画画或做游戏的时候,我们常听见他们的喃喃自语,这是他们在用语言计划自己的行动顺序和过程。有时,他们也会用语言提醒自己画错了,要修改,如:"不对不对,这里应该用红颜色,先把它擦掉,……对了,这样才好看。"其实,成人在面对复杂而困难的任务时,往往也会像儿童那样自言自语,进行"出声的思维"。虽然,一般情况下人们很少自言自语,把自己的思考过程说出来,但这并不意味着人们可以脱离语言进行思维。不出声的思维是借助不出声的语言——内部语言进行的。

根据苏联心理学家维果茨基的理论,高级心理机能是人类所独有的心理机能,是对事物的间接而概括的反应,包括逻辑记忆、随意注意、预测和计划、概念思维等,也就是人类所特有的抽象逻辑思维。和儿童期典型的感知运动思维及具体形象思维不同,这种抽象逻辑思维可以被称作"语言的思维",因为他所借助的工具是内部语言,而不是外在的动作或具体的形象。正因如此,语言的贫乏可能导致思维的贫乏,语言的丰富则可能促进思维的发展。

## 拓展阅读

### 维果茨基的心理发展观

维果茨基（Л. С. Выготски，1896—1934）是苏联心理学家，他主要研究儿童心理和教育心理，着重探讨思维与言语、教学与发展的关系问题。在发展心理学史上，维果茨基的思想独树一帜，不仅为心理学界所推崇，在其他领域也产生了广泛的影响。

首先，他创立了"文化历史发展理论"，用以解释人类心理本质上与动物不同的那些高级的心理机能。维果茨基认为，工具的使用引起了人的新的适应方式，即物质生产的间接的方式，使人不像动物一样以身体的直接方式来适应自然。在人的工具生产中凝结着人类的间接经验，即社会文化知识经验，这就使人类的心理发展规律不再受生物进化规律所制约，而受社会历史发展的规律所制约。

图 1-2　维果茨基

其次，他探讨了"发展"的实质，提出其文化—历史的发展观。维果茨基认为在心理学家看来，发展是指心理的发展。所谓心理的发展就是指：一个人的心理（从出生到成年），是在环境与教育的影响下，在低级的心理机能的基础上，逐渐向高级的心理机能转化的过程。

第三，他提出了教学与发展，特别是教学与智力发展的关系的思想。在教学与发展的关系上，维果茨基提出了三个重要的问题：一个是"最近发展区"思想；一个是"教学应当走在发展的前面"；一个是关于"学习的最佳期限"的问题。

维果茨基提出"教学应当走在发展的前面"。这是他针对教学与发展关系的最主要的理论。也就是说，教学"可以定义为人为的发展"，教学决定着智力的发展，这种决定作用既表现在智力发展的内容、水平和智力活动的特点上，也表现在智力发展的速度上。

怎样发挥教学的最大作用，维果茨基强调了"学习的最佳期限"。如果脱离了学习某一技能的最佳年龄，从发展的观点来看，是不利的，它会造成儿童智力发展的障碍。因此，开始某一种教学，必须以成熟与发育为前提，但更重要的是教学必须首先建立在正在开始形成的心理机能的基础上，走在心理机能形成的前面。

第四，他分析了智力形成的过程，提出了内化学说。

在儿童思维发生学的研究中，不少心理学家提出了外部动作"内化"为智力活动的理论。维果茨基是内化学说最早的推出人之一。他指出,教学的最重要的特征便是教学创造着最近发展区这一事实,也就是教学激起与推动学生一系列内部发展的过程,从而使通过教学而掌握的全人类的经验内化为儿童自身的内部财富。维果茨基的内化学说的基础是他的工具理论。

(资料来源:林崇德主编:《发展心理学》,人民教育出版社2008年版)

一项对两个双胞胎兄弟的教育实验研究证明了这一点。当时这对双生子5岁半,由于他们长期共同生活,彼此形成默契,不需要说准确的话语便能达成相互交流,因此他们的语言发展非常迟缓,词汇和句子很贫乏,常常出现语法错误,难以和周围人沟通。同时,他们的活动和同龄儿童相比也显得很幼稚,他们不参加孩子们的游戏,不会画画和搭积木;只会一些低龄孩子玩的简单操作活动,或在纸上乱涂乱画。后来,心理学家把他们俩分开,这使他们不得不学习用准确的语言和其他人交流。3个月之内,这对双胞胎兄弟的语言发展很快,形成了相对完善而丰富的语言。同时,人们也注意到,语言行为的发展使兄弟俩的活动方式也发生了积极的变化:他们开始和同伴一起玩角色游戏;开始画一些有内容并能够被人理解的图画;开始尝试用橡皮泥塑造某些形象……总之,出现了各种创造性的活动,以及各种有目的有计划的活动形式,这表明语言的发展促进了他们思维水平的提高。

### (二) 思维的结果需要借助语言才能储存和传递

人们认识事物、进行思维、形成概念,作为思维结果的思想(包括概念、判断和推理)需要词句的固定才能成为现实。通常概念是以词为标志的,判断和推理是以代表这一关系的句子或句群来表示的。当思想的结果固定在词或句子中时,既可以储存,也可以交流。离开语言的这种概括和巩固作用,人们对客观事物的抽象概括就难以捉摸、无法理解。因此语言能够把人们思维活动、认识活动的结果用词和句子的形式固定和记录下来,使表达和交流思想成为可能。

在人类社会的发展史上,每一次文明进步和无数项科技发明都是借助语言才得以保留和流传的。正因为有流传广远的民间传说,我们才知道我们的祖先曾经过着什么样的生活;正因为有文字的记载,我们才可能了解几千年的人类文明史,并在较短的时间内,掌握经过好几代科学家坚持不懈的研究而获得的科学成果。

### (三) 语言为人们提供大量的间接认识材料

首先,语言为人们提供大量的间接经验。对于人们无法直接感知和认识的事物,如远古时代的生活方式、国外的风土人情以及别人的梦想和幻想等,人们可以借助语言或文字的描述来了解。语言所代表的经验扩展了人们的认识空间,开阔了人们的视野,启迪着人们的思维,使人们的认识水平不断提高。虽然儿童主要通过对周围事物的直接感知认识世界,但他们的间接经验不断增多,因为语言中蕴含着大量人类智慧的结晶,可以开拓儿童的思路,使其达到新的认识高度。

其次,语言本身也是一种重要的认识对象。当儿童和别人交谈时,要感知自己和别人说出的语音和词汇,理解句子的意思,评价或判断别人的话语是否正确、恰当,以便及时修补或更正。在语言交流过程中,儿童的注意力、感知力以及分析和判断能力都得到了很大程度的提高。

### 四、语言是学前儿童学习的对象

语言学习是学前儿童语言发展中非常重要的一个方面,它不是一个可有可无的形式。在现代信息加工心理学中,认知心理学家加涅把学习定义为:"学习是人的倾向或能力的变化,这种变化能够保持且不能单纯归因于生长过程。"这一定义中有三个要点:一是主体必须产生某种变化,才能作出学习已经发生的推论,也就是说,光有练习不一定产生学习。二是这种变化能相对持久地保持。主体的某些变化,如适应、疲劳,不能称作学习,因为这种变化是暂时的,一旦条件改变就会消失。三是主体的变化是由他与环境的相互作用而产生的,即后天习得的,排除了由先天反应或成熟所引起的变化。通过这个学习的概念,我们可以得出:所谓学前儿童语言学习,就是指个体通过有目的的教学活动而掌握某种语言的过程。换言之,也是掌握语言符号并把语言符号与它所代表的事物建立联系的过程。

学前期是人的一生中掌握语言最迅速的时期,也是最关键的时期。儿童语言学习的一般程式,是指在一定的语言学习环境之中,由语言输入、内化、语言输出、反馈四个环节构成的连锁过程。儿童的语言学习不完全是一个即时的过程,它是由一个个即时过程所沉淀起来的历时现象。它所关心的是儿童怎样在交际中"内化"出语言能力,而不是一般的知识或信息的获得;所考察的是各种因素和各个环节对语言能力内化的影响,而不是或不只是对交际过程的影响;最终是要发现儿童如何在学习过程中一点点地发展语言能力,并经由一个又一个的发展阶段,不断地向目标语言逼近,最后达到目标语言的水平。

#### (一) 语言学习是儿童主动建构语言的过程

儿童学习各种语言符号及其结构组织方式的过程不是完全被动的。成人不可能期望那种"一教就会"的立竿见影的效果。一方面,儿童对于周围的人们提供给他们的语言范型进行着种种选择,只有那些他们能理解、能模仿的语言范型才会被他们所注意,并有意识地去加以练习;另一方面,儿童在直接模仿成人语言的同时,总是在根据自己的需要进行着创造性、变通式的加工,即将听到的句子稍加变动,变成自创的语言进行表达。此外,儿童往往还通过自己的一言一行影响着周围人的言行。也就是说,周围人向儿童提供什么样的语言在一定程度上受儿童自身特点的影响。

在语言交际环境中,当儿童有交往的需要时,他们才会主动地搜寻记忆里的词汇和句子,尝试着进行表述。而且,在有交际需要的情形下,当儿童因词汇贫乏或语法错误引起交谈对方产生理解障碍时,儿童才会感觉到学习新词的紧迫性,才会有意识地利用这种交际环境及机会向别人学习,主动模仿新词新句。毕竟,语言是人们交际的一种工具。儿童只有在大量的语言交际实践中,才能逐渐掌握语言这个交际工具。

**拓展阅读**

### 童言稚语——吃木偶

一日,楼下的小璇给我们送来一包木耳和一盒香菇。吃饭时真真突然说:"妈妈,我要吃木偶。"

听得我一头雾水,木偶怎么能吃呢?

看我一脸迷惑的样子,真真手指着沙发上的一包木耳认真地说:"那不就是木偶吗?"

(资料来源:石凌霞:《吃木偶》,《早期教育(家教版)》2012年第3期)

### (二) 语言学习是儿童语言个性化的过程

通过儿童模仿语言过程中表现出来的选择性和变通性,我们可以看出儿童学习语言是一个个性化的过程。每个儿童都在依据已有的经验和已积累的语言与周围人交往,并从他人的语言中学习新的语言成分。如果为儿童提供完全相同的语言范型,来自不同家庭的儿童模仿的结果也大相径庭,有的同语重复,有的缩减词汇和句子,有的扩展词汇和句子。在日常生活中,我们几乎很少见到两个说话完全相同的人,即使是面对同一情境、同一话题时,也有所不同。从每个人的语言表达情况来看,常常表现出跨情境的一致性,即经常表现出特定的语言习惯,包括口头禅、习惯的音调等。

> **拓展阅读**
>
> ### 宝宝爱说"都行"
>
> 姥姥问:"想吃米饭还是包子呢?"宝宝答:"都行。"
>
> 爸爸问:"今天去姑姑家玩吗?"宝宝答:"都行。"
>
> 妈妈问:"宝宝穿哪件衣服,黄的还是蓝的?"宝宝答:"都行。"
>
> 不知从什么时候起,不管你说什么,宝宝总是回答"都行"。真的是都行吗?实际上,"都行"的背后可能是真的都行,两种选择对他而言都不错,都是他喜欢的,也都是他能够接受的;也可能是想让成人满意、开心,出于对家长的尊重;还可能其实是都不行,因为宝宝之前在表达自己愿望时,一概被家长否决,看似征询宝宝意见的做法,实则是硬性安排,既然没选择权,干脆回答"都行";又或者是懒得去想,宝宝习惯了家长的细致周密安排,越来越懒得动脑筋想,越来越不知道该做什么好;甚至是一种逃避行为,自己做决定是有风险的,如果别人替自己做的话,就可以给自己一个借口,反正不是自己要这么做的。
>
> 看似一句简单的"都行",其中可能有很多意义,到底是哪种可能,就得仔细观察,冷静分析了。下面是一些可供参考的小策略。
>
> (1) 别溺爱孩子。孩子自己可以做的事尽量让他自己完成,尤其是生活中的日常琐事等,对孩子来说都是重大的事情,只有从小培养有效解决问题的能力,长大才能应对更多的事情。
>
> (2) 多给孩子一些证明自己的机会,并正确地评价。有主见的前提是有适度的自我认识,既自信但又不自大,这样就能客观地估计自身的水平,进行量力而行的选择。
>
> (3) 让宝宝做家里的小管事。对于没有一点主意的宝宝,一定要多激励他独立思考,甚至让他为家里的事情做主,比如今天是妈妈的生日,我们送妈妈什么礼物,而且一定按照宝宝的想法去做,这样他的兴趣会日益高涨,也更有自己的想法。
>
> (资料来源:寇丽娟:《宝宝爱说"都行"》,《幼儿教育·父母孩子》2011年第12期)

从语言所反映的事物来看,人们喜欢谈论的主题与内容往往因人而异。儿童比较喜欢谈论他们感兴趣的事物,而儿童对事物的喜好和兴趣又极具个性化,这使儿童对语言表达的兴趣充满了个性色彩。有的儿童喜欢各种各样的车,也喜欢学习各种关于车的名称和专用术语,因此在这些儿童所掌握的词汇中,有大量反映"车"的词汇和句子,甚至远远超过成人有关"车"的词汇储备。

不论是语言表达的内容,还是语言表达的方式,儿童都表现出较为明显的个体差异。此外,儿童喜欢学习哪些词汇和句子,喜欢模仿哪种表达方式,喜欢讨论哪个话题,对何种体裁的文学作品有兴趣等,都有明显的差异。总之,学前儿童语言学习的过程是极具个性特征的过程。不同的儿童在语言学习的速度、效果,运用语言进行交际的积极性等方面都表现出不同的特点。为此,学前儿童的语言教育必须在顾及同龄儿童群体需要的同时,照顾个别儿童发展的独特性。

### (三) 语言学习是儿童语言综合化的过程

这是由语言本身的特点所决定的。语言是一种符号,总要反映一定的事物。儿童学习语言时,必然要弄懂语言的含义,也就是要理解语词所代表的一类事物,它反映了事物哪些方面的特征,表达了怎样的思想感情等。因此,儿童学习语言的过程往往和他们认识事物的过程相联系。例如,只有当儿童对西红柿各方面的特征都有所认识,并知道它属于蔬菜时,才有可能真正理解"西红柿"这个词的含义。

儿童通过日常交往和各种教育活动获得大量语言,这些语言内容涉及儿童生活的各个方面,从儿童自己的身体特征到心理感受,从儿童家庭到幼儿园再到周围社区,从各种自然物或自然现象到人际交往和社会常识……可以说语言领域的学习与其他领域的学习是紧密联系在一起的。

以科学教育为例,学前儿童往往是在教师的语言指导下进行各种科学探索活动的。他们在科学探索过程中不断与同伴、教师就有关的科学知识和科学方法展开讨论。当他们发现某种科学知识或取得某种探索结果之后,他们又会用完整连贯的语言把自己的发现表达出来,和同伴互相交流……在此过程中,儿童既获得了有关的科学概念、科学术语,又获得了学习语言的机会,从而提高语言表达的能力。可以说,这种科学探索活动为儿童提供了很好的语言教育机会,使他们获得了多种语言经验。在此意义上,我们很难说这种活动究竟是科学教育,还是语言教育,它表现出极为明显的综合化的特点。

### (四) 语言学习是儿童语言循序渐进、逐步积累的过程

儿童学习和掌握语音、词汇、句子,都需要一个过程,从无到有、从不理解到部分理解再到完全理解,积少成多,逐步完善。儿童对语音的掌握、词义的理解、语法的运用还很不成熟,常常出现理解错误、表达错误的情况,这是儿童语言发展过程的年龄特点。

教师和家长在与儿童交谈时要顾及儿童的年龄特征。通常家长对孩子说话的方式和对成人说话的方式不一样,多用短句,多作描述,语速比较慢,语音比较清晰。当他们听不懂孩子的话时,反应往往不像面对成人时那样直接,而是常常会很亲切地鼓励孩子进行一些补充或解释。如果教师也能像家长对待自己的孩子一样对待儿童,那将有助于激发儿童说话的积极性,促进其语言学习。

儿童语言的学习不是简单的"教什么就学什么",而是有明显的兴趣倾向和选择性,儿童对他们感兴趣的内容,往往容易积极主动地投入学习,反之,则积极性较低。在教师向儿童呈现一个新词或向儿童介绍一篇文学作品之后,往往需要反复多次才能让儿童真正理解与领会,不能期望立竿见影。儿童语言的学习在很大程度上要靠日积月累。教师要多给儿童提供语言范例,多向儿童介绍各种各样的文学作品,丰富儿童的语言经验。这对儿童语言的发展既有现实意义又有长远意义。当然,如果教师能充分了解儿童当前的语言发展状况,并以此为基础提出略高于儿童现有水平的要求,那么儿童就可以达到"跳一跳摘到果子"的水平,在语言发展上"更上一层楼"。

虽然儿童在1—5岁之间逐渐从非言语交际转向言语交际,其言语的掌握很大程度上是在所生活的言语交往的环境中自然获得的。然而由于语言自身存在着许多语音、词汇、语法以及言语交际的规则,儿童必须通过大量的专门的学习才能真正掌握,他们主要学习以下规则。

**1. 听说轮换,即时反馈**

听说轮换在言语交际中占有重要的地位,如果一方只顾说,不注意倾听对方或对对方的话语不作反应,交流信息就有困难。这种轮换意识实际上在婴儿时期与成人进行情感交流或其他非言语交际期就出现了,只要注意培养,就可以为言语交际打下基础。即时反馈包括儿童听自己说的话以及听对方对自己说话的反应。反馈对言语获得有重要作用。儿童喜欢自言自语,并通过反馈达到自我练习。

---

**拓展阅读**

### 亲子沟通对婴儿的影响

英国伦敦语言听力专家莎莉·沃德博士从2000年开始研究婴儿和儿童的语言发展,发现婴儿父母与婴儿的谈话方式影响婴儿的智力发展。她把140名婴儿分为干预组和对照组,在婴儿4个月的时候走访干预组婴儿的父母,指导他们如何与婴儿谈话,而对照组的父母则以他们自己的方式与婴儿交谈。7年后的智力测验表明,干预组有9名婴儿的智商超过130,而另一组没有一个儿童超过130。干预组婴儿的语言技巧及总体智力都比对照组的高,且平均智力比对照组早15个月。因而,她建议:

(1) 在婴儿出生的最初几个月里,尽管婴儿不会回应,也要不断和他们谈话。

(2) 尽量减弱会使婴儿分神的背景噪音。

(3) 根据婴儿的成长阶段,谈些婴儿感兴趣的内容。

(4) 每天至少要和婴儿谈话半小时。

在此研究基础上,英国提倡亲子沟通要保证三个"T",即讲述(Telling)、谈论(Talking)、时间(Time)。

尽管有些学者对谈话能促进婴儿日后智力发展的结论表示怀疑,但至少有一点是公认的,那就是早期谈话能提高婴儿日后的语言能力。

(资料来源:陈雨亭、宋广文:《国外关于婴儿智力发展的最新研究》,《天津市教科院学报》2002年第4期)

### 2. 词的应用

词是语言的建筑材料,词是言语交际的基本要素。词是音和义的结合。对词音,能听清,能发准;对词义,能听懂对方,能使对方听懂自己,这样才能顺利地进行交流。从言语发展看,先能听清,才能发准;先能听懂,才能说让别人听得懂的内容。

### 3. 构词成句

言语交际中词句的结构只要求符合口语习惯,儿童可以通过日常交际自然获得。如果儿童生活在丰富生动的语言环境中,经常有机会与别人进行言语交际,口语能力就会迅速发展。反之,没有成人为之创立和提供言语交际的条件和机会,只是孤立地进行语言、词汇训练,就难以取得良好效果。

如果没有适当的语言教育,儿童在自然状态下所获得的语言往往存在着种种缺陷,如语音不够标准,词汇不够丰富,语法不够规范。这样,言语交际必然受到限制,语言功能就难以正常发挥。同样,掌握阅读和文字也需要经过专门的学习。早期阅读对于儿童养成良好的阅读习惯、阅读的能力和阅读的兴趣有较大的帮助。汉字的音、形、义关系,有多种规律可循。儿童期可以集中精力于字形的学习,可以通过对物体、图形的比较和辨认为辨认字形打下基础。儿童在能够认读并书写一定数量的字后,就会在应用中向前发展。儿童认字后往往阅读积极性很高,在阅读儿童读物时输入的信息也可以促进儿童语言和认知的发展。

在学前期经过语言教育,可以使儿童学习正确的发音、丰富的词汇、规范的句式及语法形式,从而自如地运用口语表达自己的见闻、愿望、情感等,并打下一定的认读和书写基础。这样一来,儿童学习语言的难度可以降低,时间可以缩短,效率可以提高。

**本章练习题**

    1. 社会上一直持续着幼儿"英语热"的现象，许多婴幼儿的家长都带着孩子到各类机构学习，你怎么看待这一现象？

    2. 试述学前儿童语言教育的研究对象及其含义。

    3. 试述学前儿童语言教育的主要研究任务。

    4. 试对以下几对概念进行辨析：语言和言语；第一语言和第二语言；双语和双语教育；语言能力和语言运用；语言的深层结构和表层结构。

    5. 试述学前儿童语言的研究价值。

    6. 试述学前儿童语言的研究方法。

    7. 托班的一位家长反映孩子最近说话有点口吃，认为这一定是模仿班级中的某位小朋友而造成的。请问：这是怎么回事？如何向家长解释？

# 第二章　影响学前儿童语言发生与发展的因素

 **学习目标**

1. 识记影响学前儿童语言发生与发展的因素。
2. 掌握学前儿童语言发生与发展和其三个影响因素之间的关系。

语言发生是儿童心理学的重要研究领域,也是儿童语言教育的热门课题。语言发生这一概念比较复杂,在不同的研究领域,其内涵是不一样的。

- 在探讨人类种系语言的起源和发展时,语言发生指的是人类语言的起源,如"摹声说""手势说""劳动起源说""进化说"等,就是关于人类种系语言起源的一些学说。
- 在探讨某一具体语言的起源时,语言发生指的是某种具体语言的起源,如汉语的起源、英语的起源、法语的起源等。
- 在语言学或心理语言学中讨论一般言语交际时,语言发生指的是说话人如何制定语言规划,或者指语言的编码和输出的综合心理语言过程。
- 在儿童语言学领域中,语言发生指的是儿童从不会说话到学会说话的过程,或者是指儿童对某一或某些语言现象从不会使用到学会使用的过程。

本书是从学前儿童语言发展的角度来研究语言发生问题的,不可能研究儿童所有语言现象的发生过程,因此,本书的语言发生与发展是指儿童的某一或某些语言现象的发生与发展。语言发生与发展是一个过程,它包括某一或某些语言现象的产生过程和产生之后的发展演进过程。

随着儿童年龄的增长和认知的发展,儿童的语言不断地向成熟语言靠近。因此,儿童对语言的理解有一个深浅度的问题,儿童语言的发生与发展也有模仿和创造、偶发和自觉、勉强和娴熟之分。而且,学前儿童的语言发生与发展还会受到一系列因素的制约,大致可以分为三个方面:生理因素、心理因素和社会因素。

## 第一节　语言发生与发展的生理基础

随着现代脑科学的发展和神经心理研究的深入，人类言语活动的生物学基础正在逐步被人们所认识，被称为"黑箱"的大脑加工语言的机制逐步被揭开。本节试图运用神经心理学、神经语言学的研究成果来阐述儿童语言发生发展与生理基础成熟之间的关系，寻求通过刺激生理基础的成熟促进语言发展的途径。言语活动包括听、说、读、写四个方面，其中说话和书写是言语的表达过程，称为表达性言语，主要是通过言语活动分析器的活动来实现的。听话和阅读是言语的感受过程，称为印入性言语，主要是通过言语听觉分析器和言语视觉分析器的活动来实现的。此外，为了说出有声言语，还需要一套专门的发音器官。因此，儿童语言的发生与发展还依赖于发音器官、语音听觉系统和神经中枢的成熟。

### 一、发音器官的成熟

发音器官的成熟是儿童语言发生发展的重要生理前提。据研究，灵长类动物（猴、猩猩）的幼崽和人类婴儿的发音器官形状相似，却不能发出人类所发出的语音。

#### （一）人的发音器官

人的发音器官分为三大部分。

1. 呼吸器官

呼吸器官包括从口腔、鼻腔，通过咽喉和气管到达肺脏的一连串管道，主要部分是支气管和气管。人类发音的原动力是呼吸时所产生的气流，肺脏是呼出和吸入气流的总机关。肺脏位于胸腔内。

由于肋骨和横膈膜的运动，胸腔可以扩大或缩小，肺脏随之扩大或缩小。胸腔扩大时，气流吸入；胸腔缩小时，气流呼出。当气流呼出或吸入时，它都会在通过的管道上（如鼻腔、口腔、咽腔、支气管和气管等）的某些部位发生冲击或摩擦，形成声音；语音一般都是在气流呼出时发生的。

2. 声带和喉头

在言语中声带是主要的发音体。喉头是由四块软骨组成的一个圆筒形的筋肉小室。小室的中央就是声带，也就是说声带位于咽喉的中间。声带是由两片附着在喉头上的黏膜构成的，两片声带之间有狭缝，叫做声门。构成喉头的几块软骨，由于肌肉的运动，可以互相移动，从而调节声带，使它变成开闭或松紧的状态。儿童的喉头和声带是处在不断的成熟、发展过程之中的。新生儿不能学会说话,就是因为发音器官还没有发育到能够说话的水平。新生儿的喉头是由很薄的软骨组成的,位置比成人高三个颈椎,软骨和膈的位置都比较高,膈的肌肉部分也非常不发达。新生儿能发出声音,但不能发出有音节差别的语音。又如儿童的声带比成人短,所以儿童的声调比成人高。

### 3. 口腔、鼻腔和咽腔

人的口腔、鼻腔和咽腔是音色的三个共鸣器。鼻腔的形式是固定的,而口腔有形式上的变化,口腔中的舌、小舌、软腭等部位可以自由活动,使共鸣器的容积和形状发生种种变化,这使声音产生各种不同的语音音色。在语音中以口腔共鸣的音占绝大多数,鼻腔共鸣的音占少数。由此可见,口腔、鼻腔和咽腔不仅是人类发音的共鸣器,也是不同声音的制造厂。一般来说,声音的高度决定于声带的长短和松紧程度,空气压力也改变了语音的强度。声音节奏的快慢和清晰度则受到口腔中的舌、小舌、软腭等部位活动程度的制约,而儿童的这些部位发育不健全,也影响其正确发音。

概括地说,人的发音器官发出声音主要通过如下程序:空气在一定压力下由肺部发出,通过声带间的狭缝时使声带振动,产生声音。由于共鸣器的共鸣作用,大大增加了声音的响度,又由于口腔容积以及舌、小舌、软腭、唇、齿的相对位置的变化,形成种种各具风格的语音音色。

## (二) 发音器官的保护

学前儿童的发音器官尚未发育完善,还很稚嫩,处在不断成熟的过程之中。在儿童语言教育和语言学习的过程中,成人要注意保护儿童的发音器官。

### 1. 培养儿童良好的卫生习惯

儿童的发音器官正处在生长发育时期,一定要注意保护发音器官,保持口腔、鼻腔和咽腔的卫生,以免影响发音的准确度。成人要教育儿童尽量不要用手挖鼻孔,以免损伤鼻腔稚嫩的黏膜;要保护口腔、牙齿的清洁,培养良好的卫生习惯;同时还要注意锻炼身体,增强体质,预防感冒、咳嗽等疾病的发生。当咽喉部位有炎症时,应尽量减少发声,直到完全恢复。

### 2. 要注意儿童说话、朗读以及唱歌时声带的保护

教师应选择适合儿童声域的歌曲和朗读材料,过高或过低的声调都很容易使儿童的声带疲劳。要避免儿童大声唱歌和喊叫,以免拉伤声带。说话、朗读或唱歌所处的环境,空气必须清新流通。教室应拥有流通的新鲜空气,教师应经常开窗通风(因为新鲜空气里病菌较少且含有充足的氧气,有利于并能促进人体的新陈代谢,可以增强儿童对外界气候变化的适应能力)。同时室内外还应有一定的潮湿度,相对湿度保持在 40%—60% 之间,有利于保护儿童的声带。

> **拓展阅读**
>
> **儿童时期不注重用嗓易引发咽喉炎**
>
> 对于"急慢性咽喉炎"这个名词,可能大家还会理所当然地认为是"成人"的专利病,与儿童没有太大联系。可是,医院门诊的统计结果显示,越来越多儿童深受其害。
>
> 9岁的小朋(化名)是个很活泼开朗的孩子,整天就像小喇叭广播似的,在家里他的大嗓门无处不在,也正是因为小朋的爱说爱笑,邻居都很喜欢他。可最近,"小喇叭"不那么响亮了,说起话来也沙哑了许多,爸爸凭经验判断小朋肯定又"上火"了,应该吃些消炎"祛火"的良药,可是药也吃了,哑嗓子还不见好,这可让爸爸没了辙。
>
> 最后去医院就医,医生诊断为慢性咽喉炎。原来,小朋嗓子反复哑的症状已经持续了近两年,由于家长的疏忽大意,一直以为是"上火"造成的,最终导致小朋由急性咽喉炎逐渐发展为慢性咽喉炎,耽误了最佳治疗期。
>
> 医生告诉家长,儿童时期不注重用嗓特别容易引发急慢性咽喉炎,他们患病多是由感冒咳嗽后过度用嗓,或是平时总大声喊叫等因素造成的,同时与遭遇病毒性感冒和气候多变有关。
>
> 为此有必要提醒家长,患感冒和咳嗽等病症之后,一定要注意让声带充分休息,如果诊断为急慢性咽喉炎,则更要注意休息。同时也要注意说话的声音大小,告诉孩子说话时尽量不要喊叫,饮食方面应以清淡为宜,忌食辛辣、过甜和过咸的食物,如果病情严重,还需到医院及时治疗。
>
> (资料来源:http://news.sina.com.cn/c/h/2007-04-10/091512742012.shtml)

## 二、语音听觉系统的成熟

掌握语音,必须依靠语音听觉系统的发展。研究表明,儿童的听觉发展较早,婴儿已能辨别语音的细微差异。语音听觉系统包括外部听觉器官和听觉神经中枢。儿童语音听觉的发展,主要依靠大脑皮层听觉中枢的成熟。儿童听觉的发展影响着儿童言语和思维的发展。因此,要保护好儿童的听觉器官和听觉功能。

为了保护儿童的听觉器官,要尽量让他们少感冒,预防传染病。儿童患病后,要小心护理,以免引发脑炎和中耳炎。对儿童的用药,要十分谨慎。稍有不慎,或儿童自身对某些药物过敏,都可能导致听力减弱,甚至丧失。另外,成人对儿童讲话时声音不要过大,也不要带儿童到噪音很大的地方去玩,因为儿童经常受噪音的刺激,听力会有所减弱。

(一) 学前儿童听觉器官的成熟与语言发展

人的听觉器官主要包括：外耳、中耳和内耳。学前儿童耳的构造和成人相比有许多不同之处。学前儿童的外耳道比较狭窄，鼓膜较厚。5岁时外耳道壁还未完全骨化和愈合，这个过程一直到10岁才能完成。儿童的咽鼓管较成人粗短，近水平位。因此，当鼻咽腔受到感染时，就会引发中耳炎，同时鼓室内的脓液也容易流到鼻咽腔中。内耳的耳蜗是听觉系统的重要组成部分。学前儿童基膜纤维的感受能力较成人强，所以儿童的听觉较成人更敏锐。

**拓展阅读**

### 宝宝护耳行动

（1）有时候孩子耳内发痒，家长不能用发夹、火柴棒、小木棒或手指甲等，在孩子的耳道内盲目地掏挖。

（2）鞭炮的爆炸声可能引起听力下降。故当发现有人燃放鞭炮时，家长应让孩子站得远一些，或用手捂住孩子的耳朵。

（3）孩子游泳玩水时要加强对耳朵的保护，比如，用耳塞塞住耳朵。

（4）当虫子进入孩子耳朵里时，可用电灯的亮光照射，从而诱使虫子出来。

（5）植物种子或豆类、小珠子等掉入耳中，可让孩子头侧向异物掉入的一侧，尝试使其掉出。要特别注意植物种子一定要及时取出，否则当有水或眼泪流入耳内时，耳朵内温湿度适宜，种子会膨胀甚至发芽，此时就更难取出。

（6）避免眼睛、口腔等"左邻右舍"的病变对耳朵的健康产生干扰，有了疾病应及时治疗。

（7）不要戴耳环等饰品。

（8）乘飞机时，可以吃东西、喝饮料，从而减轻耳朵内部的压力。打哈欠或者捏鼻子吹气也会有所帮助。

（资料来源：周英：《宝宝护耳在行动》，《早期教育（家教版）》2011年第12期）

人耳的构造与它感受声音的能力是相适应的。研究表明，人类发出声音的范围与听觉的范围是相符合的。人耳对语音的各种频率特别敏感，使人有可能在感知言语时区别细微的差异。在个体发育的过程中，听觉发育得比较早。新近的研究发现，妊娠20周的胎儿就已具备了听觉能力。美国心理学家特鲁布指出，6个月以上的胎儿对母亲的语言有反应，对不同的乐曲声甚至也有不同的反应。例如,听到贝多芬的交响乐以及各种摇滚乐曲时,胎儿会用力蹬腿。法国心理学博士贝尔纳曾做过一个有趣的实验,他从孕妇妊娠第8个月起定期让胎儿听俄罗斯作曲家普罗科菲耶夫的作品《彼得和狼》和巴松管的录音(声源放在母腹上方2厘米半处),发现这时胎儿会动,显然这是对音乐的反应。当婴儿出生后,一旦听到这些乐曲,就会停止叫喊和哭闹,大有"似曾相识"之感。婴儿对人类发音器官发出的各种声音,在出生后的1—4个月,就产生了特殊的敏感性,这使他们易于感受母亲和周围成人声音中的细微差别,也就是说,婴儿对母亲的嗓音比对其他人的更为熟悉与敏感,这说明婴儿对语音信号的频率特征的分析是非常精细的。这种对嗓音的敏感性和已经发育的听觉器官,为婴儿和成人的早期咿呀对话提供了条件。这种对话出生一两个月之后就可以在母婴之间进行,成人要创设条件让孩子多听、多说、多看、多交往,给予多种形式的语言刺激和语言交流。这样,在婴儿能正确、清楚地发出这些音之前,就能正确地辨别这些音。

学前儿童听觉器官的发育,说明他们已具备了语言发展的条件。发音器官和听觉器官的特殊能力,使婴儿很早就产生了与人进行口头交往(言语的和非言语的)的行为。这种交往,在儿童的成长过程中在形式上会有所变化,但儿童与成人的交往习惯一旦形成后就会变得牢固而持久,成为半自发的行为。这一点对学前儿童早期的语言发展具有十分重要的意义。

**(二) 学前儿童听觉的成熟与语言发展**

随着年龄的增长,特别是在掌握语言、接触音乐环境的过程中,学前儿童的听觉不断发展与成熟。

**1. 学前儿童辨别声音细微差别的能力,随着年龄的增长而不断提高**

苏联的研究材料证明,在辨别声音细微差别方面,大班幼儿比小班幼儿强得多。小班幼儿往往由于不能区别发音上的细微差别,而不能正确发音,常常出现错音、丢音、换音等语音错误现象。如把"狮子"(shi zi)读成"希几"(xi ji),把"六"(liu)读成"又"(you),把"岗亭"(gang ting)读成"钢琴"(gang qin)。因此,小班幼儿应该重点进行语音练习,而学前时期是掌握语音的关键时期,进行儿童语音教学意义重大,教师切不可忽视。教儿童正确发出汉语基本语音的任务,要在这个时期完成。

**2. 儿童的听觉感受性不断增强,听觉较成人更敏锐**

苏联学者阿尔金的研究指出,5—6岁儿童平均能在距钟表55—65厘米处听到钟摆的摆动声,而6—8岁儿童在100—110厘米处就可听到,这说明儿童的听觉感受性是不断增长的。

美国心理学家鲍厄(1977)提出,婴儿的耳较成人更小。由于耳的大小不同以及婴儿耳内基膜纤维较短的缘故,婴儿接受振动频率的范围大,因此成人不能听到的某些尖细的声音或高音哨声,婴儿就能听到。而人的听觉能力在成年期开始逐渐降低,20岁以后,每增加10

年,听觉能力都有所下降。到老年期,在高频率部分的听力基本丧失。这说明儿童的听觉较成人更敏锐,所以从婴儿期就可以训练儿童对语言的敏感度,培养儿童的倾听能力。

> **拓展阅读**
>
> ### 亲子活动
>
> **1. 方案一**
>
> 活动目标:提高婴幼儿的听觉敏感性。
>
> 活动准备:小铃铛一对。
>
> 活动过程:①用浴巾或小被子把婴幼儿包起来,仅露出双手;②把铃铛系在婴幼儿的手腕上;③摇摇婴幼儿的双手,让铃铛发出响声;④让婴幼儿自由玩一分钟。
>
> 活动建议:本方案适用于1个月左右的婴幼儿。当婴幼儿摇动双手、铃铛响动时,必须给予鼓励。
>
> **2. 方案二**
>
> 活动目标:提高婴幼儿的听觉敏感性。
>
> 活动准备:芭蕾舞乐曲。
>
> 活动过程:①抱起婴儿;②配合乐曲的节拍如跳舞般轻轻摇动婴幼儿;③反复三次。
>
> 活动建议:本方案适用于2个月左右的婴幼儿。在摇动婴幼儿时要跟随着乐曲节奏,并确认婴幼儿是否感到快乐。
>
> **3. 方案三**
>
> 活动目标:让婴幼儿分辨不同的声音,发展其有意倾听的能力。
>
> 活动准备:增进婴幼儿彼此之间的熟悉程度,并熟悉所模仿的动物的叫声。
>
> 活动过程:①请所有小朋友闭上眼睛;②老师指定一名小朋友模仿一个动物的叫声,如公鸡、小狗、小猫等;③让其他小朋友猜一猜刚才是谁在学动物叫;④小朋友确认自己猜得对不对。
>
> 活动建议:该方案适用于1—3岁的婴幼儿;活动需要参与的婴幼儿彼此之间较为熟悉;对于年龄稍小的婴幼儿可以降低活动的难度,如减少参与人数。在家庭中使用该方案时,可以通过播放录制好的动物的声音让孩子猜测是什么动物。
>
> (资料来源:袁萍、祝译舟主编:《0—3岁婴幼儿语言发展与教育》,复旦大学出版社2011年版)

### 3. 儿童听觉的个别差异性很大，但差异性随年龄增长而减少

我国心理学工作者廖德爱等人的研究表明，新生儿的听觉反应强度和形式有较大的个别差异。他们把出生 24 小时以内新生儿的听觉反应强度从弱到强分为 5 个等级。当听到强烈的声音刺激时，新生儿的反应依次如下：第一等级为眨眼或嘴动一下；第二等级是睁开眼睛，皱皱面孔；第三等级是头扭动一下，或面部带有哭相；第四等级是眼珠转动，头、眼有寻声运动；第五等级是扭头张望。由此看来，儿童听觉的个别差异自出生以来就相当明显。但这种差异随年龄增长有减少的趋势。

在儿童语言教育中，就儿童语言的学习和发展而言，倾听是不可缺少的一种能力，它是儿童感知和理解语言的行为表现，而儿童语音听觉系统的不断成熟与发展，为儿童倾听能力的培养提供了生理基础和物质前提。

## 三、神经中枢的成熟

语言器官的活动是由大脑皮层上有关的神经中枢支配的。关于儿童语言中枢的发展与研究，包括下列方面。

### （一）脑的生长发育与儿童的语言发展

儿童出生时平均脑重量为 390 克，3 岁时为 1101 克，而 7 岁时可达 1280 克，基本接近成人的脑重量（1400 克）。1 岁半以后，脑内细胞的大量增殖已基本结束。随后出现的脑生长主要表现为脑细胞体积的增加，轴突和树突的延长和分枝，神经纤维迅速形成髓鞘，使得神经传导的数量增多，速度加快，内在联系复杂化。也就是说，神经网络的复杂性不断增加，这是加工词语、形成概念的物质基础。因为词概念的形成依赖于大脑能吸收和整合词所代表的事物或现象的全部信息，只有神经网络才能将这些信息相互沟通，进行同时性的加工，对词作出本质的、全面的理解。

皮亚杰有关儿童认知发展阶段的理论说明，18—20 个月以后，儿童形象表象和动作表象的发展，使词语有了形象的依托，进一步使大脑加工语言信息的能力得到发展。如当孩子听到"气愤"一词，马上就会想到自己做错事时，妈妈生气、不高兴的样子，从而加深了对这一词义的理解。

有关研究也表明了 20 个月左右的孩子的语言发展非常迅速，2 岁儿童已有词汇量为 300 个左右，3 岁时达到 1000 个左右。婴儿从 20 个月开始，每个月所能说出的新的双词句以成倍的速度增长。21、22、23 个月时，婴儿所能说出的双词句分别为 50、100 和 250 句，而到了 24 个月则可猛增到 1000 多句，这一增长速度在以后各个阶段都不再能达到。儿童构词能力也逐步地提高，由单词句、双词句到短句、简单句和不完整的复句。由此看来，脑的生长发育与儿童语言发展的进程基本上是同步的。

> **拓展阅读**
>
> ### 语言发展的神经生理机制研究
>
> 　　有关早期儿童语言的习得与发展，在近半个世纪语言学和心理学的研究中，获得了一系列的理论研究成果。各种不同流派的普遍共识是，早期儿童的语言习得必须建立在大脑的生理基础上，并在与环境的交互作用下逐渐发展。近年来，一系列研究聚焦于探讨婴幼儿大脑结构的发育与未来语言及认知能力发展之间的关系。研究者利用功能性磁共振成像技术研究发现，正常婴儿6个月时的右侧杏仁核容量与其在2—4岁时的接受性语言和表达性语言能力相关，但12个月时的右侧杏仁核容量与语言能力不相关，据此认为婴儿在前6个月会调动杏仁核组织参与处理环境中的语言信息；而到1岁时，婴儿大脑的其他脑区将更多参与到语言活动中来，在婴幼儿语言习得中发挥着重要作用。一些有关孤独症儿童的研究中，和上述研究有类似的结论。因此，可以认定早期儿童大脑的杏仁核体积与未来语言能力之间具有较强的联系。另外，一系列研究发现：婴儿语音学习的大脑活动水平能够预测14和30个月时的语言能力；婴儿脑的语言活动水平可以预期他们5岁时的语言发展水平及其前读写能力；婴儿阶段的大脑语言加工图景，还可以预测儿童8岁时的语言和认知水平。此外，也有研究证明，2岁孤独症儿童单词加工的脑电水平，能够预测儿童4岁和6岁时的接受性语言能力、认知能力和适应性行为。有关儿童大脑发育与语言发展的相关神经生理机制研究，让我们看到了早期儿童大脑发育对儿童语言发展和教育不可忽视的重要意义，值得所有的研究者和教育工作者重视。
>
> 　　（资料来源：周兢，李传江，张义宾：《早期儿童语言发展与脑发育研究的进展》，《教育生物学杂志》2016年第4期）

### （二）语言功能的大脑定位和侧化与语言发展

#### 1. "裂脑人"研究

　　大脑功能的非对称性，被称为大脑半球侧化，其含义是大脑的复杂功能在左右半球之间有一定的分工。说话中枢（布罗卡区）和听觉中枢（韦尼克区）均在左半球即是分工的一种体现。在20世纪60年代之前，对于语言定位和侧化的研究主要是在失语症病人身上进行的。但是，对语言功能是否确实存在侧化一直是有争论的。侧化的确切证据来自于对"裂脑人"的研究。所谓"裂脑人"，是指因久治不愈的癫痫发作而离断胼胝体和前交联的病人。由于这种离断,"裂脑人"大脑的左右半球便不再存在信息的交换。

"裂脑人"研究取得了丰硕的成果。一个典型的实验显示,如果完全没有视觉的帮助,"裂脑人"受试者能够说出放在他右手中的物体的名称,但是,如果把物体放在他的左手,他则无法说出其名称;运用右半球的受试者只能对物体作出间接的描述(如说是"一个圆东西",而不是说"一个球")。另一些研究进一步表明,运用左半球的受试者能对手写的指令作出口头的反应,而运用右半球的受试者则不能。这些差别反映了更广泛的半球间功能的差异。一般来说,左半球专门处理言词和符号信息,而右半球在视觉性空间功能和情绪功能方面能力更强。"裂脑人"研究使长达一个世纪关于语言侧化的争论划上了句号。对于绝大多数人来说,主要的语言功能无疑是在左半球实现的,但这并不是说右半球就没有语言能力,它能够产生片断的词、短语,并能理解语言。因此严格地说,布罗卡所谓的"我们是用左半球说话"并不完全正确,更准确地应该说:用左半球说得比用右半球好得多。

**拓展阅读**

### 对大脑两半球功能传统观念的突破

20世纪60年代初期,神经科学的传统观念认为:人类大脑左半球有语言能力,能进行说、写、读和计算、逻辑思维等高级意识活动;而大脑右半球无语言功能,只有空间形状、色彩等知觉,因而是低级的半球。斯佩里等人进行了20年的"裂脑人"研究,突破了大脑优势的传统观念,发现人类大脑右半球有语言功能、自我意识和社会意识,"左右半球在认识上的差异是相当细微的",大脑两半球都具有高级意识功能。并且通过研究发现,正常人的大脑两半球发挥整体效应,两半球协同活动不可分离,在认识过程中发挥着重要作用。因此,当今中小学校开设的任何学科都是使用大脑两半球而不是"只使用左脑"。另外,认为"各国竞相探索右脑智力开发,并获惊人的成就",也是不准确的。

(资料来源:李蔚、祖晶:《大脑两半球功能的传统观念与斯佩里观点》,《中国教育学刊》1999年第1期)

与这种功能上侧化相关联的是大脑左右半球解剖上的不对称性。有解剖学研究表明,2/3的人左侧颞叶上部比右侧更大。对正常人来说,磁共振成像研究也证明了这种不对称性。但是,这种解剖上的不对称性并不一定就是语言功能侧化的反映。

**2. 语言功能的大脑定位**

由于技术的发展,人们对语言功能在大脑定位研究得更精细了。在神经外科手术时,通常运用电刺激来确定语言区的定位。这项技术最初是由神经外科医生彭菲尔德开创的,近年来又得到了进一步的发展和完善。最近的实验表明,参与语言的脑区虽然基本上在经典的语言区内,但有相当明显的个体差异,其分散程度比科学家原先设想的更大。特别有趣的是,双语使用者,其存贮同一物体名称的脑区有因语种而异的情况。

近年来迅速发展起来的正电子发射断层扫描技术(PET)为在无损伤条件下语言区的定位提供了强有力的手段。运用PET的研究清楚地表明,说话和倾听功能确实是在布罗卡区和韦尼克区。但是,无论是主动的还是被动的语言作业,在初级感觉区、联合感觉区及运动区也均引起了活动。也就是说,参与语言信息加工的,除了经典的语言区之外,还有其他的脑区。

由于两侧半球存在相同的脑区,那么右侧的类似区域在语言功能中起什么作用呢?经研究发现,右半球中与布罗卡区和韦尼克区相应的脑区的损伤会引起语调缺失症——在口头表达上缺乏正常的情绪性的语调。看来,虽然左半球主导了语言的产生和理解,但是对于生动的语言表达,还需要右半球其他脑区的参与。

对人脑的研究发现,人脑存在着相对稳定的语言中枢,语言功能显现清晰定位的特点。一般认为,运用性语言中枢(即说话中枢和书写中枢)和感觉性运动中枢(即听觉中枢和阅读中枢),分别分布在不同脑回上面(绝大多数人是在左脑半球)。说话中枢在左侧额下回(布罗卡区),书写中枢在左侧额中回后部,听觉中枢在左侧颞上回后部(韦尼克区),阅读中枢在顶叶—枕叶—颞叶交界处的角回(见图2-1)。

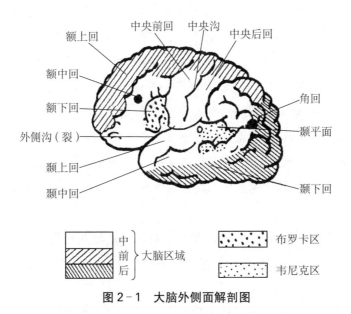

图2-1 大脑外侧面解剖图

大脑语言中枢定位的发展是缓慢的。有一项研究发现,6个月的胎儿大脑两半球的结构就是不对称的,由此可见解剖上的不对称在出生以前就存在了。但是,在0—2岁期间儿童两半球的功能几乎是等势的。在出生的头两年,左半球受了伤的儿童,其中50%语言发展迟缓了,但没有出现重大障碍。儿童大脑两半球偏侧性的形成,即把语言中枢单侧化于左半球,通常发生在2—12岁之间,这是语音定型的年龄,也是语言发展的最佳期。说明侧化过程中大脑的可塑性最大。有人认为,缺乏单侧优势,特别是没有形成优势的儿童更容易出现口吃现象。也有人说,语言功能的单侧化可以使各个中枢之间神经元的传导速度大大加快,它不仅与语言发展有关,还与一般认知能力的获得相关联。也有学者认为,儿童越聪明,两半球的不对称性就越明显,而儿童的阅读迟缓则和两半球单侧化发展的不正常有关。还有研究发现,10—15岁的儿童左半球严重受伤后,右半球仍然能承担起语言的功能。这就意味着脑功能的定位有可能通过学习或者通过对脑结构的不断使用来达到,当然也不排斥这样的可能,大脑定位是脑机能逐渐成熟的结果。因为研究已经表明,到18岁时,人脑才达到生理上的成熟,男性在25—30岁时脑重量达到最大值(约1400克),女性在18—20岁时达到最大值(约1300克)。

对于正常儿童语言中枢的成熟顺序和具体定位问题,目前仅可以从语言发展的外部行为表现和脑生长发育的顺序进行比较和推测。神经系统的发育顺序是从下到上(即从脊髓、脑干、皮层下中枢直至皮层),大脑皮层的发育顺序从后到前(即中央回后部的各皮层区先发育,逐渐向中央回前部推进,最发达的额叶最后发育完成),这与儿童语言行为的发展顺序基本上是一致的,给我们进行学前儿童语言教育以很大的启迪。

第一,语言中枢的成熟顺序决定着学前儿童听、说、读、写的先后顺序。婴儿的听音、辨音能力和对词意最初的理解能力的发展,早于发音能力和表达能力。这与听觉中枢(在大脑半球后部)发育较早有关。语言环境中的语音通过听觉器官传入初级听觉皮层邻近的颞上回,建立起有鉴别的语音表象,同时与语言所代表的视觉表象取得联系,获得最初的理解(声音和单一形象之间的联系),但进一步的理解有一个逐渐复杂的过程。当语言单位积累到一定数量,口腔的协调动作能力达到能发出语音的时候,婴儿便开口说话了。

阅读和书写属于书面语言,无论从种系还是从个体的角度来看,它们都是以口语发展为基础的。因为书面语言必须经过两次转换,是在口语发展到一定程度后才发展起来的。阅读中枢位于大脑皮层后部,从大脑皮层的发育顺序来看,应在说话中枢发育成熟之前就开始发展的。

书写中枢在大脑左半球额中回后部,在与手眼协调的相互作用中得到发展。无论从大脑半球的发育顺序还是从手部精细动作发展的顺序来看,书写能力在听、说、阅读能力后面发展都是有依据的。

第二,语言中枢成熟水平的差异性导致学前儿童语言能力发展具有明显的差异性。由于儿童语言听觉中枢和语言运动觉中枢成熟水平不同,有的儿童成熟较早,有的则成熟较迟,因而导致儿童语言能力具有明显的差异性。主要表现在以下方面。

**开口说话的月龄不同。**有的儿童不到 12 个月就能说最初的几个单词,而大多数儿童要到 18 个月左右才能开口说话,也有极个别的儿童则要到 2 岁多才能开口说话。这主要是因为他们的语言运动中枢成熟较迟,或者口腔运动能力发展迟缓,而语言吸收、加工储备阶段较长。他们很可能突然出人意料地说起话来,其表达能力的发展速度也能赶上说话早的儿童。当然儿童语言中枢的成熟速度也不排除遗传的因素,如有的儿童说话迟,有家族遗传史的缘由;有的儿童口吃,也有家族易感人群的迹象。

**拓展阅读**

### 语言发展的差异性

有数据表明,在"金口难开"的儿童中约有 50% 的人在 4 岁时语言发育可以达到正常的水平,另有 50% 的人则持续存在语言能力的异常。这部分儿童随着年龄的增长,不仅表现为语言的理解和表达障碍,而且社会交往能力也会受到影响,入学后注意缺陷和学习困难的发生率也显著提高。另外,在儿童语言发展早期,一般 2 岁半之前往往是女孩的语言发展略超前于男孩;2 岁半以后,性别对普通儿童的语言发展的影响就不明显了,但一些以语言异常为主要表现的疾病的发生率则是男孩远高于女孩,如孤独症、语言障碍、学习困难。

(资料来源:陆怡君、沈晔:《宝贝要说话》,《上海托幼(育儿生活)》2010 年第 7 期)

**发音的清晰度不同。**有的儿童说话比较清楚,成人容易倾听容易辨析;有的儿童发音则含糊不清、吞吞吐吐,只有其亲属才能辨别。有的儿童词汇量较多,能讲比较长的句子;而有的儿童则词汇贫乏,表达的词句简单,且替代音较多,使人无法辨别其真实含义,在语言交流中困难重重。

**对周围语言刺激的敏感性不同。**有的婴儿在与人交往中很注意观察对方说话时的口型变化,成人嘴巴动,他的嘴巴也跟着动,仿佛在模仿成人的发音。有的儿童听觉非常敏锐,能区别不同成人之间发音的细微差别。也有的儿童语言记忆力较强,能发现成人讲故事前后不一致的词语或情节。

**语言内容不同。**儿童的语言内容有明显的差异,参差不齐。对同一组信息,同一年龄阶段的儿童,有的用语言表达得较为完善,有的则含糊不清、词不达意,让人一时难以辨别其所表述的真实内容。语言内容的不同,既受到儿童语言发展规律的制约,又受到后天语言环境的制约。儿童词汇量的差异与语言发展阶段的差异,也是导致语言内容不同的重要原因之一。

**语用方式不同。** 语用又称语言运用，是指在一定的语言环境中对于语言的运用。它是由社会性和认知两方面来决定的。儿童在具体的语言运用中，总是根据不同的语境和语言交往对象，选择适当的语言表达方式，同时根据听者的反馈，改变或继续说下去，这均是儿童所应具备的语言运用能力。如有的儿童面对年龄比自己大的、比自己小的或与自己年龄相仿的人，对同样一组信息所用的表述方式往往不同。儿童是在与人交往的过程中逐步对听者说出适宜的话，从而获得交际成功的经验的。

**对语言的兴趣点不同。** 兴趣是一切认识活动的动力。婴儿期的儿童在语言方面就已经出现了最初的兴趣，这和早期语言环境与教育的刺激不无关联。有的儿童喜欢听语音和各种声音，有的喜欢说话和与人交流，有的则喜欢看书、看图片，等等。儿童在听、说、读、写上所表现出来的兴趣一旦产生，就会激发儿童主动寻找机会练习和演示，语言的潜能就能得到尽情发挥。

这里特别强调的是文学语言的早期输入。它对语言艺术的兴趣和敏感性、文学语言模式的"储存"、早期"创作欲"的激发和艺术思维的萌发都具有积极的作用。

以上说明了正常儿童之间由于语言中枢成熟顺序的不同以及后天语言环境的不同而表现出语言能力发展上的种种差异。但是，后天的语言刺激和语言教育可以加快婴幼儿语言中枢成熟的速度。教师和家长应对儿童语言发展的进程有正确的认识和评价。根据大脑皮层语言区的发展顺序，根据语言理解和语言表达的情况，从先天和后天两个方面综合考察儿童的语言发展的正常与否，对儿童语言发展中出现的种种问题，既不能操之过急，又不能听之任之，而应积极创造条件给语言发展异常的儿童提供更多的语言实践机会，促进他们语言的正常发展。

### （三）语言中枢的机能成熟与外部刺激的辩证关系

学前儿童的语言能力对大脑的整体功能及语言中枢的机能成熟存在着依赖性，人脑的结构和机能是在社会环境中生长发育并逐步趋向成熟的。人脑的遗传素质决定了潜在的发展趋势，后天的语言刺激使这种趋势成为现实，脑功能在社会环境中的成熟，使儿童的大脑潜力得到充分的发挥。早期语言中枢可以移位，早期阅读教育可以使儿童的阅读能力得到发展，早期的书法练习可以使儿童的书写能力得到发展，早期词语概括范围的大小以及句法掌握的复杂程度，都可因为语言环境的不同而存在很大的差别。所有这些都意味着儿童早期脑功能发展的巨大潜力。人脑皮质投影图（见图 2-2）直观地指出"这个或那个器官使用得越多，它在脑皮质中的代表区域也就越大"。经常进行听说练习，有可能扩大语言器官在皮层的投射面积，增加通向语言中枢的神经联系，促进语言中枢的成熟，同时又促进语言能力的发展，这就是语言刺激、生理成熟和语言发展之间的辩证关系。

苏联曾经有学者做过实验，选取 3 组不会说话也不会模仿语音的 1 岁—1 岁 3 个月的儿

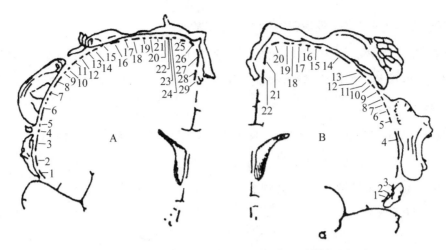

**图 2-2　身体的各个表面在脑皮质投射区中的投影面积**

（A）感受性的皮层投影（由左下到右上）
1. 内脏　2. 喉头　3. 舌头　4. 牙齿　5. 下唇　6. 唇　7. 上唇　8. 脸　9. 鼻子　10. 眼睛　11. 大拇指　12. 食指　13. 中指　14. 无名指　15. 小指　16. 手关节　17. 腕　18. 前臂　19. 肘　20. 手　21. 肩　22. 头　23. 颈　24. 躯干　25. 腹　26. 小腿　27. 脚掌　28. 脚趾　29. 性器官

（B）运动系统的皮层投影（由右下到左上）
1. 咽喉　2. 舌　3. 下颚　4. 唇　5. 脸——发音　6. 眼睛　7. 眉　8. 颈　9. 大拇指　10. 食指　11. 中指　12. 无名指　13. 小指　14. 手关节　15. 腕　16. 肘　17. 肩　18. 躯干　19. 腹　20. 膝盖　21. 小腿　22. 脚趾

童进行促进语言发展的研究，让3组儿童每天进行2分钟的语言作业，由实验者叙述游戏，并说出游戏的名称，让儿童模仿。第一组儿童，不给任何补充作业；第二组除这一作业外，每天有20分钟时间让儿童在地上自由活动，以促进一般运动的发展；第三组除统一的作业外，每天有20分钟的时间训练儿童手指的灵活性。实验表明，第一组儿童平均10天后出现未分化的语音反应；第二组从第7天起就产生了这样的反应，从第15天开始，有15%的儿童能相当精确地模仿实验者的语音；第三组从第3天开始对未分化的语音作出模仿，第15天已有67.3%的儿童能对分化的语音作出反应。另一项对500名3岁儿童的调查表明，语言发展水平与手指的精细运动高度相关，而语言发展水平与一般运动的发展相关性是低的。这可能出于两方面的原因，一是手的运动在皮层的投射区紧靠着语言中枢，神经通路很多，有可能通过手的活动的神经冲动通向语言中枢，促进其发育。二是手的活动引起表象的分化，获得有关物体性质的经验与结果的经验，由动作思维的发展促进了语言的发展。当然，上述实验只是针对语言初始发展时的状况而进行的。当语言从动作符号和形象符号中分离出来之后，精细动作与语言水平的高度相关就不存在了。

由此可见，外部刺激对促进儿童语言中枢的成熟是多么重要。为了促进语言中枢的成熟，加强后天的语言训练也是十分必要的。对于加强语言训练，优化外部刺激，可以从以下几方面进行。

### 1. 加强完整语言训练，使得各语言中枢协调发展

在学前期，儿童语言训练时，要对听、说、读、写的能力进行全面训练，使其得到协调发展。尤其是加强听和说的训练，使听和说之间神经联系的频率增加，接通的速度加快，使儿童的听说能力同步发展。

### 2. 选择语言和非语言的复合刺激，促进语言活动分析器的联合协调作用

尽可能利用各种认识活动和交往活动中的理解和表达契机，对儿童大脑语言和非语言的加工区域进行广泛的刺激。但这类刺激的量并不是越多越好，而是应按神经系统兴奋和抑制的规律控制刺激量。语言信息和非语言信息（如手的操作活动、形象、动作等）同时刺激大脑，使得多种符号系统协同参与语言教育活动，从而引起语言运动分析器、语言视觉分析器、语言听觉分析器等协调地相互作用。它不仅有助于儿童理解语义，而且也最能激活神经系统，使之保持觉醒状态，维持一定的紧张度，使语言训练收到较好的效果。

### 3. 语言训练要选择适当的时机和强度，提高学前儿童语言学习的兴趣

选择较适当的说话时机和强度，也是促使大脑皮层保持觉醒状态的有效措施。如儿童睡前倾听儿童文学作品，对保持记忆有较好的促进作用。这是因为他们的无意注意、无意记忆占优势，并不易受环境的影响，睡前环境安静，干扰少，这种由文学、音乐构成的艺术陶冶情境能调动儿童愉悦的情绪，并深深地吸引他们，从而能充分发挥无意注意和无意记忆的功能。心理实验还证明：默诵后的睡眠有利于记忆，可增强记忆的牢固程度，减少遗忘量。据分析，这一方面是由于无后摄干扰现象；另一方面是由于深度睡眠对新接受的信息在大脑中的编码、储存，进而将短时记忆转化为长时记忆有着促进作用。教师和家长可根据实际情况灵活地安排儿童睡前倾听的时间和内容，只要坚持一定会收到良好的效果，不仅有利于学前儿童语言的学习，而且有利于发掘儿童记忆的潜能。

### 4. 在听说游戏中进行单项练习

（1）组句扩词练习。

把一个词组成句子，把短句扩成长句，如把"布娃娃"扩成："布娃娃，我玩布娃娃，我在玩一个大眼睛的布娃娃，我玩一个头上戴着小红帽的大眼睛的布娃娃……"句子的长度以儿童能够说出的为依据。

（2）词语的替换练习。

上一例句中的任何一个词都可以用处在同一聚合结构中的词来替换。如"我玩布娃娃"，在"我"的位置上可以用"你""他""小红""小平"等来替换；在"玩"的位置上可以用"拿""抱""拍"等来替换；在"布娃娃"的位置上可换上"皮球""积木""铃铛"等。

（3）围绕同一内容进行扩句和缩句的练习。

深层结构和表层结构的相互转换，此处要求成人可以先给一个词，再让儿童扩充成句子；也

可以给一个比较长的句子,让儿童压缩成一个短句或词,还可以把一个句子扩充成几个表层结构不同的句子,如"我拍皮球""皮球被我拍了""我把皮球拍了""拍皮球的是我"等。

(4) 连词成句。

如把"飞机""蓝天"两个词,扩充成一个句子,"飞机在蓝天上飞""蓝天上飞着飞机""飞机飞在蓝天上"。还可以增加词汇,组成新的句子,如"蓝蓝的天空上飞着一架大飞机"或"蓝蓝的天空中有一架大飞机在飞翔"等。上述练习有助于促进聚合结构、组合结构、深层结构和表层结构的大脑机能的成熟,有助于培养儿童对语言规则的抽象以及运用语言的灵活性。

此外,还可以通过故事表演、编构故事、仿编诗歌和散文等来提高儿童学习语言的兴趣,优化外部语言刺激,并促进与语言紧密相关的感知、记忆、思维等认知能力的发展。

## 第二节 语言发生与发展的心理基础

在上一节中,我们详细地讨论了生理成熟因素对学前儿童语言发展的巨大影响,可谓是语言发生的先决条件。然而,语言的发生发展是一个极其复杂的过程,但所有生理正常发育的儿童都能在出生后四至五年内未经任何正式训练而进行日常语言表达,但为什么有的程度高一点,而有的程度却低一点呢?这就需要我们关注到语言发展中复杂的心理过程和心理特点。心理因素对儿童语言学习的影响,早就受到人们的重视并得到较多的研究。

### 一、认知能力的发展

在心理因素中,最重要的是大脑的认知能力方面。语言能力无论是印入性的(例如听和阅读)还是表达性的(例如说和写),都是建立在对语言内容的理解基础上的。也就是说,语言能力和认知能力有密切关系,语言能力受一般认知能力的制约但又有自己的特殊性。皮亚杰及其追随者,强调认知能力对儿童语言发展的单向作用,未免片面,但是语言能力确实受到认知的影响,这是无可置疑的。例如,通过感觉器官,儿童能分辨出物体的长短、大小、高矮、宽窄等,理解什么是高低、上下、内外、前后、左右等;通过听觉辨别出哪些是人声、动物的叫声、音乐声、各种物体的撞击声,以及哪些声音悦耳、哪些声音嘈杂等;通过触摸物体分辨出其外形、质地、软硬度、温度等;通过味觉分辨出酸、甜、苦、辣、咸、鲜美等味道;通过嗅觉嗅出不同的气味,再凭气味辨别出不同的物体;通过运动觉做出不同的动作,例如走、跑、跳、爬、攀登、抛、掷、弯腰、踢腿等。如果儿童对环境中事物的属性有了基本的概念,当他掌握了相应的词汇时,便可以用语言进行沟通了。

其实,在儿童学会用语言表达自己的时候,他们也会经历一个特殊的语言过渡阶段——手指语言,即用手指指东西。在这一阶段,他们虽不会用语言表达交流,可是你却会惊奇地发现,当人们向婴幼儿提问"宝宝,妈妈在哪里"时,大部分宝宝都能很快从人群中找到妈妈,并指向妈妈,似乎这就是在告诉你:"妈妈在那里。"当然,除了指认人物外,婴幼儿还可以指认出各种小动物、小物件,或是熟悉的生活物品等。婴幼儿的手指语言也充分表明,当他们对事物积累了相当水平的认知了解后,就能将其所熟知的事物与语言建立起准确的联系,增加词汇积累,促进语言的发生发展。

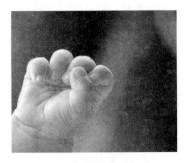

图2-3 婴儿的小手

### 拓展阅读

#### 宝宝的手指语言预示心情

有时候宝宝虽然还没学会说话,但是会用手指来表达自己的要求,父母只要仔细观察,就能轻松地领悟宝宝的手指语言。

小手张开、手指向前伸展:宝宝带着愉快的心情醒来时,小手通常是这样的动作,这是他在邀请身边的父母和自己一起玩。

小手的指头放松地弯着:这时宝宝已经不再东张西望,他的手臂也松软地耷拉下来,说明宝宝已经累了,想睡觉了。

小手捏着松松的拳头:宝宝在睡眠中会有这种手势,说明他正在做梦,他的眼球在眼皮下轻轻地转动,有时还会发出轻轻的鼾声。其实,梦中的宝宝睡得并不深,随时可能会醒来。

小手紧紧地握着拳头:宝宝紧张时通常会有这样的动作,这时或许宝宝是害怕某个陌生环境或人,也可能是他的小肚子有些不舒服。

手臂放松、小手轻轻地握着:这时的宝宝正心满意足地享受着美妙的时光,他愿意独处,而不需要外来的干扰。

语言是反映客观世界和人类社会生活的一种符号系统,语言运用受制于各种语境因素,特别是人际关系。在语言系统和语言运用的一系列规则中,深深地注入了语言社团代代相传的文化因素。而要获得语言系统,学会按照社团的习惯使用语言,就必须对语言所表达的客观世界和人类社会生活有一定的了解,就必须掌握渗透在语言系统和语言运用习惯中的文化因素;而要掌握这些因素,必然需要一定的认知能力。

相反，如果儿童对语言中所描述的事物全无概念，又不理解词义，当他人说出一些物体的名称或描述一些物体的形状时，他便会感到茫然，难以理解语言内容。同样，他也不能用语言或文字去描述这些事物。因此，儿童如果缺乏认知能力和概念知识，当他听到别人说话时，便很可能产生错误理解，或者表达障碍。中央教科所的史慧中在《3—6岁儿童语言发展与教育》的调查报告中，得出"学前儿童的表达层次是零乱的，篇章意识是缺乏的，思维的逻辑水平是薄弱的、低下的"这一结论。该文在进一步的分析中指出："结构杂乱、层次不清的讲述，在学前期最主要的表现及原因在于：第一，不理解讲述的对象，不但讲述无重点、主次混杂，而且条理不清；第二，讲述前缺乏观察和思考，边看、边想、边说，以致语无伦次；第三，思维过于具体，以致讲述事无巨细，均作具体琐碎的描述，讲述必然轻重倒置；第四，自我中心的思维特点，使其在讲述时沉醉于对事物所见所闻的描述过程中，因而表达随心所欲，缺乏条理；第五，缺乏概括与综合能力，对丰富的内容不知归类叙述。因而，内容越多，讲述越杂乱无章。"这个结论与分析，较好地说明了认知发展对儿童语言学习的制约。

### 二、个性品质的差异

除了认知因素以外，儿童的其他心理素质也会影响儿童的语言学习和语言发展，比如个性品质的差异。一般说来，性格外向、喜欢与人交往的儿童，其语言发展的速度较快，这是因为个性外向、自信、善于交际的儿童对周围人的言行比较注意，常常会自觉或不自觉地进行观察和模仿，敢于在各种场合表现自己，因此他们就能争取到许多语言学习和表现的机会。而个性内向的儿童往往缺乏自信、胆小害羞，缺乏吸收语言信息的主动性和有效性，因而也就失去了许多语言学习和表现的机会，缺少成功与失败的体验。也有研究指出，女孩比男孩更乐于与成人交往，她们在做一件事情之前，往往要向成人请示。男孩和女孩这种心理差异及相关行为上的差异，是导致女孩语言发展在某些阶段快于男孩的原因之一。

## 第三节 语言发生与发展的社会因素

社会的各种因素对于儿童的语言学习也有很大的影响。这里所说的社会因素，是指儿童所接触到的人和事，比如成人和同伴对他们的态度。社会的影响因素很多，其中最为重要的是社会生活环境、成人的语言观念和成人对待儿童的态度。

### 一、社会生活环境的影响

儿童都是在特定的社会生活环境中获得语言的。社会生活环境是由物质的和精神的、家庭的和社会的诸多因素交叉组合而成的。这些因素都会对儿童的语言发展发生直接的或间接的、巨大的或细微的影响。

由武进之执笔的《幼儿使用形容词的调查研究》一文,向我们展示了许多社会生活环境影响儿童语言发展的例子。例如,云南的撒尼族生活在山区,撒尼族儿童对于"陡"这个形容山势的形容词,比其他城市儿童掌握得早;四川、湖南以吃辣椒而著称,这两个地区的儿童对于"辣"这个词的掌握,要比其他地区的儿童早一年或一年半。该文还指出,各地的方言习惯不同,从而也影响了儿童语言的发展。比如"皮、顽皮、调皮、淘气"这组同义形容词,各地使用的习惯有差别,儿童在学习这些形容词时也表现出较大的差异。上海地区的儿童三岁半会用"皮",五岁半会用"顽皮";四川、广东、湖南和福建的儿童则分别于四岁半、五岁半时会使用"调皮"一词;北京地区的儿童在三岁半时会使用"淘气"一词,但是对于其他几个形容词,至六岁半时,使用的儿童还没有超过半数。此外,还发现儿童在"咖啡色"和"棕色"、"冷"和"凉"的使用中也反映出方言因素的影响。

教育的差异也会导致儿童语言发展的差异。许多研究都发现,现代儿童的语言发展要胜过过去儿童的语言发展。比如,过去有人研究,儿童在进入小学时对"因为"一词还不能较好掌握。后来有人发现,儿童到五六岁时,口语中就已经出现了"因为"。然而,现在的儿童三四岁时就会使用"因为"。这三个年龄差异,在一定程度上说明了不同时期的教育状况对儿童语言发展的影响。

吴凤岗在《中国家庭教育与儿童青少年的心理发展》一文中,报道了我国学者对"猪孩"的调查。我国东北有一个叫王显凤的女孩,其母智力在正常与低常之间,其父有精神分裂症,她家又独居村外,所以王显凤从小就缺乏照料,常与猪为伍,有时就吃猪奶猪食,睡猪圈。1983年王显凤被发现时已经8岁,但是智力不足3岁,表现出很多猪的生活习性,如不用手挠痒,而是在树干或墙上蹭痒;生吃高粱和谷穗时不用手摘,而是用嘴叼、咬;有时用四肢爬行等。"猪孩虽然8岁,但语言水平很低。经过幼儿园和小学4年的教育,才能把话说清,可以与一般人进行简单的交谈。"猪孩幼年的悲惨命运剥夺了她早期与人交往的机会和接受教育的权利,严重地影响了她的语言以及其他方面的发展。

### 拓展阅读

**婴幼儿常看电视不利于其语言发展**

美国一项研究发现,让婴幼儿看电视的时间越长,他们的语言甚至脑部发育受影响的程度就越大,这是因为看电视减少了婴幼儿和成人的语言交流,婴幼儿从成人那里学到的新词汇量显著减少。

美国华盛顿大学教授季米特里·克里斯塔基等人在《儿童青少年医学文献》上指出,他们对329名2个月到4岁的婴幼儿进行了为期两年的跟踪研究,让他们穿上特制的背心,携带一台小录音机,录制他们在连续12到16小时内听到别人及自己所说的话。研究人员计算了成人说的单词量、孩子喃喃学语发出的声音以及成人和孩子之间的语言交流量。他们发现,只要电视机开着,不管有没有人看,大人和小孩之间的各种语言形式都明显减少。

克里斯塔基说,没有什么东西能比模仿成人说话更能促进婴幼儿的语言发展,成人说的每个单词对婴幼儿都有意义,对此,电视无法代替。

## 二、成人的语言观念的影响

语言观念是指人们关于语言的一系列态度和看法,诸如口语和书面语的地位,民族共同语和方言的地位,对本族语和外语的情感等。成人的语言观念对于儿童的语言学习具有一定的影响。

例如,我国古代更加重视书面语。读书诵经可以明道知理,赋诗作文可以博取功名。汉代规定,能背九千字的儿童可当"史官";唐代科举考试设有"童子科";宋代专设"念书童子科"考读书诵经。因此,历代都特别重视对孩子进行识字、读经、赋诗作文的教育。

我国古代也有很多书面语方面的佼佼者,如唐代著名诗人李白"五岁读六甲";白居易5岁能作诗;王勃6岁善辞文;宋代王仲永5岁能"指物作诗立就";清末梁启超4岁精通四书。

其他一些国家,则有重视口语的传统。亚里士多德的《修辞学》就是专讲演讲艺术的。古罗马时代,有昆体良的《演说术原理》问世。到了中世纪,演说被列为"七艺"之一。18世纪坎普贝尔的《演说学讲义》被用作许多国家说话训练的教材。这种语言观念使得西方比较重视儿童的口语发展。比如,英语世界最权威的词典之一——《英语大词典》的编写者韦伯斯特,一出生就开始学习英语、法语、德语和北欧语,很小的时候就能流利地用四种语言与人对话。

## 三、成人对待儿童的态度的影响

成人对待儿童的态度,反映着社会的儿童教育观念。不同的儿童教育观念及其带来的对待儿童的不同态度,也会影响儿童的语言发展。比如,云南撒尼族是一个热情、讲礼貌、重团结的民族,即使是对待儿童,他们也很少使用贬义词对其进行评价,而是从能力和行为上给以较多的肯定,常用"猴"(本事大)、"得"(很好、很行)来夸奖孩子。所以,撒尼族儿童会较早掌握相关的词汇,而对一些带有批评含义的贬义词则掌握得较晚。

吴凤岗在《中国家庭教育与儿童青少年的心理发展》一文中,还报道了"沙袋儿"的情况。有一种沙袋育儿的习惯:把出生不久的孩子,放入盛满细沙的沙袋内喂养,以沙土代替尿布,一天换一次土。平时孩子仰卧在沙袋内,每天除喂奶外,家长既不抱他,也不管他,尽量减少对他的任何刺激和感官训练,也不许人们跟他玩耍。经过一段时间,孩子变得不哭不闹,老实安静。沙袋喂养的时间可长达一年、一年半,甚至两年以上。将正常生长的儿童与在沙袋中生活一年或一年半的儿童进行比较可发现,在沙袋中生活两年以上者,其智商低20分左右。有一名在沙袋中生活了两年的"沙袋儿",3岁才会叫"妈妈",5岁才会走路,17岁时还分不清"兄弟几个"和"有几个哥哥"这两句话的区别,语言和智力都相当落后。落后的沙袋育儿习俗,剥夺了儿童早期社会交往的机会,从而严重地影响了他们的语言学习和语言发展以及其他方面的发展,甚至人为地造成了一些弱智儿童。

儿童在学习语言的过程中,还会受到情绪因素的影响。所谓情绪因素是指儿童在社会因素影响下所产生的心理反应。成人对儿童表现喜爱或厌恶,都足以影响儿童说话的意愿。此外,儿童在群体生活中建立起对他人和对自己的印象。一个喜欢自己、喜欢身边小朋友的儿童,会乐于表达自己,说起话来充满自信。相反,一个儿童如果觉得自己在群体中是不被欢迎的或者他感受不到快乐,他说话的意愿就会降低,对他人的表述也无兴趣倾听。长此以往,他的语言能力的发展自然就大受影响了。儿童在学习语言的过程中,父母的关爱和鼓励是至关重要的。那些得到父母爱和关怀的儿童,通常有较多的时间与父母交流,有较多的机会体验各种事情,包括进行游戏和接触环境刺激,这就刺激了他们表达和交谈,从而丰富与积累了语言经验。相反,那些得不到父母爱和关怀的儿童,语言发展一般较为迟缓。此外,有些父母不尊重孩子,不肯耐心地倾听儿童的表述,不肯有启发地回答儿童的提问,很少和儿童交流,那么孩子的语言发展水平将由于父母不正确的语言教育观念而大打折扣。由此可见,语言是需要在爱和关怀下发展起来的,父母给予儿童大量的爱和关怀,与孩子多沟通、多交流、多接触,有助于儿童的语言发展。

**拓展阅读**

### 皮肤饥渴症

你知道什么是"皮肤饥渴症"吗?皮肤饥渴症(Skin Hunger)学说的创立,源于20世纪40年代初纽约市一名儿科医生为了挽救病危的早产儿,要求所有的医护人员每天都要搂抱襁褓中的宝宝,结果婴儿的死亡率迅速下降,趋近于零。现代科学也发现,在一个约一元硬币大小的皮肤上,就有约 25 米长的神经纤维和 1000 多个神经末梢,这为通过触觉传达信息,奠定了生物学基础。美国迈阿密接触研究机构负责人菲尔德指出:人体的肌肤和胃一样需要进食以消除饥饿感,而进食的方式便是抚爱和触摸。但对于现代家庭而言,很多父母都是双职工,每天白天忙于工作,对婴幼儿身体触摸的频率有限,也使得越来越多的宝宝患了"皮肤饥渴症"。因而,建议家长对孩子应经常拥抱和抚摸,并同时用温柔的眼神注视孩子,伴随轻柔安抚的声音,这对建立孩子的安全感是非常有帮助的,而一个人只有具有了充分的安全感才有胆量去探索世界。另一方面,这种安全感和亲密关系的建立也有助于孩子发展其他的心理能力。

其实,学习语言和学习其他事情一样,如果儿童经常得到鼓励,他便会产生积极、主动的学习欲望,收到良好的学习效果。反之,如果儿童经常受到成人的指责、批评或者成人常提出苛求的意见,如挑剔他们的发音,这将会使儿童失去语言学习的信心,甚至变得沉默不语,不愿开口。

**拓展阅读**

### 玲玲的故事

玲玲是个活泼可爱的小女孩,很受大家的喜爱。可是现在一岁半了,她说话还不是很利索,甚至含糊不清,有点大舌头,但是家长与玲玲对话的时候,她能完全明白家长的意思。如果你是玲玲家的亲戚朋友,你怎么看待这一现状?又会怎么做呢?

 **本章练习题**

1. 试述发音器官的成熟和语言发展的联系。
2. 试述语音听觉系统的成熟和语言发展的联系。
3. 试述大脑神经中枢的成熟和语言发展的联系。
4. 语言中枢的成熟水平可能导致儿童语言能力出现哪些差异?
5. 试述加强语言训练、优化外部刺激与促进儿童语言中枢成熟之间的关系。
6. 试述影响学前儿童语言发展的心理因素。
7. 试述影响学前儿童语言发展的社会因素。

# 第三章 学前儿童语言发展与教育的理论

 **学习目标**

1. 了解学前儿童语言教育的各种理论。
2. 能初步将理论与实际相结合进行理解。

儿童为什么能在短短的几年内掌握各种复杂而抽象的规则？儿童的语言知识和能力是先天具有的还是后天习得的？在获得语言的过程中，是单纯语言能力的发展还是一般认知能力的发展？在语言获得过程中，儿童是主动的创造者还是被动的接受者（或模仿者）？语言是否为人类所独有？这些问题在近20年来已成为心理学家和语言学家热烈讨论的问题。由于学者们对这些问题所作的解释不同，故形成了各种关于语言获得的观点和理论。各种理论的分歧，主要表现在对语言规则系统获得的解释上。影响最大的有后天环境论、先天决定论、先天与后天相互作用论三派理论，每一派中又有各种不同的主张。这些理论的分歧，实际上还是关于儿童发展理论的分歧，是有关儿童发展理论争论的延续。

## 第一节 后天环境论

在对待儿童成长的问题上，一直存在着先天（遗传、生理）与后天（环境、教育）的争论，这种争论也相应地规定了对于儿童语言发展的看法。以巴甫洛夫的条件反射和两种信号系统的学说、华生的行为主义学说为理论基础的学者，在儿童语言发展的问题上都比较强调后天环境的因素。这些学者关于儿童语言发展的理论，可以称为后天环境论。

一般说来，后天环境论者把语言看作一种习惯，否定或轻视儿童语言发展中的先天的或遗传的因素。华生1924年在《行为主义》一书中指出："不管语言如何复杂，正如我们平时所理解的，它起初是一种十分简单的行为。它是一种操作性的习惯。"

在行为主义者看来,儿童掌握语言,就是在后天的环境中通过学习获得语言习惯的过程,语言习惯的形成是一系列"刺激—反应"(Stimulus-Response,简称"S—R")的结果。以行为主义为理论背景的后天环境论者,关于语言获得的观点因强调的侧重点不同而并不完全一致,其内部还可以分为模仿说、强化说和中介说三种。

## 一、模仿说

模仿说认为,儿童是通过对成人语言的模仿而学会语言的。成人的语言是刺激(S),儿童的模仿是反应(R)。模仿说可分为早期的机械模仿说和后来的选择性模仿说。

### (一)机械模仿说

机械模仿说是较早的行为主义理论。它最早由美国心理学家阿尔波特于1924年提出,机械模仿说把儿童的语言看作是其父母语言的翻版,忽视儿童掌握语言过程中的主动性和创造性,这种观点显然是有所偏颇的。应当承认,模仿在儿童语言的发展中,有一定的,甚至是比较重要的作用,但它对一些儿童语言发展的根本问题和发展中的一些重要现象,却不能解释。自从乔姆斯基的转换生成语言学说问世以来,大多数的人都同意这样的定义:"语言是一个由无限多个句子构成的集合。"即任何一种语言的句子都是无限的。美国心理语言学家米勒在1965年指出,用20个英语单词可组合出无数个句子;并进一步估计,如果不停地把这些句子听一遍,就需要比地球年龄还要长1000倍左右的时间。这个估计说明,儿童不可能在有限的时间内,通过机械的模仿学会由无限多个句子构成的语言。而且许多时候,儿童对成人的语言也并不能很好地模仿。例如心理语言学家麦可尼尔1966年曾提供过这样一个例子:

- 儿子:Nobody don't like me.
- 母亲:No, say "Nobody likes me".
- 儿子:Nobody don't like me.
- 母亲:No, say "Nobody likes me".

母亲和孩子这样反复达七八次之后。

- 母亲:No, now listen carefully, say "Nobody likes me".
- 儿子:Oh, nobody don't like me.

母亲反复纠正儿子的错误说法,要求其模仿正确的形式(Nobody likes me,没有人喜欢我),但是都没有成功,孩子总是把它说成"Nobody don't like me"这种语法上有错误的句式。在汉语儿童的语言发展中也可见到这类现象。朱曼殊等人对一名20个月的儿童进行追踪研究时,每天向她提出"这个东西是谁买给你的"之类的问题,一连十几天,她的回答总是"这个东西是妈妈买给你的"。虽然每次都进行纠正,但总不能把"买给你的"转化为"买给我的"。

另外，儿童常能说出他从未听过的且成人语言中所没有的词或句子。例如：

不要好（不好）；不要臭（不臭）；不要香（不香）；不要想听（不想听）；不要疼（不疼）；不要手（不洗手）……

这些词和句子，都是目标语言中所没有的，儿童也不可能从成人的口中听到，显然不是模仿的结果。也有人认为，成人所提供给儿童的语言样板并不是特别理想。因为成人同儿童交谈时，其语言并不是很规范，甚至有些杂乱无章。但是，儿童最终却学会了较规范的语言。这也是机械模仿说不能完全令人信服的原因。

### （二）选择性模仿说

机械模仿说在20世纪20年代到50年代之间很流行，但是随着乔姆斯基对此的批评而日渐式微。不过，也有不少研究证实，模仿在儿童语言发展中确实是有作用的。为克服机械模仿说之不足，不少学者对机械模仿说进行改造，提出了"选择性模仿说"这一新概念。

对选择性模仿说较早、较系统地进行论述的是怀特赫斯特和瓦斯托，他们在1975年合写的《语言是通过模仿获得的吗》一文中，在考察了20世纪60年代和70年代初的大量相关研究之后指出，儿童学习语言并不是对成人语言的机械模仿，而是选择性模仿。当儿童对某种语言现象具有一定的接受能力（理解）时，就会对这种语言现象进行选择性模仿。选择性模仿是对示范者语言结构的模仿，而不是对其具体内容的模仿。选择性模仿把示范句的语法结构应用于新的情境以表达新的内容，或将模仿获得的结构重新组合成新的结构，这样便产生了儿童自己的话语。怀特赫斯特等人把他们的这种理论表述为"理解、模仿、产生假说"。

和传统的模仿说相比，选择性模仿具有两个特点：第一，示范者的行为和模仿者的行为反应之间具有功能关系，即两者不仅在形式上，更重要的是还在功能上相似。因此，模仿者对示范者的行为不必是一一对应的临摹。第二，选择性模仿不是在强化和训练的情况下发生的，而是在正常的自然情境中发生的语言获得模式。模仿者行为和示范者行为的关系，在时间上既不是即时的，在形式上又不是一对一的。这样获得的语言既有新颖性，又有学习和模仿的基础。选择性模仿说给"模仿"一词增加了崭新的内容，它所提出的语言获得模式是比较符合获得过程实际情况的模式，但不是唯一符合的模式。

## 二、强化说

强化说是行为主义理论中最有影响力的解释儿童语言发展的理论，在20世纪40年代至50年代初非常盛行。强化说以刺激—反应论和模仿说为基础，并特别强调"强化"在儿童语言学习中的作用，认为儿童是通过不断的强化学会语言的。强化说的主要代表人物是被称为"联想派大师"的斯金纳。

### (一) 斯金纳的基本观点

斯金纳在其著作《言语行为》中,广泛运用"强化"来解释各种言语行为,并提出了"自动的自我强化"的概念。这一概念是指儿童的模仿性发音也会对儿童产生强化作用。斯金纳在其后期著作《关于行为主义》中,又提出"强化依随"的概念。所谓"强化依随"是指强化刺激紧跟在言语行为之后发生,它有两个特点:第一,最初被强化的是个体的偶然发生的动作。反应和强化只是一种时间上的关系,并非有目的、有意志的行为。第二,强化依随是渐进的。当儿童对示范句模仿得有些近似时,就给予强化,然后再强化接近该句的语言。通过这种逐步接近的强化方法,儿童最终学会了非常复杂的句子。

强化在儿童语言的发展中,无疑是起到一定作用的。怀特赫斯特等在《语言是通过模仿获得的吗》一文中,曾经概述了强化对儿童语言发展促进作用的许多研究。但是,强化毕竟只是影响儿童语言发展的一种因素,用它来涵盖所有的儿童语言学习现象,必定是片面的。而且,强化说是建立在刺激—反应论和模仿说的基础之上的,也不可避免地会带有刺激—反应论和模仿说的缺陷。

> **拓展阅读**
>
> ### 斯金纳及其观点
>
> 伯尔赫斯·弗雷德里克·斯金纳(B. F. Skinner,1904—1990),或译作"史金纳",是一位美国心理学家、行为学家、作家、发明家、社会学者,新行为主义理论的主要代表。
>
> 斯金纳发明了著名的斯金纳盒,引入了操作条件性刺激来解释这一现象。他改革了激进行为主义并且创立了自己的实验型研究心理学——实验型分析行为学。他在人类行为学上的作为在《言语行为》一书的出版后达到顶峰。
>
>
>
> 图 3-1 斯金纳
>
> 在心理学研究中,斯金纳首先提出并改进了反应率这一概念,将其作为因变量。他还发明了累积性记录作为测量反应率的工具,后者为强化这一著名概念的提出奠定了基础。在 2002 年 6 月的一个调查中,斯金纳被认为是 20 世纪最有影响力的心理学家之一。
>
> 斯金纳引入了操作条件性刺激这个概念来与传统的条件性刺激相区别。最初由

> 伊万·巴甫洛夫发现的传统的条件性刺激是对一个固定的刺激的反应。除一般的刺激(比如饲料)外,同时还有另一个完全不同的刺激(比如铃声),因此在条件性刺激成功地建立后,只要铃声响就会有唾液流出。
>
> 操作条件性刺激在此基础上增加了一个新的元素:行为后还有一个后果。这一后果若是对实验动物有利的,比如奖励饲料,那么将进一步刺激行为的产生。但不利的后果也用以改变行为,比如对实验动物使用水枪进行惩罚,以减少某些行为的产生。也就是说,传统的条件性刺激只是基于已存在的反应上对它进行变化,而操作条件性反应则产生了新的行为模式。

### (二) 对强化说的批评

刺激—反应论和强化说在语言学界和心理学界曾产生过很大的影响,但从 20 世纪 60 年代开始,受到越来越多的批评。如在乔姆斯基时代,强化说就受到了乔姆斯基等人的批评。这些批评可以概括为以下几点。

第一,乔姆斯基认为,刺激、反应、强化等概念,是行为主义心理学家在实验室中通过对小白鼠等动物进行实验而得出的,人的语言行为必然不同于动物的"行为"。行为主义者把动物的"行为"与人的语言行为相提并论,以此来解释儿童语言的发展是不合适的。

第二,行为主义者把语言行为简单地看作一系列刺激—反应现象,只强调语言可观察、可测量的外部因素,并认为弄清楚了这些制约语言反应的变量,就可以预测人的各种语言行为。这种看法也未免太幼稚。语言行为十分复杂,既有环境因素,又有心理因素,还有大量的社会因素。这些来自各方面的因素,并非都是可观察、可测量的,也不是简单的刺激与反应。比如,许多"异形同义"的语句会引起相同的反应,而"同形异义"的歧义结构,则是一种刺激引起不同反应。各种修辞意义的学习,也绝非简单的刺激—反应论所能解释的。

第三,强化虽然是儿童学习语言的一种重要方式,但绝不是唯一的方式。语言的单位和规则是有限的,但是由这些单位和规则所生成的句子却是无限的。成人不可能对这些无限的句子都给出强化反应。而且,在儿童语言发展的自然环境中,成人比较关注的是儿童语言内容的正确性,而不是语法结构的正确性。罗杰·布朗等人观察记录了成人和儿童的交谈情况,发现成人通常对儿童语句中的语法错误并不介意,而关心的是语句内容的真实性,只要内容真实,即使语法错误,也会得到强化。如一个 3 岁多的儿童对自己的母亲说"He a girl"(他是一个女孩),孩子的母亲回答"That's right"(对了),而并没有纠正其语法上的错误。但当孩子指着灯塔说"There's the animal farmhouse"(这里是一个养动物的农舍)时,虽然语法结构正确,但是内容不对,母亲就立即给以纠正。布朗的例子说明,成人对儿童语言行为的强化并不完全是合适的。人的语言具有其独自的特点,如创造性,即儿童不可能一句句地学成人的话,儿童说出的话,常常是形式上与成人的话相同,实际上却有其特殊的含义。

## 三、中介说

### (一) 中介说的基本观点

中介说又称传递说,是为解决传统的刺激—反应论的简单化缺陷而提出的一种改良主张。美国加利福尼亚大学心理学教授、行为主义的代表人物之一的汤勒曼,早在1935年就提出了"中介变因"的概念,后来,一批有影响的心理学家或心理学语言学家,如莫勒、斯塔茨等人,把这一概念创造性地应用到儿童语言的研究中,形成"中介说"。中介说在行为主义传统的"刺激—反应"的链条中,又增加了"传递性刺激"和"传递性反应"的中介。

斯塔茨在探讨一个人的语言如何形成时说,一个词或一句话都可以具有刺激的性质,可以诱发出条件反应。比如,听到"他病了",就会联想到"他躺在床上""他去看医生""他打针吃药"以及猜想他生病的原因等。这种隐含的反应又可以成为刺激,引起新的反应等。在外显的刺激和反应中间,有一系列由因联想而引起的隐含的刺激和反应所构成的中介体系。这种中介体系说明了刺激和反应的传递性。

莫勒曾经指出,在"Tom is a thief"(汤姆是个小偷)这个句子中,"thief"(小偷)这个词,能引起关于小偷的性质的联想,而这种联想,又会引起看管好自己的钱包之类的反应;并且这个词所引起的反应,会传递给"Tom"(汤姆),即当人们听到"汤姆"这个名字时,就会引起类似于听到"小偷"时的各种反应。

### (二) 对中介说的批评

中介说在刺激与反应之间加上了传递性刺激和传递性反应的中介,以此来解释客观环境怎样通过语言作用于人,语言怎样表现当时当地的事物,新的语言怎样创造出来并被理解等,都是传统的刺激—反应论所不能解释的问题。同时,中介说利用传递性刺激和传递性反应进一步解释儿童是怎样通过一系列的刺激—反应链条学会语言的,这是一大进步。但是由于中介说不愿放弃刺激—反应的基本模式,因此还有许多不能自圆其说的地方。正如当代美国的心理语言学家福多尔所批评的那样:

传递性反应不一定是在刺激的作用下直接产生的。很多人在没有看见过小偷之前,就能从间接经验中获知小偷是什么角色。

传递性反应也不一定能够成为隐含的刺激,引起新的反应。比如,如果人们不相信"Tom is a thief"(汤姆是个小偷)说的是事实,就不会对这句话或是对"汤姆"这个名字产生中介说所说的那种反应。

在"Tom is a thief"（汤姆是个小偷）这句话中，为什么对于小偷的反应会传递到汤姆身上，中介说没有从句子的本质上给以解释。

一般认为，行为主义框架下的后天环境论，是一种过时的陈旧理论。但是从以上的讨论中可以看到，这些理论中也包含有许多合理的成分，对它们一概否定并不是科学的态度。而且这一类型的理论也在自己的研究和他人的批评中，不断地修正和发展，由机械模仿说到选择性模仿说和强化说，再到中介说，都增加了一些新的内容，为这一传统的学说灌注了新的活力。一些新形成的学说，也从中汲取了许多营养。

## 第二节 先天决定论

先天决定论者，强调人的先天语言能力，强调遗传因素对儿童语言发展的决定性作用，忽视乃至否定后天环境因素的影响，与后天环境论针锋相对。这方面较有影响的理论主要是先天语言能力说和自然成熟说。

### 一、先天语言能力说

先天语言能力说又称"转换生成语法说"，主要是由乔姆斯基在其《句法结构》一书中提出的。他认为，决定儿童能够说话的因素不是经验和学习，而是先天遗传的语言能力，这里的语言能力指的是语言知识，即普遍的语法知识。

#### （一）乔姆斯基的基本观点

同后天环境论者的观点相反，先天语言能力说认为，儿童"是自然界特别制造的小机器，是专为学语言而设计的"。乔姆斯基注意到以下的事实：儿童掌握本民族的语言异常迅速、极其完善，也极富创造性；尽管语言环境不同，但世界各民族儿童获得语言，尤其是句法结构的顺序基本一致，时间也大致相同；尽管各种句子的形式不一样，但它们都有着共同的普通语言的基本形式，即语法结构。据此，乔姆斯基提出了自己的理论假设：儿童大脑中有一种受遗传因素决定的先天的语言获得装置（Language Acquisition Device，简称 LAD），其中包含两样东西：(1)一套包括若干范畴和规则的语言普遍特征；(2)先天的评价语言信息的能力，它为这套普遍的语言范畴和规则赋上各种具体语言的值。

儿童获得语言的过程，就是为普遍的语言范畴和规则赋值的过程。儿童听到一些具体的语言，首先根据语言的普遍特征对某一具体的语言结构提出假设，接着运用评价能力对假设进行验证和评价，从而确定母语的具体结构，即为语言的普遍范畴和规则赋上具体的值并获得语言能力。

LAD的工作程序说明，先天语言能力说把儿童的语言获得看作是一个演绎的过程。这种学说并不完全否认后天语言环境的作用，但是对于后天语言环境的作用却看得非常之小。后天语言环境只是起到触发LAD供过于求的作用。LAD利用少量的后天接触到的具体语言材料，就可以像知识渊博的语言学家那样，从输入的语言素材中发现规律，从而获得语言。

儿童语言的获得，是儿童通过自己的LAD的活动实现的，即以生来就有的普遍语法为依据，对所接受的具体的原始语言素材进行处理，并逐步形成一种个别的语法能力。在此过程中，儿童能发现语言的深层结构（显示基本的句法关系，与语义相联决定句子的实质性意义），以及将其转换为表层结构（用于交际时句子的形式，与语音、表达形式相联）的转换规则，因而能产生和理解无限多的新句子，创造性地使用语言。

先天语言能力说把儿童获得语言描绘为一个积极主动、充满创造性的过程，而不像后天环境论者，把儿童看作只会对刺激发生反应的被动模仿者。儿童获得的不是一句一句具体的语言，而是关于语言的一系列规则。这一系列具体的规则，能够使儿童听懂他从未听过的话，能够让儿童具有生成他从未听过的语言的能力。儿童在获得语言的过程中所使用的特有的句法现象，就是儿童创造性的最明显的体现。

LAD的活动有一个临界期。过了这个临界期，LAD就会退化。所以，成人学习语言的能力不如儿童；儿童能在较短的时期内获得语言，没有LAD是不可想象的。像狼孩、猪孩等一些特殊的儿童，在临界期前没能使LAD发挥作用，当他们被发现以后，尽管为他们提供了学习语言的机会，但是也不能够再顺利发展他们的语言了。

### 拓展阅读

#### 乔姆斯基简介

艾弗拉姆·诺姆·乔姆斯基博士（Avram Noam Chomsky, 1928— ），或译作"荷姆斯基"，我国台湾地区常译作"杭士基"，是麻省理工学院语言学专业的荣誉退休教授。乔姆斯基的生成语法被认为是20世纪理论语言学研究上的重要贡献。他对斯金纳所著《口语行为》的评论，也有助于发动心理学的认知革命，挑战了1950年以来研究人类行为和语言方式中占主导地位的行为主义。他所采用的以自然为本来研究语言的方法极大地影响了语言和心智的哲学

图3-2 乔姆斯基

研究。他的另一大成就是建立了乔姆斯基层级:根据文法生成力的不同而对形式语言进行分类。

《句法结构》是乔姆斯基介绍转换生成语法的《语言学理论的逻辑结构》一书的精华版。这一理论认为说话的方式(词序)遵循一定的句法,这种句法是以形式的语法为特征的,具体而言就是一种不受语境影响并带有转换生成规则的语法。儿童被假定为天生具有适用于所有人类语言的基本语法结构的知识。这种与生俱来的知识通常被称作普遍语法。

### (二) 对先天语言能力说的批评

先天语言能力说在20世纪60年代提出后,一时间震撼了美国语言学界和心理学界,被称为"语言学的革命",掀起了研究儿童语言获得的热潮,从根本上改变了行为主义的儿童被动模仿的看法,注意到了儿童获得语言的先天因素和儿童的主动性、创造性。这一学说对于儿童语言获得过程中所出现的"过分概括"等现象,可以给出较为简便的解释,因此是具有一定的理论价值和学术史意义的重要学说。但是,先天语言能力说也受到了不少批评。这些批评可以归纳为以下几个方面。

第一,乔姆斯基的理论是思辨的产物。人脑中是否存在一个如乔姆斯基所说的那种由语言普遍特征和先天的语言评价能力构成的LAD,是一个无法证明的假设。

第二,过于低估后天语言环境的作用。许多研究表明,儿童各阶段语言的发展,同成人与儿童交谈的语言有正相关的关系。我们在研究成人同儿童交际的语言问题时曾经发现:成人同儿童交谈的语言,在复杂程度上具有略微的"超前性",就会对儿童的语言起着向导作用。

第三,史莱辛格对儿童生来具有LAD这种普遍的语言范畴和规则提出了反证。史莱辛格让聋童看几幅内容不同的画:人把猴子给狗熊,狗熊把猴子给人,猴子把人给狗熊等。他要求被试者用手势语来表达画的内容,目的是考察这些对自然语言毫无所知的聋童是否具有一些最基本的语法范畴。实验结果表明,这些儿童的手势语没有英语中的那些语法关系。聋童只是因听力障碍而不能获得有声语言,但他们仍然能学习语言。这说明儿童生来并不具有如乔姆斯基所说的普遍语法范畴。而且,如果说儿童生来就具有这些范畴的话,就不会在获得语言的过程中出现儿童特有的语言现象,因为这些特有的语言现象并不在乎人类的普遍语法。

第四,先天语言能力说非常强调儿童本身在获得语言过程中的主动性和创造性,但既然人类生来就拥有一套现成的、可以规定本民族语言如何理解和产生的普遍语法规则系统,就无需儿童本身再作什么探索和发现了。这无异于是从和行为主义相对立的另一个极端来否定儿童在语言获得中的主动性和创造性。乔姆斯基把儿童学习语言的过程看得过于容易。事实上,儿童学说话是一个较为艰难的过程,不仅有大量的错误,而且所花费的学习时间是非常长的。著名的加拿大语言学家麦基在他的被称为语言教学研究的圣经的《语言教学分析》一书中指出:"马蒂估计,学校用于教第二语言的课时数,平均每年为 250 小时;而在家里学习第一语言,一个人一年大约能花 5000 个小时。马蒂的估计如果可信的话,如果一个孩子需要 5 年才能掌握第一语言的话,那么,他所花费的时间是 25000 个小时。这个数字就足以说明,儿童语言的获得绝不是一件轻而易举的事情。"表面上看,先天语言能力说很强调儿童在语言获得过程中的主动性和创造性,但实际上,他们对于儿童的主动性和创造性是估计不足的。

## 二、自然成熟说

自然成熟说是由美国哈佛医学院心理学家勒纳伯格提出的一种儿童语言发展的理论。勒纳伯格的基本主张如下。

### (一)语言能力的先天性

1967 年,勒纳伯格发表了他的重要著作《语言的生物学基础》。在该书中,他提出六条标准,用来鉴定一种能力是先天的还是后天的:这种行为在需要之前就出现了;它的出现不是主观决定的;它的出现不是靠外部原因激发的;获得这种行为往往存在"关键期";直接教授和反复训练对这种行为的获得影响甚小;它的发展具有阶段性,通常与年龄和其他方面有关。如果某种行为符合如上六条标准,就可以说是与生俱来的。勒纳伯格证明,语言行为完全符合这些标准,因此是先天性的。

### (二)语言能力的自然成熟

勒纳伯格同乔姆斯基等人一样,也赞成先天说,但是,他的理论基础却是生物学和神经生理学。他把儿童语言的发展看作是一个受发音器官和大脑等神经机制制约的自然成熟的过程。语言是人类所特有的,人类具有一种先天的潜在语言结构,有适合语言的生物学基础。语言是人类大脑机能成熟的产物,当大脑机能的成熟达到一种语言准备状态时,只要受到适当外在条件的激活,就能使潜在的语言结构状态转变成现实的语言结构,语言能力就能显露,儿童的语言也就逐渐发展成熟。不同民族儿童的生理发展是相似的,所以其语言的发展过程和速度也是相似的,儿童生理的发展是由遗传因素决定的,语言获得也是由先天遗传因素决定的。

### (三)语言发展的关键期

勒纳伯格认为,语言既然是大脑功能成熟的产物,语言的获得必然有个关键期,约从 2 岁左右开始到青春期(11—12岁)为止。他指出儿童在发育时期,语言能力受大脑右半球支配。在成长过程中,语言能力要从右半球转移到左半球,即大脑的侧化。侧化一般发生在 2—12 岁的关键期。在大脑侧化之前,如果左半球受损,语言能力就留在右半球;如果在侧化之后左半球受损,就会失去语言能力。

神经外科医生彭菲尔德的研究也支持语言发展的关键期学说。彭菲尔德说,人脑不是事先安排好程序的计算机,而是活着、成长着、变化着的器官。人类头部两边太阳穴的脑叶有一大片皮质,这在出生时是没有固定的功能的,到后来才变为专司语言和知觉的器官。到了 10—12 岁,脑子里的语言中心就固定在一个地方,再也转移不了了。

语言发展关键期学说可以解释为什么成人语言学习的能力不如儿童,为什么像狼孩这样的兽孩被发现之后,语言能力不能得到顺利发展。但语言的关键期究竟在几岁,关键期对于语言学习的影响究竟有多大,仍然是众说纷纭的问题。

勒纳伯格的自然成熟说和乔姆斯基的先天能力说有许多相似之处,他们都否定环境和语言交往在语言发展中的重要作用,他的潜在语言结构和现实语言结构与乔姆斯基的普遍语法和个别语法也较为相似。这种理论无法解释为何生活在不同语言社会的儿童会获得不同的语言系统,能听、说不同的语言,也无法解释本身听力正常而父母聋哑的儿童为什么不能学会正常人的口语,而只能使用聋哑人的手势语。

日本医生角田信男用了 15 年的时间,研究脑的左右两半球的支配问题。最终他发现,人类大脑两半球对语音刺激的支配方式是受本民族语言影响的结果。他发现日本人和波利尼西亚人的右耳(左脑)对元音和音节起支配作用,而其他人则是左耳(右脑)对元音起支配作用,右耳(左脑)对音节起支配作用。因为日语和波利尼西亚语有一个共同点,即两者都有大量的词是单由元音组成或由两个和两个以上的元音与辅音组成的。在这些元音占优势的语言中,元音在识别单词和句子中的作用和辅音一样重要。因此,元音是在他们的左脑,即言语半球进行处理的。在日本人中,与感情有关的声音是在左脑进行处理的,左脑这一半球的支配作用,随着讲话能力的提高而牢固地确定下来。由此看来,造成人脑两半球对声音支配方式不同的原因,显然是听觉和语言环境因素,而非遗传因素。以上无疑是对自然成熟说提出了一个严重挑战。

## 第三节 先天与后天相互作用论

无论是后天环境论还是先天决定论的观点,都是较为极端、激进的。他们要么只强调后天因素而否定或忽视先天因素,要么只强调先天因素而否定或轻视后天因素,两者都难以对儿童的语言获得作出满意的解释。以皮亚杰为代表的一派提出先天与后天相互作用论,他们主张从认知结构的发展来说明语言发展，认为儿童的语言能力仅仅是大脑一般认知能力的一个方面，而认知结构的形成和发展是主体和客体相互作用的结果。

## 一、皮亚杰的认知说

相互作用论者以皮亚杰的认知说为理论基础，认为儿童的语言发展是主客体相互作用的结果。

### （一）认知说的基本观点

**1. 语言是儿童许多符号功能中的一种，符号功能是指儿童应用一种象征或符号来代表某种事物的能力**

语言同延迟模仿、象征性游戏、心理表象等符号功能一样，都出现在感知运动阶段的末尾，即约一岁半到两岁之间。儿童在开始发出语音时，是把一个事物的"名称"当作它不可分的一个部分来对待。随后发展到能用语词陈述那些当时不在眼前的事物，能把作为符号的语词和被标志的事物加以区分，再把语词当作事物不可分的一部分，接着便开始有了语言。

**2. 认知结构是语言发展的基础，语言结构随着认知结构的发展而发展**

由于儿童的认知结构发展顺序具有普遍性，相应地儿童的语法结构发展顺序也具有普遍性。

**3. 个体的认知结构和认识能力是不断发展的，它来源于主客体之间的相互作用**

知识在主体作用于客体的活动中形成，动作是一切知识的源泉。皮亚杰学派认为人的活动最初来源于一些本能动作（如婴儿的吮吸和抓握等动作），这些单个动作逐渐协调起来就构成了动作的结构，婴儿一旦产生动作格式，马上就会利用这个工具改造周围事物，如把吃奶的动作加以推广，出现了吃手指、脚趾、咬衣角、被角，甚至咬妈妈的乳头等，他们吃一切能被他们抓到的东西，皮亚杰认为这就是同化。

**4. 儿童的语言结构具有创造性**

皮亚杰认为，儿童不是通过被动模仿来掌握遣词造句的规则的，他们在造句时不仅有概括性的同化作用，而且还具有创造性。

### （二）对认知说的批评

皮亚杰学派从主客体之间的相互作用来说明儿童认识能力和语言能力的发展，有其合理的地方。但在他们过分强调认知发展是语法发展的基础时，必然要遇到认知发展和语言发展的关系是否是直接的和单向的等难题。

认知说虽然是当前儿童语言学中较有影响的理论，但是，这种学说由于不是专门为解决儿童语言获得提出的,所以尽管有斯洛宾等人的创造性的应用和发展,但是要真正弄清儿童认知水平的发展与语言结构的发展之间的关系,还需要做大量的工作。而且关于这两种发展是否平行,也还缺乏足够的证据。语言发展受诸多因素的影响,过分强调认知这一个因素,未免太片面。此外,认知说只强调认知发展对语言发展的影响,而忽视乃至否定语言发展对认知发展的影响,这种"单向"影响的看法,也已经受到越来越多的批评。

## 二、规则学习说和社会交往说

当前一批学者的研究倾向是博采众长。他们承认语言发展受到先天的、后天的多种因素的影响,这些先天的能力和社会的、认知的、语言的诸多因素是相互依赖、相互作用的,是互为因果的,而且认为语言发展在很大程度上是语言规则的获得。

在对各种理论兼收并蓄和进行发展的过程中,由于吸收的方式和强调的重点不同而表现出不同的倾向。这些不同的倾向可以用规则学习说和社会交往说来概括。

### (一) 规则学习说

规则学习说是在乔姆斯基和行为主义的双重影响下形成的一种儿童语言发展理论。这一理论的提出者和赞同者主要有布朗、弗拉瑟、伯科等学者。

规则学习说认为,儿童具有一种理解母语的先天处理机制,但是,这种机制主要是一种学习和评价的能力,而不具有如乔姆斯基所说的语言普遍特征。儿童学习母语是一个归纳的过程,而不是一个演绎的过程。儿童用先天的语言处理机制,通过对语言输入的处理归纳出母语的普遍特征和个别特点。

儿童的语言学习主要是对规则的学习。因此在儿童语言发展的早期,还有许多过分概括的现象。对规则的归纳,凭借的是工具性的条件反射,是刺激—概括的学习过程,是先天因素与后天因素的相互补充和相互影响。

规则学习说同行为主义的最大不同,是它强调儿童的语言学习有先天能力的存在。它与乔姆斯基学说的最大不同,是认为在儿童学习语言的先天能力中,不包括语言的普遍特征;语言学习是一种在先天能力参与下的条件反射,对语言的学习是归纳的而不是演绎的。

### (二) 社会交往说

社会交往说是布鲁纳、贝茨等学者的理论主张。他们认为语言获得不仅需要先天的语言能力,而且也需要一定的生理成熟和认知的发展,更需要在交往中发挥语言的实际交际功能。因此,他们特别重视儿童与成人语言交往的实践,并认为儿童和成人语言交际的互动实践活动,对儿童语言的发展起着决定性的作用。

社会交往说还认为,社会交往几乎可以看作是儿童的一种天性。儿童在会说话之前,就已经能用体态与成人交际,并听懂一些成人的话语;在单词句和双词句阶段,儿童以语言、体态或者语言体态相结合的方式作为交际手段;最后过渡到可以完全用语言进行交际。

规则学习说和社会交往说是比较有前景的理论。但是,由于这两方面的研究工作还没有全面展开,所积累的材料有限,所以其学说的系统性还不够,还需要进一步的发展和完善。

## 第四节 全语言理论

全语言教育,也称之为整体语言教育,是近年来语言教育当中较重要的一种理论思潮,它兴起于20世纪80年代的一种教育哲学,提出了涵盖学习、语言、课程、教师和教学等方面的较为系统的见解,曾引发了美国等英语系国家教育观念的转变。

**拓展阅读**

### 全语言的思想渊源

表 3-1 全语言的思想渊源

| 年代 | 思想家理论和研究领域 | 与全语言相关的理论重点 |
| --- | --- | --- |
| 17世纪 | 夸美纽斯 | 要提供实际参与的机会以促进有效的学习,让学习者主动活跃地介入学习活动中,并将所学的和过去的经验同已有的知识相联系。 |
| 18至19世纪 | 卢梭 | 建立儿童中心的基本哲学观,尊重儿童和他们的想法,认为经验是知识的来源。 |
| 18至19世纪 | 裴斯泰洛齐 | 平等重视来自不同背景的学习者,为其争取对等的教育权利。反对直接教导、灌输、干预的教师角色,视教师为供应者、促成者和观察者,是学生的学习伙伴,是学习社群成员之一。主张学校的生活和环境要与家庭的相近,近似全语言主张学校内的学习历程尽量接近学校外的学习。 |
| 20世纪初至21世纪60年代 | 进步主义:杜威 | 学习者是课程发展的中心,课程应与儿童的生活和经验融会贯通;学习即以问题解决的方式重整经验;强调省思在教学中的意义和重要性。 |

续表

| 年代 | 思想家理论和研究领域 | 与全语言相关的理论重点 |
|---|---|---|
| 20世纪20年代 | 英国幼儿学校美国儿童研究 | 持儿童中心的哲学观。教学要尊重并考量儿童的发展特质，活动的发展要跟随儿童，课程的安排要以儿童既有的经验为起点，由此延伸扩展。提供给儿童游戏机会，以之鹰促进儿童的心智发展和学习。提供选择让儿童可以按个别兴趣、能力探索。 |
| 20世纪30年代至20世纪60年代 | 读者反应理论：罗森布拉特 | 认为读者在阅读过程中扮演了活泼有动力、有策略的主动角色，根据自己的相关知识，从文本中持续尝试组构自己的意义和观点，与文本有反复来回的互动，提出了所谓"交易"的创造性见解。 |
| 20世纪70年代 | 学习、思考、语言发展理论：维果茨基 | 社会导向的学习理论，指出社会情境对个体学习的影响，以及教师和同侪在学习中所扮演的建设性角色，特别指出儿童语言和思考的发展，都被其所在社会环境中的他人所支持、影响。 |
| 20世纪60年代 | 认知理论：皮亚杰 | 儿童对外在世界的了解是个建构的过程，而非接受他人传递的结果，他们主动地与外在人事物互动，从而建立其思考类别，进行他们的概念化历程，强调儿童在学习过程中的主动角色。 |
| 20世纪60年代 | 阅读理论和研究：古德曼 | 阅读不是一对一符号的解码，而是复杂得多的心理历程。阅读时意义的建构过程中，读者和文本及语言之间持续地互动，读者运用已有的语言知识、文本及自己经验所提供的资讯，主动地进行取样、预测、确认，或更正，再确认所预测的，以建构文意。阅读的主动权在读者，所有阅读中所出现的差异，都有其发展和策略使用上的意义。 |
| 20世纪20年代 | 社会语言学：韩礼德 | 儿童语言的使用是功能性的，情境对语言使用和学习具有影响力，语言学习是建立社会意符系统的历程，而语言的学习、事物的学习和语言知识的学习三者是同时发生的。 |
| 20世纪60年代至20世纪70年代 | 语言经验活动 | 为学生提供各种不同的学习经验，看重语言在经验活动中的角色，让学生在活动过程中能充分使用听、说、读、写，一方面充实经验内容，一方面增加听、说、阅读和写作的机会，以促进语言发展。 |
| 20世纪60年代至20世纪80年代 | 儿童文学 | 以包括文学在内的各类出版物和真实书面材料支持学生的探索活动，看重文学所能提供给学习者的学习经验。 |
| 20世纪70至20世纪80年代 | 写作理论和研究 | 写作是一个意义建构的过程，也是社会性历程。从学习者的角度出发，鼓励教师以建设性的态度看待学生的错误，相信他们有主动建构知识的能力。 |

续表

| 年代 | 思想家理论和研究领域 | 与全语言相关的理论重点 |
|---|---|---|
| 20世纪70年代至20世纪80年代 | 读写萌发理论和研究 | 儿童的口头语言和书面语言的发展过程是类似的,他们在进学校接受正式教学之前已是书面语言使用者,他们已在主动建构语言知识,具备读写能力,而他们对语言功能的认识要先于语言形式的发展,读写是他们社会参与的一种途径,环境和情境都是重要支持要素。 |

(资料来源:肯·古德曼著,李连珠译:《全语言的全——全在哪里》,南京师范大学出版社2005年版)

全语言最初用于美国中小学校教授本民族的语言艺术及其阅读教学,后来又逐渐运用到幼儿教育领域,并产生了巨大影响。20世纪90年代以来,全语言教育的思想逐步影响我国。

**拓展阅读**

### 全语言是什么

全语言是一种教育哲学观、一种观点、一种立场、一些信念、一些态度。

全语言是一种组织教室的方式。

全语言是一种促成学习的态度——提供选择、由学习者拥有、以培养学习策略及解决问题能力为主、提倡合作、鼓励冒险。

全语言是一种看待学习者的态度——尊重、信任;培养独立、自主;期望成长;相信每一个学习者都在发展中,并促成其发展。

全语言是对学习材料的坚持——要求完整、真实、相关。

全语言是对教师的认可,肯定其专业、省思、成长、主权。

全语言是一种赋权的历程——行政主管对教师赋权、教师对学生赋权。

全语言是民主的学习社群运作的方式。

全语言是恢复人类学习本质的呼吁,要学校内的学习和学校外的学习一样自然、容易。

(资料来源:李连珠著:《全语言教育》,心理出版社2008年版)

全语言是一种教育哲学观念，是关于语言和语言学习、学习者和学习、教师和教学、课程的一些观点和信念，是对教育、教育历程及其相关的个人与群体的新的思考方式。该理论认为应该视学习者为一个完整的个体，并且在整体的情境中，通过语言学习所有要学习的事物，应保证儿童语言学习目标和内容的完整性。

### （一）儿童的语言学习是整体性的学习

全语言教育的倡导者指出，语言是一个整体，不应当被拆解为语音、词汇、语法、句型，把语言分割成一个个独立的成分，会使语言丧失完整性。古德曼认为："学校把完整的（自然的）语言，拆成抽象而细碎的小片段，认为幼儿学习简单细小的事物会学得比较好。这样的想法，乍看似乎很有道理，于是我们把语言拆成单字、音节及单独的语音。不幸的是，这么一来，我们也同时把语言变成了一些与儿童的需要和经验无关的抽象事物，而忽略了语言最重要的目的——意义的沟通。"另一位美国全语言教育思想的研究者杰纳西也持同样观点。他强调语言教学应从整体着手，听、说、读、写应同时教。语言中的音、部首、字、词、片语、子句和句子都是语言的片段，而片段的综合永远不等于整体。

### （二）儿童的语言学习应当回归真实世界

全语言教育希望学校的语言回归真实世界，将传统的教科书、作业本束之高阁，让儿童通过读写日常生活中的事物学习阅读和书写。古德曼指出，有效的语言学习不是"正确的"或者是"标准的"，而是连接个人生活经验和社会的学习。"只有当孩子必须使用语言来满足自己的需求时，学习才有目的，才能发挥功用。"全语言教育认为，幼儿的语言主要是在一定的情境中使用而获得发展的，成人有目的、有计划教育的作用居于第二位。

### （三）儿童的语言学习应与其他领域的学习融合在一起

全语言教育的新观念告诉人们，人的学习是符号的学习。从早期语言教育的角度来看，语言既是幼儿学习的对象，也是幼儿学习其他内容的工具。在语言学习中应运用艺术、戏剧、音乐、舞蹈等形式，或者将语言学习整合到主题单元中来进行，这些主题单元可围绕多领域来选择。这种打破学科界限的学习，不仅有利于儿童的语言学习，而且有利于儿童其他相关领域内容的学习。

### （四）儿童的语言学习是开放而平等的学习

在全语言教育观念中，教师和儿童是构造愉快学习过程的共同体。全语言的出发点是儿童本位，全语言认为应让儿童拥有学习语言的主动权，让幼儿成为学习的主角，拥有足够的自由和空间。在教育活动中，儿童和教师是合作学习关系，幼儿教师的责任是为儿童创设一个良好的语言学习环境，并在儿童之间营造一个非竞争的学习共同体。

**拓展阅读**

## 全语言教育思想对我国幼儿园语言教育的启示

全语言教育虽然没有提出固定的模式和方法,但是这种教育理论思潮的观念和原则却在近年来的幼儿语言教育中得到了推广和应用,对当前我国幼儿园语言教育教学的改革起到了积极的推动作用。全语言教育理念对我国幼儿园语言教育具有如下启示。

**(一)幼儿园语言教育应该是完整的、全面的**

全语言认为,幼儿园语言教学应是完整的、全面的。幼儿语言教育的完整目标应该包括听、说、读、写等方面的情感态度、认知和能力的发展。幼儿园语言教学中存在着一些误区,如让幼儿机械地识字,单纯地阅读,片面地将早期阅读与"读写汉字"等同的现象,这不利于幼儿语言的学习和幼儿的整体发展。《幼儿园教育指导纲要(试行)》也提出,将儿童的早期阅读能力培养纳入幼儿园语言教育的目标,在重视儿童听、说等口头语言能力培养的同时,要利用图书、绘画和其他多种方式,引发幼儿对书籍、阅读和书写的兴趣,培养前阅读和前书写技能。因此,幼儿园语言教育既要引导幼儿学习口头语言,也要学习书面语言;既要幼儿理解和运用日常生活用语,也要引导幼儿学习文学语言,而且应是听、说、读、写各方面的学习。

**(二)幼儿语言教育活动的过程应是真实的**

全语言教育强调将读写建立在幼儿的语言基础和个人经验之上,主张教学要贴近幼儿,贴近幼儿的学习基础和背景知识,教师和儿童应共同参与语言活动。教师要重视为幼儿提供能动脑、动口、动手的生活环境和学习材料,创造条件,使幼儿成为主动的语言学习者;教师以主题整合各领域学习内容,让幼儿在学习各领域知识的同时,发展语言能力,即将语言的学习融合在各领域学习之中;教师要重视通过日常生活和游戏发展幼儿的语言能力,寓教育于生活、游戏之中,创设一个自由、宽松的语言交往环境,支持、鼓励幼儿与教师、同伴交往。

**(三)采用多样化的形式开展幼儿园语言教育**

幼儿园语言教学应采用多种多样的形式,包括正规的语言教学活动、非正规的语言教学活动(在游戏活动、户外活动中进行的语言活动)、随机的语言活动(随时、随地的语言教育活动)等。其中,语言游戏活动是比较重要的语言教育活动类型。全语言教育重视幼儿在运用语言的过程中、在真实的读写实践中学习语言,而游戏对幼儿来说是最有意义的、最真实的实践。幼儿在游戏中与同伴接触和交往,产生语言交往的迫切要求,提高幼儿学习语言的兴趣,游戏中又常有新的情境和新的需要,从而锻炼和丰富了幼儿的创造性语言。

**(四) 幼儿园语言教育应与其他领域的活动相整合**

全语言教育思想认为,语言能力培养并非只有在语言领域中可以进行,其他领域也可以对幼儿进行语言表达能力的培养。幼儿园语言活动应注重在其他各领域中对幼儿进行语言表达能力的培养。教师应充分挖掘各领域活动中有利于语言教育的因素,在设计和组织各领域教育活动时,把语言教学与其他诸如社会、数学、音乐、美术等领域整合起来,以跨学科的方式,以某一主题为单位,把听说读写与各学科统整起来实施综合性教学。总之,由于全语言本身的理念符合语言学习自身的规律,符合幼儿学习语言的规律和特点,必将对我国的幼儿园语言教育教学产生越来越大的影响。

(资料来源:马雪琴:《全语言教育理念及对我国幼儿园语言教育的启示》,《大庆师范学院学报》2012年第1期)

 **本章练习题**

1. 试归纳不同学派有关儿童语言获得的理论。
2. 试述儿童语言获得关键期理论对促进儿童语言发展的启示。

# 第四章　0—3岁儿童语言的发展与教育

 **学习目标**

1. 理解0—3岁婴幼儿语言发生发展的阶段和特点。
2. 掌握促进0—3岁婴幼儿语言发展的教育对策。

0—3岁是婴儿出生的头三年,是他们在心理、动作、语言等方面发展最为迅速的阶段。他们在各方面的发展变化可以说是日新月异、突飞猛进的,更是显而易见的。从只能躺到会坐、爬、站,再到走、跑、跳等一系列大动作的发展,从只能咿呀学语到用语言与人交流,从什么都不懂到逐渐明白事理,婴儿在这三年里任何细微的进步和变化,都会使人感到振奋。

3岁前儿童语言的发展,是一个连续的、有次序的、有规律的过程,也是不断地由量变到质变的过程。在这里,婴儿语言的发展是指婴儿对母语的理解和表述能力的发展。母语往往是人们掌握的第一语言。在婴儿期,除了个别儿童有严重的学习语言障碍以外,一般婴儿均能成功地学会母语口语。

关于婴儿语言的发展,近几十年来学界掀起了研究的热潮。有人认为,婴儿语言的发展是先天决定的,如第三章中所提到的自然成熟说、先天语言能力说;有人认为是后天决定的,如模仿说、强化说等。这两种观点都较为极端和激进,它们要么只强调后天因素而否定或忽视先天因素,要么只强调先天因素而否定或忽视后天因素,所以都难以对儿童的语言发展作出令人满意的解释。我们认为,儿童语言发展是在生物的(先天)和社会的(后天)因素相互作用下发展起来的,后天的环境和教育的影响将起决定性作用。

儿童语言发展是一个动态的概念,有一个发生和发展的过程。根据语言系统的发展和语言运用能力的发展相结合的标准,儿童语言的发展可以划分为既有质的差异又相互关联且时有交叉的三个阶段:0—1岁是婴儿言语发生的准备阶段,又称为前言语阶段;1—2岁是婴儿开始进入正式的学说话的阶段,当婴儿讲出第一批有真正意义的、具有概括性的词时,标志着婴儿开始发生言语,又称为言语发生阶段;2—3岁是婴儿基本掌握口语的阶段,这一阶段将持续到入学前。3岁前儿童语言发展阶段的划分不是绝对的,每个阶段又可以以它新的质的特点划分出若干子阶段,并与其他阶段相区分。对不同的儿童来说,每个阶段发展的早晚既有普遍性又有差异性。

## 第一节　0—1岁儿童语言的发展和教育

人的语言不是从会说话的那天开始的,儿童自呱呱坠地起便开始学习语言。从出生到一岁半左右的语言学习,为儿童正式的语言运用做好了准备。可以说,出生后的第一年是儿童言语发生的准备阶段,我们称这一阶段为前言语阶段。

儿童的前言语阶段,是一个在语言获得过程中的语音核心期。围绕着语言最外在的实际显现——语音,儿童发展了三方面的能力,即前语音感知能力、前语言发音能力和前语言交际能力。这三方面能力的获得,使儿童得以进入下一个运用语言去学习和交往的阶段。

在前言语阶段儿童感知语音的能力是他们获得语言的基础。应当说,正常儿童在这段时间内不仅能够听到声音,而且还以某种能够帮助自己语言学习的方式去感知语言。除了大量地获得感知语言的经验以外,在出生之后的一年时间里,儿童语言学习的另一种主要现象是前言语发音。儿童尝试掌握本民族语音的发音能力,是他们为正式使用语言与人交往所做的另一番准备。前言语发音是指儿童正式说话之前的各种语音发声,类似于说话之前的语音操练。许多研究结果表明,在0—1岁的前言语阶段,儿童自第一声啼哭到咿呀学语做好说话的准备,其间经过了大量的发音练习,这个过程大致可以分为三个阶段。

### 一、简单音节阶段儿童语言的发展和教育(0—3个月)

婴儿的发音是从反射性发声开始的,哭叫是婴儿第一个月主要的发音。在这个月内,婴儿学会了调节哭叫声的音长、音量和音高,能用几种不同的哭叫声,表示他们不舒服、叫人来或要吃奶等不同要求。

#### (一)语言发展的特点

**1. 听觉较敏锐,对语音较敏感,具有一定的辨音水平**

在婴儿刚来到世界的这段日子里,他们对环境中的各种声音非常感兴趣。正常的婴儿首先运用他们具备的听觉器官去捕捉周围的各种信息,并且迅速地学会了捕捉话语声音的方法,听觉已经相当敏锐。婴儿听辨声音的能力究竟是何时发生的,自从100年前发展心理学的开山鼻祖普莱尔提出"一切婴儿刚刚生下来时都是耳聋的"看法以来,一直是个充满争议和具有魅力的话题。

近年来国内外的一些研究均表明,早在胎儿期5—6个月,胎儿就具备了听觉。黄平治在谈及子宫内的胎儿是否有感觉时指出:胎儿内耳在妊娠中期已完全发育,可对各种声音起反应。在子宫内,胎儿经常被很响的声音所包围,如子宫动脉节律性的血流声被母亲肠内的空气所加强;胎儿对子宫外的声音,如猛烈的关门声或响亮的音乐等均可发生反应。胎儿也可听见成人所听不到的极高或极低的频率,低频率的声音可抑制其活动,而高频率的声音可加强其活动。另外,也有研究发现:胎儿在腹中的时候特别喜欢听爸爸低沉、浑厚的声音,甚至出生后当宝宝哭闹不止,妈妈束手无策时,爸爸轻轻抚摸或哼唱熟悉的歌曲,能很快让宝宝安静下来并熟睡,这也许就和孕期时爸爸与胎儿经常"对话"有密切关系。

**拓展阅读**

### 胎儿电话机

有一个曾经引起世界轰动的青年人,他叫布莱德·格尔曼,当他从医生那里知道了5个月以后的胎儿具有听力,并可以进行学习时,他就开始设想他自己怎样才能够同他未出世的孩子建立联系,后来他发明了"胎儿电话机"。这种电话机有点像收录机,它可以将录下的声音通过母亲的腹壁传递给胎儿,并可以随时记录胎儿在子宫内对外界各种声音刺激的反应,并把这些微弱的子宫内声音再放大,以了解胎儿对声音的反应。他相信通过胎儿电话机可以使他和胎儿之间的关系同他太太和胎儿的关系一样密切,因此布莱德·格尔曼每天不间断地将录制好对胎儿讲的话和唱的歌曲放入电话机内,然后将其放在妻子腹部子宫的位置。有时通过话筒直接与胎儿讲话和唱歌,他逐渐发现当胎儿喜欢听某种声音时会表现得安静,而且胎儿的头会逐渐移向妈妈腹壁;听到不喜欢听的声音时头会马上离开,并且脚踢妈妈的腹壁,表示他不高兴。

经过一段时间的观察与训练,布莱德·格尔曼已经知道他的宝贝喜欢听什么声音和不喜欢听什么声音了。格尔曼常常很兴奋地对他的朋友说:"我的孩子生下来不久,当她一听到我的声音就会掉转头来对着我,我简直无法形容她这样做使我多么高兴。"

傅琳的书中也讲到美国儿童心理学家的研究:胎儿还在母体内的时候,就已经开始熟悉母亲的声音,以致刚出生就能分辨母亲与其他妇女的声音。

> **拓展阅读**

### 新生儿吸吮速度与母亲声音的关系

美国医生地卡斯泊以出色的独创精神,发明一种装置,可以证明新生儿的喜好。他认识到新生儿与生俱来拥有极好的控制他们嘴和唇的能力,他们能通过改变吸吮速度表示一种喜好。因此,这位医生设计一种实验。在小婴儿嘴内放一个橡皮奶头,连接一对软垫耳机,奶头又和一种可以记录吸吮速度的装置相连。医生能通过耳机控制给小婴儿听的声音,同时通过装置记录吸吮的速度。实验是这样进行的:12个出生1—2天的新生儿,当他们高速度吸吮时能听到母亲的声音,低速度吸吮时能听到父亲的声音,结果有11个新生儿高速地吸吮。为了保证这不是因为小婴儿喜欢高速度吸吮,做了相反的训练,即低速度吸吮时能听到母亲的声音,结果他们又很快学会了使吸吮速度减慢。这就证明他们为了能听到母亲的声音而加快或减慢吸吮的速度。

研究表明,新生儿在0—3个月这一时期形成了感知辨别单一语音的能力,表现在:

(1)婴儿首先学会辨别语音和其他声音的区别。出生12天的新生儿能以目光凝视或转移、停止吮吸或继续吮吸、停止蹬腿或继续蹬腿等身体行为,对说话声音和敲击物体声音的刺激作出不同的反应。这种反应可以解释为儿童人生语言感知的第一步,是将语音从其他各种声音中分化出来的一种基本能力。

(2)婴儿获得辨别不同话语声音的感知能力。出生24天的婴儿能够对男人的声音和女人的声音、抚养者(如父母)和陌生人的声音作出明显不同的反应。不同人说话声音的差别主要表现在说话时的音高、音量和音色方面。每个人说话时具备由特定的音高、音量和音色综合而成的语音轮廓。婴儿感知语言时能够较早地辨别这种轮廓性的差异。

以上这些均表明,婴儿敏锐的听觉反应和对人类语音特别感兴趣,是一种与生俱来的生物学现象。

**2. 与成人面对面进行"交谈"时,婴儿会产生交际倾向**

婴儿的前言语交际在出生后不久便开始了。一周至一个月期间的婴儿,已经能够用不同的哭声表达他们的不同需要,吸引成人的注意,这可谓前言语交际的第一步。大约两个月时,婴儿会在生理需要达到满足之后,对成人的逗弄和语言刺激报之以微笑,或用声音或身体的同步动作反应予以应答,好似在和成人"交谈"。孔顿和桑德把正在听成人话语录音、不到一个月的婴儿行为拍成电影,经过对这一电影镜头的逐个分析,发现婴儿的头、手、脚趾、胳膊等身体运动与话语节律具有同步性,即话语中的音节开始和停止时,婴儿身体的运动同步地开始和停止。甚至以英语为母语的婴儿在听到汉语时,也同样会出现这种同步现象。而另外一些研究也表明,婴儿的身体运动对非语言的节奏不发生同步动作反应。

3. 能发出一些简单的音节,多为单音节

两个月时,婴儿出现了喁喁作声的情况。他(她)在睡醒之后或吃饱、穿暖后躺着时,会发出愉快的自言自语的声音。此时,婴儿基本韵母发音较早,声母还很少,主要是"h"音,有时是"m"音(见表4-1)。

表4-1 两个月婴儿的主要发音

| a | ai | e |
|---|---|---|
| ei | hai | ou |
| ai-i | hai-i | u-è |

在婴儿两个月之后,语音模仿开始有进展,尝试模仿语音现象时有发生,有许多音听起来似乎就是语音了。有时还出现了与成人咿呀对话的现象,可长达数分钟。伴随着模仿和"对话",母语对婴儿的影响也就开始了。

两三个月以后的婴儿的单音节发音已与情景发生关系。曼纽克发现,当婴儿焦急或不舒服时常发出"i"和"e"等音,而在放松状态下则较多发出"a"、"o"、"u"等音。我国的一个婴儿在3个月左右会用连续的"ai"和"a"声来招呼别人,吸引别人的注意。可见这些音节已具有信号作用,比起上一阶段的哭叫声来说,进一步产生了分化。这些音节信号还远远不是词的信号,但无疑是将来词的信号出现的前奏。

(二)语言教育活动

1. 用各种语音和声音来刺激婴儿

罗斯等人和威斯伯格的研究表明,成人对3个月以内的婴儿给予频繁的语言刺激,可以增加婴儿的发音率。婴儿的许多非自控性发音,特别是长时间的连续发音,往往都是在成人的逗弄下发生的。这说明成人对婴儿发音的反应,已经对婴儿的语音发展产生了影响。成人应在与孩子的身体接触时尽量跟孩子说话,这种简单而又始终如一的谈话,对婴儿语言的发展起着非常重要的作用。因此,要尽量提供各种不同的声音,帮助婴儿迅速发展听力,但切忌发出强烈的声音和噪音。

2. 多抚摸、拥抱婴儿,并和婴儿进行面对面的语言交流

抚摸、拥抱、亲吻这种亲密的身体接触,会使父母和婴儿之间产生相互依恋的情感,促进

婴儿安全感的建立。

和孩子说话、抱他、逗他,这种与婴儿之间亲密无间的"皮肤交流",对其最初的健康成长是非常重要的。研究表明,拥抱和抚摸能够促进新生儿迅速增长体重,使孩子对外界事物充满好奇并迅速对各种行为作出正确的反应,其中包括对成人的语言作出各种反应。而面对面的语言交流可以帮助婴儿将语音和动作建立同步反应,促使婴儿在前言语阶段用语音伴随的表情或动作,去代替语言与人进行交往。

3. 睡前倾听摇篮曲等乐曲,训练婴儿有意倾听的能力

睡前倾听摇篮曲等节奏舒缓、旋律优美的乐曲,可以刺激0—3个月婴儿的听觉器官,促进大脑机能的发展,而且可以充分发挥无意注意和无意记忆的优势,在调动婴儿愉悦情绪的同时,更有效地提高婴儿有意识的倾听能力。

4. 开展早期阅读,初步激发婴儿阅读的兴趣

目前的研究表明,婴儿在出生后不久即满月以后,就出现早期阅读的兴趣和行为。成人可以在让孩子听和说的同时,选择一些适合这一年龄阶段的读物,如图片、图形、脸谱等,要求背景简化,不要太复杂,色彩对比度要强烈,主要认知物要突出、明朗。家长应边指导婴儿边观看画面边用语言进行讲解,采取"点读"的方法,用手指点着画面或文字,指到哪儿就读到哪儿,以使婴儿的注意力集中指向阅读的内容。每次阅读的时间1—3分钟不等,阅读内容不必频繁更换,视婴儿的兴趣情况而定。

**拓展阅读**

### 0—3个月婴儿的阅读材料

大家都知道,大部分幼儿都偏爱色彩鲜明、艳丽的事物,可是对于0—3个月的婴儿而言,他们更钟爱黑白二色,为什么呢?这是因为,在这一月龄段的婴儿视觉对比还未发育成熟,即视觉刺激中明暗转换程度还比较低,所以对于对比明显的黑白颜色会更加偏爱。而且,他们视敏度还不高,看事物都比较模糊,不能觉察到很多图案和形状。因而,建议给这一月龄段的宝宝进行早期阅读时,尽量选择形状简单、图形不太复杂的黑白书,这样更能吸引宝宝的注意力,取得更好的早期阅读效果。

5. 开展一些听音和发音的游戏

这一阶段最适宜开展一些亲子游戏,以训练婴儿的听音和发音能力。下面介绍三种

游戏。

(1) 发音游戏。成人发出一些简单的韵母音,如"a"等。成人可以先叫婴儿的名字,然后用目光注视他,并开始用一种唱歌的声音来发出"a……"的声音,接着再抚摸他,冲他微笑,稍停一会儿(这时候你要有耐心,这一阶段婴儿一般要10秒钟左右才会有反应)。如果他真的发出了声音,那么成人应立即重复他的声音,并且和他反复进行这种游戏,婴儿会很快学会发出一些声音并学会模仿你的声音。

(2) 唤名游戏。靠近你的孩子,并呼唤他的名字,如果你坚持在每天靠近他时都这样面带微笑地呼唤他的名字,不久以后,婴儿便会在每次你呼唤他的名字时给予积极的响应。

(3) 摸脸游戏。两个月左右的婴儿的视力,大概只能看清15—20厘米范围内的物体,刚好能使婴儿在母亲抱他或者哺乳时看清母亲的脸庞,这是婴儿出生后最初几个月中最重要的目光交流。母亲可以握住婴儿的小手,让他的小手在母亲的脸部轻轻地抚摸,并告诉他摸到的是什么。如摸到鼻子,母亲就说:"鼻子,鼻子,宝宝摸到的是妈妈的鼻子。"从而使婴儿将所感知的物体与相应的语言之间建立必然的联系。

## 二、连续音节阶段儿童语言的发展和教育(4—8个月)

### (一) 语言发展的特点

#### 1. 经常发出连续的音节

大约从4个月起,婴儿的发音出现了明显的变化,发音增加很多重复的、连续的音节。一方面婴儿发音较多是对成人的社会性刺激作出的反应;另一方面发音内容大多是以辅音和元音相结合的音节,并且有一个从单音节发声过渡到重叠多音节发声的过程(见表4-2)。

表4-2 4—8个月婴儿连续音节阶段的发音

| | | |
|---|---|---|
| hei | heng | hu |
| pei | a-bu | à-dù |
| a-en | a-fu | a-i |
| a-ia | a-m | a-me |
| a-hu | à-pu | ba-ba |
| dù-dù | ei-en | en-ei |
| en-ou | ge-ge | hai-ou |
| he-en | hong-ai | ng-à |
| à-en-en | a-hai-è | da-da-da |
| dà-dà-dà | ná-ná-ná | a-hai-hai-i |

续 表

| a-ma-ma-ma-ma | bù-à-bù-à | en-ei-ei-jià |
| ai-a-ba-ba-ba | a-ba-ba-ba-ma | |

从表中可以看出，4—8个月期间，婴儿的发音大多为单音节，6个月之后，也出现了较多的重叠性双音节和多音节。某些由辅音和元音相结合的音节在一个确定的形态下重复出现，可以说，这是婴儿对发音结构更高级的控制能力的反映。婴儿发音的调也开始在音节发声中出现。这反映出婴儿发音结构和中枢神经系统的变化。

6个月之后，婴儿开始有近似词的发音。有的音开始具有某种意义。婴儿独自玩的时候，或对成人的逗弄作出反应的时候，他们能发出类似"ba-ba-ba-ba"这样接近说话的声音，这些与言语多音节组合非常相似的发声，是婴儿从表示愉快舒适的单音发声向表示具体意义的词语发声的转换过渡。

可是，对于6个多月的婴儿而言，这还是一些没有任何意义的音节，即使如此，家长也要有意识地将这些音与人物相联系，用手指向相对应的人，告诉孩子："对了，这是 ba-ba，baba（爸爸），宝宝真棒！"如此反复的强化联系，既可以让孩子练习发音，同时也能让孩子的大脑中形成相对应的人物关系反射。此外，家长也可以利用具体词联系具体的物来引导幼儿，通过一些色彩艳丽、故事有趣、构图简单的故事书，一边指着图片，一边给宝宝讲解，促进幼儿的语言发展。因此，当孩子发出近似词的音时，家长不可轻视，而要有意识地强化语音与语意之间的联系。

2. 与成人交往中出现学习交际"规则"的雏形

在产生交际倾向之后，婴儿的前言语交际进入一个似乎在学习基本交际"规则"的阶段。大约4个月左右的婴儿，在与成人的交往中开始出现这样的变化：①对成人的话语逗弄给予语音应答，仿佛开始进行说话交谈。②在用语音与成人"对话"时，婴儿出现与成人轮流"说"的倾向，即成人说一句，婴儿发几个音，待成人再说一句，婴儿再发几个音。这种语言交往对话规则的雏形，表明婴儿开始敏锐地感觉到人们语言交往的基本要求。③当成人和婴儿之间的一段"对话"结束之后，婴儿会用发一个或几个音来主动地引起另一段"对话"，从而使这种交流延续下去。④婴儿在4—10个月期间，逐渐学会使用不同的语调来表达自己的态度，而这种表达往往伴以一定的动作和表情。例如，用尖叫声或急促上扬的语调，伴以蹬腿、伸手的动作，表明自己不愿意躺下的态度；当目的达到、要求得到满足之后，婴儿便会用平静温和的语调或表情来表示出愉快的心情。应该说，此时婴儿的前言语交际已有明显的"社会性"成分。

3. 能辨别一些语调、语气和音色的变化

这一时期的婴儿正处于辨调阶段，他们能区别男声和女声、熟悉和陌生的声音、愤怒与友好的声音,如能区别出母亲和其他人的声音。需要特别指出的是,这个时期的婴儿对区别语义的汉语字、词、声调并不敏感,而是对父母或其他成人说话时表现情感态度的语调十分注意,能从不同语调的话语中判断出交往对象的态度。当父母用愉快的语气与婴儿说话时,语调出现升扬的变化,4个月的婴儿便能用微笑和喁喁作声作出反应。当我们用三种不同的语调(愉悦的、冷淡的、恼怒的)分别对婴儿重复同一句话:"宝宝,你好!我们喜欢你"时,4个月的婴儿对愉悦的和冷淡的语调有反应,表明他们最先从不同语调中分化出自己具有较多经验的两种语调。大约6个月之后,婴儿才能感知三种不同的语调,会用微笑和平淡的态度对前两种语调作出反应,而听到愤怒的语调时,无论实际的语义内容如何,他们或者愣住,或者紧张害怕,躲入母亲的怀抱,或者号啕大哭。对熟悉的声音,婴儿会报以微笑;而对陌生的声音,则会瞪大眼睛仔细聆听,表现出好奇心。由此可见,婴儿在整体感知语音时能分辨出不同的语调、语气和音色,这表明其"理解"语言的水平又提高了一步。

4. 懂得简单的词、手势和命令,理解具有情境性

由于成人不断地给婴儿语言刺激,此时的婴儿已能听懂成人日常生活中的很多语言,能辨别家里人不同的称谓,会指认一些日常物体。婴儿此时的理解具有很大的情境性。他往往并不是真正懂得成人说话的含义,而只是根据成人说这些词时的不同语调和手势判断出来的。

5. 出现"小儿语",会用语音来吸引别人的注意

这一阶段婴儿的咿呀学语开始发生变化,变成一种形式相当复杂而又独特,令成人难以听懂的"小儿语"。而这些"小儿语",听起来似乎含有提出问题、发出命令和表达愿望等不同意思,但具体是什么谁也听不懂。当把同龄婴儿放在一起时,则会发现他们用这些难懂的"小儿语"交谈得很愉快。其实这是婴儿语言真正产生之前最后的准备性练习。在婴儿独自玩耍的时候,成人还会听到孩子在悄悄地练习一些发音,试图把嘴部运动和某种语音联系起来,甚至用语音来吸引别人对他的注意,而在不同的情境中婴儿的"小儿语",在语调、长短等方面有一定的差别。

(二)语言教育活动

1. 继续坚持用语言刺激孩子,模仿学习发音

成人每天应轮流与孩子讲讲话,既能传递成人对孩子的爱,又能使婴儿近距离地观察成人讲话时的口舌运动,以便婴儿模仿发音。谈话时要注意声音柔和并运用不同的语调,最好伴之以不同的手势,每次说出的词和声调要和所运用的手势相对应,始终如一,便于婴儿记忆。如说"再见"时每次都是挥挥小手,而不是抓抓小手或勾勾手指,这样婴儿才能辨认并学会这些词。

> **拓展阅读**
>
> ### 父母多说"小儿语"可刺激其大脑发育
>
> 初生婴儿的父母,很喜欢跟他们的子女有一句没一句的"un-gu-gu"、"bu-be-bu"地说话,这些话看似毫无意义,但对婴儿的大脑发育有实际帮助。
>
> 《儿童疾病文献》(Archives of Disease in Childhood)刊登了一篇研究报告,指出当婴儿听到父母有意识地跟他们说话的时候,大脑活动变得更加活跃。来自广岛大学的研究员,在 20 个初生婴儿头上装感应器,测试大脑的活跃程度。然
>
>
>
> 图 4-1 与孩子交流
>
> 后,研究员向他们先后播放他们母亲的录音,包括一段文章的朗读,以及一段母亲有意识讲的"小儿语"。结果,婴儿大脑的前额位置,在播放"宝宝语"的时候显得特别活跃。
>
> 波士顿大学儿科助理教授奥古斯特博士撰文肯定这次研究的重要性,认为它让天下父母明白,婴儿能听懂他们的"小儿语"。这不但有助于建立亲子关系,也有助于促进婴儿的语言发展。

**2. 用强化、鼓励等方法诱导婴儿发音**

研究表明,对婴儿发出的每一个音,成人都报以微笑、爱抚的话,那么婴儿在咿呀学语期里所发出的语音就会显著增多,学习语言的速度也会明显增快。另外,当成人坐在孩子身边时,可以给孩子创设一些机会让他先说,婴儿往往会用尖叫、发出语音或者是伸出小手、踢腿、蹬脚等动作来吸引成人的注意,成人应立即重复他的语音或者用声音来回答他。通过这种强化和鼓励,婴儿将很快学会用动作或声音来对成人"发号施令"。

**3. 用动作、实物配合法,建立语音和实体之间的联系**

动作配合法是指在与婴儿进行日常"交谈"时,一定要配合一定的动作,并且同样的话语要配合同样的动作,这样婴儿将会较快地配合动作学会发出相应的语音。如妈妈扶着孩子站起来时,同时说"站起来",婴儿很快就会将"站"这一动作和"站"的语音联系起来。

实物配合法是指在对孩子说某个物体时,或婴儿发出某一语音时,成人同时指点婴儿看具体的实物,这种方法教育效果最佳。如婴儿吃饭时,妈妈拿着调羹对孩子说:"宝宝看,这是调羹。妈妈拿调羹喂宝宝吃饭。"

**4. 初步养成睡前倾听文学作品的习惯**

婴儿是生活在社会中的人,他们的语言发展,包括对多样化语言的适应能力、理解能力和运用能力,都是在日积月累中不断发展起来的。假如一个婴儿从小只与父母交谈,学会的仅仅是与人交谈的语言,那么他今后在与人交往和正式语言学习中很有可能产生"语言障碍"。而文学作品的语言往往是艺术结构语言的产物,是婴儿进一步学习说话较成熟的语言样本之一,这些样本可以被婴儿记忆或模仿,为扩展婴儿的词汇量、丰富语言内容奠定基础。

应让婴儿倾听各种语言样式,倾听形象化的语言,倾听不同风格的语言。心理实验还证明:默诵后的睡眠有利于记忆,可增强记忆的牢度,减少遗忘量。据分析,一方面是由于无后摄干扰现象,另一方面是由于深睡眠对新接受的信息在大脑中编码、储存,对短时记忆转为长时记忆有着促进作用。这种倾听文学作品的做法应持续到入学前后,持之以恒、坚持不懈将会收到良好的效果。不仅有利于婴儿文学语言的学习,而且还有利于发掘婴儿记忆的潜能。

**5. 和婴儿进行"平行"的亲子阅读,培养良好的阅读习惯**

此阶段后期当婴儿会坐以后,成人可以将孩子抱在自己的膝盖上,和孩子进行"平行式"的阅读,即父母和孩子共同看着画面,让孩子自由接近阅读内容。可以给婴儿选择 16 开、画面色彩鲜艳、有少量文字的低幼读物,内容最好是有关动物、人物、玩具或其他孩子较熟悉的事物。对书中的文字和画面采取"点读"的方法,以训练婴儿手眼协调能力和有意注意能力。

**6. 开展语言游戏,提高听力和发音水平**

下面介绍几种适合这一年龄阶段婴儿的语言游戏。

(1) 手指、脚趾游戏。当孩子开始发现自己身体的各部分都是属于自己的时候,他们就开始进入了自我认知阶段,形成初步的自我概念。他会经常去摸摸、闻闻、咬咬、尝尝自己的手指和脚趾。成人可以握住他的手指与脚趾和他做游戏,边数他的手指和脚趾边念儿歌:"一个小猪,两个小猪,三个小猪,四个小猪,五个小猪,哇,五个小猪一起来,大家上街玩。"也可以唱《手指歌》。如此反复地做,婴儿会提高听音和发音的积极性。

(2) 镜子游戏。这一时期的婴儿逐渐产生镜面反应,慢慢会认识镜子中的影像。成人可以抱着婴儿或让婴儿坐在镜子前,告诉他镜子里的人是谁,让他摸摸鼻子、眼睛等,引导婴儿观察镜子里有什么相应的变化。几次游戏之后,婴儿就能学会独自跟镜子中的自己说"悄悄话"。

(3) 指认物体游戏。可以把一些玩具和物品放在孩子面前,边拿取物品边指认物品,并发出"指令",如"把玩具熊拿过来"。开始时成人可以自己拿取或帮助婴儿拿取,渐渐地便可让他们独自拿取。

## 三、学话萌芽阶段儿童语言的发展和教育(9—12个月)

这一阶段婴儿所发出的连续音节明显增加,而且不只是音节的重复,音调也开始多样化。

### (一)语言发展的特点

**1. 不同的连续音节明显增加,近似词的发音增多**

婴儿开始发出不同的连续音节,并且明显增多,音调也开始明显多样化(见表4-3)。

表4-3  9—12个月婴儿学话萌芽阶段的发音

| | | |
|---|---|---|
| ò | u | dɑn |
| du | deng | diu |
| du | huō | jiɑ |
| jie | loú | lù |
| mei | nà | nèi |
| pi | wai | xi |
| you | yue | à-dà |
| a-dàn | a-jia | a-la |
| a-mai | à-mu | a-yue |
| ba-béi | ba-xi | ba-wa |
| da-da | da-di | dài-dài |
| ei-dan | ei-lu | jià-dà |
| jiě-jiě | mao-mao | mei-mei |
| o-yue | ou-ma | tai-tai |
| ye-ye | yé-yo | à-lù-fù |
| a-pa-pa | a-you-hu | ài-ai-ai |
| ai-bai-bai | da-ng-he | ai-i-yue |
| ai-yé-yé | ei-wa-wa | ba-da-da |
| bi-bi-bi | à-jue-lu-bi | è-e-ě-è |
| ei-iou-iou | èi-ei-ei-èi | ei-yo-you |
| hei-hei-hei | ng-a-a-a | ia-ia-ia |
| ou-ou-ou | | dà-du-dà-du |
| e-i-i-yo | | en-én-ěn-en |
| yue-dá-da-dá | | ou-yue-yue-yue-yue-ia |

(注:表4-1、表4-2和表4-3所引用的资料均出自北京大学心理系许政援教授的实验研究结果)

从表 4-3 中可以看出,经过音节发声阶段后,婴儿咿呀学语的发音进入一个更为复杂的时期,他们能够发出一连串变化不同的辅音加元音的音节,并且还能模仿一些非语言的声音或成人发出的新语音,这标志着婴儿已处于学说话的萌芽状态。

**例 1:11 个月的女孩与母亲的对话**

| 女孩 | 妈妈 |
|---|---|
| n-bi-ji(举起小手做动作) | |
| | 噢,你开枪了,是吧? |
| e-xiao-pa-de-de | |
| de-di-da-ha-di-kiou | |
| | (拿枕头)不要把枕头拿下来,好吧? |
| e-n-a-a-an-a | |

**例 2:12 个月的女孩和母亲的对话**

| 女孩 | 妈妈 |
|---|---|
| ba-bu | 快叫爸爸,爸爸来了。 |
| ba-ba-be-yong | 叫我呢? |
| a kong | 这是谁呀?快叫外公。 |
| de di | 天哥哥呢?叫他。 |
| xiao-ai-di-di | 噢,天哥弟弟呀。 |

分析上面两段婴儿的声音,我们不难发现这样几点:一是本阶段婴儿的发音形式更加接近汉语的口语表达,有重叠音和升调,似乎在说某个句子。二是婴儿此时的发音往往是一种固定情景的学说话活动,他们竭力模仿成人的发音,使自己的发音接近某些词语发声。三是婴儿在这段时间的发音更加复杂多样,有些前阶段没有出现的辅音,如汉语声母的"x、j、q、s、z、i"也开始出现。上述情况反映出婴儿口腔发音器官和脑的成熟变化,生理的发展为他们提供了更多的形成各种声音的空间。

**2. 开始真正理解成人的语言**

研究表明,婴儿大约从 9 个月开始才真正理解成人的语言。怎样来判定婴儿是否理解成人的话语呢?往往可以采用"话语反应判定法",即在自然语境中如果婴儿对语言刺激能作出合适而又恰当的反应,即可判定婴儿对该话语已经理解。如问:"妈妈在哪里?"婴儿能把目光或头转向妈妈或用手指向妈妈,这就是合适反应。

婴儿大约在 6 个月时,已有话语理解的萌芽,到 9 个月后,理解反应迅速发展。到 1 岁时发生理解反应的祈使句和疑问句有十个之多。如果把婴儿理解的最小话语单位称为"语元"的话,如"走"、"看"等,那么婴儿在这一阶段已经可以理解 230 个不同的"语元"。从成人角度看,语元可能是词,也可能是句子。婴儿能对这么大数量的语元作出听觉分辨,说明婴儿听觉分析器已经相当敏锐,在他的头脑中已经建立起相当复杂的语音表象。这似乎可以表明,虽然婴儿在此阶段还不能说话,但是他的听觉已经开始语言化了。

### 3. 语言交际功能开始扩展

10个月之后一直到1岁半,婴儿的前语言交际具有了语言交际功能。虽然他们还不会用说话的方式清楚地表达自己的意见,但已能够通过一定的语音、动作和表情的组合,使这种语音产生具体的语言意义。具体表现在:

(1) 能执行成人简单的指令,并建立相应的动作联系。这是婴儿真正理解语言的一种表现。婴儿能够对成人的命令(有时甚至不要命令只要有相应的情景)马上作出反应。如成人说:"跟奶奶再见!"婴儿就会挥挥小手。有时对那些根本不是对他们说的某些语词也会作出反应,如当他听到父母对别人说"我们宝宝已经会对奶奶说再见了"时,他会立即挥动小手做"再见"的动作。这表明婴儿对某种"交际信号"具有相当稳定和牢固的印象。

(2) 一定的语音能和实体相联系,但缺少概括性。不同的婴儿会用各自经常重复的发音来表达某一种意思。如他们会说"呜呜",手指着一个转动的汽车,告诉成人这是一辆汽车。需要特别指出的是,这个时期的婴儿逐步会用语音语调和动作表情,来达到交际的各种目的。他们的语音和动作表情实际上已经产生了陈述、否定、疑问、感叹、祈使指令的各种句式意义。婴儿正是在这样的交往过程中,发展起真正的语言交际能力。

### 4. 开口说话,出现第一个有意义的单词

大约从10个月开始,婴儿会说出第一个有意义的单词,这是婴儿语言发展过程中最为重要的里程碑,也是前一阶段成人辛勤培育的结果。而婴儿最初掌握的词语,都与某一特定的对象相联系,与他们每日所感知接受的语言有着必然的联系,具有专指的性质。如"狗狗"就是指他自己的玩具狗。婴儿一般较早掌握的是具体名词。

## (二) 语言教育活动

### 1. 丰富婴儿的生活内容,提供丰富的语言环境

生活是语言的源泉,只有丰富的生活才能为丰富的语言提供良好的环境。学前儿童学习语言,都要与周围现实的人、物、大自然、社会现象紧密联系。通过各种感官直接感知,听、看、触、摸、尝、闻,等等,获得对周围一切的知识,继而发展语言。研究表明,如果婴儿的家庭语言环境较好,那么他开始说话的时间要比一般婴儿早,语言能力更强。如果成人能在给婴儿物品时,告诉他这是什么,每次和孩子在一起时都告诉他正在做什么,玩什么,当孩子自己游戏时,成人都给他提供适当的语言环境,根据婴儿直观感知的特点,创设条件,丰富生活内容,让婴儿在实践中认识世界、发展语言,那么,婴儿的语言将会发展得更快、更好。

### 2. 鼓励婴儿掌握新的语音,并反复进行练习强化

当婴儿试着学习一种新语音时,一定要及时给予鼓励。如可以鼓掌拍手叫好、亲亲他、摸摸他的头等,这种热情的鼓励将使婴儿很快受到鼓舞。当然婴儿第一次尝试发的新语音,也许并不准确,成人可以用多种形式示范正确发音,让婴儿及时调整发音,反复练习正确发音。

### 3. 在行动中伴随着语言刺激,让婴儿学说话

在活动中成人要和婴儿不断地用语言进行交往,成人应主动地与婴儿交谈,和婴儿讲正在做的事情,讲将要做的事情以及婴儿想要做的事情等,这不仅使婴儿说话发音的频率增加,而且可以促使婴儿语言能力不断提高。

### 4. 开展早期阅读,初步培养婴儿良好的阅读习惯

应给婴儿提供阅读的空间和时间,培养婴儿良好的阅读习惯,如教会他拿书的方法,阅读时的正确姿势,阅读后图书要放回原来的位置等。成人可以允许婴儿自己独立地看书。你会发现,婴儿一会儿把书拿颠倒了,一会儿又从后向前翻书,一会儿又连翻好几页。成人千万不要因此而制止他,这表明婴儿正在"研究"和"探索"书。

## 第二节 1—2岁儿童语言的发展和教育

经历了前面近一年的言语准备阶段,婴儿开始进入学习口语的全盛时期,因此1—2岁被称为言语发生阶段。根据婴儿语言发展的基本情况,它又可以分为下述两个阶段。

### 一、单词句阶段儿童语言的发展和教育(1—1.5岁)

在这一阶段,婴儿往往用一个单词表示一个句子,我们称之为单词句。如孩子说的"妈妈"这个词常常反映多种意思,有可能是让妈妈抱,也可能是要吃东西,还可能是要一个玩具玩等,这时候孩子说出的词,并不单独地和词所代表的对象发生联系,而是和包括这个对象在内的一种情境相联系。所以单词句阶段的词所表达的意思是不精确的,家长常常需要把孩子说话时附加的手势、表情、体态等许多情境作为参考的因素,以确定孩子说话的意思。

(一)语言发展特点

1. 理解语言迅速发展

在这一阶段,婴儿所能理解的语言大量增加,但是会说出的语词相对比较少,换句话说,

也就是他能听懂的话比他能说出的话要多得多。在这一阶段,婴儿还会出现发音紧缩现象。在前言语阶段所能发出的母语中有的或者没有的语音这时都不能发出,无意义的连续音节大大减少,他们往往只用手势和动作示意,独处时也停止了那种自发发音的活动,出现了一个短暂的相对沉默期。

在此阶段,婴儿所能理解的名词和动词很多。名词主要是婴儿周围生活的、所熟悉的家用物品、人物的称谓、动物的名称和特征较明显的身体器官的名称等。能理解的动词主要是表示身体动作的,其次是表示事件和活动的能愿动词和判断动词。该阶段,婴儿所能理解的句子有:

(1) 呼应句。所谓呼应句就是指婴儿呼唤他人(呼唤句)或是对他人呼喊的应答(应答句)。呼应句是发生较早(一般发生在本阶段的初期)且使用频率较高的功能句。

(2) 述事句。所谓述事句就是指婴儿对自己发现的事情的述说。如爸爸问:"你的球呢?"(婴儿四处张望一下)说"没",表示他没看见球,不知道球在哪里。这种情况大约发生在婴儿出生15个月以后。

(3) 述意句。所谓述意句是指婴儿述说自己意愿的句子。婴儿所表述的意愿大多是表示否定的。如成人让婴儿赶快收拾玩具来吃饭,婴儿会说"不",以表示自己的不愿意。这多发生在本阶段后期。

这一阶段的婴儿对成人命令式的语言能理解并执行,对于成人具有方向性的命令式语言,不用凭借动作或面部表情就可以完全理解。

### 2. 会给常见的物体命名

在词汇能力方面,以声音代物是1岁半以前的孩子说话的一个明显的特点。例如把"狗"称作"汪汪",把"猫"称作"喵喵"或"喵呜",或者用某种声音来代表人的某种活动,如用"嘘嘘"声代表小便。这种声音固然与成人常对孩子以声代物有关,同时也和婴儿生活范围的扩大、生活内容不断丰富、认知能力逐渐提高有关。因而婴儿已会用声响来给日常生活中常见的物体命名。这是因为声音是物体或活动的鲜明特征,容易记住。但是婴儿在命名和使用新词时常常会出现一种词义的"泛化"、"窄化"和"特化"现象。

(1) 词义的泛化。又称为词语扩充,是指儿童对词义的理解使用超出了目标语言范围的现象,即一词多义。它是婴儿对于词的语义特征掌握过少造成的。如孩子常用"毛毛"代表所有带皮毛的动物或用毛皮做的东西。

(2) 词义的窄化。指儿童对于词义理解和使用达不到目标语言的到位现象。婴儿早期的词义有缩小、窄化的特点,具有专指性。有些窄化是因儿童语言能力的限制所致,有些窄化则是儿童的主动选择所致。如婴儿最早理解的"车车",就是婴儿自己的婴儿车,而不是所有的交通和运输工具。

（3）词义的特化。指儿童的词语指称对象完全与目标语言不同。如一个婴儿尿床了，妈妈过来给他换被褥，说了一声"糟糕"，以后孩子每当要小便时都会说"要糟糕"。

### 3. 继续讲"小儿语"，常用省略音、替代音和重叠音

有的婴儿说话时还有"小儿语"，其"小儿语"中有明显的旋律和抑扬顿挫的音调变化，某些情况下听上去很像成人说话。他们在发音上常常表现出一些特殊的发音策略，主要有：

（1）省略音。省略词首或词尾辅音，如 niú(牛)说成 yóu(油)，xīng xīng(星星)说成 xī xī(西西)。

（2）替代音。用浊辅音替代清辅音，如 gē ge(哥哥)说成 dē de(得得)。用擦音替代词首的塞音，如 chá(茶)说成 tā(他)。

（3）重叠音。这几乎被看作是儿童早期语言发展中的一种普遍存在的最重要的现象。2岁是叠音词使用的高峰期，不仅使用数量多，而且遍及范围广，名词、动词、形容词、量词和感叹词等多种词类均有重叠的单音节。一般来讲，名词的叠音现象最多，延续时间最长。

以前不少研究者把婴儿使用简化策略发出的语音称为"发音错误"，这是不合适的。这是因为此阶段婴儿有一个特殊的语法系统，具有一个和母语相似而又不完全相同的音位系统。

**拓展阅读**

### 妈妈语和小儿语

"牙牙学语"的孩子说话有一个很大的特点，就是经常使用重叠音。听到孩子所发出的喃喃细语，作为母亲常常会情不自禁地变换一种特殊的表达方式，即在和孩子说话的时候往往也相呼应地采用所谓的"小儿语"与之对话。妈妈在说话时，不由自主地会把语调抬高，有些夸张，言词简短，速度缓慢，有较长的停顿，较多的重复话语，而且还经常使用重叠音。比如，妈妈会提高了音调说"宝宝，吃饭饭""妈妈给宝宝穿袜袜""这是爸爸的帽帽""这是宝宝的鼻鼻"等。

那么父母用这种语言和孩子谈话，对他的语言能力的发展有帮助吗？心理学家认为，这种语调偏高的词句，适合于婴儿早期听觉的适应范围，孩子喜欢对这样的声音作出反应。另外，小孩子最早对言语音调的理解超过了对词的理解，夸张的音调有助于维持孩子和成人的交往，音节间的停顿和缓慢的速度有助于孩子对语音进行确认和分析，也为理解词提供了方便。不过，如果孩子长到1岁之后，进入新的时期，周

> 围的人还是用这种方式和他说话,仍然让孩子处于这种重叠音的环境中,则会对孩子的语言发展产生不利影响。这是因为重叠音的语言结构过于简单,会影响孩子掌握主流的语言结构,长此以往,会阻碍孩子的语言发展水平的不断提高。因此,在孩子的语言发展达到一定水平时,要尽量地减少直至避免使用那种过分简化的小儿语,要多使用比孩子实际水平高一些的规范性的语言,促使孩子的语言能力向更高的水平发展。这样才能更好地适应孩子语言发展的需要。

### (二)语言教育活动

#### 1. 帮助婴儿掌握新词,扩大词汇量

这一阶段以及随后的几个阶段,婴儿学习语言的主要任务就是学习新词,扩大词汇量,此时既可以丰富大量的消极词汇(能理解但不会正确使用的词汇),也可以丰富少量的积极词汇。让婴儿掌握新词汇要尽量使用简短的话语,不要让大量多余的语言淹没了所要教的新词,可以变换句中的其他成分,但一定要突出所教的词。如名词"球",成人可以带孩子到海洋球馆去玩,并告诉他:"这是球,海洋球馆里到处是球,有红色的球,白色的球,蓝色的球……宝宝,快接住这个球!……"在说"球"这个单词时,要加重语气,予以突出强调,这种频繁、夸张的刺激,可以使孩子较快地掌握这个单词。如果婴儿开始发的这个单词音不准确,不要批评或是打断他,也不要让婴儿一遍一遍跟着念,这样做将会降低婴儿学说话的兴趣,可以反复地说这个词,为他下一次模仿做准备。对于他的每一次尝试,无论正确与否,都要予以鼓励。

#### 2. 多跟孩子交谈,提供语言模仿的榜样

研究表明,婴儿所掌握的新词中,约有2/3是通过日常生活中父母与孩子有意无意的交谈而获得的。喜欢而且善于与孩子交谈的父母,其子女的语言能力明显高于那些少言寡语的父母所带的孩子。最新的语言心理学理论认为,婴儿最初所掌握的语言主要是通过对周围语言环境的模仿而获得的。父母和教师语言的规范性、内容的丰富性,都给婴儿提供了模仿的榜样。

成人与孩子的语言交往对孩子的语言学习起着十分重要的作用。成人要主动地告诉孩子周围的一切。每当孩子接触新事物、体验新情感时,都要教他说有关的词语,跟他谈谈他看到、听到和做到的事情。还可以谈谈最近发生的或即将要发生的事情,但一定要用短小简单的句子,千万不要错过跟他说话的机会。

> **拓展阅读**
>
> ### 语言沟通方式对幼儿词汇发展影响的研究
>
> 该研究随机选择了上海青浦地区 6 个社区 562 名儿童,年龄为 13—36 个月,用问卷的方式了解主要教养人的情况、与幼儿的语言沟通方式和儿童词汇表达量,以期调查抚养人与幼儿的语言沟通方式对 1—3 岁儿童词汇发展的影响。研究结果表明:
>
> (1) 抚养人的沟通方式是影响 1—3 岁儿童词汇发育的最主要因素。共同参与儿童的活动,及时应答儿童的讲话,诱导其说话,并在其看书和看电视时作讲解,睡前为儿童讲完整的故事均有利于表达性词汇的发展;
>
> (2) 抚养人文化程度的高低,每天与儿童玩耍时间的多少并不影响 3 岁前儿童的词汇发展,但男性抚养人的参与有助于 1—3 岁儿童词汇的发展,建议男性多参与儿童的养育;
>
> (3) 幼儿每天看电视 1.5—2 小时,同时有家长的陪伴和解说对词汇发展的积极作用是肯定的。
>
> 由此可以看出,抚养人与幼儿的沟通方式对 1—3 岁儿童表达性词汇的发展有重要的影响。
>
> (资料来源:章依文、金星明、马骏、吴虹、陆静尘、黄娟娟:《语言沟通方式对幼儿词汇发育影响的研究》,《中国儿童保健杂志》2009 年第 2 期)

**3. 自制或购买图书,促进婴儿阅读兴趣和阅读能力的提高**

成人可以给婴儿购买图书,但书中内容最好是孩子熟悉的人和事,它将丰富婴儿的语言内容,扩大词汇量。也可以自制图书,从旧画报或旧小人书中,剪下图片,做成 4—5 页的小图书。

婴儿在阅读时,常常会自言自语。这说明他已能做到视觉神经中枢与言语神经中枢相协调,输入形象信息与处理形象信息同时并举,从而可以在阅读中有所感受、分析画面内容,认识了解客观事物的效果。正因为如此,成人在发现婴儿边看边说时,应悄悄地走近婴儿,趁其咿呀学语、出言吐字之际,提一些浅显的问题,诱导他回答,并丰富和扩充婴儿的回答,增强其语言表达和思维能力。

**4. 鼓励婴儿多开口,成人要耐心地倾听并予以应答**

研究表明,婴儿经常开口好处多。因为婴儿开口说话时,需要脑神经指挥,"说话"会给大脑皮层以刺激,使大脑血流量增加,改善大脑的供氧,从而产生益智健脑的功效。成人要主动提问或创设情境诱导婴儿开口说话,并耐心地倾听婴儿那些难以听懂或啰嗦的话语,适时地在婴儿词不达意或表述欠准确时,巧妙地予以纠正,以使婴儿的口语日趋成熟与完善,能说出更为完整、更为动听的话语来。

5. 开展多种形式的语言游戏

游戏是婴儿喜爱的活动。它具有活动性和广泛性的特点,符合婴儿的兴趣,可以比较容易地把他们吸引到学习活动中来。通过游戏练习词语的运用,可以在"玩"的过程中实现语言教育的目的和要求,而且婴儿也会充满兴趣。通过游戏练习发音用词,还可以为胆怯和寡言的婴儿提供说话练习的机会。

游戏一:猜猜看

把玩具放在一个口袋或箱子里,也可以藏在手掌或衣服里,让婴儿猜是什么物品,并大声地说出来。无论婴儿猜出还是猜不出,成人都要告诉婴儿物品的名称。

游戏二:打电话

这个游戏能有效地促进婴儿语言交流能力的发展。"电话"这一通讯工具在日常生活中已经相当普及,当成人在家打电话时,可以让婴儿在一边听你怎样接电话,怎样与人交谈,怎样与人告别等。有了以上生活经验之后,成人可以用玩具电话与婴儿练习打电话。成人要用简单明了的语言,结合婴儿所熟悉的事情来打电话,并耐心地听婴儿说话,鼓励他多说话。

## 二、双词句阶段儿童语言的发展和教育(1.5—2岁)

这一阶段,婴儿似乎突然开口,说话的积极性很高,语词大量增加,出现了"词语爆炸现象"。18个月的婴儿经常挂在嘴边的是20个左右单词,到21个月则能说出100个左右单词,到24个月则能说出300多个单词。近70%的词仍然是名词,其他各类如动词、形容词、数词、代词、副词、感叹词等,虽占比例尚小,但都开始出现在婴儿的话语当中,这是一个令人可喜可贺的现象。词汇量的迅速增长,使婴儿具备了进一步发展口语的能力。从1岁半开始,婴儿词句的掌握也迅速发展,由单词句向双词句、完整句发展。集中的无意义的发音现象已经消失,此时的发音已与发出的词和句子整合在一起。总之,这一阶段是婴儿掌握词语的第一个关键期。

(一) 语言发展的特点

1. 能理解的词汇数目和种类"与日俱增"

婴儿能理解的词汇越来越多,每天都在增加新的词汇,对名词和动词的理解在本阶段是一个飞跃,但婴儿对词义还难以达到完全理解概念的水平,始终在日常词义的范围内,科技词义、文学词义等还不能理解。

## 2. 语言理解逐步摆脱具体情境的制约，词语理解能力不断提高

此时的婴儿进入了真正理解词语的阶段，它的标志就是词语所特有的功能初步形成。婴儿已经可以脱离具体情境并准确地把词与物体或动作联系起来。如命令婴儿把玩具狗拿过来，他就能把玩具狗从一堆玩具中挑出来，而不会再把毛茸茸的东西误以为是狗。达到这种水平，就说明词的称谓功能开始形成。随着婴儿对词义理解的加深，词的概括性也逐渐形成。如婴儿已经由只认识穿红衣服的娃娃，过渡到把穿不同衣服的娃娃都叫娃娃。"娃娃"一词就由具体变为概括了。婴儿词语理解不再受物体的非本质特性干扰，变得更为准确、概括。

词语对婴儿心理活动和行为的调节作用也日益明显，逐渐能按照成人的言语指示去支配和调节自己的行动。如可以指令婴儿到什么地方去把什么东西拿来，什么东西不能动以及要求婴儿动作快点或慢点等。

## 3. 喜欢提问，语言上出现"反抗行为"

这阶段后期，婴儿开始真正进入人生第一个反抗期。心理和行为上的想独立，表现为语言上具有自主性和反抗性。他开始不断地向成人提问，总是要求告知他各种事物的有关信息，如名称、特征、用途、构造等，这实际上也是婴儿语言学习的一个途径；他开始学会使用疑问句和否定句。疑问句表现在提问上，否定句则表现在语言反抗上。如常把"不"挂在嘴边以示拒绝，这是婴儿否定句发展的第一个阶段。

## 4. 掌握新词的速度突飞猛进，处于"词语爆炸"阶段

这阶段，婴儿的语言表达能力将发生质的飞跃。他将以每个月平均说出 25 个新单词的速度递增，到 2 岁时基本可以说 300 个左右单词。这种掌握新词速度突然加快的现象是以后各阶段所不再有的，我们称之为"词语爆炸"。

## 5. 处于双词句为主阶段，双词句增长速度加快

所谓双词句，是指由两个单词组成的句子。如"妈妈抱抱"、"爸爸班班"、"苹果削"。这些话听起来就像我们发电报时所采用的省略语句，因此，又被称为"电报句"。本阶段初期单词句仍占主要地位。大约从 20 个月开始，婴儿开始出现双词句，本阶段后期又出现了复合句。所以，1.5—2 岁的婴儿说话是多种句式并存的阶段。常用的句子有单词句(占 1/3)、双词句(占一半以上)、复合句(不到 1/10)。

双词句是婴儿自己创造语言的最典型的样品，一部分双词句是通过模仿或者省略模仿造成的，而多数双词句是婴儿在没有"语言样本"的情况下的独创。双词句一般是实词组合，主要是名词与动词的组合。大约从 20 个月起，婴儿每个月双词句增长的速度是成倍的，如 21 个月时婴儿的双词句是 50 个，22 个月是 100 个左右，23 个月是 250—300 个左右，到 2 周岁则可猛增到近 1000 个。

## (二) 语言教育活动

**1. 为婴儿提供良好的言语榜样和言语示范**

婴儿身边的人都是他的老师。他们的一言一行、一举一动都会被他那双小眼睛"摄录"下来,并成为婴儿模仿和学习的主要内容。成人应注意用丰富的面部表情、富有变化的语调、规范正确的发音、丰富而又准确的用词造句,为婴儿提供良好的言语榜样和言语示范。

**2. 主动告诉婴儿一切问题,对婴儿的提问和讲述要正确对待**

婴儿在这一阶段好像成了一个"勤学好问"的人,他常常不断地提问,不断地讲述,仿佛想了解大千世界里的一切问题。这时候,成人千万不能因图耳根清净而随便打断、斥责或搪塞婴儿,应耐心地回答,认真地面对,激发婴儿的求知欲,保护婴儿的好奇心。成人不要坐等婴儿提问,最好的办法是主动告诉婴儿,把所有他感兴趣的东西都不厌其烦地说出来(当然要适当考虑婴儿的理解和接受能力),可以结合图片、图书、电视、电影等媒介,以及参观、游览等活动来进行。

---

**拓展阅读**

### 如何回答婴儿的问题

正确回答婴儿的提问要注意以下几个方面:

(1) 首先要充分理解婴儿的提问。

(2) 认真回答提问,抓住时机对话。

(3) 利用婴儿能理解的语言回答问题。

(4) 多采用拟人法甚至童话式的语言回答婴儿的提问。

(5) 引导婴儿提问的内容。

(6) 引导婴儿提问的方式。

① 肯定原因式提问。

这种提问方式是:婴儿看到某情景后,不是先提问,而是先自己找到答案,再提问。

② 自问自答式提问。

这种提问方式是:婴儿看到情景后,自己先找到答案,并问自己,然后自己对自己的提问回答。

③ 引导他人回答提问。

这种提问是:婴儿看到某情景后,自己已找到了答案,但并不说出来,而反问他人,在他人说出来后,自己再说出答案来。

### 3. 倾听文学作品,观看儿童美术片或动画片

每天在一个固定的时间(如睡前、上午或下午的空闲时间)让婴儿倾听一些优美动听、主题鲜明、短小精悍的故事、儿歌等,这是婴儿学习文学语言的绝好时机。婴儿比较喜欢反复地听同一个故事,成人可以依据具体情况让婴儿复述故事的大致内容,提高他的学习兴趣。

成人还可以选择一些轻松活泼、画面优美的儿童美术片或动画片和婴儿一同观看。这样既可以从更广阔的角度增强婴儿的信息量,扩展婴儿的知识面,又可以模仿学习"电视语言",如人物的对白、旁白、广告语等。成人还可以和婴儿一起回忆动画片,讨论其中的具体情节,从而培养婴儿对动态艺术的观察能力、符号转译能力、故事图式理解能力、追踪活动画面的艺术想象能力。

### 4. 继续开展早期阅读指导

这一阶段,婴儿读图画书的兴趣较为浓厚。成人应当和婴儿共同阅读,并且一边给他们看图画,一边讲解。婴儿往往会用心地倾听别人说的话,也会自己对着图画指指点点。成人还应创设条件,让婴儿学会独立地阅读,要求他边看边说图片的内容。根据婴儿阅读进展情况适当添加图书,以提高婴儿阅读的积极性。

而且,这一阶段的婴幼儿对图画书兴趣的日益浓厚,会渐渐地对某一个故事特别喜爱,要求家长反复阅读。也许刚开始成人会惊讶于幼儿的举动,想"啊,宝宝喜欢读书了",非常乐意为其效劳,但随着次数的增多,婴幼儿仍然兴趣不减,家长会疑惑"宝宝怎么百听不厌,是不是有什么问题啊"。其实,如蒙台梭利所说:"反复练习是儿童的智力体操。"对于婴幼儿的反复阅读,成人们可以在每次阅读时引导幼儿关注不同的东西,即使重复,也不是简单的重复。

**拓展阅读**

#### 爸爸妈妈:我们来帮你

重复阅读同一个故事是宝宝成长过程中常见的现象,因此家长不必大惊小怪,而是要尽力满足宝宝的要求。当然,家长也可以因势利导,引导宝宝在重复阅读中读出

"不重复"的内容,让宝宝在更多的重复中习得更丰富的内容。

**变换的讲述方式**

家长在满足宝宝重复阅读的愿望时,可以不断变换讲述方式。家长可以先充分挖掘出故事里宝宝可能会关注的兴趣点,从而让宝宝在重复阅读中吸收到丰富的信息,提高他的阅读能力。

**适时提问**

宝宝重复阅读时,家长除了保持足够的耐心外,还可以适当加入一些提问,这样就能随时关注宝宝每次阅读的情况,并能促进宝宝观察、理解、表达等多方面能力的发展。

**及时鼓励**

当宝宝能在重复阅读中成功地说出接下来的故事情节,察觉、补充一些遗漏的文字或情节时,家长一定不要吝啬自己的欣赏或赞扬,可以用肯定的话语或者动作来鼓励宝宝,如"哇,宝宝真厉害"或向宝宝竖大拇指等,这样就能让宝宝感到自己的本领大,成就他的乐观与自信。

(资料来源:安安:《为什么宝宝喜欢重复阅读》,《上海托幼(育儿生活)》2012 年第 3 期)

5. 在游戏中进行词语练习

(1) 词语接龙。如前所述,这一阶段是婴儿词语爆炸时期,成人可以通过此游戏丰富和巩固婴儿的词汇。如问答式接龙,往往是一问一答。问:"谁会飞?"答:"鸟会飞。"问:"谁会游?"答:"鱼会游。"

(2) 小喇叭。成人或婴儿拿着报纸做的小喇叭,做传声筒游戏,让婴儿模仿或重复成人说的话。如妈妈在喇叭一端说"星星亮晶晶",婴儿在另一端重复妈妈的话"星星亮晶晶"。

## 第三节  2—3 岁儿童语言的发展和教育

2 岁以后,一直到入学前,是学前儿童基本掌握口语阶段。他们在掌握语音、词汇、语法和口语表达能力方面都较前一阶段有明显的进步,他们开始逐步用语言来表达自己的需要和情感,用语言来调节自己的动作和行为,基本上能用语言与人交往,语言成了这一阶段幼儿社会交往和思维的一种工具。

## 一、初步掌握口语阶段儿童语言的发展和教育(2—2.5岁)

这一阶段,幼儿在运用语言和词汇方面有显著进步,能用3—5个单词组成的句子来与人交谈。他们和人们的对话变得更加自由和顺畅,同时他们也开始能用比较完整的句子与人交往,并学会倾听别人讲话,表达自己的要求和愿望。

### (一) 语言发展特点

#### 1. 基本上能理解成人所用的句子

2—3岁是幼儿词汇量迅速增长的时期,也是幼儿对语言的理解能力迅速提高的时期,幼儿能理解的词汇达九百多个,词的泛化、窄化和特化现象明显减少,对词义的理解也日益接近成人用词的含义。词的概括性程度进一步提高,已能将有些词(如树、花等)理解为代表一类事物的词了。除了能叫出自己家里附近的树和花以外,在外面也能主动说出他们熟悉的树和花的名字。对某些词汇在理解上还具有直接性和表面性。

#### 2. 语音逐渐稳定和规范,发不出的语音逐渐减少

由于幼儿发音器官逐渐成熟,在发音方面的困难日渐减少。发唇音已基本没有困难,但凡是需要舌头参与的音(舌尖音、舌面音、舌根音等),还存在不同程度的发音困难,尤以舌尖音突出,如"zh、ch、sh、r"等,少数极个别的幼儿发"g、k、h、u、e"等音也有困难。

#### 3. 能运用多种简单句句型,复合句也初步发展

在幼儿所使用的句子中,简单句占大多数,约90%左右,复合句占10%左右。简单句句型较多,主要有主谓结构和主谓补结构两种类型。幼儿使用的复合句大多是不完全复句,是省略连词的简单句的组合。句子的含词量也在不断增多。幼儿大约在25—27个月左右开始出现了三词句,28—30个月左右出现了四词句,有个别的幼儿还出现了五词句、六词句。这个阶段的幼儿虽然在使用句子方面有明显的进步,但表达水平仍不高,尚处在情境语言阶段,说话时多用些不连贯的短句,辅以手势、动作和面部表情,这种情境性语言,对于不熟悉情况的人,往往是难以理解的。

#### 4. 疑问句逐渐增多

2岁左右是幼儿疑问句产生的主要时期。2岁4个月到3岁是幼儿疑问句的快速发展期。2岁出现反复问句(问句末尾出现"吗、呢、吧、什么"等),Who(谁,2岁出现),How(如何、怎么,2岁2个月出现),Where(什么地点,2岁3个月出现),What(什么,2岁3个月出现),When(什么时候,2岁4个月出现),Why(为什么,2岁4个月出现)。这6个"W"是幼儿疑问句的主要表现形式。

疑问句在幼儿发育成长的社会化过程中具有十分重要的地位。提问是幼儿与社会进行

信息交换的主要途径。儿童利用提问获取各种必需的信息帮助;成人通过儿童对问题的回答来把握儿童的认知和语言发展水平。从某种意义而言,儿童能够提出什么样的问题和用什么样的方式提出问题,能够理解什么样的问题和理解用什么样的方式提出的问题,都标志着儿童的认知和语言发展到了何种水平。疑问句的出现可以逐渐提高儿童理解话语,搜索和重组知识经验,表达自己的思想感情等诸多方面的能力。

**5. 语言常使用接尾策略**

接尾策略是幼儿使用语言中常用的一种策略,即不管实际情况如何,只选用问句末尾的一些词语作答,主要发生在1.5—2.5岁,3岁左右消失。如成人问"吃了没有"(刚吃完饭),孩子回答"没有"。问:"快收拾好玩具,跟妈妈出去玩,好不好?"(幼儿听到立即站起,丢掉玩具,一副要出去的样子)可听到的回答却是"不好"。这些答话与情景的不合或前后回答的矛盾,就是幼儿的接尾策略在起作用。我国学者郑厚尧在《影响儿童理解选择问句的若干因素》一文中,指出儿童在回答选择问句时,也使用这种策略,即根据选择句的后一个析取项来回答,而不管是否符合实际。幼儿2岁半以前经常使用这种策略,3岁左右消失。

### (二) 语言教育活动

**1. 让幼儿多看、多听、多说、多练**

(1) 多看。要有计划地带领幼儿直接观察,直接接触外界物体,积累感性经验,幼儿在掌握语言之后,渐渐地才有可能间接地去认识世界。还可以让幼儿通过看图片、看图书、看电视、看电影等获得现实的知识。只有拥有丰富的生活内容和知识,幼儿才会拥有丰富多彩的语言。

(2) 多听。培养幼儿能够集中注意进行倾听的能力,这是发展他们口语的先决条件。幼儿学习语言,首先要学会听,能够听得准确,听得懂,才有条件正确地模仿——说。可以让幼儿听录音故事,听成人讲故事,邀请同伴进行简单交谈,互相倾听,听各种声音,如乐器的声音,自然界的声音(风声、雷声、雨声……),动物的叫声,生活中的声音(油锅声,打桩声,各种交通工具的鸣笛声等),听后让婴儿模仿、想象。

(3) 多说。给幼儿创设说的环境,利用一切环境和机会随时随地地与幼儿交谈。成人应该尽量使交谈的气氛轻松、自由,让幼儿说得无拘无束,这不仅有利于情感交流,也有利于使幼儿形成对事物的正确态度。成人应注意给每个幼儿提供说的机会,让他们都得到发展。

(4) 多练。幼儿期语言教育的主要任务是培养幼儿正确发音,丰富词汇,教会他们说话。由于这些内容都得在语言实践中学习、掌握,这就必须让幼儿多练习,采用多种方法反复地练习。

> **拓展阅读**
>
> ### 帮助幼儿积累词汇量的方法
>
> (1) 根据事物选配修饰语:狗有什么样的?(大的,小的,毛绒绒的,灵敏的,好玩的,打猎)根据修饰语来判断事物:绿色的,枝叶茂密的,棕色树干的,长得整整齐齐的,芳香的——这是什么?(白桦)
>
> (2) 给事物选配动作:风在干什么?(刮起了尘土,刮掉了树叶,鼓满了船帆)根据动作选定事物:在天空发光,照暖了大地,驱散了黑暗——这是什么?(太阳)给动作选配对象:什么东西会在水里游?(鱼)什么东西会在空中飞?(飞机、蝴蝶、树叶)
>
> (3) 选状语:可以怎样地学习?(很认真地、懒洋洋地、很努力地)
>
> (4) 选同义词:大的,巨大的,庞大的。
>
> (5) 填空:邮递员来了,他送来了(　　)。扫院子的人拿起了扫帚,他要(　　)。我要钉钉子,给我拿(　　)来。
>
> (6) 扩展或补充句子:孩子们出去(去哪里?去干什么?)猫爬上了树(什么树?为什么?干什么?什么时候?)
>
> (7) 一个整体的组成部分:树——树干、小树枝、大树枝。
>
> (8) 用指定的词(或几个词)造句。

#### 2. 鼓励幼儿同伴之间的自发模仿和相互交谈

2岁以后的幼儿常常会出现同伴相互间的语言模仿。1岁半的婴儿进托班时,除了哭叫以外,基本没有什么说话的声音,而2岁以后的幼儿则不同,他们午睡起床后会叽叽喳喳讲个不停。有的互相模仿,有的呼唤同伴,有的小声念儿歌,有的要求教师帮助,也有的向同伴或教师讲述某个问题,表现出在集体活动和自由活动中说话的基本态度。教师应该提倡和鼓励幼儿这种积极说话的态度,同伴间的自发模仿和相互交谈会带给孩子许多乐趣,提供相互间语言交往和学习的机会。因为练习说话和练习其他技能一样,都需要有许多自由实践的机会。

#### 3. 随时随地帮助幼儿正确使用语言

日常生活是幼儿学习语言的基本环境。在这个环境中丰富词汇,发展口语,有很多得天独厚的条件。在日常生活中,幼儿接触到的词句都是与具体的事物、动作同时出现的,即物与动作——词与句,总是同时作用于幼儿的视觉和动觉,对幼儿来说,凡是形象具体的事物,都比较便于建立音—义之间的联系,易于理解和掌握。

日常生活中的语言多是常用的、反复出现的,这样易于加深幼儿的印象和理解。因为所有的词、句都不是听一听、讲一讲幼儿就能掌握的,而是经过反复出现、多次运用之后,幼儿才能真正理解词义,做到正确使用。成人应善于抓住时机对幼儿进行语言培养。例如:在穿衣时,教幼儿正确说出各种衣服的名称;在盥洗时,教幼儿说出盥洗用具、五官和身体各部分的名称。在散步时,主动向幼儿介绍所见到的能理解的事物,同时丰富有关词句。

在日常生活中,成人最容易发现幼儿说话中的问题,如发音不准,用词不当,口吃或语病等。发现以上任何问题,都要通过示范予以及时纠正,否则等其养成不良的语言习惯再予以纠正,就会事倍功半了。当幼儿的句子过于压缩时,成人可以扩充他的句子。当幼儿表述不准确、不清楚时,成人一方面应耐心猜测他所要表达的意思,另一方面也要用恰当的语词来解释其行为,用正确、清楚的词句示范讲述。

### 4. 在游戏中练习讲话

通过游戏练习讲话,可以在幼儿自由玩耍时,询问他在玩什么东西(说出物体的名称),在做什么事情(说出自己的动作或活动内容),成人有时也可以扮演游戏中的一个角色与幼儿对话,如玩扮家家,成人可以扮演成"家"中的"孩子",让幼儿当"爸爸"或"妈妈","孩子"故意向"爸爸"或"妈妈"提出许多要求,让幼儿在用语言处理和满足"孩子"的要求中练习说话。成人也可以设计专门的游戏,让幼儿练习发音。

### 5. 组织多种形式的语言教育活动

语言教育活动是指有目的、有计划、有组织地进行集体语言教育的活动。设计这类教育活动的出发点应是幼儿语言发展的一般水平,欲达到的语言发展目标是大多数幼儿力所能及的。语言教育活动的组织形式应多样,语言教育活动的主要类型有倾听、表述、欣赏文学作品、听说游戏、早期阅读等。

## 二、目标口语初步发展阶段儿童语言的发展和教育(2.5—3 岁)

这一阶段,幼儿的单词句、双词句这一类特殊语言成分已经大大减少,语言已经纳入目标语言的轨道。幼儿已经掌握语言系统和基本语法规则,具有了一定的词汇量和一定的语言运用技能,可以初步用词语来解释词语。而且已开始形成语感,并能运用语言进行日常交际。

### (一) 语言发展的特点

#### 1. 词汇量迅速增加,对新词感兴趣

幼儿到了 3 岁左右,随着其好奇心、求知欲的发展,变得好问,对新词句表现出较大的兴

趣。他们总喜欢问"这是什么"或"为什么"之类的问题,从成人的答案中学到很多的新词。在3周岁的时候,学前儿童使用的词汇量是2周岁时的3倍。也就是说这一阶段仍然是幼儿新词不断涌现和使用的阶段。

3岁的幼儿开始会用人称代词,其中最常用的是"我"和"我的"这两个代词,从而知道他们仍然是以自我为中心的。

幼儿逐渐喜欢听故事并能理解故事的简单情节,对文学语言也非常感兴趣,一个故事往往可以不厌其烦地听数遍,喜欢朗诵短小的儿歌,并且愿意模仿。幼儿这些新的兴趣和爱好,为他们学习知识,练习清楚地说话,都提供了极为有利的条件。

2. 能抽象句子规则,常表现出系统整合的语言内化能力

所谓系统整合就是当一种新的语言现象出现以后,幼儿总是力图把它纳入到原有的框架之中,尽力用原有的规则去解释它、同化它,用已知去把握未知,是幼儿一种重要的认知惯性。如教师对幼儿说"布娃娃脸上有五官,有两只眼睛,两只耳朵……",教师话音未落,幼儿就接上去说"两只鼻子,两只嘴巴",显然孩子的回答是凭自己已有的经验进行归纳的。这种认知惯性有时是成功的,有时则是失败的。究其失败的主要原因是原有的规则不能同化新的语言现象,出现了"特例",即"一个鼻子,一张嘴巴",而这些"特例"往往就是成人重点要解释的地方,它将会对原有的系统构成冲击,使原系统失去同化能力,打破原有的平衡。成人应从"特例"中概括出一些新的规则,并把新规则进行整合,以达到新的平衡,建构出一个新系统。

3. 能说出完整的句子,出现了多词句和复合句

这一阶段的幼儿,不仅说出的词汇丰富了,而且说出的句子也完整了。他们能从成人所说的词语中推断出语言的规则,掌握语法和句子结构的基本要点。到了3周岁的时候,学前儿童说话的方式基本上和成人差不多,初步奠定了他日后说话的基础。在口语表达方面,开始能用完整的句子与人交往,表达个人的要求和愿望,句子的含词量已达5—6个单词。他们所使用的句子中,陈述句占绝大多数,经常出现的复合句已占总句数的1/3以上,其中联合复句在2.5—3岁阶段占绝对优势,约占60%—90%;偏正复句约占10%—30%。联合复句中并列复句占第一位(如:要……还要……,有……还有……等),但随着年龄的增长而逐渐下降。其次是连贯复句(……和……,……也……)、递进复句(不但……而且……,先……再……然后……等)和选择复句(或者……或者……等)也不断发展。从总体上看,婴儿对联合复句的理解优于偏正复句。在偏正复句中,常见的是因果复句(反正,其实,原来,因为……所以……等)、转折复句(只好,那么,非要,偏要等)和条件复句(要是……就……)。目前对婴儿的偏正复句使用的研究还较少,婴儿偏正复句发展状况如何,尚需进一步的研究。

4. 说话不流畅,表达常有"破句现象"

这一阶段幼儿经常会出现说话不流畅的现象,有时结结巴巴;有时一句话"破句现象"严

重,显得气喘吁吁,有时在不该换气的地方换气,使人担心他是否是口吃。实际上幼儿在这个阶段说话不流畅,不一定是他语言上的缺陷。他们虽然学到了许多新词,但要把这些词有条理地组织成句子说出来,仍有一定的困难。因为他们思维的速度往往超过他们说话的速度,说话跟不上思想,想说的东西太多,一下子选不到恰当的词,但又很心急地想要把它说出来,于是就变得说话不连贯,表现得犹豫不决或经常重复同一个单词、语句,这种情形看起来好像口吃,但对3岁的儿童来说,说话不流畅、重复都是正常的、自然的现象。要是对此处理不当,反而会引起他们语言发展上的危机,语言发展的缺陷也就会在这个时期出现。

### 5. 言语功能呈现出越来越丰富、准确的趋势

这一阶段幼儿言语已具有回答、提问、问候、告知、告状、争执、命令、请求等言语功能,呈现出功能越来越丰富、准确的趋势。幼儿某些言语功能常常会有阶段性的特点,表现出在某一阶段其某一言语功能比较突出。

### (二) 语言教育活动

#### 1. 提供丰富的语言学习环境,丰富幼儿的语言经验

儿童语言获得是在一定的语言学习环境中进行的。语言学习环境一般可分为四类:人文背景、学习情景、学习者的条件、教学条件。而幼儿语言学习环境最大的特点是"自主性"和"和谐性"。成人应当为他们创设一定的言语交际环境和机会,实际上言语交际是在一定的语言环境中进行的听说双方的互动行为。幼儿对语言的理解需要对言语交际的语言环境有一定的认识,也就是幼儿言语交际和语言学习对语言环境有一定的依赖性,我们称对于语言环境的依赖程度为"语境依赖度"。如"我们走",走到哪里去?别人无法知晓,可是交际双方之间共识较多,就很容易明白我们一起到哪里去。儿童的言语与成人相比,对语境依赖度明显要高。因此,幼儿语言的发展和训练,要在一定的语言环境中进行。

#### 2. 欣赏文学作品,重复和理解作品内容

文学作品是促进幼儿语言发展的重要手段。欣赏文学作品可以丰富幼儿的文学语言和词汇,提高幼儿的倾听能力。

儿歌、故事一类儿童文学作品,用的都是经过作家提炼加工的文学语言,具有生动、形象、富有节奏感等特点,易于被孩子理解和接受。文学语言的早期输入,对提高幼儿对语言艺术的兴趣和敏感性,文学语言模式的"储存",早期"创作欲"的激发,艺术思维的萌发都具有积极的作用。

(1) 以感受为主。俄国儿童文学奠基人别林斯基曾经说过,儿童文学正面的直接的影响,都应当集中于儿童的感性,而不应当集中于他们的理性。也就是说,要反复地让幼儿欣赏感受儿童文学作品中美的语言、美的情节、美的主题、美的生活。幼儿往往很喜欢反复听

同一个故事,百听不厌。

（2）复述。复述是幼儿学习、重复和模仿文学作品的表述语言、再现文学作品内容的一种手段。它可以加深文学作品的教育效果,促进记忆、思维和连贯性言语的发展。

复述不是完整作品的重复讲述,有时可以是一个优美的词或一个句子的复述,有时可以是婴儿感兴趣的一段对话或一些动作的重复讲述。成人可以让幼儿反复地听,反复地说,甚至也可以用表演的方式来帮助幼儿再现作品的有关内容。

3. 组织幼儿进行谈话活动

谈话是幼儿学习在一定范围内用语言与人进行交流的活动。谈话常常围绕一个中心话题,结合已有经验,在宽松自由的氛围中一起交谈。话题常常是交谈的中心和主线。这一阶段幼儿的语言表达方式,主要是对白语言,其独白语言发展较慢,尚不能独立叙述一件事情的过程,而交谈往往采用的是对白语言。所以组织谈话活动是促进幼儿语言发展的较好方式。成人可以和幼儿进行随机的日常谈话,也可以有目的、有计划地组织谈话活动。

4. 在听说游戏活动中发展幼儿的语言

听说游戏活动是以培养幼儿倾听和表述能力为目的,用游戏的方式组织幼儿进行的语言教育活动。

（1）练习听力的游戏。良好的听力是清晰发音的前提,发展听觉的灵敏度就是要发展辨音能力。练习听力的游戏,主要是发展幼儿能分辨各种大小、不同强弱的声音的能力,发展听觉注意。

*游戏名称*:猜猜,谁在学动物叫

*游戏目的*:训练幼儿能准确区分熟人的声音和一些动物的叫声

*游戏方法及规则*:要求全班小朋友都闭上眼睛,老师指定一名幼儿学一种动物的叫声,如公鸡、小猫、小狗等的叫声,让听的孩子猜一猜刚才是谁在学动物叫。

（2）练习发音的游戏。练习发音游戏的内容、规则和过程都要根据幼儿发音的特点来确定。2岁以下的幼儿适合在日常生活中纠正发音,运用游戏形式练习发音则适合2岁以上的幼儿。成人选编这类游戏时,要注意游戏的内容尽量简单,不要把几个难发的音同时组织到一个游戏中。游戏要有趣味性,让幼儿在玩的过程中,自然地练习发音。

为使幼儿有模仿的榜样,成人不能仅仅是一个游戏的组织者,还应该是一个游戏的参加者,以正确的发音给幼儿示范。在家庭中主要是个别练习,而在托班里,教师除了要注意组织全班幼儿练习外,更应着重于个别幼儿的单独练习,教师必须注意倾听每个幼儿的发音,发现错误要及时地进行正确的示范。

*游戏名称*:送南瓜

*游戏目的*:教婴儿练习正确发"n"、"l"音

游戏方法及规则:可用纸浆做几个南瓜或在纸上画几个南瓜,请若干名幼儿,沿着圆圈边走边念"小篮子,手中拿,我给奶奶送南瓜"。念完后站在一名幼儿面前,将篮子交给对方,交换位置坐下,后者接过篮子继续送南瓜。

(3) 练习用词的游戏。选择或自编练习用词的游戏时,先要确定游戏的内容,如丰富和巩固哪些词,然后要考虑这些内容如何在游戏规则中体现,因为游戏规则是完成内容的保证。在游戏过程中,教师要以极大的兴趣,把幼儿吸引到游戏中来,同时要提醒幼儿遵守游戏规则,以使幼儿获得正确的练习。

游戏名称:开商店

游戏目的:正确说出商品的名称、颜色和用途

游戏方法和规则:由成人当售货员,请幼儿依此来购买商品。幼儿购买时要说出商品的名称、颜色和用途,如"我买香皂,白色的,洗澡用的",说对了才能卖给他。

### 5. 开展早期集体阅读活动

在托班开展有目的、有计划、有组织的早期集体阅读活动是大有裨益的。一是教师与幼儿在集体阅读时,可以帮助幼儿获得最佳的阅读效果;二是幼儿在集体阅读活动中可以和同伴分享集体阅读的快乐,从而提高参与阅读的积极性;三是在集体阅读中,教师可以及时发现幼儿的阅读需要,从而提供恰当的帮助。

## 第四节  0—3岁儿童语言教育中应注意的问题

### 一、充分了解婴幼儿个体语言发展的差异性

婴幼儿语言发展既有普遍性又有差异性,主要受到先天和后天因素的制约。成人要细心观察和了解婴幼儿的语言发展特点和状况,制定出一个符合婴幼儿语言发展特点、促进婴幼儿语言在原有水平上不断提高的教育方案。

### 二、处理好专门的语言教育活动和渗透的语言教育活动的关系

婴幼儿年龄越小,成人越要在专门的活动之余,把语言发展工作渗透到各项活动和日常生活之中进行,使语词与情境密切配合,使抽象的符号具体化。这样既可以帮助婴幼儿理解,又可以引发婴幼儿说出更多的词。

### 三、要充分注意婴幼儿语言的"输入"和"输出"

语言的"输入"就是婴幼儿所接触到的各种语言素材,这是语言学习的起点。没有语言输入,就谈不上语言学习。要让婴幼儿多听,听故事、听儿歌、听各种声音,多跟婴幼儿交谈等。婴幼儿语言有三种不同水平的输入,即儿向言语(成人对婴幼儿的言语)、目标语言和伙伴语言。其中成人与婴幼儿交谈的儿向言语应特别予以注意,是婴幼儿语言学习的"样本"。

不论自觉不自觉,成人与婴幼儿交谈都用一种特殊的语言学习交流方式。国外有关文献称这种成人与婴幼儿的谈话为"Child Directed Speech"(简称"CDS")即"儿向言语"。他们认为,CDS与婴幼儿语言发展的关系极为密切,近年来在国际上引起普遍重视,研究进展较大。"CDS"具有以下特点:

第一,CDS是一种动态的言语,对于不同年龄阶段的婴幼儿CDS的特点是不一样的。它的语法、语义和语言内容所代表的认知难度,与交谈对象的认知水平和能力相比,稍微高一些。

第二,同成人之间的交谈言语相比,CDS的词语和语法都比较简单,更合乎语法,其重复性和冗余度较高。和婴幼儿交谈的方式大多是婴幼儿言语的重复、扩展和评价。

第三,语速较慢,语气具有夸张意味。在和婴幼儿交谈时,成人往往会有意放慢语速,夸张语气,多给婴幼儿以鼓励和表扬等。

成人的言语为婴幼儿提供了较为合适的语言样板,以便于婴幼儿进行模仿和加工,并能吸引婴幼儿的兴趣和注意力,带动婴幼儿的语言向前发展。婴幼儿早期儿向言语占语言"输入"的主要位置。

同时,还应特别注意婴幼儿的语言"输出"。成人在语言上也要避免"包办代替"的现象。如果婴幼儿每次指着饼干,就有人拿着饼干给他吃的话,那么他无需说话,就可以得到饼干,这样不利于婴幼儿的语言发展。所以成人最好要引导婴幼儿用语言表达自己的需求,给其提供讲话的机会,还要让婴幼儿循序渐进地学习讲话,多给以鼓励和奖赏,诱导其的语言"输出"。

### 四、处理好语言模仿和语言创造的关系

模仿是婴幼儿语言发展的一种重要方式,是婴幼儿一种重要的内化能力。儿童的语言具有创造性,但模仿学习在语言获得中仍起着重要的作用。因为创造必须要以一定的范型为基础,它是对已有范型的概括和新的组合,既是新颖的,又是以模仿的范型为基础的。由此可见,创造是依据模仿得到的或已经掌握的语言单位和语言规则,运用规则自己创造出新的语言现象。就语言系统的发展来看,儿童的主要创造能力有:

1. 迁移

主要有三种形式:一是情景迁移。如离开家说声"再见",到大街上分手时也会说"再见";二是所指迁移,如叫玩具狗"狗狗",看见真正的狗也叫"狗狗";三是结构迁移,如会说"玩"、"打球",然后合并成一句话"打球好玩"。在这三种迁移中,前两种迁移最容易,后一种迁移的创新性最大。

2. 替换

是指不改变原来句式的结构,只更换或部分更换原式中的词语。如一个2岁半的幼儿学会了"我吃饭"这句话,然后自己造出"妈妈吃饭,爸爸吃饭,爷爷吃饭,奶奶吃饭,外婆吃饭,外公吃饭,大家统统吃饭"的新句式。这是幼儿较常见的一种创造能力。

3. 扩展

是指在原式的前面、中间和后面增添一些新的语言成分。如幼儿学会了"不吃"句式后,然后就创造出"我不吃"、"不想吃"、"不吃糖"等句式。

4. 删简

是指在原式的基础上创造出新的较为简略的形式。如"红红的帽子",幼儿会说"红红的"。

5. 粘连

粘连是指把两个原式合并为一个结构。如幼儿在"钱装进去"和"倒不出来"的基础上发展成"把钱装进储蓄罐里去就倒不出来了"。

上面所列只是儿童语言创造能力的一部分。不同时期,儿童的创造力有不同的表现,而且往往是综合应用的。模仿和创造具有相对性,事实上难以分得一清二楚。从列举的模仿和创造的这些方面来看,可以说模仿中有创造,创造中有模仿。百分之百的模仿和创造是不多见的。在儿童早期的语言发展中模仿更多地被使用,而随着儿童语言的不断发展,创造和创造性模仿便会较多地被使用。所以处理好语言创造和语言模仿的关系,在儿童语言发展和教育中至关重要。

 **本章练习题**

1. 试述婴幼儿语言发展的各个阶段及其主要特点。
2. 如何处理好语言模仿和语言创造的关系?

# 第五章　0—6岁儿童语言的发展与教育

 学习目标

1. 了解0—6岁学前儿童语音的发展情况,并掌握相对应的教育方法。
2. 了解0—6岁学前儿童词汇的发展进程,并掌握相对应的教育方法。
3. 了解0—6岁学前儿童语法的发展进度,并掌握相对应的教育方法。

儿童掌握语言是一个连续发展的从量变到质变的过程。这里的语言发展是指个体对母语理解不断加深的过程。学前儿童的语言发展受生理机制成熟和认知能力发展的制约,呈现出固有的发展顺序和阶段。了解学前儿童语言发展过程及其特点,是制定语言教育目标的依据,也是探讨语言教育规律的依据。

## 第一节　学前儿童语音的发展与教育

语音是口头语言的物质载体,是由人类发音器官发出的表达一定语言意义的声音。不负载语言意义的声音不是语音,包括人类发音器官发出的声音,如风雨声、咳嗽声等。一些有约定意义的非人类发音器官发出的声音,如集合的哨声、报时的钟声、进军的号角声等也不是语音。正因为有了语音,语言才成为可以被人们感知的东西,使人们之间的交流更为直接和便利。词汇是通过声音来表达意义的。当人们用言语彼此交往时,听到词的音或音组,就能和这个音或音组所指的事物联系起来,或者当看到某个事物时,就把这个事物和它固定的音或音组联系起来,即听到一个事物的名称就能想到它指的是哪一个事物,在看到一件东西时,就能正确叫出它的名称。要做到能听懂、说对,就要求对语音有精确的辨别力。任何一个词,在发音上的微小差异都能影响词与对象、现象之间的正确联系。因此,掌握每一个词的正确发音,对于词的理解、辨认、运用都是非常重要的。所以,只有正确掌握语音,才能真正掌握语言这个交际工具。

学前儿童期是语音可塑性最大的时期。心理学研究发现,4岁以上的儿童一般能掌握本民族的全部语音。3—6岁阶段,学前儿童出现发音不准的现象越来越少。其中,3—4岁是语音发展最迅速的时期。学前儿童的语音发展在3—4岁前后表现出不同的发展趋势。3—4岁之前,儿童的语音发展呈现扩展的趋势,即儿童从不会发音节清晰的语音,到逐渐能学会发越来越多的语音。之后,儿童学习语音的趋势逐渐趋向收缩,即儿童在掌握母语的语音后,语音逐渐定型化,再学习其他语言的语音时会出现困难。因此,三四岁之前的儿童相当容易学会世界各民族语言的语音,但之后再学习第二语言就比较困难,而且年龄越大,儿童学习第二语言就越容易受第一语言的干扰。

推广普通话是我国的语言政策之一。推广普通话的核心任务是解决我国各地区方言中的语音问题,即推广以北京语音为标准音的普通话。为此,要想让儿童学好普通话,尤其是让方言区的儿童学好普通话,必须从学前期就开始进行。如果在这个阶段学的是方言,以后再学普通话就有方音了。有些地区的方音形成后,再学普通话,方音的痕迹总是存在,年龄越大,这种现象就越明显。所以年龄越小,学习普通话的效果越好。

### 一、学前儿童语音发展的特点

儿童语音系统的发展可以分为两个阶段:语音发生发展阶段和语音知觉发展阶段。两个阶段的分界线是儿童说出第一个有意义的、真正的单词。虽然在第四章我们已经谈到有关婴儿语音发展的一些特点,但是要想进一步了解学前儿童语音发展的特点,还必须对学前期儿童语音的发生发展作一具体说明。

#### (一) 语音发生发展阶段

语音的发生发展是一个过程,这个过程是从婴儿呱呱坠地时开始,到说出第一批真正的词汇结束。这一阶段可以分为以下五个阶段:

**1. 非自控音阶段(出生—20天)**

新生儿离开母腹的第一声啼哭是第一次发音,表明发音器官已经为语音的发生做好了最基本的准备。在这一阶段新生儿的发音以哭声为主,也有一些是咳嗽声和吃奶时的发音,这些声音绝大多数都是新生儿不能自己控制发出的声音,因此,可以称为"非自控音"。

从一个出生20天的女孩的发音记录来看,出现的辅音有7个,元音有5个。较早出现的辅音是发音部位靠后的喉音,接着出现双唇音、喉壁音、小舌音;发音方法有不送气塞音、鼻音、浊擦音、搭嘴音、吸气音;浊辅音多而清辅音少。元音有不圆唇的低元音和发音部位稍高的前元音。

据P·沃尔夫研究,大约在一个星期以后,新生儿的哭叫声已分化为三种:(1)表示"愤怒"的哭叫声。这种哭叫声出现在需要得不到满足等受挫的情况下,表现为比一般的哭叫声更响亮。(2)表示"疼痛"的哭叫声。这种哭叫声表现为哭叫时停顿较短。(3)有节奏的哭叫声。这种哭叫声发生在需要帮助的情况下,以及前两者以外的其他情况下。

这些不同类型的哭叫声可以为细心的母亲辨别。我们的观察是:新生儿的哭叫声一开始表现为平而尾降,后来,随着哭叫声的分化而出现平、升降两种新的模式。这三种音高形式为将来的语调发生做了最初的准备。

2. 咕咕声阶段(21 天—5 个月)

此阶段儿童的声音听辨能力和发音能力都有较大的发展,有大量的"玩弄"声音的现象,有了最初的语音模仿和"对话"意识。这些非自控性发音听起来似鸽鸣鸠语,又似人咕咕低语,所以称为"咕咕声阶段"。

从辅音上看,这一阶段儿童主要发展的是舌音,特别是出现了舌尖中的边音"l"和舌尖后的卷舌音"ts""s",但是,没有出现舌尖前音和舌面音。然而边音的卷舌塞擦音的出现可谓是一大进步,因为这些音的发音难度是辅音中最高的。这也说明婴儿的舌部这一比较重要的发音器官已经开始灵活起来。

在元音的发展中,除了"y"和两个舌尖元音之外,汉语所需要的元音都已出现。在这一阶段的前期,元音主要是在上一阶段的基础上向四周蔓延,接着开始发展后元音和圆唇元音,最后连卷舌元音"er"也发展起来。

两个月以后婴儿的哭叫声明显减少,能在放松的状态下发音,他们的发音已与情景发生关系,所以自控音已明显成为发音的主要形式。在 20 天以后,婴儿出现了前面说到的"玩弄"声音的现象,并有了模仿意识的萌芽。40 天以后,出现了与成人"咿呀对话"的现象,有时"对话"可长达十多分钟,实现了与成人最初的声音交流。模仿虽然极不成功,但是尝试模仿的现象有所增加。在两个月以后,语音模仿的能力已大有进展,有许多音听起来似乎就是词音了。伴随着"对话"和模仿,母语对婴儿的影响也就开始了。

3. 牙牙语阶段(6 个月—1 岁左右)

在 5 个月时,婴儿所发出的音节多是同音重复。6 个月以后,连续发音的节奏感增强,发音的形式变得丰富多彩,而且有许多类似语言的语调。此阶段最为显著的发展是,婴儿模仿发音的能力大为提高。在他的牙牙语中,音高的变化有许多已经颇似成人的语调。有很多发音也像成人语言中的词,节调成为较为稳定的常见现象,为声调的形成打下了基础。特别是 10 个月以后,一些近乎词的音出现之后,让父母以为儿童已经会说话了,于是同儿童的语言交往增多,并反复要求婴儿说出他曾经模仿成功的词语。如果说上一阶段父母还只是满足于与孩子的声音交流的话,那么,这一阶段真正的语言教育便开始了。母语的影响也就逐渐加大。

### 4. 学话阶段(1岁—1岁半)

这一阶段开始的时候,连续音节和类似词的音节都比上一阶段多,吴天敏等记录的一个1岁零7天的婴儿的连续发音音节有:"a-ia-ia-ia-ia""a-iou, e-ha-ha""a-jia-jia-jia-da""ba-bu""en-ia-ia-ia-e""ng-e"等。该婴儿在1岁20天时所发的类似词的音有"ba-ba"(爸爸),"jia-jia"(姐姐),"ma-ma"(妈妈),"nie-nie"(捏捏),"nai-nai"(奶奶)等。随着词音节的增多和能说出一些单词,无意义的连续音节就减少了。这是一个由无意义的音节发展到词音的过渡阶段。

### 5. 积极言语发展阶段(1岁半—6岁)

从1岁半开始,儿童已由单词句、双词句向完整句发展,集中的无意义的发音现象已经消失,此时的发音已与发出的词和句子整合在一起。这时为了使音携带一定的意义,发音就要受到一定的限制,就要服从于词的需要,由于他们的发音器官不成熟,因此存在着许多语音"错误",这也是学前儿童重要的发音策略。据研究,在讲英语的儿童中,最常见的发音策略有:(1)删除。如用"top"代替"stop";用"da"代替"dog"。(2)替代。如用浊辅音代替词首的清辅音,用"bie"代替"pie",用"b""p"代表"g""k"。(3)同化。如将"doggy"发成"goggy"或者"doddy"。说汉语的儿童上述三方面的发音策略均存在。

我国学者对学前儿童阶段的发音情况研究较多,概括起来有以下结论:

(1)发音水平是随着年龄的增长逐步提高的。2岁半—4岁是语音发展的飞跃期,可持续到4岁半,4—5岁儿童的语音进步最明显。如刘兆吉等曾以《汉语拼音方案》中规定的声、韵母来测查3—6岁学前儿童语音的正确率,得到如下数据:4岁儿童声母发音的正确率城市儿童已达97%,农村儿童已达74%;韵母发音的正确率,城市儿童已达100%,农村儿童已达85%。十省市研究发现,4岁儿童发音正确率为32%,5岁儿童发音正确率为57.7%。但是直到6岁儿童仍有发音不准的情况。

(2)儿童发声母比发韵母困难,错误较多。学前儿童较难掌握的声母是"z""c""s""zh""ch""sh""r""n""l"。学前儿童对"zh""ch""sh""r"的发音(后两者分别为舌尖后擦音和舌尖后浊擦音)感到困难,"zh""ch""sh"容易与"z""c""s"相混。将后鼻音"eng""ang""ing"发成前鼻音"en""on""un"等。这一特点在整个学前儿童期的各个年龄组,以及在城市和农村的学前儿童中都得到了体现。研究者认为,3岁学前儿童发出辅音错误如此之多,主要是因为没有掌握辅音的发音部位和发音方法。由于3岁儿童生理上不够成熟,不能恰当地支配发音器官,而辅音的发音需要靠唇、舌、齿等运用的细微分化,所以学前儿童发辅音时往往分化不明显,常常取介于两个语音之间的音,如混淆"zh"和"z","ing"和"in"等。

(3)儿童语音发展受到方言的干扰与影响。史慧中等人在对十省市3—6岁儿童的语音调查中发现,儿童跟读成人发音的正确率高于儿童自动发音时的正确率。如该研究比较了儿童跟读和背绕口令的情况,发现背绕口令的发音正确率为49.5%,而跟读的正确率为84.7%(见表5-1),研究者把这种差异归结为当地语言的发音习惯对学前儿童的正确发音产生了严重的阻碍作用。

表5-1 跟读和绕口令发音正确情况记录(%)

| 项目 | 舌尖中音 | 舌尖后音 | 后鼻音 | 舌根音 | 唇齿阻音 | 平均 |
| --- | --- | --- | --- | --- | --- | --- |
| 跟读 | 84.3 | 55 | 75 | 91.2 | 91.4 | 84.7 |
| 背绕口令 | 63 | 33.6 | 44.8 | 67.5 | 23 | 49.5 |

**拓展阅读**

### 学前儿童语音发展的常见问题

学前儿童语音发展常见的问题类型:

**(一) 替代**

这种问题类型主要表现为学前儿童在发音过程中用一个音去替代另一个音。例如,汉语普通话中存在着送气音与不送气音的音位对比,学前儿童在发音过程中常出现用不送气音代替送气音的现象,有的学前儿童将"兔子跑了"说成"肚子饱了",这就是用不送气音"d"代替了送气音"t",用不送气音"b"代替了送气音"p"。出现发音替代问题的学前儿童,往往是用会发的音来替代不会发的音,或用易发的音来替代不易发的音。

**(二) 省略**

学前儿童发音过程中丢失了某个或者某几个音的音素造成音节的不完整或使人误认为是一个音节。例如将"轮船"发成"lanchuan",前一个音节丢失了"u"音素,而后一个音节中的"u"音段却并未丢失。省略往往与某一音素的具体位置有关,同一音素在不同的位置上可能出现省略,但在另一位置上就可能不出现省略,这既与音段搭配的难易度有关,也与学前儿童个体的发音习惯有关。

**(三) 歪曲**

学前儿童在言语过程中将某个音段发成了汉语言系统中不存在的一个音段,歪曲音的出现多与学前儿童发音器官本身的缺陷或大脑某些部位的损伤有关,也与音段搭配难易程度或儿童不良的语音习惯有很大的关系。

(资料来源:陈彦、曲春燕、孙喜斌:《学前儿童语音发展的常见问题及教育方法》,《幼儿教学研究》2011年第12期)

## (二) 语音知觉发展阶段

### 1. 声调知觉的发展

出生后的第一周,婴儿听到一个轻柔的声音便会停止哭叫声;出生后两周的婴儿,能把语音从其他声音中区别出来;23 天的婴儿对人的声音会作出凝视、微笑或停止哭叫的反应;4 个月左右的婴儿能分辨出愤怒和友好的声音,也能分辨熟悉的和陌生的声音。如果婴儿听到声音时没有作出如上反应,可能是听力受到了损伤,成人应给予关注并及时请教专家。除了对声音敏感以外,婴儿对声调也非常敏感,大约出生 7 周后,就能分辨升调和降调。这说明婴儿在辨别词的意义之前就已学会辨别声音里的音调模式,成人如果用同样的声调发出不同的词,孩子也会作出同样的反应。婴儿对词的重音也很敏感,国外心理语言学的研究发现,1—3 岁儿童在自发言语中很少把语词中的主重音念错。这一情况表明,在婴幼儿语言产生过程中,语音的感知顺序是,先学会语音的声调和句子的声音模式,后发展有意义的词音。

### 2. 音位知觉的发展

这方面的研究主要来自国外。1948 年,苏联心理学家萨那查金用一些儿童不常见的玩具或设计的一些几何图形来做实验。用自然语言里没有的"词"来给这些玩具或几何图形命名,并使这些名字之间只有一个音素的差异,如:"bak——mak""mak——nak""ek——ok""ek——mek";主试先把这些名字教给 10 个月—2 岁的儿童,然后分别呈现两件玩具或图形,让儿童根据指令来指出玩具或图形,或是进行其他操作。萨那查金用 8 个月的时间所做的这项实验的结果是:儿童首先区分元音,在元音中首先区分的是"a",然后才能区分前元音和后元音,高元音和低元音;之后是学会区分辅音,辅音的区分顺序是塞音、擦音、鼻音、流音、滑音。

萨那查金之后,卡里科等人也曾做过类似的实验。卡里科给 1—3 岁的儿童呈现两个玩具人,并分别用自然语言里没有的词来给玩具人命名。两个名字的语音差异,可以只表现为一对区别性特征,如一个叫"bok",一个叫"pok";两者的语音差异只是词首音位的浊与清的不同:"b"是浊辅音,"p"是清辅音。也可以表现为多个特性的差异,如"bok"和"lok";"b"和"l"的差异不仅表现在发音部位:一个是双唇音,一个是舌尖前音;而且也表现为发音方法上的差异:一个是不送气浊塞音,一个是边音。然后叫儿童把帽子戴在"bok"的头上,或者是把"pok"放在车子上。以此来研究儿童对于语音区别性特征的感知。研究表明,较小的儿童就可以正确辨别出"bok"和"lok"这种差异较大的语音,而对于"bok"和"pok"这种仅有清浊对立的语音,要到两岁时才能区分。这些实验虽然在结论上有些出入,而且不同的儿童也有个体差异,但是,不同民族儿童的音位知觉似乎表现出基本相同的发展顺序。

### 3. 词的语音表象的建立

儿童的语音记忆表象主要按成人的发音形式来储存。一些研究发现,儿童能够识别他们自己还不能发音的词。"fis"现象是儿童进入语音发展阶段的初期所出现的非常有意义的现象,探讨这种现象,对于研究儿童词的语音表象的建立以及从非语言的发音到语音的转化都具有一定的意义。

伯科和布朗发现,一个儿童把他的充气塑料鱼玩具叫做"fis"(正确的发音应是 fish),而当成人故意模仿他的发音也把鱼叫做"fis"时,这个儿童却试图去纠正成人模仿的发音,说"不是 fis,是 fis",反复数次,几乎发火。当成人改口说"fish"时,这个儿童才认可。伯科和布朗将这种现象称为"fis"现象。"fis"不是一种偶然现象,而是一种普遍现象。有一个出生 407 天的孩子,把爸爸叫做"wa wa"。当他的爸爸要求他叫"wa wa"时,他却不知所云;而要求叫"ba ba"时,他才把目光转向爸爸,但是叫的声音仍然是"wa wa"。这说明儿童虽然在发音上还不能区别,但能知觉到成人发音和自己发音时的区别。

"fis"现象表明,儿童听辨语音的能力已有了相当程度的发展,在大脑中已经建立了许多语元或词语的正确的语音表象;但是由于某种原因,他的发音能力还不健全,从而导致听音和发音的不同步、不匹配。这种现象也表明,儿童在单词句阶段以后虽然发音还比较含混,但是与 1 岁前的发音含混有质的区别。

史密斯也曾发现他的儿子凡是"sh"音都发成"s"音。如把"shoe"(鞋子)发成"soe"。在英语中没有"soe"这个词,当儿童被问到"soe"是什么意思时,儿童能立即指出鞋子。而在英语中"sip"(哂)和"ship"(船)都是词,当问什么是"sip"时,儿童则回答"当你喝的时候",当再问"ship"是什么意思,并提示是水里的船时,儿童知道是船,但是仍发成"sip"音。这似乎说明,儿童大脑中的语音表象是按照成人的语音形式储存的,成人的发音形式在儿童对词义的辨认中起优先作用。当儿童的发音与成人的发音相一致时,儿童首先反应的是成人的词义。儿童的语音听觉表象与语音的动觉表象之间并不是马上能吻合的,需要不断实践和调整。这期间,成人的语音模式是非常重要的。

上述情况还表明,儿童在说话前就很有顺序地进行了语音的准备,说明成人必须掌握儿童语音发展的内在动机和内部程序,根据儿童自身的发展规律引导他们发展。既不放任自流,又不做违反规律的蠢事,这样才能更有效地促进儿童语音的发展。

## 二、影响儿童语音发展的因素

儿童语音的发展,是生理因素、语言因素和环境因素相互作用的结果。这些因素在不同的语音发展时期,对不同的语音发展方面有不同的影响,从而形成儿童语音发展的一般规律。

### (一)生理因素的影响

生理因素对儿童语音发展的影响,比对语言其他方面发展的影响更为巨大和直接。比如,人类的发音器官是在后天逐渐发展成熟的,这会影响到语音的发展。据生理学家研究,婴儿的发音器官运动，首先是双唇和小舌；舌的运动先是舌尖和舌根，然后是舌面。唇辅音和鼻辅音的出现早于舌辅音，舌辅音中的舌面音出现最晚，与发音器官运动发展顺序是相一致的。婴儿发音器官的运动，一开始是单一的运动，后来发展出复合运动。所以婴儿最早的发音都是直接用嗓子发出来的，以后才有复杂的发音形式。如婴儿最早的元音，都是口腔自然状态的发音，以后才有舌唇的综合运动。这些现象说明，发音器官的成熟，对婴儿早期的发音顺序有着至关重要的影响。

儿童对于声音和语音的听辨能力，也离不开听觉器官和大脑的发展。而发音器官和听觉器官以及大脑的成熟过程，是由先天因素决定的，因此不同民族的儿童，他们的早期发音具有许多共同性。随着儿童年龄的增长，先天决定的生理因素对于儿童语音发展的影响逐渐减弱，而其他因素的影响逐渐增强，但是生理因素对于儿童语音发展的影响不会消失。

（二）语言因素的影响

语音是语言的一个子系统，语音的发展也受到语义、语法等的影响。例如，从牙牙语向语音发展的转化时期所出现的发音紧缩现象，和此后的发音简化现象，是因为此期儿童学会给一定的声音赋予意义，并要把这种音义结合体依据一定的语法规则组合起来，同时还要与一定的语境相匹配。这些新的语言和语言运用任务，使得儿童要分出许多精力去应付，所以会带来语音发展上的紧缩和简化现象。这是语音发展受到语言其他系统的影响造成的。

（三）环境因素的影响

对儿童语音发展影响最大的环境，是儿童生活范围内人的环境。而在人的环境中影响最大的，又是由人的环境所决定的语言环境。儿童由于各方面都不成熟，他们的社会实践活动主要是语言实践活动，儿童主要是通过语言来认识世界、把握世界和改造世界的。语言环境对儿童的影响，可以追溯到胎儿期。据说美国加州有一所胎儿大学，入学的"新生"是妊娠5个月的胎儿，课程主要是语言课和音乐课。在语言课上，妈妈用一个喇叭筒向腹中的胎儿不断地重复言语，或借助一个特殊的胎内对话器同胎儿说话。据说受过这种胎教的婴儿能更快地学会说话。

在咕咕语时期，婴儿已开始能同成人"对话"，并出现模仿的萌芽。在语音准备期，成人同婴儿的对话刺激了婴儿发音的频率，并使他们开始建立语音表象，此后语言环境的影响越来越大。我国家庭中存在普通话与方言并用的现象，而我国幼儿园则多使用普通话，因此儿童也受这两种语言环境的影响。仅以普通话的发音来看，由于方言的影响可能使发音水平下降，但是也发现，城市儿童比乡村儿童下降的速度快。这是因为乡村儿童的早期语言环境相对较差，而在学前儿童期进了幼儿园，语言环境有了较大的改善，因此其发音水平呈上升趋势。城乡儿童语音发展的差异，正是语言环境对儿童语音发展的影响所导致的。

> **拓展阅读**
>
> ## 早期儿童语音习得研究现状
>
> **（一）外国儿童语音习得研究**
>
> 关于儿童语音系统发展的研究，国外已经取得的成果较多。1968年雅各布森提出了普遍性理论，其主要观点是在世界语言中分布越广泛的音位，儿童习得就越早、越快。雅各布森对辅音的习得顺序作出了"儿童习得辅音音位的顺序是先前辅音后后辅音，先塞音后擦音，先鼻音后非鼻音"的预言。另外，具有较大影响的还有斯金纳提出的发音学习理论和洛克提出的成熟理论等多种语音习得理论。对儿童音位习得的顺序、早期儿童语音习得的阶段特点等这些儿童语音习得研究中的重要研究任务，这些理论都作出了一些合理的解释。但在他们的研究理论中，也都存在着一些局限。他们在阐述这些理论的过程中，既有支持这些理论的事实和数据，但也都遇到了一些无法解释的现象。
>
> **（二）我国儿童语音习得研究**
>
> 我国的儿童语言研究起步较晚。前言语阶段普通话儿童的语音习得是我国儿童语言研究的重要研究对象，研究主要包括对普通话儿童声调、元音、辅音产出的描写，音位的习得顺序、发展进程、发音准确度和音位产出的错误类型等方面。我国在普通话儿童语音习得方面的研究还只是刚刚开始，我们还需要从更多的视角、更多层面去认识、去探索研究语音习得过程中的许多问题。
>
> （资料来源：龚勤：《早期儿童语音习得的若干特点探析》，《黄石理工学院学报（人文社会科学版）》2011年第5期）

## 三、学前儿童语音教育

学前期是语音教育的关键时期，搞好学前儿童的语音教育有着重要意义。学前儿童教师比其他教育阶段教师的语音教育任务要重得多，因为教学前儿童正确发出汉语基本语音的任务，都要在这个阶段完成。

### （一）学前儿童语音教育的基本内容

**1. 培养学前儿童辨析性的听音能力**

在学前儿童语言发展的早期，儿童常常是模仿别人说话时的语调，对语句的每一个音不能分别感知。直到3岁左右,仍有较多的学前儿童不能精确分辨近似音,在发音时还会出现互相替代现象,这主要是由学前儿童听觉水平低造成的。能分辨语音的细微差别是发音正确的前提,学前儿童尤其要辨析某些近似的音,如"zh、ch、sh、z、c、s",为入学之后正确地感知与学习词音打好基础。

#### 2. 教会学前儿童正确发音

清楚、正确地发音是运用口语进行交际的必要条件。教师应教会学前儿童按照普通话的基本发音标准准确地发音,使他们在入学前能基本掌握普通话的发音音节。培养学前儿童正确说普通话的首要任务是教学前儿童正确掌握1300多个普通话的音节。汉语的每一个音节一般只包含"声"和"韵"两部分。如"中"的音节就是由声母"zh"和韵母"ong"两部分构成的。这种结构方式使汉语的体系非常简单明了,也比较容易学习和掌握。汉语音节还有一个特点,就是有声调。即使同样的音节,在标上不同的声调以后,其含义就可能完全不同,如一致(yí zhì)和医治(yī zhì)(音节均为 yi zhi);树木(shù mù)和书目(shū mù)(音节均为 shu mu);知道(zhī dào)和指导(zhǐ dǎo)(音节均为 zhi dao)等。因此教儿童正确发音包括声母、韵母和声调三方面教育内容。

另外,还要发好儿化音。普通话中儿化音很多,它不属于北京土音,因为许多儿化音现象和词汇、语法意义的表示有密切关系。儿化的主要作用是:有确定词性的作用,如盖(动词)和盖儿(名词),画(动词)和画儿(名词),尖(形容词)和尖儿(名词)。有区别词义的作用,如眼儿不是眼,头儿不是头。带有表达小、喜爱、亲切等感情色彩的作用,如头发丝儿,苹果脸儿,小孩儿。教师在教学前儿童发儿化音时,要注意儿化的发音是靠卷舌的动作,即"儿"不是一个单独音节而是在一个音节末尾上附加的卷舌动作,使那个音节因儿化而发生音变现象。

#### 3. 培养学前儿童的言语表情

一个人讲话时的言语表情,除声音的变化外,还可辅之以面部表情、眼神和手势。这里讲的言语表情主要是指声音部分。

在口语中,为了准确和富有表现力地表达思想,就需要声音的性质有所变化。教师在训练学前儿童正确发音的同时,也要训练他们会用与表达内容一致的语调,即根据要表达内容的需要,来控制、调节自己声音的大小和速度,构成不同的言语表情。在平时讲话时,主要是培养学前儿童的自然表情,做到声音的性质与其要表达的内容相一致,要求学前儿童表达自然大方,富有感染力和表现力。

#### 4. 培养学前儿童言语交往的文明修养

言语交往的文明修养,是指讲话态度方面的要求。从学前儿童掌握口语开始,就需要求他们在言语交往中,态度要自然,声调要悦耳,说话有礼貌,不允许撒娇和粗暴地讲话。

### (二) 学前儿童语音教育的途径

学前儿童学习发音是靠模仿形成言语反应的,这个反应必须经过多次的重复才能巩固。因为学前儿童每学一个新词,他们不仅要分辨这个词音,理解它的词义,而且还要正确说出来,这就要求学前儿童的听觉器官和言语器官协调运动,这是比较复杂的条件联系。因此,学前儿童每学一个新的词音以后,都要及时地让他们进行重复练习,以不断发展他们发音器官的肌肉组织的细小动作协调性,发展听觉器官的敏感性,这对小班学前儿童尤其重要。中大班学前儿童虽然在掌握语音方面有了很大进步,但在呼吸的长度和强度方面还需要经过练习,才能使他们善于支配自己的呼吸和调节声音的强弱。对于中班后期和大班学前儿童,还需要培养其言语的表现力,这个任务也需要通过谈话、讲述、朗诵等方式经常进行练习。

#### 1. 在日常生活中练习发音

为了使每个学前儿童都能掌握普通话的标准音和语调,运用一些学习形式进行练习是必要的,但大量的练习还需要在日常生活中自然地进行。教师应根据本地区和本班学前儿童发音的情况,确定语音练习的重点和重点帮助的对象。

在日常生活中练习,应随机地、个别地进行。如有的学前儿童"湿"(shi)和"吃"(chi)说不清,教师就可利用有利时机进行谈话帮助学前儿童发音,问:"你把毛巾放在水里就怎么样了?"学前儿童早晨来园时问:"今天早餐吃的是什么?"创设机会引导学前儿童练习发"湿"和"吃"的音。

#### 2. 开展听说游戏活动学习正确发音

良好的听觉是清晰发音的前提。发展听觉的灵敏度就是发展辨音的能力,开展听觉和发音的听说游戏活动可以培养学前儿童正确发音的能力和听觉注意,提高辨音能力。听说游戏的内容、规则和过程,要根据本班学前儿童发音的特点来确定。教师在选编这类游戏时,要注意使游戏的结构简单,不应把难发的音过于集中,难度太大会降低学前儿童学习的积极性。

为使学前儿童有模仿的榜样,教师不仅是游戏的组织者,有时也可作为游戏的参加者,以正确的发音给学前儿童示范。在游戏过程中,教师除注意全班学前儿童的练习外,更应注重个别学前儿童的单独练习。教师必须注意倾听每个学前儿童的发音,发现错误要以正确的示范予以纠正。

#### 3. 利用儿歌、绕口令练习发音

儿歌、绕口令都是有韵律的文学作品,能生动形象地表现一定的内容。它们结构短小,便于记忆,有利于提高学前儿童练习发音的兴趣。

如中班练习"sh、z"音的儿歌:

### 柿 子

柿子红，柿子黄，

柿子、柿子甜似糖。

红柿子，树上长，

摘下柿子大家尝。

绕口令又称急口令，是儿歌的一种，它有意识地重复许多相同或近似的词音，可帮助学前儿童区别易混淆的音。绕口令从内容到形式都比较生动活泼、风趣，很受学前儿童欢迎。教绕口令的时候，教师要自己先背熟，使自己的发音准确无误。学前儿童开始学绕口令时，在速度上不宜太快，不要求速度，而要求质量，力求每一个音都发准。待学前儿童背熟后，再逐步要求他们加快速度，以提高发音的准确性。绕口令主要适合中、大班儿童。

如让学前儿童练习发"n、l"音：

### 学 捏 泥

盘里放着一只梨，

桌上放块橡皮泥，

小丽用泥学捏梨，

眼看着梨，手捏梨。

一会儿捏成一只梨，

比一比，看一看，

真梨假梨差不离。

让学前儿童练习发"h、f"音：

### 画 凤 凰

对门有个白粉墙，

白粉墙上画凤凰。

先画一只粉黄粉黄的黄凤凰，

后画一只粉红粉红的红凤凰。

红凤凰看黄凤凰，

黄凤凰看红凤凰，

红凤凰，黄凤凰。

两只都像活凤凰。

#### 4. 教师示范与讲解正确、规范的发音

教师正确的示范是教学前儿童掌握语音的基本途径。通过示范，不仅要求学前儿童能正确感知语音的细微差别，而且还应让他们掌握发音部位和发音方法，让学前儿童知道音是怎么发出来的。教师的示范要照顾到学前儿童听和看两个方面，便于他们模仿。

由于发音的部位不同，发音的难度也不同，如唇音，主要是上下唇（圆唇、不圆唇）的活动，比较简单，易被学前儿童观察到，利于模仿与掌握。而更多的音，需要舌头参与活动，这些音的发音部位不易被学前儿童观察到，而且动作又比较精细、复杂，所以舌音是学前儿童掌握较慢、不易发准的音。对这一类音就需要教师采用示范和讲解相结合的方法，使学前儿童掌握其发音要领。如儿童"n"和"l"的音发不准时，教师就要向学前儿童讲清楚它们的发音方法有什么不同。"n"是鼻音，"l"是边音，教师需要把这个发音原理具体化，形象地向学前儿童讲解。发"n"的时候，舌尖翘起抵住上牙床，同时舌尖要向两旁展开，用力把气流堵住，使气流从鼻孔出来。讲解后，可让学前儿童反复地拉长音练习，使其体验气流是否从鼻子里出来。在发"l"音时，舌尖只抵住上牙床中间部分，舌头不向两边舒展，在两旁留出空隙，堵住鼻孔的通路，使气流从舌的两边出来。示范之后，应让学前儿童反复练习，反复体验。对于其他难发的音，也可采取类似方法或其他方法，帮助学前儿童较快地掌握发音的要领。

### （三）各年龄班的语音教育

#### 1. 小班

小班是语音教育的关键期，培养学前儿童正确发音是小班语音教育的重点任务。小班语音教育的重点应该放在听力和发音练习上。要做好这项工作，教师首先要了解本班儿童的发音特点，了解每个儿童语音掌握的基本情况，如可以让儿童叫出一些身体部位或物体的名称，如鼻子、耳朵、积木、狮子、栗子等，以测查一下儿童的发音情况，或者在日常生活中注意了解儿童的发音情况。然后针对儿童的语音现状，制定相应的语音教育计划，寻找合适的语音教育策略。计划中应包括对儿童言语器官活动的训练，使唇、舌、肌肉的细小动作逐渐协调灵活；包括呼吸量的练习，因为言语活动和呼吸有密切联系；包括个别儿童的语音矫正工作等。计划应有实施的具体方式，即哪些内容通过语言教育活动进行，哪些通过个别工作进行，都应有具体的安排。小班学前儿童语音练习的方式要轻松自然，内容和方式要丰富多彩、生动活泼、趣味性强。要尽量在日常生活和游戏中进行。一次练习时间不宜太长，一般控制在 10 分钟左右。

#### 2. 中、大班

中、大班学前儿童的言语器官已发育成熟，正确发出全部音节的生理条件已经具备，特别是随着语音意识的发展，儿童已经能意识到自己和别人语音中出现的问题，随时调整和修

补自己与别人语音中的"错误"。此外,这个阶段的儿童也产生了清楚、正确说话的愿望。

中、大班学前儿童在发音方面存在的问题,主要是少数儿童对个别容易混淆的音发不准。因此语音教育的重点是对个别儿童发音的矫正。正音工作要渗透在学前儿童教育活动和日常生活的各个环节中进行,同时还要取得家长的支持与配合。

中、大班还应注重学前儿童语音修养的培养,如清楚地吐字吐词,自如地调节声音的强弱,富有感染力和表现力的表达,表述时调整好自己的呼吸,掌握最初步的艺术发声方法等。

## 第二节 学前儿童词汇的发展和教育

如果说语言系统是一座大厦,那么词语就是这座大厦的砖和瓦。所有的"砖"和"瓦"合在一起,就是我们所说的词汇,所以说词汇是语言的建筑材料。一个人要想很好地掌握语言这一交际工具,首先必须积累足够数量的词汇,才能明确地表达自己的思想,才能与别人自如地交谈。婴儿学习语言也是从理解词和说出词开始的。八九个月的婴儿还不会说话,当他们听到成人说"灯"时,就去抬头瞧天花板,这就表明他们已经知道"灯"这个词的含义。1岁左右的婴儿,刚刚开口说话时,通常只能用单个词表达自己的意思,如想让妈妈抱,就会伸出双手说"妈妈"或者说"抱抱"。可见,词的理解、积累和运用是语言能力的重要组成部分。

### 一、学前儿童词汇发展的特点

词汇是指词的总汇。各民族的语言都有其基本词汇。每个人又有个人词汇。词汇是约定俗成的,儿童在语言发展过程中,要学习和掌握社会上通用的词汇。一般来说,学前儿童只掌握基本的口语词汇,主要表现在词汇数量的增加、词类范围的扩大,以及对词义理解的确切和加深等方面。

#### (一)词汇数量不断增加

词汇量是儿童言语发展的标志之一。词是语言的基本单位,词汇是语言的建筑材料。词汇数量的多少,直接影响儿童言语表达能力的发展。词汇量也是儿童智力发展的标志之一。词和概念是不可分的,概念要用词来表现。因此,儿童智力发展水平,常常可以通过词汇量表现出来。事实表明,如儿童智力发展水平较高,则词汇量一般也较多。

1. 词汇量随着年龄的增长而增加

1岁左右,孩子才开始说出词,最初说出的词数量极少。到入学时,孩子已能掌握基本的口语词汇,也就是说他的词汇已足以保证他用口语和别人交往。

国内外的研究结果表明,儿童各年龄段的词汇量大体上可以描述为:1 岁时词汇量在 10 个词以内;1 岁—1 岁半时为 50—100 个词;1 岁半—2 岁时为 300 个词左右;2 岁—2 岁半时为 600 个词左右;2 岁半—3 岁时为 1100 个词左右;3 岁—4 岁时为 1600 个词左右;4 岁—5 岁时为 2300 个词左右;5 岁—6 岁时为 3500 个词左右。

2. 3 岁左右是儿童词汇增长的高速期

国内外的研究材料都证明了词汇高速发展期的存在。有关研究表明,3—6 岁是人的一生中词汇数量增加最快的时期。在这一年龄段学前儿童词汇发展过程中,有两个增长高速期:3 岁时为第一高速期,6 岁为第二高速期。这种说法是否成立,尚需进一步研究证实。

3. 3 岁以后词汇量的增长率呈递减趋势

2—3 岁时儿童的词汇量的增长率大约为 200%,而 3—4 岁大约为 50%,4—5 岁大约为 40%,5—6 岁大约为 34%,表明儿童 3 岁以后词汇量的增长率呈递减的趋势。

(二) 掌握词类的范围不断扩大

词汇量只能笼统地从数量方面说明儿童词汇的水平,词类范围则可以在一定程度上说明儿童词汇的质量。这是因为,在词汇中不同的词类抽象概括程度不同。实词代表比较具体的事物,虚词的意义比较抽象(实词是指意义比较具体的词,包括名词、动词、形容词、数量词、代词、副词等;虚词是指意义比较抽象的词,一般不能单独成为句子成分,包括介词、连词、助词、叹词等)。如果从数量方面看,在学前儿童的词汇中,有大量实词,虚词的量是很小的。可是从质量方面看,掌握虚词(如因果连词)却往往说明学前儿童智力发展相对达到了较高的水平。

1. 掌握各类词的顺序不同

关于学前儿童词类的研究表明,儿童先掌握实词,后掌握虚词。其中,实词中最先和大量掌握的是名词,名词在儿童词汇中所占的比例最大,3—6 岁儿童词汇中名词占主导地位,大约占 51% 左右,绝对量有所增加,但在词汇总量中的比例有递减的趋势;其次是动词,大约占 20%—25%;再次是形容词,大约占 10% 以上。其他实词如副词、代词、数词,虚词如连词、介词、助词、语气词等,儿童掌握得较晚,在儿童词汇中的比例也较小。从年龄增长的情况看,各类词在不同年龄儿童词汇中所占比例不同。据史慧中等人的研究,实词在 3—4 岁时增长的速度较 4—5 岁时更迅速,而虚词则在 4—5 岁时增长较为迅速。该研究认为,4—5 岁是词汇丰富的活跃期,而 5—6 岁是言语表达能力的明显提高期。

2. 词类的使用频率不同

学前儿童对自己所掌握的词,使用的次数并不相同。"词频率"是指某类词或某个词的词频量(指各类词在言语中实际出现的次数)或者某个词的词量的总值,换句话说,就是指使用词的频繁程度。学前儿童使用词频率最高的是助词,其次是代词,然后是副词和介词,使用动词的频率高于名词。

**3. 掌握各类词汇的内容不断扩大**

随着年龄的增长,儿童的生活范围逐渐扩大,思维能力逐渐发展,所获得的名词量也迅速增长;不仅具体名词的范围扩大,而且同一类词的内容也在不断扩大,出现了抽象名词。儿童名词的发展突出的特点是:(1)具体名词早于且快于抽象名词的发展。据史慧中的研究,3—6岁儿童所掌握的具体名词比例在80%以上,而抽象名词则在20%以下。(2)儿童掌握较早较多的是与他们日常生活关系密切的词语。如名词中使用频率最多的是日常生活用品类、日常生活环境类、人称类、动物类等。(3)抽象名词随着年龄的增长(观察、注意和思维水平的发展)而逐渐增多。在表示自然常识的名词中,儿童掌握最多的是动物名词,其次是植物名词,再次是自然现象的名词。

学前儿童常用的动词,反映人物动作和行为的占80%左右,趋向动词占8%左右,心理动词占5%左右,存现动词(表示事物存在状态、增减变化和出现消失的词汇)占5%左右。

形容词是学前儿童使用较多的词汇之一,在儿童词量中位居第三。儿童使用形容词的数量是随着年龄的增长而增长的,且在4岁以后出现迅速增长的趋势。形容词的迅速发展,是儿童句子复杂化的一个标志,也是儿童对事物的性质认识迅速发展的一个标志。从年龄上看,儿童最早使用的形容词是描述物体特征的,大约在2岁开始使用;其次是在2岁半时开始使用饿、饱、痛等关于机体感觉的形容词;再次是在3岁时开始使用描述动作和人体外形的形容词,最后才是描述个性、品质、表情、情感,以及事件、情境的形容词。从使用率上看,描述物体特征的形容词使用率为最高占32.89%;其次为描述动作的占29.57%,人体外形的占25.71%,机体感觉的占29.76%;再次为描述个性品质的,占13.22%和表情情感的,占12.44%;使用率最低的是描述事件情境的,占5.98%。这说明外显性的特征容易被儿童所认识。

**(三)对词义的理解不断确切和深化**

在词汇量不断增加,词类不断扩大的同时,学前儿童所掌握的每一个词的含义也逐渐地确切和深化了。同一个词,不同年龄阶段的儿童对其含义的理解水平是不同的。儿童最初掌握词时,往往对它理解不确切,以后逐渐确切和加深。如一个1岁左右的婴儿把圆形物称为鸡蛋。在他11个月时,认为天上圆圆的月亮叫"鸡蛋"。13个月时,他将乒乓球向地上扔,口里叫"鸡蛋"。14个月时,他虽然能模仿别人说出"桔子"一词,但这一天仍将桔子叫做"鸡蛋"。类似的情况表明,1—2岁婴儿对词的理解是笼统的,常常用一个词代表多种对象。但这并不表示他所掌握的词含义分化。相反,最初的词的含义是非常具体的。如上述婴儿所理解的"鸡蛋",只是指圆形物体,那只是该词的某一具体含义,离掌握词的全部含义还很远。

可见,儿童对词义的理解具有两个突出的特点:第一,笼统;第二,具体。这主要和知觉、动作在词义理解中的作用有关。确切地理解词义,与词的概括性的增加有关。词所包括的概括性联系系统的形成和发展,使词所代表的事物不但越来越丰富,而且事物之间建立了有层次的相互联系,从而对词义的理解更确切和加深。随着对词义理解的确切和加深,儿童不仅能够掌握词的一种意义,而且能够掌握词的多种意义;不仅能掌握词的表面意义,而且能掌握词的转义。儿童掌握的词义越是丰富和深刻,他运用该词的积极性也越高。这时,词可以从被动(消极)词汇转为主动(积极)词汇。儿童对词汇既能理解,又能正确运用。

儿童的词汇虽然有以上多方面的发展,但和以后的发展比较起来,这个时期的词汇还是贫乏的,概括性还是较低的,理解和使用上也常常会发生错误,还必须加强词汇教育。

## 二、学前儿童词汇教育的内容与途径

### (一) 丰富学前儿童词汇

学前儿童词汇教育的首要任务是丰富词汇量,即不断为学前儿童提供大量新词,让他们去理解、记忆和运用。

#### 1. 为学前儿童提供的新词应以实词为主

根据学前儿童词汇量的发展情况,一方面,在学前儿童能够理解和运用的词汇中,名词、动词、形容词等实词的比例较大,而虚词的比例相对要少得多,这表明学前儿童掌握实词比掌握虚词更加容易。另一方面,从言语交际的需要看,实词往往代表物品或动作的名称及特征,具有比较确切而具体的含义,并经常作为句子的主干成分,如主语、谓语、宾语等。因此,相对于经常作为句子的辅助成分的虚词而言,学前儿童往往比较容易理解实词,而且经常有机会在交际中运用实词。

#### 2. 学前儿童通过与成人或同伴的自然交往来学习新词

通常,成人很愿意指导学前儿童认识周围事物,他们教学前儿童说出各种家具、玩具、日用品、交通工具、文具、动物、植物等的名称,为学前儿童描述各种物品的颜色、大小、形状、质地、用途以及动植物的习性等。在此过程中,学前儿童在增长见识的同时,也了解了大量的名词、形容词和副词。此外,成人还经常对学前儿童发出指令,如叫学前儿童起床、穿衣、吃饭、收拾玩具、对别人说再见等;或者在学前儿童学习某种动作时对其所做动作加以描述,如哭、笑、叫、踢腿、弯腰、拍手等。于是,学前儿童在和成人的交往中积累了大量的词汇,同时,他们还逐渐分清了各种人称代词(你、我、他)的含义。

除了常见的名词、动词、形容词和人称代词外,学前儿童还需要学习许多其他类别的词汇,如指示代词、数词、量词、副词、介词、连词等。为丰富学前儿童的词汇,成人一方面要充分利用日常交往的机会,有意识地为学前儿童提供各种词语范例,让学前儿童掌握词语和相应事物之间的对应关系;另一方面,成人也可以结合不同年龄儿童的认知特点,通过专门的教育和指导，扩展学前儿童的词汇。

### (二) 帮助学前儿童正确理解词义

词是最小的意义单位，每个词都代表一定的含义，或表示某种事物的名称，或反映事物的某种特征，或说明事物之间的某种关系。因此，正确理解每个词的含义，是正确理解说话人语言内容的前提。由于缺乏生活经验，以及思维的具体形象性特点，学前儿童往往根据具体的语境来理解一些带有抽象意义的词，如把"勇敢"理解为"打针时不哭"，把放烟花爆竹和"过年"等同，出现词义理解上的偏差。同时，学前儿童常常从字面上理解词义，不能理解词语的象征意义、转义或成人说的反话。因此，在不断丰富学前儿童的词汇量、扩展其词汇类别的同时，成人还需要指导学前儿童正确理解词义。

**1. 让词和词所反映的事物同时出现**

这是帮助学前儿童正确理解词的一条重要途径。实际上，婴儿最初的语言学习基本上是通过这一途径实现的。特别是对那些代表特定事物及其特征的实词，通过这种方式教学前儿童理解词义可以取得事半功倍的效果。例如，每当学前儿童看见小汽车时，成人就在一旁说："你看，这是小汽车，一辆红色的小汽车。"几次之后，学前儿童自然而然就知道，尽管它们的颜色各不相同，但是这些车都叫做"小汽车"。同样，每当孩子看见红颜色的事物时，成人都在讲话时提到这种颜色，如"红衣服""红帽子""这个玩具是红颜色的""红苹果"等，那么孩子就会逐渐把"红"这个词从各种具体事物中抽取出来，理解"红色"的含义。对一些不太常见的词语，当相关情境偶然出现时，如果成人能在日常生活中随机进行词汇教育，可以让学前儿童较快掌握词汇的具体含义。

**2. 借助有关材料为学前儿童提供词汇的直观信息**

对于那些学前儿童不能直接接触的事物，成人可以借助图画、录音、录像等媒介，为儿童提供直观的信息，帮助学前儿童将这些事物的名称及特征与相应的媒介联系起来，以帮助他们正确理解词义。例如，借助照片、图片或视频，我们可以使从未到过北京的学前儿童了解"北京天安门"和"万里长城"等。

**3. 引导学前儿童联系上下文或根据自己已有经验理解词义**

随着年龄的增长以及文学作品学习经验的增多，对年龄稍大的学前儿童，成人可以引导他们联系上下文或根据自己已有经验理解新词的含义；或者直接用孩子已经理解的语言向他们解释新词的含义。如学前儿童已经通过故事理解了"迷路"的含义，下一次当故事里再出现"陌生"一词时，成人就可以给学前儿童解释说，陌生就是指不熟悉的人、事或地方，小朋友在陌生的地方很容易迷路。

### (三) 帮助学前儿童正确运用词汇

经过3年的学习与积累,在进入幼儿园时,学前儿童已经能说出1000多个词,但是学前儿童在运用词语时经常会出现一些错用或者误用的情况。例如,有的学前儿童听人们常说"吃过饭了""睡过觉了",于是在表达"已经说过再见了"这句话时,就说"再过见了";还有的学前儿童把"彩电"说成是"花电视",把"鱼鳍"说成是"鱼翅膀"。

学前儿童之所以较多出现用词不当或者用错词的现象,主要原因是他们积累的词汇太少。如果儿童根本没有听过或记住"彩电"这个词,他当然不会说"彩电",只会自己造出个"花电视"来。另一个原因是学前儿童对词义的理解不准确。以"翅膀"为例,指的是鸟或昆虫等飞行用的器官,而学前儿童只从它的外形去理解,因此会把它误用到鱼身上。还有一个原因是,学前儿童在积极尝试自己发现的构词规则时,出现了规则泛化的情况,像"再过见"就属于这一类。针对学前儿童错用或误用词的情况,教师可以从以下几个方面帮助前儿童学会正确用词。

**1. 经常为学前儿童提供正确用词的典范**

(1) 用词命名,即在引导学前儿童观察周围事物时,配以相应的言语说明,使学前儿童了解周围各种事物和现象的名称。这样当他们想说某件物品,描述某个动作、某种场景时,就知道应该怎样称呼与表述,不会出现因不知如何表达而选错词的情况。

(2) 语法规范,即教师在对学前儿童讲话时,要尽可能做到讲话不出现语法错误,以免给学前儿童错误示范。

**2. 针对学前儿童经常错用或误用的词汇及时反馈**

通常学前儿童不喜欢别人直接指出他们的用词错误,直接指出错误往往会降低学前儿童用词说话的积极性。因此当学前儿童出现用词错误时,教师应及时反馈,但应讲究一些反馈的艺术,教师要对学前儿童的表达先表示理解,然后用正确的表达方式来暗示学前儿童,如"哦,你是说你已经跟奶奶说过'再见'了",这既是对孩子错误表述的指出,又是在暗示和提醒学前儿童这句话的正确表达方式。学前儿童容易接受这种方法。

**3. 为学前儿童创设适宜的环境,鼓励他们大胆使用已理解的词汇**

学前儿童在日常生活和幼儿园语言学习的过程中,已经积累了大量词汇。但由于他们的生活范围比较狭小,有许多学过的词在日常生活中无处使用,于是,这些词语就作为消极词汇留存下来。如果教师能为学前儿童创设丰富的语言情境,引导学前儿童通过各种感官感知周围事物,并联系已经掌握的文学语言充分表达自己的感受,那将帮助学前儿童将消极词汇转化为积极词汇。例如,春暖花开的季节,教师带学前儿童去公园、草地、山脚、溪边……在观赏春天美丽景色的同时,启发学前儿童联想,用以前听过的有关春天的文学作品中描述春天的词汇和语句,来尝试描述眼前的事物,如:春光明媚,春暖花开,嫩绿的小草和树叶,金黄的迎春花……此外,教师要注意观察和记录学前儿童运用词汇的实际情况,掌握哪些是学前儿童比较容易用错的词,并分析其错用的原因,以便予以针对性的指导。

## 第三节　学前儿童语法的发展与教育

语法由一系列语法单位和有限的语法规则构成,是语言的最为抽象的基础性系统,是语言的民族特点和一个人的语言能力的最为基本的表现。所谓掌握了一种语言,在很大程度上是指掌握了一种语言的语法系统。

儿童在学习语言的过程中,不但要掌握一定的词汇,还要逐渐掌握本族语言的基本语法结构形式。实际上,儿童开始学习说话,就开始学习语词和语法(主要是句法)。

儿童语法系统的发展,由于所学语言的不同和儿童学习语言的主客观条件的不同而表现出不同程度的差异,但是有一个基本相同的发展过程和特点。

### 一、学前儿童语法发展的特点

#### (一) 句型从不完整句向完整句发展

儿童最初的句子结构是不完整的。儿童的不完整句大多发生在2岁以前,主要是单词句和双词句。大约2岁以后,儿童逐渐学会说比较完整的句子。完整句的数量和比例随着年龄的增长而增长。到6岁左右,98%以上的儿童会使用完整句。

完整句又可以分为简单句和复合句、陈述句和非陈述句、无修饰句和修饰句。

**1. 从简单句到复合句**

简单句是指句法结构完整的单句。从2岁以后,简单句逐渐增加。我国近年来的许多研究都表明,学前儿童主要使用简单句。发展的趋势是,简单句所占比例逐渐减少,复合句逐渐发展,但总体来说,学前儿童使用简单句的比例较大。学前儿童使用简单句的主要类型有:主谓结构句,如"宝宝睡觉"。谓宾结构句,如"坐车车""找妈妈"。主谓宾结构句,如"宝宝坐车"。主谓双宾结构句,如"阿姨给宝宝糖"。

儿童复合句的主要特点首先是数量较少,比例不大。学前初期,复合句的比例相当小,虽然复合句的比例随着年龄的增长而增长,但到学前后期,仍然在50%以下。其次是结构松散,缺乏连词,只是简单句意义上的结合,如"妈妈上班,我上幼儿园"。第三,联合复句出现较早,偏正复句出现较晚。复合句包括联合复句和偏正复句两大类。学前儿童比较容易掌握联合复句。学前儿童的联合复句中并列复句占有相当大的比例。偏正复句反映比较复杂的逻辑关系,学前儿童较难掌握。学前儿童常用的偏正复句主要有条件复句、因果复句、转折复句(转折复句主要在4岁以后出现)。

2. 从陈述句到非陈述句

儿童最初掌握的是陈述句。在整个学前期,基本的句型仍然是简单的陈述句,学前儿童常用的非陈述句有疑问句、祈使句、感叹句等。

3. 从无修饰句到修饰句

儿童最初说的句子是没有修饰语的,如"宝宝画画""汽车走了"。2—3岁儿童的语言有时出现一些修饰语的形式,如"大灰狼""小白兔",但是实际上他们是把修饰词和被修饰词作为一个词组来使用的,在他们的心目中"大灰狼"就是"狼",不论那是大狼还是小狼。

朱曼殊等的研究发现,2岁半儿童已经开始出现一定数量的简单修饰语,如"两个娃娃搭积木"。3岁儿童已开始出现复杂修饰语,如"我玩的积木"。2岁儿童运用修饰语的仅占20%。3岁到3岁半是复杂修饰语句的数量增长最快的时期。到4岁,有修饰的语句开始占优势。

(二) 语句结构处于不断发展变化之中

1. 句子结构从混沌一体到逐步分化

(1) 表达内容的分化。学前儿童早期,语句表达情感的、意动的(语言和动作结合表示意愿)和指物的(叫出物体名称),三个方面的功能紧密结合而不分化,表现为同一句话,在不同语境中可以有不同的语义。2岁和2岁半的儿童经常是边做动作边说话,用动作补充语言所没有表达出来的意思,以后逐渐分化。

(2) 词性的分化。学前儿童早期的语词不分词性,表现为将名词与动词混用,例如"嘀嘀叭叭呜"既可当名词表示"汽车",又可当动词表示"开车"。以后才逐渐分化出名词和动词等词性。

(3) 结构层次的分化。学前儿童最初使用主谓不分的单词句、双词句,以后才发展到出现结构层次分明的句子。这主要是由于学前儿童早期认知水平较低,对客观世界的认知是混沌不分化的,不能细致地分析事物的特征和细节,所以不能掌握相应的描述事物特征和细节的话语,从而语言中常有语法错误。随着年龄的增长,句子表达的内容、词性和结构层次才逐渐分化。

2. 句子结构从松散到逐步严谨

最初的单双词句只是一个简单的词链,不是体现语法规则的结构。学前儿童最初的句子不仅简单,而且常常不完整,漏缺句子成分或句子成分排列不当。以后,随着年龄的增长,句子结构日趋完整和严谨。

### 3. 句子结构从压缩、呆板到逐步扩展和灵活

学前儿童最初的语句结构不能分出核心部分和附加部分，只能说出形式上千篇一律的、由几个词组成的压缩句。随后能加上简单修饰语，再后来加上复杂修饰语，最后达到简单修饰语和复杂修饰语的灵活运用和语句中各种成分的多种组合。学前儿童句法结构的发展在4岁—4岁半之间较为明显，5岁学前儿童语句结构逐渐完善，6岁时水平显著提高。

### （三）句子的含词量不断增加

随着年龄的增长，儿童说话所用的句子有延伸的趋势。也就是说，句子的含词量逐渐增加。研究表明，3—4岁学前儿童说话以含4—6个词的句子占多数，4—5岁学前儿童说话以含7—10个词的句子占多数，5—6岁的学前儿童说的多数句子含有7—10个词，同时也出现了不少含11—16个词的句子，但3个词以下和16个词以上的句子在学前儿童期较少出现。

## 二、学前儿童语法教育的途径

使学前儿童说话句子完整、连贯是非常重要的，主要可以通过以下途径进行教育。

### （一）在日常生活中培养学前儿童清楚完整的表述能力

学前儿童说话常常层次混乱，语不成句，不能按照一定的语法结构完整、连贯地叙述。因此要求学前儿童完整、连贯地表达自己的意思，应循序渐进地训练。如学前儿童要吃苹果，对妈妈说"妈妈，苹果"，成人要帮他把话说完整，教会孩子说："妈妈，我要吃苹果。"并让孩子重复一遍。还应让孩子明白，要想得到什么或知道什么，必须把话说完整。切忌孩子在把看到的东西转化为口语表达时，话没有说完整，成人就"心领神会"，或者在语言上采取"包办代替"，长此以往，会导致孩子说话不完整的"后遗症"。

### （二）用口头造句的形式培养学前儿童说完整句

口头造句是培养学前儿童说话完整的简单形式，可以从口头造句开始，引导学前儿童用一个完整的语句，表达自己的思想。比如请学前儿童用"许多"造句，学前儿童可以说"公园里有许多花""幼儿园里有许多玩具"等，要纠正孩子说"许多花""许多玩具"等不完整的话。经过反复练习、修正，学前儿童能懂得什么是完整的语句，说话应该怎样说得完整。

### （三）用竞赛、游戏等方式提高学前儿童说完整句的积极性

在学前儿童已能把一句话说完整的基础上，可以进一步要求学前儿童复述故事、描述图片和叙述自己的生活经历，把一件事情的过程完整、连贯地讲述清楚。为了提高学前儿童讲述的兴趣，教师可以开展故事大王比赛、组词成句等游戏。这样学前儿童讲述时就可以减少内容前后颠倒、重复、遗漏等情况。对学前儿童讲述不完整处，教师可适当补充。但最好是

等孩子说完后再补充，以免打断孩子的思路。

> **拓展阅读**
>
> **学前儿童语法发育的影响因素**
>
> （1）遗传因素对儿童语法发展的影响。流行病学调查显示，家庭中的一个成员有某种语言方面的疾病，其他成员有相同疾病的可能性很大。语言障碍的家族聚集现象说明了遗传因素对儿童语言发育的影响。
>
> （2）家庭认知环境对儿童语法发展的影响。儿童语言的习得，是在生物和社会因素相互作用下发展起来的，后天和教育起了重要作用。父母语言的数量和质量与儿童语言发育速率呈正相关。研究表明父母的受教育程度高，从事专业技术职业的，儿童句法、词法，以及句子结构的掌握发展也较早。儿童父母受教育程度高对语法发展的影响可能源于他们与子女交流中使用较丰富的词汇和较复杂的句子，与儿童交流的频率高，为儿童创造了有利的语言环境。对早产儿语法发展的研究发现，母亲的教育程度高可以部分弥补因早产引起的语法发展落后。而许多抚养儿童的方法，如溺爱、没有提供刺激说话的环境、过分地使用婴儿语言、轻易地对儿童的言语持否定态度等，则会导致儿童语言能力的缺陷，提示语言能力与家庭教育行为模式有关。
>
> （3）年龄、性别对语法发展的影响。年龄是影响语法发展的一个重要因素，随年龄的增长，出现各种语法结构，平均句子长度逐渐增加。研究表明，16—30个月的幼儿句子的复杂程度随月龄增加呈线性增长，但也存在相当大的个体差异。男女童在语法发展上也存在差异，24—35个月，女童的语法结构表达量高于男童，但这种差异只是时间性、阶段性的，随年龄增长，男女间的差异有越来越小的趋势。这种差异可能与词汇发展的差别有关。
>
> （4）词汇量对语法发展的影响。语法的复杂程度与词汇量密切相关，国外众多研究已证实了这一点。大多数儿童表达性语言发展首先经过一定量的词汇积累，然后是语法的掌握。近期研究也发现，16—30个月的儿童词汇和语法发展是同步的，无先后差异。英语儿童词汇量达到50个，平均会说9个短语，词汇量达到100个，平均会说20个短语，词汇量超过400个以后，句子的复杂程度明显加强，这说明儿童的组句能力有丰富的词汇作基础。国内学者研究发现，动物名称、事物名称、形容词、时间名词、介词、代词、疑问词这7类词汇的词汇量与语法的发展呈正相关。
>
> （资料来源：金志娟、金星明：《儿童语言发育进程中语法的研究》，《中国儿童保健杂志》2008年第2期）

**本章练习题**

1. 试述学前儿童语音发展的主要特点。
2. 试述影响儿童语音发展的因素。
3. 试述幼儿园各年龄班儿童语音教育的主要内容和方法。
4. 试述学前儿童词汇发展的主要特点。
5. 试述学前儿童词汇教育的内容和途径。
6. 试述学前儿童语音教育的途径。

# 第六章 学前儿童语言教育的目标与内容

 **学习目标**

1. 了解学前儿童语言教育的目标,并了解语言教育的方向。
2. 了解学前儿童语言教育的整体内容及与各年龄段相对应的具体内容。
3. 将以上内容与课程指南相结合,并将三者融合起来理解。

## 第一节 学前儿童语言教育的目标

教育是有目的、有计划地对受教育者施加影响,使他们在认知、情感、行为等方面发生变化的过程。学前儿童语言教育的目标,是整个学前儿童语言教育的纲领。《幼儿园工作规程》总则第三条提出:"幼儿园的任务是:贯彻国家的教育方针,实行保育与教育相结合的原则,遵循幼儿身心发展特点和规律,实施智、体、德、美等方面全面发展的教育,促进幼儿身心和谐地发展。"从学前儿童发展的诸方面互为条件、相互制约的关系和教育的整体观来看,促进学前儿童语言的发展,提高学前儿童运用语言的能力,是托幼机构语言教育任务的具体体现。任何一个阶段任何一个领域的教育都必须首先明确:本阶段要使受教育者在本领域发生哪些变化,获得什么样的发展成果。具体到学前儿童语言教育领域,教育者必须明确:通过学前阶段的教育,要使儿童的语言获得什么样的发展,达到何种水平。这一预期的发展成果便是学前儿童语言教育的终期目标。为便于针对学前各年龄阶段儿童的特点施以相应的语言教育,教育者还有必要确立各年龄阶段的目标。最后,当教师依据各年龄阶段目标选定语言教育内容、确定语言教育活动时,教师还需要就本次具体教育活动设计语言教育活动目标,以指导自己有目的、有计划地组织实施整个活动过程,使每个儿童通过每次语言教育活动都能有所收获、有所发展。

## 一、学前儿童语言教育目标制定的依据

学前儿童语言教育目标是根据学前儿童保育与教育的主要目标确定的,它是学前儿童教育总目标的重要组成部分。任何教育目标的确定都不是凭空产生的,都需要有一定的客观依据。我国学前儿童语言教育目标制定的主要依据如下。

### (一) 依据一定社会的培养目标

一个国家的政治、经济和社会文化对培养什么样的人才有一定的要求,这些因素综合起来是构成教育目标的客观依据之一。社会和时代发展对人才培养、对教育的要求,为确立学前儿童语言教育目标指明了方向。在学前阶段教育目标中的一部分因素对学前儿童语言有一定的要求,便成为语言教育目标形成的一个特定依据。因为教育的本质是由教育者对受教育者实施一种有目的、有计划、有系统的影响,以便把受教育者培养成为本社会的政治和经济服务的人。离开了一定社会的要求去制定当前儿童语言教育目标,则有可能在本质上违背教育的规律。

在我国现有的条件下思考儿童语言教育目标,应注意以下问题:首先,语言教育目标应反映我国社会在现阶段的教育目标取向。一方面马克思主义关于人的全面发展中语言的重要作用的论述,使我们已明确语言是儿童体、智、德、美全面发展不可缺少的组成部分;另一方面中国几千年优秀的文化传统要继承下来,通过语言教育来承担文化传递的任务仍然是一条路径。其次,语言教育目标要适应我国生产力发展水平对人才培养的要求。近年来,我国在科学技术、国民经济、国防科学等方面的迅猛发展受到国际社会的瞩目,21 世纪的中国将以什么样的面貌屹立在世界的东方,这值得我们深思,并对教育提出了更高的要求和期望。飞速发展的社会要求教育培养的人才首先要适应生产力发展水平,他们不仅要掌握现代科学技术,具有良好的品德和心理素质,还要具备良好的交往能力、吸收新信息的能力和创新能力。在人类社会已经进入新的世纪的今天,语言作为交际工具、思维工具和学习工具,其作用已显得越来越重要,成为高素质、高效益人才不可缺少的基本能力。上述要求促使我们在学前教育中要充分重视语言教育,并需要据此设计语言教育的目的与计划。第三,语言教育目标还需要具有一定的针对性和前瞻性。今天的学前教育是为 21 世纪我国社会建设培养栋梁之材,因此,教育目标既要针对学前儿童自身发展的需要,还要充分考虑未来社会对人才的需求,以使学前儿童语言教育目标在具有一定时代性的同时,还具有一定的超前性和前瞻性。

### (二) 依据学前教育机构保育和教育的主要目标

根据《幼儿园工作规程》,幼儿园保育和教育在语言发展方面的目标是培养幼儿"运用语

言进行交往的基本能力"。这可以说是对儿童语言教育目标概括性的表达。如果要把这个概括性极高的目标分解为可操作、可观测的目标，则需要分析语言及语言运用的有关规律，如语言包括哪些成分，运用语言进行交际包括哪些活动形式，其中需要哪些规则等。根据这些规律，我们就可以具体地规定学前儿童语言教育要使儿童的哪些语言行为、能力和态度有所发展。幼儿园保育和教育在语言发展方面的目标中，还强调了语言的交际功能，重视儿童在与成人和同伴交往过程中语言的运用。具体说来就是：会说普通话，能运用确切的词语和合乎语法的句子进行语言交往，并逐步提高儿童口头语言表达水平。因此，目标中不仅包括最基本的儿童倾听和表述能力的培养，而且还包括提高儿童口语表达能力以及为入学后的书面语言学习做准备等目标。

### （三）依据学前儿童语言发展规律

学前阶段，儿童语言发展具有哪些潜力，最高能达到什么程度，发展所需的必要条件是否具备等问题，对确立学前儿童语言教育目标有直接的影响。因为教育的对象是儿童，教育目标的制定必须充分地尊重儿童发展的规律，如若不考虑儿童发展的规律，只凭成人的主观臆想，那么，不是迁就了儿童语言的自然发展与成熟，降低了水平值，就是脱离了儿童语言发展的实际水平，提高了期望值，无论哪一种做法都将难以对儿童语言教育实践发挥指导和统帅作用，都不利于儿童语言的发展，而且社会的要求也不可能在儿童身上得到较好实现。学前儿童语言教育以促进儿童语言发展为根本目的，因而必须遵循儿童语言发展规律。遵循规律，就意味着我们在制定教育目标时，注意遵循学前阶段儿童语言发展的特点和需求，根据他们成长的客观进程来实施教育。有关儿童语言发展的研究成果已经为我们提供了各种信息，使我们能够理解儿童语言学习的阶段及过程和不同阶段的特点及需要。因此，在制定学前儿童语言教育目标时，我们可以根据教育对象的实际状况来确立促进他们语言发展的方向。

## 二、学前儿童语言教育目标的结构

教育理论与实践告诉我们，教育目标总是具有一定的可供分析的结构。从纵向的角度来看，学前儿童语言教育目标具有一般的层次结构；从横向的角度看，学前儿童语言教育目标则具有独特的分类结构。

### （一）学前儿童语言教育目标的层次结构

如前面所述，学前儿童语言教育目标主要分为三个层次，即终期目标、年龄阶段目标和活动目标。

#### 1. 学前儿童语言教育终期目标

学前儿童语言教育终期目标有时也称为学前儿童语言教育目标。它是语言教育所期望的最终结果,是学前阶段语言教育任务要求的总和。学前儿童语言教育终期目标是学前教育总目标的一个组成部分,与总目标在方向上是一致的、相辅相成的。与此同时,终期目标又是对学前儿童语言发展的任务要求,具有较强的特殊性和相对的独立性。正如学前儿童语言在全面发展中有着不可替代的作用一样,学前儿童语言教育终期目标在总目标中也具有同样重要的地位。

**2. 学前儿童语言教育年龄阶段目标**

学前儿童语言教育的年龄阶段目标是终期目标在各年龄段上的具体体现,也就是对托儿所和幼儿园各年龄班儿童语言发展提出的具体要求。尽管整个学前阶段,儿童语言发展表现出一定的共性和连续性,但是将语言教育目标分解为不同的要求,形成对每一个年龄阶段儿童逐步提高要求的具体目标,这是年龄阶段目标的一个特点。如同样是发展口头语言,积累常用词,学习简短的儿童文学作品等,但是不同年龄阶段儿童的语言能力表现出了一定的差异。又如同样是培养口语表达能力,不同年龄阶段要求是大不一样的。对0—1.5岁儿童的要求是能说出几个常见物品的名称;对1.5—3岁的儿童则要求能说出自己的姓名、年龄与性别,能用简短的语句回答别人的问题;3—4岁儿童应敢在熟悉的人面前说话,需要帮助时会用语言提出请求,能较清楚地表达自己的想法,必要时可配合动作手势;4—5岁儿童要愿意主动地与他人交谈,乐意围绕某个自己熟悉或感兴趣的话题与别人交流自己的想法,能依据所处情境,使用恰当的语言说话。如在别人悲伤时会用安慰的语言;5—6岁儿童则应愿意与别人讨论问题并当众发表自己的意见,愿意用语言协商的方式解决与别人的冲突,会说普通话,发音正确清晰,能有序、连贯、清楚地讲述一件事情,会使用较丰富的词汇表达,如能使用常见的形容词、同义词等进行表达。每一个年龄阶段的具体目标都建立在上一个阶段语言发展的基础上,同时对这个阶段的儿童具有一定的挑战意义,使儿童在经过语言学习后能更上一层楼。

年龄阶段目标的另一个特点是儿童语言发展指标和学科知识的融合,这就要求把语言教育目标贯彻到儿童所学的学科知识中去。换言之,语言教育目标对儿童语言方面的发展提出了具体的发展方向,与语言学科知识融合起来,在每一个年龄阶段的目标中,对学前儿童掌握知识、获得能力提出了一定的要求;期望通过这个年龄阶段的学习,使学前儿童在语言方面达到一定的要求。

**3. 学前儿童语言教育活动目标**

学前儿童语言教育活动目标一般由教师自己制定,它有两层含义。一层是指各项学前教育活动所指向的学前儿童语言发展目标。例如,日常生活活动有发展儿童与同伴和成人语言交往能力的目标;游戏有发展儿童根据游戏角色和游戏内容谈话和讲述的目标;科学教育活动中常要求儿童用语言陈述自己的科学探索过程和成果,与同伴互相交流;体育活动常对儿童提出听指令做动作的要求；美术活动则常在儿童完成绘画或手工作品后请他们讲述自己所画的内容或手工作品的含义。另一层含义则特指语言教育活动目标，如谈话活动目标、讲述活动目标、听说游戏活动目标、文学作品学习活动目标、早期阅读活动目标等。就具体的语言教育活动看，其目标往往不局限于语言发展这一个领域。因为语言是语言符号及其反映的思想内容的结合体，学前儿童学习语言、练习运用语言的过程必然是与多种语言内容相交往的过程。儿童不仅学习和运用各种语音、词语或句式，而且要思考和体会这些语言符号所反映的丰富的思想感情。因此，在专门的语言教育活动中，其目标要指向为儿童提供尽可能丰富的有益的经验，为其全面发展作贡献。

从目标的层次分析中，我们可以清楚地认识到，学前儿童语言教育目标要落实到每个儿童身上，有几个关键问题必须注意：一是如何将高层次目标准确地转化为低层次目标；二是在教育实践过程中，教师如何把握各个层次教育目标的内涵以及相互关系；三是教师如何根据目标来选择相应的教育内容、方法，从而确保目标的实现。在以往的学前儿童语言教育工作中，曾经有不同层次教育目标脱节的问题存在，也曾经有忽略教育目标而随意选择教育内容、方法的现象存在。上述问题必须引起学前教育工作者的高度重视，我们有必要加深对教育目标的认识与理解，从根本上解决存在的问题。

**（二）学前儿童语言教育目标的分类结构**

学前儿童语言教育目标的分类结构，是指教育目标的组合构成。任何教育目标都不是单一的，往往由若干任务要求总和建构。不管从哪一种阶段出发，语言教育目标的最终归宿必然是儿童语言的发展。从儿童语言能力的构成、语言教育的作用和语言教育目标本身来进行语言教育目标的分类，可分为以下四大类。

1. 倾听行为的培养

倾听是儿童感知和理解语言的行为表现，也是儿童不可缺少的一种行为能力。只有懂得倾听、乐于并善于倾听的人，才能真正理解语言的内容、语言的形式和语言运用的方式，掌握与人进行语言交流的技巧。因此在学前阶段，培养儿童倾听行为是十分重要的。

大量研究发现，3—4岁的幼儿由于神经系统发育不够完善，发音器官和听觉器官的调节、控制能力较差，他们只能听懂一些简单的句子，掌握一些常用词；4—5岁的幼儿基本上能够听清楚全部语音，能听懂日常一般句子和一段话的意思，掌握词汇的数量和种类迅速增加，语言逐渐连贯起来；5—6岁的幼儿能够听懂一些比较复杂的句子，理解一段话的意思。埃森和夏皮罗发现，4—4.5岁的儿童即使在说话者话语的字面意义提供线索很少的情况下，也能推测出说话者的意图。如在一张纸上画一个空心圆圈，另有红、蓝两张纸，告诉儿童不要将圆圈填成红的，4岁半的儿童已能领会这是要求他们将圆圈填成蓝的。但是，幼儿对话语中讽刺意图的理解能力，以及对诚实话和讽刺话、嘻嘻话和侮辱性话的辨别能力，则很晚才能形成。如年幼儿童擅自过马路，妈妈吓唬他说："你再走走看！"他则会向前走得更快。幼儿把爸爸的书乱扔，爸爸说："好啊，你把我的书搞得乱七八糟的！"孩子就更起劲了。随着年龄的增长，学前儿童的倾听能力得到一定的发展，具体表现在：①从无意识到有意识倾听；②对倾听内容的辨析能力不断提高；③对所听内容的理解能力逐渐发展，可以联系上下文意思进行倾听。

对学前阶段儿童倾听行为的培养，着重点应放在对汉语语音语调和语义内容的理解上。在0—6岁阶段通过教育逐步帮助儿童建立起以下倾听技能：一是有意识倾听，集中注意倾听；二是辨析性倾听，分辨不同内容的倾听；三是理解性倾听，掌握倾听的主要内容、联系上下文意思的倾听。

### 2. 表述行为的培养

表述是以一定的语言内容、语言形式以及语言运用方式表达和交流个人观点的行为，是学前儿童语言学习和语言发展的主要表现之一。只有懂得表述的作用、愿意向别人表达自己的见解，并且具备表述能力的人，才能真正地与人进行语言交际。因而，表述行为培养是学前儿童语言教育目标的重要组成部分。

学前阶段是儿童逐步掌握口头语言，并向书面语言过渡的时期。在这一特定时间内，儿童表述行为能力发展的重点主要在于学习正确恰当的口语表达，从语音、语法、语义以及语用四个方面掌握母语的表达能力，由简到繁、由短到长地提高表述水平。与此同时，学前儿童口头表述的行为也有个人独白、集体讲述、对话交谈等不同的表现方式，需要在教育过程中有目的地加以引导，以利于他们的交际和运用。

### 3. 前阅读能力的培养

前阅读能力包括文学作品的欣赏，而文学作品欣赏活动是感知理解文学作品并尝试操作艺术语言方式的行为。这种通过语言塑造形象、表现生活的艺术作品，带有口语的特点，却又不同于口语，它们是艺术语言的结合体，也是书面语言的反映。对学前儿童的语言以及其他方面的学习具有特别的意义。

学前儿童前阅读能力的培养主要在于培养儿童综合的语言能力，增强儿童对语言核心操作行为的敏感性，即对语词排列的敏感性，以及对不同情境中语言运用的敏感性等。另外，还必须培养儿童理解文学作品，初步感知不同类型文学作品的特点和构成的能力，这也是学前儿童语言教育的目标之一。

### 4. 前书写能力的培养

前书写能力是指学前儿童从口头语言向书面语言过渡的前期阅读准备和前期书写准备。其中包括儿童在学前阶段知道图书和文字的重要性，愿意阅读图书和辨认汉字，同时掌握一定的阅读和书写的准备技能等。由此可见，前书写能力的培养主要在于激发学前儿童阅读的兴趣,养成良好的阅读习惯,掌握早期阅读的有关技能。

### 三、学前儿童语言教育目标的内容定位

学前儿童语言教育目标的具体内容,是对某一时期儿童语言教育目标的具体阐述。前文中对学前阶段语言教育目标作了纵向和横向的结构分析,因此,学前儿童语言教育目标的具体内容也将从纵向的终期目标、年龄阶段目标和活动目标三个层次,以及横向的各活动类型及能力要求出发进行阐述。

(一) 学前儿童语言教育终期目标的具体内容

1. 听

认知目标——懂得别人对自己说话时要注意倾听。

情感与态度目标——喜欢听,并积极有礼貌地听别人对自己说话。

能力与技能目标——能集中注意力,有礼貌、安静地倾听;能听懂普通话,能分辨不同的声音和语调;能理解并执行别人的指令。

2. 说

认知目标——懂得用适当的音量说话,有积极的表述愿望。

情感与态度目标——喜欢与他人交谈,在适宜的场合积极、主动、有礼貌地与人交谈。

能力与技能目标——会说普通话,发音清楚,语调准确,能运用恰当的语句和语调表述意见和回答问题;能用完整、连贯的语句讲述图片和事件。

3. 阅读准备

认知目标——懂得文学作品中运用的是规范而又成熟的语言;知道阅读和聆听文学作品能增加知识,明白事理,并能感受到语言艺术的美。

情感与态度目标——乐意聆听和阅读文学作品,积极参与文学作品学习活动。

能力与技能目标——理解文学作品的内容,体会文学语言的美,积累文学语言;初步了解文学常识,会区别不同类型的文学作品及其构成要素;能用动作、语言、美术、音乐等不同表现方式,积极反馈对文学作品的理解;学会编构故事,表演故事,参与诗歌、散文的欣赏与仿编活动等。

4. 书写准备

认知目标——懂得口语与文字和图书的对应与转换关系。

情感与态度目标——对图书和文字产生兴趣,喜欢认读常见的简单的独体汉字。

能力与技能目标——掌握阅读图书的基本方法;能集中注意阅读图书,倾听、理解图书内容;能学会制作图书并配以文字说明;了解汉字的书写风格,主动积极地认读常用字;能按

规范笔顺书写自己的姓名和一些常见的独体汉字。

**（二）学前儿童语言教育年龄阶段目标的具体内容**

表6-1　0—3岁语言教育目标

| 0岁—1岁半 | 托中班 | 托大班 |
| --- | --- | --- |
| （1）喜欢听别人说话、唱歌、念儿歌，喜欢听音乐、鸟叫等好听的声音。<br>（2）听到别人对自己说话，能用声音、手势、表情、单词等作出反应。<br>（3）能说出常见物品的名称。<br>（4）能辨认并说出身体的某些部分，能辨认并说出图片上常见物体的名称。<br>（5）能理解常用的简短的语句，能执行简单的命令。<br>（6）能用单词、手势、表情等向成人表达自己的要求。<br>（7）喜欢听成人讲述图书上的故事、儿歌等。对早期阅读具有初步的兴趣。 | （1）喜欢听和谐、悦耳的声音，乐意听别人说话。<br>（2）喜欢听成人讲述玩具、其他实物以及图片上的物体。<br>（3）能安静地听成人念儿歌、讲简短的故事。<br>（4）喜欢翻阅感兴趣的图书。<br>（5）能说出自己的名字。<br>（6）能用"是"或"不"回答别人的问题。<br>（7）对本民族语言或方言的发音比较清晰，能使别人听懂。<br>（8）积极地尝试运用日常听到的词和句子。<br>（9）能听懂并执行生活常规方面的某些指令。 | （1）喜欢听和谐、悦耳的声音，乐意听别人说话。<br>（2）能与成人就自己感兴趣的人或动物的动作以及图片上的物体等进行交谈。<br>（3）能安静地倾听并参与成人念儿歌、讲简短的故事。<br>（4）能按顺序听成人讲述或独立阅读图画书上的故事。<br>（5）能说出自己的姓名和年龄，能用简短的语句回答别人的问题。<br>（6）对本民族语言或方言的发音基本清楚。<br>（7）积极地运用简短的语句与别人交谈。在游戏中喜欢与同伴交谈。<br>（8）能听懂并执行生活常规的指令。<br>（9）能主动积极地学习新词和新的句型。 |

表6-2　小班语言教育目标

| 1. 听 | 2. 说 | 3. 阅读和书写准备 |
| --- | --- | --- |
| （1）能听懂本民族语言和普通话的日常会话。<br>（2）能按照3个连续的指令做熟悉的事。如先搬凳子，然后去洗手、摆碗筷。<br>（3）喜欢听韵律感强的诗歌、童谣或短小的童话故事。<br>（4）喜欢跟读儿歌，复述短小有趣的故事。<br>（5）听故事后，能回答故事里有谁、发生了什么事等简单的问题。<br>（6）别人对自己说话时能注意听。 | （1）在熟悉的人面前敢说话。<br>（2）需要帮助时会用语言提出请求。<br>（3）能正确模仿发出本民族、本地区语言和普通话的全部语音。<br>（4）能较清楚地表达自己的需要、想法，必要时可配合动作手势。<br>（5）说话自然、声音大小适中。<br>（6）能主动大方地与人打招呼，会称呼人。<br>（7）能在成人的提醒下使用礼貌用语。如"谢谢"、"对不起"等。 | （1）主动要求成人为自己读图书。<br>（2）喜欢翻看图画书和其他图文材料。<br>（3）爱护图书，不乱撕乱扔。<br>（4）会看画面，能根据图画回答问题，如图中有什么，主人公在干什么。<br>（5）知道一些有关阅读的常识。如知道书有封面封底；阅读时是从前往后，一页一页地翻书等。<br>（6）能理解图书上的文字是和画面对应的，是用来表达画面意义的。 |

| 1. 听 | 2. 说 | 3. 阅读和书写准备 |
|---|---|---|
| (7) 听人说话时,眼睛自然注视对方。 | | (7) 喜欢涂涂画画。<br>(8) 乐意观看别人写字。 |

表6-3 中班语言教育目标

| 1. 听 | 2. 说 | 3. 阅读和书写准备 |
|---|---|---|
| (1) 能听出一定语言情境中不同的语气、语调。<br>(2) 能理解带有"因为……所以"、"如果……就"等表示因果、假设等关系的句子。<br>(3) 喜欢听不同风格的故事,如幽默的、有悬念的故事或寓言、传说、成语故事等。<br>(4) 听儿童文学作品后,能理解故事中的角色关系、事情的前因后果,简单评价作品中的事件与人物等。如说出自己喜欢或不喜欢的人物,并能在成人的引导下讲出理由。<br>(5) 能初步体会作品所表达的情感,如能随着作品情节的展开表现出喜悦、紧张、气愤等相应的情绪情感反应。<br>(6) 能在群体中注意听他人讲话。<br>(7) 不随便打断他人讲话。 | (1) 愿意主动地与他人交谈。<br>(2) 乐意围绕某个熟悉或自己感兴趣的话题与别人交流自己的想法。<br>(3) 基本会说本民族、本地区的语言和普通话。<br>(4) 能清楚地讲述自己经历的事情。<br>(5) 能依据所处情境,使用恰当的语言说话,如在别人悲伤时会用安慰的语言。<br>(6) 能根据场合调节自己的声音大小,如在公共场合不大声喧哗。<br>(7) 懂得按次序轮流讲话,不随意打断别人。<br>(8) 主动使用礼貌用语。 | (1) 能根据自己的兴趣选择图画书阅读。<br>(2) 愿意反复阅读自己喜欢的图画书。<br>(3) 喜欢了解生活环境中常见的标记、符号,如主动询问:"这张图是什么意思?"<br>(4) 能根据连续画面提供的信息,说出故事情节的发展。<br>(5) 能给图画故事改编结尾。<br>(6) 了解一些有关语言、文字、标志的知识,如:知道语言和文字是多样的;知道每个字都对应着一定的发音和意义。<br>(7) 乐意用符号或图画表达自己的愿望和想法。<br>(8) 知道口语是可写下来的。<br>(9) 在成人提醒下能保持正确的书写姿势。 |

表6-4 大班语言教育目标

| 1. 听 | 2. 说 | 3. 阅读和书写准备 |
|---|---|---|
| (1) 能辨别一定语言情境中的同音词。如能分辨"我们去动物园看猩猩",而非看"星星"。<br>(2) 能理解熟悉情境中的被动句,如"小刚的皮球被小红拿走了。"<br>(3) 喜欢听不同形式和体裁的儿童文学作品,如儿童诗、儿童剧、散文等。 | (1) 愿意与别人讨论问题并当众发表自己的意见,态度自然大方。<br>(2) 愿意用语言协商的方式解决与别人的冲突。<br>(3) 会说普通话,发音正确清晰。<br>(4) 能有序、连贯、清楚地讲述一件事情。 | (1) 经常独立、专注地阅读图画书。<br>(2) 阅读图画书后愿意与他人交流讨论。<br>(3) 对文字感兴趣,乐意认读生活环境中常见的简单汉字。<br>(4) 能够根据故事书的插图或者故事的部分情节来猜想故事情节的发展,体现作品的思想感情。 |

续表

| 1. 听 | 2. 说 | 3. 阅读和书写准备 |
|---|---|---|
| (4) 听儿童文学作品时，能基本概括作品的大意，说出自己的想法。<br>(5) 能初步感受文学作品的意境美、语言美以及巧妙的构思。<br>(6) 听不懂时，能主动提问。<br>(7) 在争论的时候，能耐心听对方把话说完。<br>(8) 能辨别普通话的声调。<br>(9) 能理解并执行多重指令。 | (5) 会使用较丰富的词汇表达，如能使用常见的形容词、同义词等进行表达。<br>(6) 能根据谈话对象和需要，调整自己的表达语气，如对长者说话不用命令的口气。<br>(7) 在与人交流时能够关注到对方的反应，并能进行相应的语言调整。如发现对方不明白或有误解时，能主动重复谈话内容或做出解释。<br>(8) 语言文明，不说脏话、粗话。 | (5) 能根据图画书的部分内容续编和创编故事，有表情地表演其内容。<br>(6) 能体会图书中画面的美、语言的韵律、内容的趣味性和意义等。<br>(7) 乐意用图画和简单的符号表现一件事或一个故事，并配解说词由教师或家长代写。<br>(8) 知道书写的顺序是从上到下，从左到右，初步认识汉字的间架结构和书写风格。<br>(9) 会正确书写自己的名字及常见的、简单的独体字。<br>(10) 能保持正确的书写姿势。<br>(11) 初步了解与理解儿童文学作品的不同体裁及其构成因素。<br>(12) 知道口头语言和书面语言的不同表述方式。 |

### （三）幼儿园不同类型语言教育活动目标的具体内容

**1. 谈话活动的目标**

第一，帮助儿童学习倾听他人的谈话，并及时从中捕捉有效的信息。

第二，帮助儿童学习围绕一定的话题，充分表达个人的见解。

第三，帮助儿童学会基本的运用语言进行交谈的规则，提高语言交往水平。

表6-5 谈话活动的目标

| 小班 | 中班 | 大班 |
|---|---|---|
| (1) 学会安静地听同伴说话，不随便插嘴。<br>(2) 喜欢与同伴交谈，愿意在集体面前讲话。<br>(3) 能听懂并愿意说普通话。<br>(4) 在教师的引导下，学习围绕主题谈话，能用短句表达自己的意思。 | (1) 能集中注意力，耐心地倾听别人谈话，不打断别人的话。<br>(2) 乐意与同伴交流，能大方地在集体面前说话。<br>(3) 能说普通话，较连贯地表达自己的意思。<br>(4) 学会围绕一定的话题谈话，不跑题。 | (1) 能主动、积极、专注地倾听别人的谈话，迅速掌握别人谈话的主要内容，并从中获取有用的信息。<br>(2) 能主动地用普通话与同伴交流，态度自然大方。<br>(3) 能围绕话题谈话，会用轮流的方式交谈，并能用恰当的语言 |

| 小班 | 中班 | 大班 |
|------|------|------|
| (5) 初步学习常见的交往语言和礼貌用语。 | (5) 学会用轮流的方式谈话,不抢着讲,不乱插嘴。<br>(6) 继续学习交往语言,提高语言交往能力。 | 表达自己的情感,与同伴分享感受。<br>(4) 逐步学习用修补的方法延续谈话,进一步提高语言交往能力。 |

### 2. 讲述活动的目标

第一,培养儿童感知理解讲述对象的能力。

第二,培养儿童独立构思与清楚、完整地表述的意识、情感和能力。

第三,培养儿童掌握对语言交流信息清晰度的调节功能。

表 6-6 讲述活动的目标

| 小班 | 中班 | 大班 |
|------|------|------|
| (1) 能有兴趣地运用各种感官,按照要求去感知讲述内容。<br>(2) 理解内容简单、特征鲜明的实物、图片或主要事件。<br>(3) 愿意在集体面前讲述。<br>(4) 能正确地说出讲述内容的主要特征或主要事件。<br>(5) 能安静地听教师或同伴讲述,并用眼睛注视讲述者。 | (1) 养成先仔细观察,后表达讲述的习惯。<br>(2) 逐步学会理解图片和情景中展示的事件顺序。<br>(3) 能主动地在集体面前讲述,声音响亮,句式完整。<br>(4) 学习按照一定的顺序讲述实物、图片和情景的内容。<br>(5) 能积极倾听别人的讲述内容,发现异同,并从中学习好的讲述方法。 | (1) 通过观察、理解图片与情景中蕴含的主要人物关系和思想感情倾向。<br>(2) 能有重点地讲述实物、图片和情景,突出讲述的中心内容。<br>(3) 在集体面前讲话态度自然大方,能根据场合的需要调节自己讲述的音量和语速。<br>(4) 讲述时语言表达流畅,没有明显的停顿现象,用词用句较为准确。 |

### 3. 阅读活动的目标

第一,向儿童展示成熟的语言,提高儿童对语言多样性的认识。

第二,扩展儿童词汇量,培养他们自觉获取语言材料的能力。

第三,培养儿童善于倾听的技能。

第四,鼓励儿童创造性地运用语言,提高儿童灵活运用语言的能力。

表 6-7 阅读活动的目标

| 小班 | 中班 | 大班 |
|------|------|------|
| (1) 喜欢欣赏文学作品,愿意参加文学活动,对文学作品的语言感兴趣。 | (1) 喜欢欣赏不同形式的文学作品,主动积极地参加文学活动。 | (1) 乐意欣赏不同体裁、不同风格的文学作品,在文学活动中积累文学语言,并尝试在 |

续 表

| 小班 | 中班 | 大班 |
|---|---|---|
| (2) 能初步感受文学作品的语言美,知道童话故事、诗歌和散文是不同体裁的文学作品。<br>(3) 学习理解文学作品的情节内容或画面情景,能用语言、动作、表情等方式表达自己对文学作品的理解。<br>(4) 在文学作品原有基础上扩展想象,仿编诗歌、散文中的一句或续编故事结尾。 | (2) 知道文学作品语言与日常生活语言的不同,进一步感受文学作品的语言美。<br>(3) 学习理解人物形象,感受作品的情感基调,能运用较恰当的语言、动作、绘画形式表现自己的理解。<br>(4) 能根据文学作品提供的线索,扩展想象,仿编或续编一个情节或一个画面。 | 适当场合运用。<br>(2) 在理解文学作品人物、情节或画面情景的基础上,学习理解作品的主题或感受作品的情感脉络。<br>(3) 初步感知文学语言和文学作品结构的艺术表现特点,开始接触文学作品的艺术语言构成方式。<br>(4) 依据文学作品提供的想象线索,联系个人已有经验扩展想象,并创造性地进行表述。 |

### 4. 阅读和书写活动的目标

第一,提高儿童学习书面语言的兴趣。

第二,帮助儿童初步认识口头语言和书面语言的对应关系。

第三,帮助儿童养成早期阅读的良好习惯。

第四,帮助儿童掌握早期阅读的有关技能。

表 6-8 阅读和书写活动的目标

| 小班 | 中班 | 大班 |
|---|---|---|
| (1) 喜欢阅读,知道阅读的基本方法,能初步看懂单幅儿童图画书的主要内容。<br>(2) 能用口头语言讲述儿童图画书的主要内容。<br>(3) 对文字感兴趣,能在成人的帮助下认读最简单的汉字。<br>(4) 在活动中以描画图形的方式练习基本笔画。 | (1) 能仔细观察画面的人物细节,看懂单页多幅儿童图画书的主要内容,增强预知故事情节发展和结局的能力。<br>(2) 懂得爱护图书,初步了解图书的制作过程,有兴趣模仿制作图书。<br>(3) 初步了解汉字简单的认读规律,并积极主动地认读汉字。<br>(4) 喜欢描画图形,尝试用有趣的方式练习汉字的基本笔画。 | (1) 能与同伴合作制作图画书,进一步了解图画书的构成。<br>(2) 知道图书画面与文字的对应关系,开始有兴趣阅读图书中的简单文字。<br>(3) 积极学认常见的汉字,并能注意在生活中学习和运用书面语言。<br>(4) 掌握基本的书写姿势,在有趣的图形练习中做好写字的准备。 |

### 5. 听说游戏活动的目标

第一,帮助儿童按一定规则进行口语表达练习。

第二,在听说游戏中提高儿童积极倾听的水平。

第三,培养儿童在语言交往中的机智性和灵活性。

表6-9 听说游戏活动的目标

| 小班 | 中班 | 大班 |
| --- | --- | --- |
| (1) 乐于参加游戏活动,在游戏中大胆地说话。<br>(2) 发准某些难发的音,初步掌握方位词及人称代词,学习正确运用动词。<br>(3) 在游戏中尝试按照规则运用简单句说话。<br>(4) 养成在集体活动中倾听别人讲话的习惯,能听懂并理解较简单的语言游戏规则。 | (1) 在游戏中巩固练习发音,正确运用代词、方位词、副词、动词、连词和介词等。<br>(2) 能说简单而完整的合成句。<br>(3) 能听懂并理解多重游戏规则。<br>(4) 学习迅速地理解并执行游戏中的语言规则。 | (1) 在游戏中学习运用反义词、量词和连词等,并能说完整的合成句。<br>(2) 养成积极倾听的习惯,迅速地掌握和理解游戏中较复杂的多重指令。<br>(3) 不断提高儿童倾听的精确程度,准确掌握和传递有细微差别的信息。<br>(4) 在游戏中按照规则迅速调动个人已有语言经验迅速地进行表达。 |

**拓展阅读**

## 如何系统地学习语言

在学习语言的过程中,儿童需要系统地学习语言课程。兴趣和爱好是最好的老师,我们要充分尊重儿童的身心发展特点以及他们的兴趣和需求,以儿童本身为主体,教师根据儿童发展的特点和规律,为儿童制定学习目标,促进儿童身心健康和谐地发展。儿童所学习的课程不宜太难,不符合儿童成长规律的学习计划,会挫伤儿童的自尊心。教学环境应是在适宜的条件下,为儿童提供自主活动的时间和空间,组织儿童进行主动的探索,这样会减少对儿童身心的不适当约束,使孩子在宽松的氛围中学习。适当安排能帮助儿童有效地学习和达到目标的课程,让孩子参与广泛的、系统的学习。儿童的语言学习,离不开对语境的认知。教师可采用灵活多样的呈现方式,给学生分派任务,组织学生学习。例如鼓励儿童观察人类赖以生存的大自然,在自然条件下使用语言,这样会使儿童的语言带有开拓性、自然性和社会性。教师也可以在语言教授的过程中,组织学生完成一些儿童喜闻乐见的活动,如角色扮演、图形拼接、故事接龙等。这些活动能够充分调动儿童的主观能动性,并且使儿童体会到团队意识,能够以合作的方式完成任务。为了开拓儿童的思维,教师可在孩子们中开展专题研究活动,鼓励孩子们去观察生活,查阅资料,翻阅绘本,以及向他人了解和生活息息相关的某一专题。这样的专题研究活动,极大地锻炼了儿童的自主能力和自学能力,从小培养学生研究调查的能力以及创新的能力。如教师给学生分配任务,让学生完成一份介绍自己喜欢的动物的报告。学生可以在家长的带领下,到图书馆查阅资料,或是到动物园接触动物,采用各种各样的途径了解自己所关心的动物,最后形成报告。教师在收到报告后,及时地归纳总结。儿童们通过自己的眼睛所看到的,耳朵所听到的,双手所感知到的这一系列的过程,深刻地了解自己所要调查研究的对象,这使他们的视觉空间智能、身体动觉智能、自然环境智能、人际交往智能等多项智能得到开发,儿童在学习语言的开始阶段即能运用语言。

(资料来源:张秀梅:《浅谈学前儿童的语言教育》,《大众文艺》2010年第23期)

## 第二节  学前儿童语言教育的内容

学前儿童语言教育的内容是指学前教育机构传授给儿童的语言形式、语言内容、语言运用的总和,是教给儿童一套特定的语言符号系统,并指导他们学习运用这套符号系统进行交际。可以说,学前儿童语言教育的基本任务就是让儿童学会运用本民族语言进行交际。从这个角度,学前儿童语言教育的内容可以分为两大部分:一是教给儿童本民族的语言符号系统,在我国主要指现代汉语(普通话)的语音、词汇、语法及表达方式等(该内容在第五章中已有涉及);二是教儿童学会运用语言,其中既包括语言知识的传授,如语言的功能、言语交际规则等,也包括语言运用能力的实践训练。此外,由艺术语言构成的文学作品也是学前儿童语言教育的一项重要内容。学前儿童语言教育内容是实现语言教育目标的手段,是幼儿教师设计和实施语言教育活动的主要依据。它既要贯彻社会对儿童发展的要求,又要反映语言理论研究的最新成果,更要符合儿童获得语言和语言发展的规律。

### 一、确定学前儿童语言教育内容的依据

学前儿童语言教育内容不是任意制定的,而是有一定依据、符合一定规律的。从教育内容是实现教育目标的手段来看,语言教育内容应该根据教育目标来选择;从教育内容的目的是为了促进儿童的语言发展来看,语言教育内容应该根据儿童语言发展的特点及其规律来选择。

### (一) 依据学前儿童语言教育目标

学前儿童语言教育目标是确定学前儿童语言教育内容的主要依据。具体表现为以下三方面。

第一,学前儿童语言教育目标是:培养儿童的语言能力,即对语言的理解能力和表达能力。这些能力是在语言形式、语言内容、语言运用交互作用的过程中逐渐发展起来的,语言理解和语言表达在发展过程中是相辅相成、相互促进的。因此,在确定语言教育内容时,要把语言理解能力和语言表达能力以及它们在语言形式、语言内容和语言运用过程中如何发展,如何提高进行具体分析,并把它们作为语言教育内容的重点、难点在教育过程中予以突出与强调。例如在文学作品学习中,儿童通过欣赏作品内容了解作品的主要情节、作者的思想感情脉络,理解其中的意思,并会用语言进行表述。在这个过程中,语言形式(包括语音、词汇、语法)、语言内容(包括语言所表征的关于认知、情感、态度等方面的意义)和语言运用(包括语言功能和语言情境)三个方面是交织在一起的。然而并不是每一次文学作品学习都包含各个要素。如当成人对婴儿进行文学作品朗读时,婴儿能用一些声音表示愉快的情绪,对成人的话作出反应;2—3岁儿童在欣赏文学作品时,则能用口语采用问答法与成人进行简单的交流,如复述作品中的大概内容、人物的主要对话,后者正是在前者的基础上发展起来的。

第二,学前儿童语言教育目标分为听、说、阅读准备、书写准备四大板块,每个部分都包含认知、情感与态度、能力与技能三个方面。

在确定语言教育内容时,要根据这四大块三个方面,分析有关的活动,突出其中可以作为语言学习内容的因素。例如:"说"的目标中,有"乐意与人交谈"并"积极主动地发起与人交谈"的要求,在婴儿期成人就要经常和孩子进行"对话",激发婴儿与人咿呀交流的兴趣。随着儿童会开口说话,儿童的交往能力也逐渐发展起来。"说"的目标得以在"积极主动地发起与人交谈"中得到落实。然而,"说"的目标不是短时间内就能完成的,而是要在教师为儿童安排的日常生活、学习活动、游戏活动的各个环节中逐渐培养起来的,通过教师精心设计与组织,使儿童在各种交往情境中得到自然的练习,从而积累丰富的交往经验。

又如在2010年颁布的《3—6岁儿童学习与发展指南》中,特别将"具有书写的愿望和初步的书写技能"作为儿童学习与发展的一项重要标准,其内容也是从认识文字符号到乐意用符号或图画表达自我想法,然后再尝试书写、命名,这一系列过程是循序渐进的,要使各个环节有机融合,就要通过游戏化的教学活动,激发幼儿大胆涂涂、画画、写写,进而发展其前书写能力,为将来书写活动奠定良好的书写基础。

第三,根据语言教育目标确定教育内容,是把教育目标中的各部分、各方面要求转换为儿童学习语言的内容,使儿童通过多种多样的学习活动获得语言经验。这些内容有些是专门为学习语言而设计的,有些则是在其他活动中将语言教育内容渗透其中的。

语言教育目标和语言教育内容并不是一一对应的。一个目标要通过多种内容来达到，一种内容也可以贯彻几项目标的要求。这样就通过确定语言教育内容把语言教育目标综合起来，使各个部分在相互联系中落实到各项教育活动中。同时，在发挥学前教育整体功能的过程中促进学前儿童语言能力的充分发展。

### (二) 依据学前儿童语言发展的特点

这里的语言发展特点指的是从非言语交际向口语交际转换，从口语交际向书面语言学习转换。这两个转换并不是截然分开的三个阶段，而是互相交叉的。因此，在确定语言教育内容时，也需针对儿童语言发展特点，既有交叉又有侧重。

首先，在非言语交际向口语交际转换过程中，儿童需要学习听说轮换、及时反馈，对语词的理解和应用，构词成句、表达意思三方面的内容。我们可以选择谈话、讲述、听说游戏、文学作品学习和早期阅读等活动，让儿童进行这些内容的练习，使儿童获得有关的语言经验。

听说轮换、及时反馈是儿童语言交际必须掌握的基本能力，早在非言语交际时期就已经出现。在进入口语交际时期后，这种轮换从运用声音、动作、表情等体态语言手段逐渐转为运用社会性的语言符号，成为听和说的轮换。

在口语交际初期，对词的感知、理解和应用是儿童首先要学习的。正确感知和理解每一个词，第一步要将词的音、调和它的具体意义联系起来。对词的学习实际上是渗透在儿童的各种生活经验中，往往是自然而然获得的。然而，要使儿童具有丰富的词汇，能恰当地运用词汇，就需要提供相应的学习内容。应在儿童认知活动、学习活动、交往活动以及游戏活动中，有目的地引导儿童将词或句与物体的实际意义联系起来，并在具体情境中学习运用相应的词和句。

构词成句、表达意思的学习可以渗透在认知活动、操作活动中，也需要给儿童提供一定的专门学习内容。例如谈话、讲述活动可以让儿童在建构语句表达意思的过程中练习口头语言的用词、用句的规则。有时还需要提供专门的内容进行辨别语音、词义和不同句型的运用等练习，不断提高儿童构词成句、表达意思的能力。

其次，在运用口语向书面语言学习转换的过程中，儿童需要学习口头语言和书面语言之间的关系和识字两方面的内容。即理解说出的话与写出的字之间的关系，学习对不同字形的辨认以及对字形结构的分析与书写。

### (三) 依据不同活动领域的特点

学前儿童的语言沟通能力是通过多种多样的活动进行学习而得到发展的。不同领域活动各有其不同的特点，其中的语言学习内容也各不相同。儿童获得的语言经验有相同之处，但也各具特性。在科学、数学、音乐、美术等领域活动中，都需要教师用语言来指导儿童进行观察,儿童要听懂教师的指导语,有序地观察;同时儿童要会用语言表达观察的情况和结果。但由于观察的对象不同,表达的方式也就有一定的差别,儿童所获得的语言经验也有所不同。如科学教育中有关"春天"的总结性谈话和语言教育中"春天"的谈话活动,前者着重于帮助儿童更好地认知有关春天的科学教育内容,如动植物的生长变化等,通过谈话来巩固加深儿童对春天的认识。而语言教育中的谈话活动,则主要侧重于儿童的语言能力训练,并不特别注重话题内容中有关春天的认知范畴,而较多地注意儿童围绕春天"谈些什么"和"怎样谈",一般可以从一个或多种角度切入谈话。如从"春天来了,万物复苏,花草树木争奇斗妍"等自然界的变化,来谈春天的美丽;从人们脱下厚厚的冬装换上美丽的春装来谈春天的美丽等。教师不必特别去划清语言教育活动内容和其他活动领域的界限,而应该研究不同活动领域的特点,将语言教育内容有机地渗透其中,切实提高儿童的语言水平。

## 二、学前儿童语言教育内容的结构定位

学前儿童语言教育内容可以分为专门的语言教育内容和渗透的语言教育内容两类结构。

### (一) 专门的语言教育内容

这类结构主要是为儿童提供机会,对他们在日常语言交际中获得的语言素材进行提炼和深化,达到对语言规则的理解及有意识的运用。它主要包括学说普通话、谈话、讲述、文学作品学习、早期阅读、书写准备等方面,这也是我国目前学前儿童语言教育中经常采用的、最基本的内容。

#### 1. 学说普通话

推广普通话,让普通话成为中华大地的通用语,这已成为我国的一项语言政策。普通话以北京语音为标准音,以北方方言为基础方言,以现代典范的白话文著作为语法规范。前文中已经提到学前期是儿童语音发展的关键期。特别是 4 岁之前,在儿童能用本民族语言或方言进行日常交际的基础上,要求儿童学说普通话;如果不抓住这段有利时机让儿童学说普通话,那么 4 岁之后,当儿童的民族语音或方音已基本定型时,若再想让他们学习普通话的音节就比较困难了。年龄越小,儿童学说普通话的效果越好。因此,在儿童有话要说、有话可说的情况下,应鼓励儿童说普通话。为儿童提供多种内容和多种语言活动,使他们普通话的水平得到提高。

- 以普通话语音为标准,对方言与普通话的发音和声调有差别的字词,进行重点的辨音和发音训练。
- 区别普通话与方言相同内容的不同表述,学习规范的普通话。
- 独立运用普通话交谈,回答提问,朗诵诗歌、散文和讲述故事等。

2. 谈话

谈话是人们之间以问答或对话形式进行的言语交往,包括个别交谈和集体交谈两种。儿童运用语言与人交往是从交谈开始的。谈话在培养语言交际意识、情感、能力方面有特别重要的意义。语言交际的效果在很大程度上取决于交谈双方能否从对方的角度思考所谈的问题。谈话中所发展起来的听和说的能力与习惯,为儿童语言交际能力的发展奠定了良好的基础。谈话也是讲述的基础,在实现"发展儿童语言表达能力和语言交往能力"目标中,"谈话"是重要的手段。

(1) 个别交谈。

- 主动发起与别人进行交谈,尽量清楚、完整地表述自己的意思。
- 集中注意倾听别人的说话,针对别人的话能提出询问或作出积极的应答。
- 懂得交谈中要听说轮换,耐心而有礼貌地把谈话延续下去。

(2) 集体交谈。

- 在自由活动或游戏活动中,能积极参与两个人以上的交谈,并根据需要发表自己的意见。
- 在集体活动中,能注意倾听并理解教师的提问,并作出相应的回答。
- 注意倾听同伴在集体中的发言,及时作出更正或修补。

3. 讲述

讲述是指发展儿童的独白言语的形式,独白言语是比谈话更为复杂、周密的一种口语表达形式。它的特点是语言内容比较丰富,语句结构比较完整连贯,表达内容前后一致。讲述在语言的内容、形式和思维的逻辑性方面,都比谈话要求高。要达到语言教育目标中提出的有关讲述能力的目标,必须根据儿童的年龄特点,选择多种讲述内容,通过多种方式的训练,发展其讲述能力。

(1) 实物讲述和图片讲述,即用几句话来描述实物的外形、性质、习性、用途或使用方法等;讲述单幅或多幅图片中人物的外貌、表情、姿态、动作等。

(2) 拼图讲述和情景讲述,即讲述拼出的图片、拼板或图形,讲述情景表演中的人物、事件、对话、动作、心理活动等。

(3) 经验讲述,即讲述自己亲身经历过或间接了解的人、事、物。

4. 文学作品学习活动

儿童文学作品包括童话、幼儿生活故事和自然故事、儿童诗歌、散文、谜语、绕口令等。它们具有丰富的语言和生动有趣的情节,作品中人物个性鲜明,主题富有哲理,深受儿童喜爱。

(1) 聆听与感受文学作品。可以要求儿童集中注意力去倾听成人朗读文学作品,感受文学作品的语言、情节、动作、人物对话等,感受作品的思想感情脉络和特殊的表现手法。

（2）朗诵与表演文学作品。可以要求儿童跟随成人朗诵文学作品，或借助于道具、场景，通过动作、表情、对话来表演文学作品的内容。

（3）仿编与创编文学作品。可以要求儿童仿编儿歌、儿童诗、散文、谜语等内容，或根据所创设的条件以及提供的材料创编文学作品。

5. 早期阅读

早期阅读是由口头语言向书面语言过渡，理解口语与文字之间关系的重要经验。从语言教育角度来看，图书是儿童从理解图画符号到文字符号，从学习口头语言向书面语言过渡的有效工具。它在帮助儿童顺利完成以上两个过渡的过程中起着举足轻重的作用。

- 翻阅图书的基本技能。
- 注意看着画面听成人讲解，并回答提问。
- 成人朗读图书中的文字，儿童边看边听。
- 能对单幅画面进行讲述，并会根据画面内容进行适当的扩句或缩句。
- 养成喜欢阅读和爱护图书的良好习惯。
- 运用绘画或剪贴等手段制作图书，并能自编文字说明。

6. 书写准备活动

书写准备活动是一种"近似书写"的活动。儿童通过画图和涂写，运用图画、图形、文字及其符号，表达信息、传递信息，与周围的同伴和成人分享、交流其思想、情感和经验。书写准备活动不强求幼儿规整地一笔一画书写汉字，更多的是为将来真正的书写奠定基础。

- 喜欢涂涂画画，乐意以此表达自己的愿望和想法。
- 懂得书写的基本技能，并养成正确的书写姿势。
- 了解文字的功能，不仅可以表达自己，还可以记录生活。
- 体验书写的乐趣，能够书写自己的名字。
- 鼓励幼儿自制图画书。

(二) 渗透的语言教育内容

这类结构主要是利用学前儿童各种生活经验，为儿童提供充分而又广泛的学习和运用语言的机会。渗透的语言教育内容在日常生活中往往容易被忽略，得不到很好的利用，错失了一些教育的良机。实际上，语言作为重要的交际工具，无时无刻不伴随着儿童的各项活动。因此，发挥语言在各项活动中的渗透作用，应该是语言教育的一条必由之路。在日常教育中有必要加大这方面的教育力度，使之和专门的语言教育内容遥相呼应，彼此配合，相互补充，将儿童的语言学习落到实处。

1. 日常生活

- 在集体活动和个别交往的场合中，能认真倾听教师关于遵守行为规则的要求，以此指导和约束自己与他人的行为。
- 在掌握行为规则的基础上,学习用语言评价自己和同伴的行为。
- 理解并执行教师的指令。
- 在他人面前大胆讲述自己的见闻。

2. 人际交往
- 正确使用礼貌用语。
- 用语言向他人提出请求和表达愿望。
- 用适当的词、句或语气、语调与同伴展开讨论或辩论,协商与调解同伴之间的纠纷等。

3. 游戏活动
- 游戏时与同伴随意进行交谈,结合游戏情节自言自语或进行恰当的人物对话。
- 同伴之间会用语言协商、讨论与合作,共同开展游戏。
- 用连贯性语言评价游戏的规则执行情况与游戏开展情况,对游戏进行适当的小结。

4. 学习活动
- 在认识活动中,能积极主动地提出问题和解答问题。
- 能完整连贯地讲述所观察到的事物或现象。
- 在集体中,能较长时间地倾听教师对各种学习内容的讲解和指导,理解学习的内容。
- 能用几种不同的符号来表述对认知内容和认知过程的感受和认识。

### 拓展阅读

#### 幼儿园语言教育存在不适合幼儿语言能力发展的问题

传统幼儿园的语言教育对幼儿语言能力的发展作了很大的贡献,但是在新时代的今天,它存在一些落后方面,大致可以从宏观、中观、微观三个方面来阐述。宏观是对于教育变革全局的阻碍,主要表现为幼儿园语言教育观念落后,中观主要体现在幼儿园语言教育教学方法存在问题,微观上反映了教师在教授中容易存在的问题,本文基于具体的实践来进行阐述。

(1) 幼儿园语言教育观念落后。

首先,部分幼儿园和教师受惯性思维的影响,习惯对儿童进行统一授教,没有充分意识到孩子间的个体差异。在幼儿中存在开朗和内向两种孩子,两者需要不同的教授方式,因而这种一刀切的教学理念不适合所有的孩子,因为它容易让那些性格活泼的孩子更容易得到关注,这导致内向的孩子产生一种自卑心理。

其次,在语言教育中由教师主导,忽视幼儿语言运用能力的发展。一些教师教学观念陈旧,单纯填鸭式地教学,不注重创造幼儿主动说话的情境。另外,一些幼儿园对新观念采取排斥的态度,不能利用幼教新的研究成果和方法对幼儿进行全面的语言教育。这导致幼儿对幼儿园精心准备的活动兴趣不高,语言能力发展缓慢,这是"老师牵着孩子的鼻子走"导致的必然结果。

(2) 幼儿园语言教育教学方法存在问题。

传统语言教育活动对幼儿语言能力的发展有一定的作用,但它存在语言教育方式简单的误区。传统语言教育活动认为采用讲故事、谈话、看图说话三种方式就可以培养幼儿的口语表达能力。但是在看图说话的教学中,所借助图画以单一画面和连环画为主,这两种表现形式都是静止的,即使丰富了画面内涵,也并不符合幼儿的心理需求,他们偏爱有生命力的东西。同时,看图说话和连环画会迅速地被儿童看腻,不能满足幼儿较强的好奇心,因此影响了看图说话的有效性。在传统幼儿园语言教育活动中,一般会以一个话题如尊敬老年人来探讨,但是这种谈话仅以幼儿的生活经验和幼儿的想象为基点。幼儿需要丰富多变的对象来认知,所以谈话的效果其实也并不突出。多媒体教学提供人机交互功能,使图像可视化,使复杂内容简明化,已经被幼儿园广泛采用。但是作为发展时间不长的教育手段,幼儿语言的多媒体教学也存在一些问题。如有些教师的创意较好,但由于制作技能的缺乏,导致课件枯燥无味。儿童也就缺乏兴趣来享受新的教学技术带来的好处。另外,一些教师追求技术挂帅,将多媒体课件弄得比较花哨,造成幼儿只注重色彩、图片的变化,忽视了对语言教学重点、难点的关注,产生了喧宾夺主的不良影响。

(3) 幼儿园语言教育具体操作存在瑕疵。

具体来说,大致有以下几种:第一,当幼儿发音不清楚时急于纠正。一些教师认为语言教育以传授知识为主,一味地纠正幼儿说话时的发音,以致幼儿难以发清楚字音,还会丧失说话的勇气和信心,影响语言的发展。第二,当幼儿答错问题时马上予以否定。这种方式会使得孩子受挫,不敢再积极回答问题。第三,当幼儿回答不出问题时过于着急。虽然回答不出问题确实会耽误教育时间,但是这种急躁会使得儿童产生自卑感,并因此对老师产生敌意等。第四,忽视不肯说、不爱说的幼儿。对于这类孩子,有些老师仍只是教幼儿说,让幼儿说,实在不行就忽视他们的存在。

(资料来源:吴肖玲:《当前幼儿园语言教育存在的问题及对策》,《中国校外教育》2012年第17期)

**本章练习题**

1. 学前儿童语言教育目标可分为哪几个层次？含义分别是什么？
2. 学前儿童语言教育目标可分为哪几类？请简要说明。
3. 试述确立学前儿童语言教育目标的依据。
4. 简要说明学前儿童语言教育内容的结构和主要内容。
5. 试述确立学前儿童语言教育内容的依据。

# 第七章 学前儿童语言教育的方法与途径

 学习目标

1. 熟练掌握学前儿童语言教育的方法。
2. 识记学前儿童语言教育的各种途径。

## 第一节 学前儿童语言教育的方法

学前儿童语言教育的方法,实质上是成人为发展学前儿童的语言创设条件和提供机会,让儿童参与各种丰富多彩的活动,使儿童在与人、物、环境等的交互作用过程中,学习语言,发展语言。学前儿童语言教育方法是根据儿童语言发展理论、儿童学习语言的规律、儿童语言教育的目标以及多年来儿童语言教育实践经验归纳出来的。一般的方法有:示范模仿法、视听讲做结合法、游戏法、表演法、练习法等。

### 一、示范模仿法

示范模仿法是指教师通过自身的规范化语言,为儿童提供语言学习的样板,让儿童始终在良好的语言环境中自然地模仿学习,有时也可以由发展较好的儿童来示范。这一方法的具体运用要点如下:

#### 1. 教师的示范语言一定要规范到位

在学前机构,教师的语言是儿童模仿的对象,教师的一言一行,儿童都会一一听在耳里,看在眼里。例如教师说什么,怎样用词和造句,用什么言词来说出自己的感觉,说话时的态度、表情和手势,对别人说话的反应等,都对儿童起示范作用。一般来说,儿童的语言主要学自成人,很少学自同龄的伙伴。因此,幼儿教师说话时,除了咬字清楚、发音准确、辅以自然的表情和恰当的手势外,还要注意语言的表达力,包括运用恰当的音量、语调、速度等。此外幼儿教师还要注意使用具体易懂的句式,如果是用来对儿童发出指令的,更要简单、明确、规范。教师的规范语言包括语言形式、语言内容和语言运用三个方面,要求教师无论在何时、何地都要运用规范语言,才能为儿童创设良好的语言环境,成为儿童模仿学习的典范。教师的言语示范必须正确、清楚、响亮,而且要富有表现力和感染力。

2. 教师要把握好示范的时机和力度

语言教育中新的、儿童不易掌握的学习内容,教师要反复地重点示范,如难发准的音、新词句的学习、人物的对话、连贯的讲述、需要儿童作为仿编参照的原词句等,让儿童有意识地进行模仿学习。

3. 教师要恰当地运用"显性示范"和"隐性示范"的手段

语言教育中教师要恰当地处理好"显性示范"和"隐性示范"两种手段的运用。对于教学重点和难点问题,依据儿童语言发展的水平和特点恰当地选用不同的示范方法。

4. 教师要积极观察儿童的语言表现,妥善地运用强化原则

教师要关注在各种活动中儿童的语言表现,善于发现学前儿童语言发展的差异,因材施教,要随时鼓励儿童正确的语言行为和习惯,并加以强化。可以让语言发展较好的儿童作为示范者,为同伴提供模仿学习的样板。同时也要及时地指出错误,避免儿童重复不正确的语言,对其他儿童产生误导。但也要避免过于挑剔儿童讲述过程中的语言错误,降低儿童学习的积极性。

> **拓展阅读**
>
> ### 用艺术的语言让课堂成为天堂
>
> 俗语说,教师是"吃开口饭"的,当教师"三分靠内才,七分靠口才",这些都意在强调教师口语的重要性。我国古代思想家荀子就已经提出了"师术"的观点,指出:"师术有四,而博习不与焉。尊严而惮,可以为师;耆艾而信,可以为师;诵说而不陵不犯,可以为师;知微而论,可以为师。"在他看来,要成为教师,需要具备四个条件,即有尊严而使学生起敬,年长而有信义,讲课有条理而不违师法,见解精深表述合理。后两个条件都是论述教师口语重要性的。
>
> 教师口语与其他行业口语的区别不仅仅在于其科学性、规范性和教育性,更在于艺术性。在教学中的教师口语既有日常语的通俗平易、自然活脱的优点,又必须十分

讲究得体、集中及匀称性、洗练性。它要大步走近书面语,摄取书面语的严谨、精确、典雅而又形象生动、创新活用等精华,常常散溢出冲鼻的"书卷气"。教育专家魏书生的学生说:"魏老师每堂课都给我们打开一扇新的通向世界、通向未来的窗口。"教师的语言修养直接决定着教学效果和教学质量,直接影响着教育的成败。生动、活泼、形象的语言,会使学生如临其境、如见其人、如闻其声,激发其想象力和创造性,收到很好的教育效果。

　　提高课堂的教学效率,把学生从沉闷的课堂中解放出来,使其在享受中获得发展,长期以来都是课堂教学改革中的重要问题,也是全社会关心的热点话题。课堂要从"教师进行知识传递与学生接受知识"的场所变成学生主动发现、获取知识并增长能力的地方。这就要求广大教师不能仅仅满足于把话说清楚、讲规范,还必须善于巧妙地运用语言,在保证口语表达的科学性和教育性的基础上,使语言更富有审美性,让每一堂课都成为学生的艺术享受。用艺术的语言进行教学,已经从过去优秀教师的"专利"变为每位教师都必须达到的基本要求。

　　(资料来源:龙秀、刘金怀:《用艺术的语言让课堂成为天堂》,《中国教育报》2001年3月15日第8版)

## 二、视听讲做结合法

　　这种方法是依据"直观法"和"观察法",并结合儿童语言学习的特殊性而提出的。所谓"视"是指教师提供具体形象的讲述对象,如实物、现象、图片、图书、情景表演等,让儿童充分地观察。所谓"听"是指教师用语言描述、启发、引导、暗示、示范等,让儿童充分地感知与领会。所谓"讲"是指儿童在感知理解的基础上,充分地表述个人的认识。所谓"做"是指教师给儿童提供一定的想象空间,通过儿童的参与或独立地操作活动,帮助儿童充分地构思,从而组织起更加丰富、连贯、完整、富有创造性的语言进行表述。这四个方面必须有机地结合,"视""听"的内容由教师提供最终将转化为儿童的认识,主动地通过"讲"和"做"反映出来。"视""听""做"都是为"讲"服务的,在"讲"的过程中,儿童语言能力得到不断发展。这一方法的具体运用应注意以下几点:教师所提供的语言教育辅助材料,应该是儿童接触过的、较熟悉的或符合儿童认识特点的;教会儿童观察被讲述对象的方法,给儿童留存一定的观察时间和空间;教师的提问要有顺序性、启发性,帮助儿童构思与表述;根据儿童的语言实际水平,提出不同的讲述要求,让儿童在动手、动脑、动口的活动中获得语言经验。

> **拓展阅读**

## 语言活动"淘气的雾弟弟"案例分析

**片段一：谈话并结合图片引导幼儿回忆雾天的特征。**

师：今天，老师给你们带来了一个谜语，我们一起来猜猜它是什么？"像云不是云，像烟不是烟，风吹可飘动，日出始散开"，这是什么？

师：你见过雾吗？谁来说说雾天是什么样子的？

师：我们一起来看看图片说说。（通过观察图片中白茫茫的景象，使幼儿感受到雾天的特征：白茫茫，模模糊糊，看不清楚等）

**片段二：比较晴天和雾天的不同。**

师：晴天和雾天有什么不同？（幼儿根据已有的经验回答）

师：晴天时，马路上的汽车、天上的飞机是怎样移动的？我们看出去的东西是怎样的？

师：雾天的时候，汽车和飞机会碰到什么烦恼？我们在雾天看东西有什么感觉？

师：你喜欢雾天吗？为什么？雾弟弟非常淘气，它经常溜到地上来玩，为什么说它很淘气呢？现在我们来看看吧。

**片段三：故事《淘气的雾弟弟》**

师：出示图片让幼儿讨论雾弟弟做了哪些淘气事。

师：雾天的时候，雾弟弟蒙上马路上的汽车，汽车会产生什么烦恼？（马路上的汽车看不清楚）

师：海上的轮船会不会碰到什么烦恼？（海上的轮船不知道往哪儿开）

师：路上的行人碰到什么烦恼？（路上的行人都像在黑夜里一样）最后是谁带走了雾弟弟？

师：从这些事上让我们感觉到了雾弟弟真的非常淘气，我们这个故事就叫《淘气的雾弟弟》，现在我们一起来讲这个故事好吗？

（教师小结：是呀，雾给出行的人们带来很多的不方便，汽车要限速行驶，飞机、船要停航，高速公路要关闭等，所以在雾天的时候我们要特别注意安全。接下来我们一起来做个游戏，再次感知雾给我们带来的不便。）

**片段四：游戏——雾天开车**

在"路边"用小椅子设置一些障碍，幼儿分组戴上自制的眼罩，模拟"雾天开车"，游戏中如果碰到障碍就代表发生交通事故，停止游戏。

师：说说"雾天开车"是什么感觉？

此案例中,授课老师充分运用了视听讲做结合法,利用生活当中起雾的契机,进行"淘气的雾弟弟"的语言活动。进行活动时,老师多次使用了图片,形象直观地"视"出雾天不便,同时在整个过程中引导幼儿结合日常生活大胆地说出自己的想法,重视幼儿"听"、"讲"相结合。并且,还以游戏的形式让幼儿戴上自制蒙眼罩体验"雾天开车",既锻炼了幼儿的动手能力,又在"做"中感受雾天开车要当心,丰富了幼儿的生活经验。

## 三、游戏法

游戏法是指教师运用有规则的游戏,训练儿童正确发音,丰富儿童词汇和句式的一种方法。游戏是符合学前儿童年龄特点的活动,运用游戏方法进行教育是儿童语言教育中常见的活动方式之一。其目的在于提高儿童的学习兴趣,集中儿童的注意,促进儿童各种感官和大脑的积极活动。这一方法的具体运用应注意:根据儿童语言教育目标和内容选择、编制游戏。要求目标明确,规则具体,便于儿童理解,达到训练语言能力的目的;在运用游戏法的同时,可配合使用教具或学具。随着儿童年龄的增长,应逐渐减少直观材料,可以适当开展纯语言训练的游戏;对于个别学习有困难的儿童,可运用游戏法进行重点帮助,使他们在轻松、愉快、饶有兴趣的活动中进行强化训练。

### 教育活动设计方案

**听说游戏活动:猜莲子(中班)**

**活动目标**
1. 学习使用比较连贯的语句来描述同伴的发型、衣着等外部特征。
2. 注意倾听同伴的发言,并能根据言语描述迅速作出正确的判断。
3. 遵守游戏规则,愉快地进行游戏。

**活动准备**
莲蓬一只。

**活动设计**
(一)游戏导入
在这个活动的开始,老师和孩子们围坐成半圆形,这样就自然地缩短了老师和孩子们之间的距离,孩子们也会觉得老师很亲近自己,为游戏情景的设置打好了情感基础。

接着,老师出示莲蓬剥出莲子:"这是什么呢？对,莲子。我们要在池塘里种上莲子,明年才能结出莲蓬。今天,请小朋友扮演池塘里的泥,老师把这颗莲子种到池塘里,大家一起玩一个种莲子的游戏。"良好的游戏情景自然地设置好了,这也是激发孩子们参与的兴趣、集中孩子们注意力的一种很好的策略。

(二) 交代游戏规则及玩法

游戏规则有以下几点:

(1) 扮泥的小朋友必须将眼睛闭起来,不能偷看,等儿歌念完后才能睁开。

(2) 种莲子的人会在儿歌结束前将莲子放在一个小朋友的手里,并且用简短的语言来描述这个小朋友的外貌特征,请大家来猜。

(3) 被猜出的小朋友必须重复说出自己的外貌特征。

由于游戏规则中包含了活动目标,因此,老师需要用言简意赅的语言向孩子们解释规则,老师解释的同时可以示范举例,这样会加深孩子们对规则的印象。

(三) 教师引导幼儿游戏

规则讲完后,孩子们围坐成半圆形,眼睛闭上,手背在后面,手掌向上,这样就可以接住老师递过来的莲子。大家开始念游戏儿歌《种莲子》:种莲子,种莲子,不知莲子种哪家。东一家,西一家,到了明年就开花。老师边念儿歌边从每个孩子身后走过,并把莲子悄悄放入一个孩子手中。最后走到中央,描述这个孩子的特征,如"我把莲子种在一个短头发的女孩手里,她穿着黄衣服、蓝裤子和黑皮鞋",请孩子们都来猜,猜对了,有莲子的小朋友就要到前面来说"我就是穿黄衣服、蓝裤子和黑皮鞋的短头发小女孩",然后游戏继续。

在大家一起念《种莲子》儿歌的时候,老师要注意纠正个别不正确的发音,鼓励孩子们声音洪亮地念儿歌,提醒孩子种莲子和拿到莲子以后都要注意保密,为孩子们自主游戏进行铺垫。这一步非常重要。为了保证孩子在下一步按规则玩游戏,在孩子感知理解游戏规则的基础上,老师根据孩子们的掌握程度可以带领着他们多玩几遍这个游戏。

(四) 幼儿自主游戏

在孩子们对游戏内容和规则非常熟悉后,这时就可以请第一个

**活动评析：**

猜对的孩子来种莲子，这样会提高孩子倾听别人发言并能根据言语描述迅速作出正确判断的积极性。

孩子们的自主游戏，是练习按一定规则进行语言表达的过程，老师要放手让孩子们愉快地玩，在必要时再指导他们。比如，如果孩子们猜不出来，可以鼓励种莲子的孩子再重新描述一遍，使游戏顺利开展。

当孩子们比较疲惫的时候，可以进行一个分享活动或放松活动：品尝莲子。

全文采用游戏的形式，为幼儿创设了学习快速敏捷反应的语言运用情境，也一直围绕着种莲子、猜莲子、品尝莲子进行活动，孩子们自始至终投入参与，活动效果显著，活动的目标也在不知不觉中实现了。

### 四、表演法

表演法是指在教师的指导下，学前儿童学习表演文学作品，以提高口语表现力的一种方法。这一方法的具体运用应注意：教师必须在儿童理解诗歌、散文、绕口令等作品内容，并能熟练朗读的基础上，指导儿童正确地运用声调、韵律、节奏、速度等进行诗歌、散文、绕口令的朗诵和表演；教师必须在儿童理解童话、故事内容，熟悉人物对话以及体会角色心理的基础上，指导儿童正确地运用语言、动作、表情等扮演角色，再现故事情节，进行故事表演；鼓励儿童在故事表演中创新内容，增加情节与对话，大胆地发展故事情节，恰当地进行动作设计和人物的心理刻画和渲染；要为全体儿童提供参与表演的机会。

**拓展阅读**

#### 《拔萝卜》的故事

《拔萝卜》是个故事简单却情节生动的小故事：老公公种了个大萝卜，拔不动，结果大家一个接一个地来一起帮忙，终于拔起了萝卜。通过玩《拔萝卜》故事表演，能让孩子们懂得有些事情不是靠自己个人的努力就可以完成的，还要大家的团结合作，只

> 有如此,才能做成一个人不能做成的事情。因此,也教育幼儿要与其他小朋友友好相处,遇到困难的时候,大家要像"拔萝卜"那样一个帮一个,劲往一处使,克服困难,走向成功。故事中的语言非常简明而又口语化,角色又比较贴近幼儿实际生活,为幼儿所熟悉,很适合中班幼儿进行故事表演。

### 五、练习法

练习法是指有意识地让儿童多次使用同一个言语因素(如语音、词汇、句子等)或训练儿童某方面言语技能技巧的一种方法。在学前儿童语言教育中,有大量的口头练习。这一方法的具体运用应注意:明确练习的要求,逐步提高练习的要求;要求儿童在理解内容的基础上,独创性地练习,避免简单、枯燥的重复;练习方式应生动活泼,形式变换多样,从而调动儿童练习的积极性。

以上所列举的语言教育方法只是比较常见的几种,教师在实际应用中,还需根据本园所的具体条件,结合本班儿童语言发展和语言学习的特点,选择和创造更为恰当的教育方法,有的放矢地进行语言教育。有时,各种教育方法还可以互相配合、交叉使用或互相补充、综合运用,以共同促进儿童语言的发展。

## 第二节 学前儿童语言教育的途径

学前儿童语言教育可以通过多种途径进行。可以说,凡是有语言参与的活动都可以用来对儿童进行语言教育。概括起来,学前儿童语言教育的途径主要包括:日常生活和游戏中的语言交往、其他领域教育活动中的随机语言教育。

### 一、日常生活和游戏中的语言交往

日常生活和游戏为学前儿童提供了大量的语言交往机会,使儿童通过实践、练习、巩固、理解和运用语言。日常生活和游戏还为儿童提供了有关各种事物和人际交往的丰富经验,为儿童的语言活动积累了素材。此外,通过日常生活中的一些主题活动,教师可以对儿童的语言学习进行有针对性的指导。

## （一）在日常交往中指导儿童学习语言

无论在家还是在托儿所或幼儿园，儿童每天都要进餐、睡觉、盥洗、如厕、饮水、散步……这可以说是儿童必不可少的生活内容。如果上托儿所或幼儿园，生活内容中还可以加上来园、离园、早操以及环节过渡时的间隙活动等。在这些活动中，儿童总是有意无意地与教师、同伴及家长进行语言交往。有时，儿童要听从教师或家长的指令，如洗手前要卷起袖子，要擦肥皂，洗完后用自己的毛巾把手擦干等；有时儿童要向教师或家长提出请求，如"我要去喝水"；有时儿童会在间隙活动时和周围的同伴自由交谈，有时向别人讲述自己的见闻，有时回答别人的提问，有时就某一个话题发表自己的意见……

这些发生在一日生活中自然的交往情景，为教师和家长对儿童进行语言指导提供了很好的机会。

首先，成人可以通过日常交往了解儿童语言发展的现状。在非常自然的情境中，儿童往往是很真实地表现自己的言语水平以及言语表达的态度和习惯。有的儿童可能在教育活动中表现得少言寡语，羞怯拘谨，但在自由交谈时却谈笑风生，好不活泼。有的儿童在朗诵或表演时能说标准流利的普通话，但在私下讲话时却常常发音不准，结结巴巴，甚至有时不得不以方言辅助表达……如果教师或家长能留心观察，就很容易对每个儿童的语言交往能力和交往态度有所了解，为确立有针对性的语言教育目标提供依据。

其次，成人可以在交往中为儿童提供语言示范，丰富儿童的词汇。儿童在日常生活中要接触各种各样的物品，如盥洗用品、床上用品、餐具、家具、各种食物等。成人可以通过与儿童交谈，向他们介绍有关各种物品的知识，如名称、外形、颜色、用途、使用方法等。在介绍这些生活常识的过程中，成人也在向儿童展示相关的词汇和句式。如有的教师结合儿童的进餐活动，组织餐前小广播活动，可以由教师向儿童描述当日食物的名称以及它的色、香、味，并说明其营养价值："今天小朋友午餐的菜是西红柿炒蛋。那红红的西红柿，金黄色的鸡蛋，颜色可真好看！闻一闻，香喷喷，令人垂涎欲滴！而且，西红柿含有丰富的维生素，吃了会使我们的皮肤变得更好，身体更健壮；鸡蛋很香，有丰富的蛋白质，吃了能让我们更聪明……"形象生动的语言描述，不仅令儿童食欲大开，而且还让儿童学会了正确的语言表述方法。这样的活动如果经常进行，儿童就能正确理解并逐渐积累有关的词句，还会尝试运用。当这一活动内容重复进行时（如下一次午餐又是吃"西红柿炒蛋"），则可以由儿童自己来做"小小广播员"，儿童就会选择性模仿教师的语言，加上自己的一些创造，向同伴绘声绘色地讲述午餐的菜谱，这是儿童语言学习的又一较佳途径。

再次，成人可以在帮助儿童建立生活常规的过程中，提高儿童理解语言并按语言指令行动的能力。通常，成人通过语言指令来组织儿童的日常生活，如临近用餐时间，教师便要求儿童收拾玩具、盥洗、安静地等待进餐。临近午睡时，要求儿童洗漱、如厕、脱衣服、脱鞋等。

为了使儿童明确这些语言指令的含义,最初应把这些指令与相应的行动结合起来。例如:教师如果想让儿童排好队有次序地拿茶杯喝水或喝牛奶,开始时可以先提出要求,"我叫到谁的名字谁就到柜子里去拿自己的茶杯",以使儿童明白一个一个地排队取东西,就是"有次序"。明白了指令以后,儿童就会等前面的儿童去取了茶杯后才去取茶杯,非常有次序。再如,要想让儿童养成"洗完手用毛巾把手擦干"的习惯,教师既要给孩子讲清楚"如果不擦干手,手上的水滴到地面上会把地面弄湿,影响环境卫生,而且小朋友一不小心还容易摔跤"等道理,还要向儿童示范正确的做法,同时用语言来描述行动步骤,以便儿童尽快掌握。当儿童掌握了"洗完手擦干"的具体动作后,教师就可以直接发出指令,指导儿童的行动。在对儿童提出指令时,教师要根据具体的要求选择适当的用语和讲话方式。如果是要求儿童必须做到的事,如收拾玩具,跟着教师的口令做动作等,教师就要用明确的指令性语言:"请小朋友们赶快把玩具收拾好,放回到玩具架上,我们一起出去做早操。"如果不用指令性语言,而用商量或求助的语气:"哪个小朋友来帮老师收拾玩具?"其他儿童则可能认为收玩具不是集体的行为,而是个别的行为,就会影响整理玩具的进程。当然,如果教师以指令式的语言要求儿童做一些他们并非一定要做的事情,如"起来,让我坐坐""把那本书递给我",儿童则很容易养成被动服从的习惯,或产生抵触情绪,影响良好师生关系的建立。

总之,成人要抓住与儿童日常交往的时机,为儿童提供良好的言语示范,并在交往过程中观察和了解儿童的语言发展状况,给儿童以针对性的指导。

**拓展阅读**

### 不同类型的游戏

游戏是幼儿园活动的基本形式,具有趣味性、自主性、假想性、探索性和重复性,适合了幼儿的年龄特点,因而被幼儿广泛喜爱。因此,游戏中的交流自然成为了幼儿协商、分享、表达、交往的重要手段,教师在幼儿游戏过程中就是要抓住这些契机,利用帮助式、合作式、探索式等游戏过程,适时适度地进行语言干预,让幼儿在游戏的交流中获得发展。

帮助式游戏,以友情引发交流。帮助式游戏是一种利用幼儿之间特有的短时亲近感和易于沟通的人力资源,通过大孩子照顾小孩子、帮助小孩子解决问题这一游戏过程,使大孩子和小孩子从不同方面都得到发展的游戏方式。

合作式游戏,以需求促进交流。合作是指为了共同的目的,两人或多人、两个集体或多个集体共同完成某一工作或某一任务的行为。要想合作完成游戏,幼儿就必须要进行必要的沟通,因此合作游戏也是促进幼儿有效交流的一种手段。

探究式游戏,以实践带动交流。在幼儿不断尝试和变换玩具的新玩法的过程中,教师要不断地引导幼儿把新玩法介绍给其他小朋友,既培养了幼儿的创造力,又为幼儿创造交流的机会。

(资料来源:王艳芳、刘秀丽主编:《为了孩子的语言发展》,北京师范大学出版社,2009年版)

### (二) 通过常规主题活动发展儿童的语言

这里所说的常规主题活动主要是指托儿所和幼儿园组织儿童定期参加的,围绕某个话题展开的语言活动。目前各托幼机构经常进行的语言常规主题活动主要有以下几种形式。

#### 1. 天气预报员

每天早晨来园之后早操之前这段时间,请一名儿童向全班儿童预报当日的天气情况。天气预报员可以由值日生轮流担任,也可以由教师指定。此活动可以和记录或制作天气预报图结合起来,请个别儿童根据从电视或广播里了解到的天气情况,先在黑板或指定记录位置进行记录,然后根据记录向全班儿童预报天气状况。为提高儿童活动的兴趣,丰富儿童的语言内容,教师应启发儿童根据当日气温和特殊的天气状况,结合自己的生活经验进行讲述:"今天多云,最高气温35度,天气比较炎热,小朋友们要多喝水,不要做剧烈的活动,出汗太多,容易中暑生病,要做好防暑降温工作。"这里的语言有的是儿童的直接经验,有的则是儿童从各种途径所获取的间接经验,在实际的讲述练习中儿童的语言明显丰富了,语言能力显然也得到了锻炼。实践表明,儿童对此类活动表现出极大的热情,纷纷争着当天气预报员。为准备第二天的报告,儿童会自觉收看电视节目,并做好记录与语言准备。

#### 2. 周末趣闻

这一形式的活动通常安排在每周一,请儿童从双休日的经历中选出最有趣或最有意义的事进行讲述,可以在集体中讲述,也可以让儿童与教师或同伴自由交谈。由于是儿童的直接经验,印象比较深刻,儿童非常感兴趣,参加的积极性较高。

#### 3. 小小广播站

由于该项活动综合性比较强,对儿童口语表达能力要求比较高,因此,多在幼儿园大班开展。但广播站的某些节目也可以在中班或小班组织收听。其内容主要有:报告午餐菜谱;表演文娱节目;介绍新闻;新书或玩具介绍;知识问答;文学作品欣赏等。

### 4. 故事大王

这个活动与"小小广播站"异曲同工,需要幼儿有较强的口语表达能力,但是只要教师善于抓住小、中、大班的年龄特点以及语言水平,选择适合他们并有意义、有价值的故事,每个幼儿都可参与其中。而且,听故事是幼儿普遍喜欢的活动之一,幼儿感兴趣的故事,我们既可以让幼儿转述,也可让幼儿创编,做小小"故事大王"。

### 5. 表演大舞台

表演大舞台可以让幼儿根据自己所喜爱的故事,以自己的理解为依据改编创作故事、表演故事。这不仅需要幼儿运用声音,还要加上各种肢体动作、面部表情来丰富表演,对幼儿有较高要求。不过,选取的多是幼儿喜欢的故事或者是在集体活动中阅读过的故事,所以故事内容符合幼儿的兴趣和已有经验,幼儿的参与度高,积极性强,发展了幼儿的语言表达表现力。

## (三) 通过区域活动发展幼儿的交往语言

### 1. 利用图书角和语言角进行语言教育

托儿所和幼儿园如果有条件,可以为学前儿童设立一个"小小图书馆",随时向儿童开放。儿童可以根据现阶段的兴趣以及各领域学习的需要,去看书或借书。这可以从小培养儿童对书籍的兴趣,并培养儿童利用图书资料查询收集信息的能力。

就目前我国的情况看,比较常见的做法还是在托儿所和幼儿园的各个班级开设图书角。图书角宜选择教室里光线比较充足、相对比较安静的位置;环境布置要舒适,可以为儿童提供靠背椅,或铺地毯,或提供坐垫,以便儿童坐在地上阅读。图书角里的图书要摆放在儿童拿取方便的地方,让儿童任意挑选。图书角里的图书要视儿童的兴趣和需要及时添置或更换。考虑到儿童的个体差异,安放的图书中既要有儿童读过的旧书,又要有新书。在小年龄班级,同一名称的书要多准备几本,因为儿童喜欢相互模仿,共同看同一本书。图书角为儿童自己选择和阅读图书提供了很好的条件。教师要及时向儿童介绍图书角里的新书,激发儿童阅读的兴趣;教师还要带领儿童集体阅读图书,教给儿童正确的阅读方法,使儿童掌握阅读的有关技能,同时还要鼓励儿童将其阅读的内容讲述出来。

语言角的主要作用是让儿童练习口语表达。可以在语言角准备一些图片、剪贴用具及旧的儿童画报,以便儿童练习讲述,或边制作边讲述。有的幼儿园还在语言角装备了电脑等电化教具,有许多故事或诗歌的音频,儿童卡通片以及其他各种视频,以便儿童根据自己的需要,有选择地收听或收看文学作品和有关内容,为儿童提供丰富的语言练习的素材。还有的班级在语言角里投放一些识字图片或填图游戏卡,并准备一些书写工具,以便有兴趣的儿童认读汉字或练习运笔。

> **拓展阅读**
>
> ### "语言超市"展风采
>
> "语言超市"是根据《幼儿园教育指导纲要(试行)》精神及幼儿的兴趣、语言的实际需要来专门创设的一种语言活动场所。它适合幼儿"广而浅"的语言教育内容选择原则,采用小组、个别学习形式,在轻松、愉快的游戏活动过程中促进幼儿语言能力的发展。
>
> **一、环境创设展风采**
>
> 丰富多彩的语言物质环境是幼儿语言学习与发展的必要前提,是激发幼儿有话想说的内部动机和基本条件。"语言超市"中材料繁多、栏目齐全、内容广泛,充分激发了幼儿说的欲望,展示了"语言超市"的环境风采。
>
> 另外,宽松和谐的语言心理环境是幼儿语言学习与发展的基本前提,是调动幼儿有话敢说的内部动机和必要条件。它体现了教师与幼儿关系上的平等,体现了教师平时对幼儿人格的尊重,这样才能使幼儿有话敢说,有话愿说。"语言超市"在环境创设中注重心理环境的创设,从视觉、摆放、材料的收集等各方面都以幼儿为主体,创设了一个自由、宽松的语言环境,为幼儿语言的发展提供了必要的条件。
>
> **二、幼儿活动展风采**
>
> "语言超市"为幼儿提供了一个支持、鼓励、吸引幼儿与人交往的环境,在"语言超市"活动的过程中,教师成了幼儿的支持者、合作者、欣赏者、引导者,孩子们穿梭于"语言超市"的每个"货柜",尽情获取语言知识,轻松、自由、主动地进行语言表达,使幼儿的语言能力得到最大限度的发展与提高。
>
> (资料来源:钱志英:《"语言超市"展风采——谈幼儿园语言活动区的创设与利用》,《现代幼教》2012年第4期)

**2. 在活动区活动中随机指导儿童的语言交往**

活动区的设立为儿童自主选择游戏内容提供了多种可能性,同时也增加了儿童之间的交往机会。每个活动区能够容纳的儿童人数是有限的,所以经常出现多名儿童争着去某个活动区的情况。当然,不少幼儿园通过特定的标志物限定各活动区的人数,如凡是愿意并有机会参加某活动区的小朋友,都将相应活动区的标志物挂在胸前。这样一来,没有拿到标志物的儿童就不能进入该活动区。即使教师事先已经充分考虑了儿童的活动需要,请儿童先想好要去哪个活动区,然后再依一定的顺序由儿童自由轮换,但仍难避免儿童之间的冲突。

当儿童想去某个活动区而该区已满员时,教师切勿强硬要求儿童另找一个活动区,而应鼓励儿童与同伴相互协商,明确提出自己的请求,争取能轮流活动。

此外,儿童在活动区活动时,常常一边摆弄各种玩具物品,一边与同伴自由交谈。教师要鼓励儿童同伴之间的谈话,并利用巡回指导的机会引导儿童扩展谈话内容,如在描述现状的基础上进行一些想象,或探究事物的原因,回答"为什么"、"假如……就会怎么样"之类的问题。在活动区活动或其他游戏结束时,教师还可以利用讲评和总结的时间,请儿童讲述自己活动的过程、活动后的感受以及收获,谈谈自己与同伴在交往过程中的新发现以及下一步活动的打算。

## 二、其他领域教育活动中的随机语言教育

学前教育结构的教育活动是有目的、有计划引导学前儿童主动活动的、多种形式的教育过程。无论是否以语言为基本教育内容,教育机构的各项教育活动都要关注并有意识地发展儿童的语言。

幼儿园除了语言教育活动外,还有许多其他领域的教育活动,如数学、科学、音乐、美术、社会、健康等领域的活动。这些教育活动虽然不是以语言为主要内容,但其中部分活动包含着大量的语言教育契机,儿童在这些教育活动中也在不断地学习新词新句,尝试用语言与同伴或周围成人交往。因此,教师可以在这些教育活动中对儿童进行适当的语言教育。

### (一)其他领域教育活动与语言教育的关系

为了更好地利用其他领域教育活动对儿童实施语言教育,我们有必要先弄清这些教育活动中包含着哪些语言教育因素。

#### 1. 各种教育活动为儿童提供了语言活动的素材

儿童在其他领域的教育活动中(如数学、美术、科学等)所获得的经验,丰富了儿童谈话和讲述的内容。如果没有多种活动的经验,儿童的语言就可能内容枯竭。正是由于儿童在各种教育活动中接触大量的物体,观察过多种现象,从事过多种操作活动,探索了事物间的关系与联系,因此他们才有可能在语言活动中理解和运用不同类型的词语和表述方法,充分地阐明自己对事物的认识。从这个角度,只要教师在这些教育活动中适当加入一些言语指导和说明,就可以取得良好的教育成效。

#### 2. 其他领域的教育活动为儿童的言语表达和言语交际提供了条件

很多教育活动都是由教师提出言语指令或要求,由儿童跟随指令或要求作出行动(如体育活动)。因此,从活动开始到结束,儿童都是在倾听教师的指令,执行指令。在此过程中,儿童集中注意倾听和听指令行动的能力得到了充分的锻炼和提高,在一定程度上也体现了学前儿童语言教育目标的要求。

各种教育活动在教育组织形式上往往采用集体活动、小组活动和个别活动交替进行的方式。不同的组织形式,为儿童与周围人的交往提供了不同的条件。在集体活动中,儿童有时以群体形式与教师沟通,如教师提问,全班小朋友七嘴八舌地回答,有时儿童之间也会有一定的交流。集体讨论时,教师也可以请儿童先相互交流一下,然后再在集体中发言。在小组活动中,儿童之间的交谈往往比较充分,他们会就任务分工、人员合理分配、各自的生活经验等进行交流与讨论,既发表了自己的见解,又分享了同伴的生活经验,不失为语言学习的极好机会。在个别活动中,儿童往往有机会和教师或同伴单独交流,教师可以针对儿童具体情况给以有的放矢的指导,这对于那些不善于在集体场合与人交谈的儿童来说,确实是一种适合他们语言发展的学习机会。

这些不同的教育组织形式及其对应的言语交流形式,为儿童提供了很好的机会,不但练习了儿童的言语技能,而且使他们体验到不同交往情境与交往行为的关系。如:面向集体讲话时声音要响亮;在个别交谈时声音则要适度;在小组活动中既要表达自己的愿望,又要倾听同伴的话,听说有序地轮换。这些经验是语言教育最终期望儿童达到的水平之一。可见,其他领域的教育活动在实施的过程中,通过为儿童提供多种言语运用机会,使得儿童的语言能力也得到相应的发展。教师应充分挖掘这些活动中的语言教育因素,在设计和组织其他教育活动时充分利用儿童语言交往的机会,在完成其他领域教育目标的同时,完成相应的语言教育目标。

### 3. 各种符号学习可以帮助儿童理解语言的符号特性

在前文中提到,儿童学习语言就是要学习语言符号系统,并在语言符号与其代表的事物之间建立联系。在人们的生活中,除了语言符号外,还有许多其他符号,如数学符号(数字、运算符号等)、美术符号(点、线、面、体、色彩、明暗等)、音乐符号等。这些非语言符号和语言符号是可以相互转换的。例如,美术作品通过点、线、面、色彩等视觉符号描绘景物,我们则可以用语言把美丽的画面描述出来。某一个音乐作品的音符所流露出来的情感可以用语言来表达。一首首活泼、动听的乐曲就是一首首好听的儿歌;一首首优美、诙谐的乐曲都好像是在讲述着一个个有趣的故事。音乐教育不仅能培养儿童的音乐素质,而且能促进儿童语言的发展。

如果教师能在音乐、美术、数学以及体育活动中,有意识地引导儿童将各种非言语表达手段与语言表达相联系,对儿童理解语言系统的符号特性,学会用多种手段表达思想感情大有帮助。如体育活动中,教师可以指导儿童用身体姿势和动作表现某种事物,或表达某种意思,然后请小朋友互相猜一猜他们在表现什么。美术活动是一种有形、有色、有情节的艺术活动,对儿童有很大的吸引力。好奇和乐于想象是学前儿童思维的特点。在美术教育活动中,儿童总是想把自己看到的、想到的、做到的尽快告诉教师和同伴。根据这一特点,教师可以请儿童完成一幅作品后,用语言解释作品的内容,并简要说明在完成作品的过程中自己的构思和如此构思的原因,把美术活动与发展儿童的口语表达能力有机地结合起来。如在中班"画娃娃"的美术活动中,幼儿画了跳舞的、唱歌的、做操的、哭的、笑的等各种各样的娃娃,教师鼓励幼儿向大家介绍自己的作品,结果许多儿童编出了有趣的故事。有个小朋友是这样编的:"甜甜到草地上去玩,看见一只小白兔在哭,她走过去问了问,才知道小白兔找不到自己的妈妈了。甜甜连忙把小白兔抱起来,帮助它找到了妈妈。"由于画的是幼儿自己的感受,因此儿童讲述的语言也就生动有趣。

在音乐欣赏和舞蹈活动中,教师可以请儿童用语言描述自己欣赏的感受,如大班儿童欣赏二胡曲《赛马》时,当儿童初步感受理解了音乐所描绘的节日赛马的欢快、热闹的景象后,教师让儿童根据音乐进行编故事比赛,在集体面前讲述。有一个小朋友在故事中这样编道:"在美丽的大草原上,跑马比赛开始了。只见一匹红马跑在了最前面,大家为它加油鼓励(劲)。最后红马高叫(长嘶)一声,第一个跑到了终点。裁判员为它戴上了美丽的花环,大家高兴地唱呀、跳呀,非常热闹。"整个教育活动中体现了音乐与语言的有机结合,给儿童创造了想象的空间和说话的语境,儿童可以凭借自己对音乐的感受和理解,结合自己的生活经验,编出自己喜欢的故事。这使儿童既享受到了表现自我的乐趣,又发展了语言能力。

这些符号性的活动可以使儿童逐渐懂得:各种符号系统和语言一样,是人们用来描绘事物和表达思想感情的一种手段,它们和语言之间是可以互相转换的。人们根据表达的需要,选择其中一种或几种符号来抒发情感、表达愿望、描述周围世界。

### (二) 其他领域的教育活动中语言教育的随机渗透

在实际教育工作中,幼儿教师往往会错误地认为儿童语言表达能力的培养是语言教育活动的重头戏,其他领域的教育活动无需过多考虑语言能力的培养。儿童的语言学习仅仅靠专门的语言教育活动和日常生活中的语言教育还远远不够,还必须将儿童语言能力的训练随机渗透到其他领域的教育活动中。

#### 1. 在数学教育活动中随机渗透语言教育

数学教育活动和语言教育活动不同,它没有许多优美动听的语句以及丰富的词汇,但却需要儿童有快速的反应能力、敏捷的思维能力和精确的语言表达能力。如做加减法编应用题,要求儿童语句要完整,用词要精炼,让人一听就明白。对儿童来说,数学是比较抽象的学习活动。因此,在数学教育活动中,为了提高儿童学习数学的兴趣,教师常常采用游戏的形式,让儿童在玩玩说说中学会数学的知识。如小班儿童学习4以内物体的点数,教师可为儿童设计一棵桃树,上面有四只猴子,然后让小朋友们讲一讲猴子在桃树上干什么?一共有几只猴子?孩子们会说:"有的小猴在爬树;有的小猴在摘桃子;有的小猴在吃桃子;有的小猴在荡秋千。树上一共有四只小猴。它们玩得真高兴。"这样,不仅发展了儿童的语言表达能力,而且也提高了他们的学习兴趣。

> **拓展阅读**
>
> **在数学活动中渗透语言教育**
>
> **一、要鼓励幼儿创造性地运用语言**
>
> 在数学活动中,有数字,有图形,还有符号。每个数字、每个图形等都给幼儿无限的想象空间,可以生成不同的语言表达内容。如最简单地问小班幼儿数字"1"像什么,幼儿会结合生活经验,随意想象,有的说像拐杖,有的说像支笔,又有的说像根棒、像把直尺等。再如教师让大班幼儿看算式编应用题时,相同算式在不同幼儿的思维表达中可以各自变出不同的应用题。这一切正是幼儿创造性地运用语言的表现。
>
> **二、数学活动中要留足幼儿语言表达的空间**
>
> 任何数学活动都不要变成教师一问到底或一言堂的形式,一定要留给幼儿大量反问、质疑、思索、表述的空间。教师要经常性地引导幼儿思索:"这样做对不对?为什么?""你有不同意见吗?""你还有其他的方法吗?"诸如此类,举一反三,幼儿就会变得有自己独特的想法,敢于大胆表达,不盲目从众。
>
> 总之,教师在开展数学活动时,一定要贯彻领域渗透的思想,把握一切培养幼儿语言的机会,这样,数学活动就不仅能提升幼儿的逻辑数理能力,同时也能促进幼儿语言能力的发展。
>
> (资料来源:严天筱:《在数学活动中渗透语言教育》,《辅导员》2011年第30期)

**2. 在科学教育活动中随机渗透语言教育**

在儿童学科学的活动中,他们通过各种渠道,获得了大量的有关客观世界的信息,需要通过语言和其他方式,向周围成人和同伴表达、传递自己对客观事物的认知与感受,告知自己观察的结果,提出疑问,抒发愉悦和惊奇的情感,评价他人的探索结果。儿童通过信息交流,使感知周围世界的第一印象在头脑中形成表象,又通过语言或其他方式表达出来,这个过程不仅使儿童对客观事物的理解更为清晰,而且也有助于儿童语言能力的发展。科学教育活动中的语言信息交流主要包括描述和讨论两种方式。描述是指在教师的指导下,儿童用语言向同伴或成人讲述自己在科学探索中的发现、疑问等。讨论是指儿童与同伴之间、儿童与教师之间互相探讨各自的发现、想法、疑虑。儿童在描述和讨论中既可以提出自己的观点与想法,又可以互相交流自己的探索、操作过程或操作方法,以及从中获取的情绪体验。

如一儿童经过观察问另一儿童："这里有两只纸船,一只跟着磁铁开动了,你猜为什么?"这是儿童之间科学发现的交流。又如描述发现的交流"我看到了……"和表达情感的交流"我喜欢……",教师要给予儿童充分的描述和讨论的机会,及时鼓励儿童学习用简单明确的语言表达、描述有关的科学发现。反映科学的词汇是极其丰富而又精确的,儿童在表达的时候往往由于用词不当而影响其观察的质量,从而影响其掌握知识的科学性。如小班儿童观察"水的三态变化"小实验,当水烧开以后,茶壶里冒出了热气,当儿童描述这一过程说"水烧开了以后,就冒烟了"时,教师就要及时纠正儿童的说法,说"水烧开了,就冒出了水蒸气",儿童从这一活动中就掌握了"水蒸气"一词。由此可见,只有当儿童掌握了足够的词汇后,才能更确切地描述对物体和现象的认识。教师要在科学教育活动中,在儿童充分感知物体和事物的现象的基础上,随机丰富儿童的词汇,逐步要求儿童用完整、连贯、通顺的语句表达,以提高科学教育的质量。

另外,也可以将儿童文学作品与科学教育相结合。从表面上看,一个是文学熏陶,一个是科学启蒙,似乎毫无共同之处,实际上,却也有着许多共通点。如葛小华在《儿童文学与幼儿科学教育——浅谈科学教育活动中语言教育的渗透》中所提:"有些儿童文学作品是以某一个具体的科学知识为题材的,幼儿在接受作品熏陶的同时学到了科学知识;而在有些科学教育活动中,当幼儿把自己的发现和感受用语言表达出来时,只要教师稍加完善也就是一篇极富童趣的儿童文学作品。"就像小朋友冬天看到雪花融化了,会喃喃自语道:"小雪花和我捉迷藏呢,你别跑得那么快呀?"显然,幼儿已经较好地懂得了"雪会融化"的科学启蒙知识,并且语言也生动活泼,教师就可以鼓励幼儿自己创作一篇简单的文学作品。所以,领域的整合,也不失为一个好的语言教育机会。

### 3. 在音乐教育活动中随机渗透语言教育

生活中处处有音乐,语言和音乐有着非常密切的关系。随着一串串音符、节奏以及旋律的变化,儿童都会编出不同的故事。凭着儿童对音乐的特别情感和特殊领悟力,可逐渐在中大班的音乐教育活动中加入听音乐、学语言的内容。这种活动应在儿童充分感受音乐、理解体验音乐故事的基础上进行。如歌曲《小乌鸦》,主要讲述一只小乌鸦每天急忙赶回家,把捉来的虫子一口一口喂妈妈的事情。在学习这首歌曲后,教师要求儿童根据歌词内容把它改编成另一个故事,以提高儿童的音乐欣赏能力和语言表达能力。

### 4. 在美术教育活动中随机渗透语言教育

儿童的世界充满着美的色彩,他们爱画、爱玩、爱制作,教师可在美工活动中,抓住儿童这一特点,让他们对自己的作品进行讲述,也可以在绘画和手工活动中,加进儿童喜闻乐见的儿歌形式,提高儿童学习的兴趣。如教儿童用橡皮泥塑苹果,教师可以配合手工的操作步骤即兴编一首儿歌:"搓搓搓,搓成一个小圆球,上下轻轻压个坑,中间再插一根柄。"通过念儿歌,做手工,使儿童动手又动脑,既能顺利完成美术活动的任务,又能受到美的熏陶,提高口语表达能力。

**5. 在体育教育活动中随机渗透语言教育**

在体育活动中儿童的活动量往往比较大,兴趣很高,有时不能控制自己的情感。根据这一特点,在爬、跳、跑等一系列活动中,应先让儿童观看教师的示范动作,请儿童讲述并讨论教师的动作要领及注意事项;然后请一名儿童模仿教师的动作进行活动,再请这名儿童讲一讲他是怎样做好这一动作的。这样,既注意了活动的动静交替,又使儿童通过自身的体验,讲出了各种动作的要领,发展了儿童的语言能力。

**拓展阅读**

### 开放的智慧

在指导幼儿语言水平发展的过程中,教师要恰当地搭配封闭性问题和开放性问题,多提一些较高认知水平层次的问题,以激发幼儿的积极情感。《幼儿园教育指导纲要(试行)》明确地把情感态度的目标放在了首要位置。这就要求教师要善于观察幼儿的情绪反应、情感、态度、兴趣与需要,通过开放性问题,激发幼儿的积极情感。在语言活动中可以将故事中的提问"怎么说的?怎么做的"改为"假如是你,你会怎么做?还有什么好办法呢"这些是开放性问题,教师不要求统一答案,而是鼓励幼儿说出自己的独特想法,这样孩子们的答案就不会仅仅局限于故事原文,他们可以凭借日常生活中的积累,拓展思维,大胆想象。如:语言活动《小猴卖"0"》,教师先出示"0"形状,请幼儿猜一猜这是什么东西。这一问,马上就把幼儿的思维调动起来,他们有的说是鸡蛋,有的说是游泳圈,也有的说是数字0……接着又提了一个问题:"小猴卖'0',谁会来买?买来干吗?"这时的答案就更多了。提出具有想象力的问题并不追求惟一正确的答案,而是使幼儿产生尽可能多、尽可能新、具有丰富想象的答案,提高幼儿的创造思维能力。

**(三) 其他领域教育活动中进行语言教育须注意的问题**

**1. 通过计划——操作——回忆的活动程序为儿童提供交流的机会**

教育活动是儿童主动活动的过程。教育活动的主体是儿童,教师要在教育活动中帮助或引导儿童自己计划活动进程,在儿童自主活动的过程中,教师要为儿童提供充分的语言交流机会。

例如,科学教育中"认识南瓜"的活动。教师为每个儿童准备了一只南瓜。活动开始后,教师请孩子把南瓜打开,于是有孩子就问:"老师,我可以先划条线,然后再切吗?"教师表示同意并鼓励其他儿童也思考一下自己准备怎样切南瓜。当儿童把南瓜切开以后,教师又请儿童自己计划下一步——怎样把里面的种子取出来。有的孩子说"我把南瓜倒扣过来",有的孩子说"我用手去抓"。接着,教师问"南瓜里面是怎么样的",有的孩子说"金黄色的",有的说"黏糊糊的",有的说"味道真难闻",还有的说"不难闻,我吃过南瓜,甜甜的,很好吃"。教师接着孩子的话说:"南瓜到底好吃不好吃,我们来吃吃看。我们把它放在什么东西上煮一煮呢?"儿童七嘴八舌地发表意见,把认知活动推向了高潮。当教师和孩子们一起品尝了南瓜的美味之后,教师再组织儿童回忆整个认识过程。在此活动中,教师请儿童自己决定活动步骤,并指导他们用语言说出自己的计划。教师还指导儿童就自己在活动过程中的观察结果自由表达。在活动结束时,又请儿童讲述活动过程以及在活动中获得的知识经验。在整个活动过程中,教师尊重儿童的自由表述,鼓励他们将自己独特的感受表达出来。这就使儿童在认识事物的过程中,既互相交流了认识经验,又练习了语言表达。

2. 要避免语言教育的"喧宾夺主",影响其他领域教育目标的实现

其他领域教育活动的存在都有其独特的价值,在促进儿童身心和谐发展方面有其不可替代的作用。我们不能为强调语言教育而忽视其他领域的教育,在其他领域的教育活动中,有时语言教育并不占据主要地位,不能为促进儿童语言发展而与其他领域的教育活动"本末倒置",这是幼儿园教育活动中所应注意的问题。例如,在美术教育活动中,我们不能为强调语言教育的重要性,而要求儿童把完成的每一幅作品都要用语言描述出来,更不能因为儿童把自己的作品讲述得很精彩,而忽略对其美术表现技能的评价和指导。目前,在幼儿园语言教育中,由于教师主观指导思想存在着问题,认为画画、讲讲或讲讲、做做是幼儿园语言教育改革的产物,一味地追求语言教育出新招,使得语言教育在各领域教育中"喧宾夺主"的现象时有发生,这是应该引起我们高度注意的问题。

3. 鼓励儿童同伴之间的合作与交流

各种教育活动为儿童提供了同伴之间合作与交往的机会。教师要充分利用这些机会,鼓励儿童之间互相沟通与合作。当儿童在活动中遇到困难和问题时,教师要启发儿童动脑筋,与同伴商量,找到解决问题的方法。这样既促进了同伴之间的协商与合作,又有助于发展儿童与同伴之间的语言交往能力。当儿童在活动过程中由于种种原因发生冲突,或因意见不合引起争执时,教师要多鼓励儿童通过协商和讨论合理地解决冲突,找出正确答案。此外,教师还应多采用小组合作的教学组织形式,为儿童之间的分工协作提供条件。

4. 为儿童提供规范的言语示范,鼓励儿童积极表达

无论在语言教育活动还是在其他领域的教育活动中,教师都要为儿童提供规范的语言,

以供儿童学习和模仿。儿童在语言方面的模仿大致有四种方式。

**即时的、完全模仿**。一个儿童说:"星期天,我爸爸带我到外滩去玩。"另一个儿童随即也会说:"星期天,我爸爸带我到外滩去玩。"后者所说的不一定是事实,这正说明了一种语言的模仿。学前儿童中此类模仿一般较少,主要发生在小班初期。

**即时的、不完全模仿**。如教师在指导小班儿童感知物质的"软"和"硬"时,要求儿童用语言表达感知观察的结果。教师说:"玩具熊的毛摸上去是软软的。"儿童则模仿说:"玩具熊软软的。"此类模仿多见于幼儿初期,因为模仿的发生往往受儿童言语技能的制约,对于超过他们技能范围的语言,儿童要么不能模仿,要么就表现为不完全的模仿。

**延缓模仿**。儿童从各种渠道中自然而然接受的范句,往往由于种种原因不立即模仿,而是在相隔一段时间以后,当类似的情境出现时,他们才把范句或与范句近似的话语复述出来。如有一儿童在家里将布娃娃和玩具动物整齐地靠在沙发上,然后对它们说:"小朋友们请坐好,小脚并并拢,小手放放好,两只小眼睛看着老师,嘴巴里不要发出声音,嗯,真好,下面我们开始上课了。"真是惟妙惟肖,好不"威风",俨然是一副"小老师"的姿态,这显然是在模仿幼儿园教师讲课时的口吻与神态。

**创造性模仿**。也称选择性模仿,即按照范句的句法结构,在新的情境中表述新的内容。这类模仿不是简单地重复别人的原有词句,而是以原有词句的结构或内容为参照物,在创造性想象的基础上进行新的语言构型。创造性模仿是整个幼儿期模仿说话的主要形式。如幼儿学习了某篇文学作品之后,对其中表示"快乐"心情的形容词和"一边……一边……"这一句式进行创造性的模仿,儿童会说:"我一边走路一边唱歌真高兴!""晚上,我一边看电视,一边吃糖真快乐!"还有的幼儿说:"我一边看书,一边画画真开心!"显然,后面这句话是不符合实际的,但却明显地反映了儿童纯句式的创造性模仿。

教师还要为儿童创设一种宽松自由、轻松愉快的心理环境和语言环境,使儿童有机会自由表达心声。一方面,教师要以肯定和接纳的态度对待儿童的言语表达;另一方面,教师自己也要以诚相待,和儿童平等地交谈。教师真诚而坦白的表达,师生之间平等的交谈,将有效地激发与增强儿童运用语言表达思想感情的动机和兴趣。

**本章练习题**

1. 学前儿童语言教育主要有哪些方法?
2. 学前儿童语言教育主要有哪些途径?
3. 怎样在日常生活中对儿童进行语言教育?
4. 为什么在其他领域教育活动中要进行随机的语言教育?在进行语言教育时要注意哪些问题?

# 第八章　学前教育机构语言教育活动的设计与实施

 **学习目标**

1. 了解各类语言教育活动的特征及类型。
2. 初步了解各类语言教育活动的设计与实施。

学前教育机构对儿童实施的语言教育活动不同于家庭和社会对儿童的语言教育,它是有目的、有计划、有组织地对儿童进行语言教育的过程。语言教育活动是实现语言教育目标的有效途径,是组织和传递语言教育内容的实施环节,也是落实语言教育任务的具体手段。"教育活动"这一概念一经提出,立即引起教育界的关注。因为儿童能否可持续发展,关键在于教育。儿童语言的发展有其先天遗传因素,更有其后天的环境和教育因素,而儿童规范、准确的语言表述能力,自然、得体的语言交际能力等,都是语言教育的责任。将"教育活动"这一概念引进学前儿童语言教育活动领域,给了我们关于儿童语言发展与教育的新理念、新视角、新思维,启发我们去思考这样一些问题:儿童语言的学习是否只是语言知识的学习?语言要素的学习和言语交往技能的训练之间的关系在语言教育活动中如何处理?如何定位学前儿童语言教育活动?怎样的语言教育活动,才能积极而有效地促进儿童语言的发展?21世纪的学前儿童语言教育必须是面向未来、面向儿童可持续发展的,必须围绕儿童的语言学习重新组织其内在构成。而语言认知、情感与态度、能力与技能的培养,应该成为贯穿在我国学前教育机构儿童语言教育活动中的"主旋律"。

## 第一节　学前儿童语言教育活动

### 一、学前儿童语言教育活动的含义

学前儿童语言教育活动是指以儿童为主体,以语言为客体的一种有目的、有计划的多种形式的活动过程。其根本目的是在教师的指导下，儿童积极主动地与人以及周围语言环境不断地交互，从而获得语言能力的发展和提高。如果只依靠儿童主体自然地获得语言，获得感性的语言经验，就无法使他的语言潜能获得最大限度的发展。语言是一个复杂的符号系统，应该从出生就开始对儿童进行语言知识和语言能力的训练，为日后进一步学习语言和运用语言打下良好的基础。学前儿童语言教育活动是教育活动的一个领域，除有其自身的特殊规律外，还有着与其他教育活动的共性。所以，语言教育活动还必须遵循一般教育活动的设计与组织原则及规律，这样才能最大限度地发挥教育活动对儿童语言发展的促进作用。

## 二、学前儿童语言教育活动的特点

### （一）目的性和计划性有利于儿童语言能力的全面发展

每一次或每一阶段语言教育活动的目标，都是根据学前儿童语言教育的阶段目标提出来的。其中，既有倾听、表述方面的使用语言的能力目标，又有欣赏文学作品和早期阅读方面作为掌握学习对象的水平目标。所以，通过有目的的语言教育活动，可以全面地发展儿童的语言能力。学前儿童语言教育活动又是一项有计划的活动，它根据儿童语言教育的目标，儿童语言发展的实际状况和发展趋势，有计划地安排具体的教育活动，有顺序、有步骤地训练儿童的语言能力，从而保证学前儿童语言教育目标的全面实现。

### （二）引导儿童主动参与，获得丰富的语言经验

学前儿童语言教育活动是儿童置身于语言环境或语言信息的传递中主动学习的过程。教师把儿童的语言学习过程与幼儿园其他领域的教育活动密切结合，引导儿童主动积极地参与，从而使他们获得大量丰富的语言经验。儿童的语言发展正是通过日常的语言交往和在有组织的语言教育活动中获得语言经验而实现的。

### （三）学前儿童语言教育活动是一项专门的语言学习过程

语言是一个复杂的符号系统，有其自身的结构要素和结构规则，学前儿童除了通过日常活动和交往，在不知不觉中获得有关的语言知识外，还需要有专门的语言学习活动来集中学习语言知识和发展语言能力。例如：对儿童文学作品不同体裁以及构成因素的初步了解和每篇作品中心思想的归纳；词、句、语法的适当运用；会话和连贯讲述能力的培养；创造性讲述能力的培养等，都需要在教师的指导下有组织地进行。另外，有组织的教育活动，还可使儿童相互交流自己已经获得的语言经验，锻炼儿童在同伴和成人面前说话的勇气和自信心。活动中愉快情绪的相互感染，也有助于提高儿童语言学习的兴趣和敏感性。

## 三、学前儿童语言教育活动设计与实施的原则

语言教育活动要想取得实效，掌握语言教育活动设计与实施的原则是至关重要的，它是

教师设计与实施语言教育活动必须遵循的基本准则和基本要求。我们认为,作为活动的设计师和具体实施者,教师在具体的活动运作过程中,如何综合各种理论,使教育活动形成科学的合理的机制,并有效地运转,关键在于教师能否在语言教育活动中科学地遵循与运用设计与实施的原则。我们认为,语言教育活动设计与实施的原则主要有以下几点。

### (一) 经验的连续性原则

所谓经验的连续性是指在设计与实施教育活动时,既要了解儿童已有的语言经验,又要考虑在此基础上为儿童提供新的语言经验,由此儿童获得语言能力的进一步发展。设计与实施任何一组或一个语言教育活动,教师都必须注意学前儿童的语言经验。只有以儿童语言经验为基本设计的出发点,才能保证设计与实施的活动是符合儿童语言发展需要的,才能使设计与实施的活动对儿童语言发展真正起到促进作用。

设计与实施教育活动时,首先要考虑的是儿童的语言经验。语言经验表明了当前儿童语言发展的实际水平,了解儿童发展水平是设计教育活动的前提。如果不掌握某个班儿童已有的语言发展水平,设计和实施的活动有可能成为"无的放矢"的活动。例如组织大班儿童进行情景谈话"点子大王",让儿童根据情景活动中出现的种种问题,为那些遇到困难需要帮助的人献计献策。教师就需要观察了解本班儿童在日常生活和教育活动中已积累的经验,是否能解决情景活动中所设置的问题。如"小白兔出门不小心忘记带钥匙怎么办",儿童只有在生活中已积累了此类经验,才能组织适当的语言回答教师的问题。其次为儿童提供新的语言经验,应该是建立在原有经验的基础上,让儿童通过自己的努力能够达到,这可以引发儿童较强烈的学习兴趣,对儿童具有一定的挑战意味。如在"点子大王"活动中,教师引导儿童把为小动物出点子的过程,根据自己的想象编成一个故事,原有的经验和新的内容可以让儿童积极参与活动,通过学习,儿童将这部分新的经验再次吸收转化为已经获得的经验。如将"请消防队员帮助小白兔拿取关在屋内的钥匙"这一在教育活动中新学到的经验,编进自己的故事中,丰富故事的内容,发展儿童的思维能力。

### (二) 主客体交互作用的原则

主体和客体交互作用在语言教育活动过程中具体的体现是:主体(儿童)具有参与语言活动的主动性和积极性,客体(多种语言教育内容和适合的教育方式)从客观上能引起儿童的兴趣,激发儿童的情感,能起到促使儿童主动参与活动的作用。通过主体和客体不断地连续地交互作用,促使儿童语言获得有效的进步。

学前儿童具有语言发展的先天潜能,对周围环境中的语言刺激特别敏感,并有主动、积极学习和运用语言进行表述的愿望和需要,这为组织语言教育活动提供了十分有利的先决条件。为使儿童更主动、积极地参与活动,每次活动的语言内容和方式,必须达到激发起儿童听说兴趣和帮助儿童学习正确表述的目的。

### (三) 相互渗透原则

语言是一种符号系统,语言教育活动主要是语言符号系统的活动,是以语言教育为主要目的而组织的教育活动。但是,由于儿童认识过程的直观形象性,因此,在设计和实施语言教育活动时,学前儿童主要吸收的是语言信息材料,但也必须依靠那些与语言有关的其他符号系统,如将美术符号、音乐符号,甚至动作符号等自然地糅合在语言教育活动中。这种有机的糅合,实际上就是相互渗透。可以说,语言教育活动是以语言符号系统操作为主的活动,也是多种符号系统参与的活动。活动中除了语言,还可能有音乐、美术、动作等不同领域活动因素并存。在设计与实施语言教育活动时,有美术、音乐、动作等符号系统参与活动,更有利于儿童主动积极地学习和掌握新的语言信息,更有助于他们对语言内容的理解与获得,从而促进儿童语言能力的提高。

在设计与实施语言教育活动时,应根据语言教育活动的内容,引入具体形象的符号系统作为辅助学习的工具。各种符号系统参与儿童的语言教育活动已成为一种新的趋向,但是教师在实际应用中应当从语言角度作更多的考虑,尤其要注意。

第一,活动的要求、内容和形式都应从语言角度进行思考,为学前儿童提供适应其语言发展需要的学习机会。

第二,在语言教育活动中,其他发展领域活动因素的引入具有辅助意义。什么时候要辅之以音乐或美术的活动手段,要根据活动内容的要求而定,要从如何帮助学前儿童更好地理解学习内容、主动积极地完成学习任务的角度来确定。

第三,语言教育活动从语言符号的操作出发,经过多种符号系统引入的活动,最后仍应"落脚"到语言符号系统的活动上。教师在设计与实施活动时,既不要简单无目的地将活动搞成语言、音乐、美术的"大杂烩""什锦大拼盘",也不要忘记落实到语言教育的根本点上,那种主次不分、本末倒置、搞形式主义的"花架子"都是不可取的。

### (四) 活动内容和活动方式相适应原则

语言教育活动的内容是多方面的,活动的方式也是变化无常的,它们之间存在着一定的关系。在教育实践中,不同的活动内容可以选择相同的活动方式,同一个活动内容也可以选择不同的活动方式。例如:故事、诗歌、图片和情景讲述,都可以采用表演的活动方式。又如看图讲述,可以采用逐幅出示图片的方式,也可以采用按内容段落分批出示图片的方式,还可以采用几幅图片一次全部出示的方式,以此来组织儿童观察、思考,局部讲述乃至连贯讲述。

在设计与实施语言教育活动时,必须充分考虑活动内容和活动方式相适应。首先,活动方式的选用,取决于活动内容的类型,根据具体活动内容采用合适的方式。如活动内容是看图讲述,属于"表述"的类型,因此,要给儿童比较多的练习讲述机会。采取的方式是为儿童提供人手一套小图片,并安排多次学说完整语言的机会,最后以动作符号系统的参与来结束活动,使原来比较枯燥的学习内容变得丰富多彩,以此保持儿童积极高涨的学习兴趣。如学习童话《耳朵上的绿星星》,教师就可以考虑采用故事表演的方式来帮助中班儿童理解童话故事内容,体验作品角色的情感心理。如果换了一首短小的诗歌,或学习某个讲述内容,就不能采用表演的方式进行了。其次,教师要注意活动内容是否符合儿童的实际水平。例如,有的故事内容很适宜进行表演,但表演对参加活动的某个年龄班的儿童有较大难度,这时教师就应考虑改用其他的活动方式来进行。

设计与实施语言教育活动时,教师如能抓住活动内容和活动方式这两个关键点,就可能充分发挥自己的创造性,为学前儿童组织适合他们特点的、适合教育要求的各种活动。

### 四、学前儿童语言教育活动设计与实施的步骤

语言教育活动的设计是非常具体的工作。不同类型的活动有不同的设计方法,不同的教师也可以有不同的设计思路。但是,既然有共同的观念和相同的原则,语言教育活动便存在着一定的规律,那么,语言教育活动就应有一个设计的一般步骤。

#### (一) 确定活动目标

确定语言教育活动目标,是语言教育活动设计中最重要的一环。它的恰当与否,将对整个活动设计产生决定性影响,包括影响活动设计的方向、范围和程度。教师要根据本班儿童发展水平来确定语言教育活动的具体目标,然后根据目标去选定语言教育内容,要改变过去那种先有教育内容或是先定教材再定教育目标的本末倒置的现象。

为了使学前儿童语言教育活动的目标能够起到龙头作用,教师在制定活动目标时应做到以下几点:(1)目标应着眼于儿童的发展,既要适应儿童已有的发展水平,符合儿童语言发展的规律,又要将促进儿童语言发展作为落脚点。(2)活动目标的内容和要求,在方向上要和终期目标、年龄阶段目标相一致。(3)活动目标的内容应包含认知、情感与态度、能力与技能三个方面。

关于语言教育活动目标的表述,应做到:一是明确而详细地说明目标内容,既要说明语言活动的类型,如谈话目标,又要说明要儿童掌握关于语言内容、语言形式、语言运用的哪些方面。二是用特定的术语来描述儿童在活动前后的变化,即认知目标、情感态度目标或能力目标。一个制定得好的目标应能成功地向别人传达执教者的教育意图,以便观察者在活动后通过儿童的行为变化加以评价。

## （二）选择活动内容

活动内容是语言教育内容的具体化。当教师确定活动目标时，必须结合考虑活动的内容。语言教育活动内容是实现教育目标的手段，是将目标转化为儿童发展的中间环节，也是活动设计和实施的主要依据。因此，活动内容的选择是一个完善的语言教育活动设计的核心。学前教育不同于小学教育，它没有统一的教材，教育内容完全由教师自己选择，教师确定教育内容的自由度较大，但也担负着重大的责任。教师要想使选择的活动内容能够真正体现活动目标，促进儿童语言的发展，应该做到：根据目标来选择教育内容；根据儿童心理发展的特点选择内容；在选择内容时，要了解儿童已有的经验，在儿童新旧经验间建立联系。

## （三）策划活动流程

学前儿童语言教育活动是作为一个过程展开的。它可以看作是教师开展语言教育活动和学前儿童进行语言学习活动的时间流程，实际上就是教育内容、教师的指导活动和儿童的学习活动如何展开的过程。

在策划整个活动流程时，一方面应综合体现教育目标、教育内容和教育方法，还要体现语言教育活动各类结构的特点，同时也要为活动过程的实施留有余地；另一方面还应考虑到在活动展开时不同活动方式的采纳。所谓活动方式是指活动环境和条件、活动方法、活动形式三者的有机结合和综合体现。为有效地实施语言教育活动，使儿童有尽可能多的机会参与学习活动，必须精心策划活动方式，对活动方式的总要求是既要适应教育内容不同类型的特点，又要引起儿童对学习内容浓厚的兴趣，从而激发起儿童参与语言教育活动的主动性和积极性。具体要求如下：

第一，活动环境和条件。学前儿童活动的空间和教具、学具、教学设备的提供，要考虑提供的内容、形式、数量、时间和方法等。

第二，活动方法。对于学前儿童语言教育方法，如示范模仿法、游戏法、表演法等，教师可以根据活动流程不同内容的需要，恰当地选择、灵活地运用，通常是综合使用几种方法，以发挥其综合作用。

第三，活动的组织形式。语言教育活动组织形式，可以是全班或大组的集体活动（这是较常见的一种组织形式），也可以是在教师指导下的比较灵活的小组活动和个别活动。以上两种活动组织形式可以交替使用。

## （四）拟定活动方案

前面已从目标、内容和活动流程等各种角度探讨了语言教育活动，其目的是探索语言活动设计的基本规律。为了实现学前儿童语言教育的目标，使语言教育活动更具目的性和计划性，教师在确定活动目标、选择活动内容和策划活动流程的基础上，还须认真拟定一份合理的语言教育活动方案。活动方案从形式上看只是将活动目标、活动内容、活动准备、活动流程形成书面语言载体的形式,实质上它包含着一定的教育指导思想和理论观点,使教育实践活动沿着预定的轨道、朝着预期的目标前进。教师还应注意,千万不要让活动方案成为具体实施语言教育活动的桎梏,而应该成为教师进行再创造的温床和土壤,使儿童成为真正的受益者。教育活动方案拟定的基本步骤为以下几种。

1. 活动名称

写清楚语言教育活动的具体类型,适合于何种年龄班,具体内容是什么。具体格式如:欣赏散文诗《雪花》(大班)。

雪　花

　　我是洁白的小雪花,我从高高的天空轻轻地飘落。

　　我落满高山,高山好像新娘披上美丽的白纱;我落满房顶,房顶好像铺上一层闪光的银帘;我落满麦田,麦田好像盖上一床松软的棉絮;我落满大地,灭害虫,杀病菌,空气变得更加清新。

　　欢迎我,欢迎我吧! 我是洁白的小雪花,我从高高的天空,轻轻地、轻轻地飘落。

2. 活动目标

它是儿童通过本次教育活动应该达到的具体目标。根据教育的整体性和语言教育的渗透性,在每次活动的目标中,应该体现有关认识、情感和社会等方面的要求。如大班欣赏散文诗《雪花》的活动目标是:

第一,懂得诗句中运用的"比喻"手法及特殊作用,学习并理解"落满""松软""洁白"等词汇,学习运用"……好像……"的句式。

第二,通过欣赏,对初次接触的散文感兴趣,乐意聆听。通过诗句的表达,感受雪花带给大地一片洁白的美丽景色,以及为人们除病菌、清洁空气的功用,从而萌发感受美、表现美的情趣。

第三,根据散文原有的格局和句式,学习适当地仿编。

3. 活动准备

这是指教师对语言活动内容和活动方式进行初步思考后所做的准备工作。语言教育活动为儿童所做的准备主要包括三层含义:一是知识准备。对于此次活动儿童应具有怎样的知识基础,教师应作仔细了解,为儿童奠定一定的知识经验基础,使儿童在教育活动中不会因知识经验的严重缺乏,难以逾越知识理解上的障碍,从而导致教育活动的失败。如南方有些地区的儿童从没有看过下雪,更谈不上认识雪花的样子,那么,教师则应在实施活动之前,通过组织儿童观看视频等活动,让其积累一些关于雪花的知识经验,在教育活动中儿童才能

"言之有物"。二是语言准备。在教育活动实施之前,教师应为儿童做好充分的语言表达能力的准备。如谈话活动的开展需要儿童具有一定与人交流与对话的能力,这要求教师在日常生活和其他教育活动中有意识地对其进行培养。三是物质准备。是指语言教育活动所需的设备、教具、学具等,都应在活动前准备好。如大班欣赏散文诗《雪花》的活动准备是:

(1) 磁板一块,音频播放设备一台,浅蓝色纸一张。

(2) 图画一张:画有"小雪花群"。雪景一张:画面上有高山、房子、麦田、地下冻死的害虫等(用磁铁固定在磁板上,并用浅蓝色纸盖住画面,露出天空)。

(3) 风雪声的音频及配乐朗诵散文诗音频各一段。

(4) 儿童已具有下雪天的经验。

**4. 活动流程**

在拟定语言教育活动流程时,应对不同类型、不同内容的语言教育活动的大致结构作一初步分析和研究,设计出活动的基本走向,即设计出活动流程图。有了清晰的活动流程(如下),活动过程就变得一目了然,便于教师开展活动。

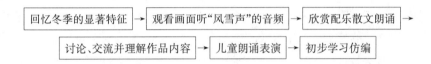

有了活动流程图后,教师就要按照这种结构对整个活动流程进行具体的搭配和排列,教师拟定活动流程,要注意以下几点:

(1) 要认真拟定活动流程的起点和终点。活动过程从什么内容开始,用什么方法引起儿童学习的兴趣,导入哪些具体的活动内容和组织形式;用什么方法和形式来结束整个活动,而且使儿童饶有兴趣,余兴未了,这应是教师在拟定活动流程时需要认真考虑的。

(2) 活动流程步骤既要完整,也要为具体实施留有余地。教育是人类可以预见其结果的一种实践活动。活动流程的每一个步骤以及相关的内容与组织形式,都可以事先拟定清楚、完整,但也不能成为束缚教师手脚的桎梏。教师在具体实施中,对活动方案不能生搬硬套,还应具有随机性和创造性,为具体实施留有余地。有些缺少经验的教师常常会在活动之前把教案背诵下来,在教育活动中一旦出现和教案不符的问题时,就会手忙脚乱,不知所措。殊不知,儿童的许多反应是难以预料的,他们常常会在活动中结合具体情景突发奇想,教师是没有办法将儿童如何提问、如何回答——预料在先的,这就要求教师要具有一定的教育机智和教育水平,在活动中对儿童灵活地进行引导与教育。

(3) 教师提问的内容和方式应认真考虑。教师的提问是组织教育活动的重要方式,也是拟定活动流程的重要内容。提问中教师要突出学习的重点和难点。一般地说,活动流程中的问题类型主要有:引起儿童学习动机和兴趣的问题;归纳总结学习内容的问题;过渡教育环节的问题;检查儿童学习效果的问题等。这里需要特别提及的是,教师提问的内容和方式,虽然在拟定活动方案时已经予以了特别考虑,但并不排斥教师在具体实施时针对流程展开的具体情况,提出新的问题,舍弃一些活动方案中拟定好的提问内容。

(4) 活动流程中环节过渡流畅,自然连贯。在活动流程的安排中,教师要十分重视前一个步骤向后一个步骤流畅地过渡,使内容和目标之间具有自然连贯性,促进儿童的学习从低一层次向高一层次发展,保证活动目标的有效实现。如活动开始部分是引导儿童准备参与活动的第一步骤,教师要让儿童明确本次活动的目标要求,初步调动儿童学习的主动性和积极性。活动进行部分是完成活动目标的主要部分,除用少量时间展示学习内容外,主要是教师引导儿童参与活动进行学习和练习。活动结束部分,则让儿童在轻松愉快的气氛中自然地结束活动。活动的延伸部分,是指在日常生活中对学习内容的继续巩固与运用。如欣赏散文诗《雪花》这一教育活动,教师就可以组织儿童在延伸活动中进行美术活动,要求儿童将散文诗中的内容用图画、剪贴等形式进行表现,加深和巩固儿童对散文诗的理解。

### 5. 活动评价

评价是学前儿童语言教育活动整体结构的一个组成部分。通过评价,可以使教师了解语言教育活动的目标、计划、内容、过程、方法、环境、材料等,是否适合儿童的发展水平,是否促进了儿童语言能力的发展,是否达到了预定的教育目标,评价可以起到反馈、诊断和强化的作用。教师在拟定教育活动方案时就应设计好评价的标准和方式,增加语言教育的科学性和有效性,以便在具体的教育活动结束后及时进行评价。

## 第二节 学前儿童谈话活动

谈话是帮助学前儿童学习在一定的范围内运用语言与他人进行交流的活动。在各种类型的语言教育活动中,谈话具有独特的促进儿童语言发展的功能。它根据一定的语言教育理论,一定的语言教育目标和内容,将一部分语言教育理论、教育目标和内容以及任务付诸实施,对儿童的语言发展产生影响。因此,谈话活动具有其他的语言教育所不能替代的作用。但是,要合理地设计和实施学前儿童的谈话活动,使之发挥其应有的作用却不是一件容易的事。为此,我们首先要了解儿童谈话活动的基本特征,认识和了解其自身的一般规律。

### 一、谈话活动的基本特征

#### (一) 拥有一个具体、有趣的中心话题

谈话活动着重于一个"谈"字,但谈什么却是一个需要深究的问题。一般来说,谈话活动

应该围绕一个具体、有趣、贴近儿童生活经验的话题而进行。中心话题可以从客观上主导儿童谈话的方向，限定儿童交谈的范围，使儿童的交谈带有一定的讨论性质。谈话活动的话题必须满足这样三个要求：

第一，儿童对中心话题具有一定的熟悉度。话题应是儿童日常生活中熟悉的、喜闻乐见的内容，如中班的谈话活动"我最喜欢的人"，这一类话题贴近儿童的生活，儿童往往比较感兴趣。

第二，要使儿童对中心话题具有一定的新鲜感。中心话题要能调动儿童参与谈话的积极性，对儿童来说具有一定的新鲜感和刺激性，如大班谈话活动"恐龙乐园"等。

第三，中心话题要与儿童生活中共同关心的内容有关，能引起儿童共同的谈话与讨论的兴趣。

### （二）拥有较丰富的谈话素材

谈话所涉及的素材必须是儿童知识经验范围以内的，可以来自儿童参观、游览、日常生活中的观察，或者从教育活动、游戏、电影或电视中所获得的知识经验。儿童的知识越丰富，谈话的素材积累得越多，谈话的内容便越丰富。如果对某个事物或现象只观察了一次，所获得的印象只是初步的、粗浅的，儿童在谈话活动中就说得很少。只有当儿童对某种事物或某种现象进行了多次观察，从不同角度比较细致地进行了解以后，才会有强烈的谈话欲望，谈话素材才能较完整、丰富，才能触及事物的本质特征。如教师只是带儿童观察了青草发芽，就让儿童谈春天的特征，那一定是徒劳无益的。如果从初春开始，教师就有意识地引导儿童注意春天到来的特征：太阳晒得人暖洋洋的，冰雪消融，土地松软，小草长出了新芽，柳树长出了芽苞，桃花、梅花、迎春花开了，燕子从南方飞回来了，人们脱下了厚厚的冬装，换上了轻巧活泼的春装，农民们在田头忙着春耕……儿童积累了丰富的谈话素材，自然就谈得生动、形象。

### （三）注重谈话的多方交流

这是谈话活动和讲述活动最主要的区别。讲述活动是发展儿童的独白语言，而谈话活动则更注重儿童的交往语言或对白语言，侧重于师生间、同伴间的信息交流与补充。从语言信息量来看，当儿童围绕中心话题进行交谈时，他们的思路是呈辐射状向外发散的，而不同个体间的经验也多种多样，因此在谈话中的每个儿童获取的信息量都比较大。从交往的对象来看，谈话活动可以是儿童与其他同伴交谈、与教师交谈，也可以是儿童在集体面前讲述，由此构成了儿童与教师、教师与儿童、儿童与儿童交谈的三种基本模式。在这三种基本交流模式中，前两种是有一定的区别的。第一种是儿童主动地运用言语与教师进行交谈，而第二种则是教师引导儿童运用新的言语经验进行交流，并在必要时给予一定的指导和帮助。

### (四) 谈话的语境宽松自由

在谈话活动中,谈话的语境是比较宽松自由的。无论原有经验如何,儿童都可以在活动中畅所欲言。主要表现在:

#### 1. 话题的扩展和表达自由

谈话活动中没有统一的答案和看法,也没有什么一致的讲述经验和思路。儿童完全可以根据自己的意愿和内心感受,将自己的想法直截了当地表达出来,与大家共享。如在谈话活动"我喜爱的玩具"中,儿童既可以讲自己喜爱的玩具的形状和玩法,也可以讲自己喜欢这个玩具的原因,还可以谈发生在自己和玩具之间有趣的事情。只要话题不离开"我喜爱的玩具",儿童完全可以从多方面和多角度去谈论自己的感受和想法。这一点也正是谈话活动的独特所在。由于其派生出的子话题非常丰富,因此教师可以抓住谈话活动的这一特征,启发儿童的积极思维,鼓励儿童主动、积极地参与到谈话活动中。

#### 2. 语言形式自由,不强求规范

谈话活动的主要目的是鼓励儿童大胆地与他人交谈,用语言表达自己的意见和看法,但同时它不要求儿童一定要使用准确无误的句式、完整连贯的语言来表达。谈话活动就是要利用一日活动的各个环节,为儿童提供众多的开口说话和与人交谈的机会,从而使儿童能经常地练习和巩固已有的语言经验,提高对语言的敏感程度,不断地发展儿童的表达能力。

### (五) 教师在谈话活动中起间接引导的作用

教师是儿童谈话活动的设计组织者。但是在谈话活动中,教师的指导作用是以间接的方式实现的。他们往往以参与者的身份参加谈话,给儿童以平等的感觉,这也是创造谈话活动宽松自由氛围的一个重要因素。教师在谈话活动中以参与者的身份出现,并不表明谈话可以成为任意的无计划交谈。教师在设计实施谈话时,仍然需要按照预定的目标内容,紧扣谈话的中心话题,有效地带动着谈话活动的进程。教师的间接引导主要体现在:1. 用提问的方式引出话题或转换话题,引导儿童谈话的思路,把握谈话活动的方式。2. 教师用平行谈话的方式对儿童进行隐形示范。如教师可以谈论自己的生活经验、自己的感受等,从而向儿童暗示谈话的内容和方式。

## 二、谈话活动的主要类型

要了解谈话活动的类型,我们必须要分析它的实质。由上所述我们不难看出,谈话活动的实质是通过一定的话题引发多方的言语交往活动。原则上说凡是符合此特征的言语交往活动都应列入谈话活动的范畴,但是,我们也要认真考虑日常生活中的谈话活动与有计划的谈话活动、开放性的讨论活动之间的界限,三者之间存在着不同的侧重点。日常生活中的谈

话活动内容较为随意,形式自由;而有计划的谈话活动和讨论性的谈话活动通常是围绕事先确定的一个话题,进行较为深入的谈话或讨论,对儿童的语言发展水平有一定的要求。

### (一) 日常生活中的谈话活动

这是谈话活动中的一种重要形式。随着语言教育改革的不断深入,人们越来越深刻地意识到,日常生活中的谈话活动是发展儿童口语的重要途径,它富有极大的情境性和感情色彩,交谈的话题极其丰富,交谈的对象经常变化,交谈可以在任何情况下开始或结束,不受时间、空间、年龄、对象的限制。这种谈话活动在三个年龄班都适用。它主要有两种形式。

#### 1. 日常个别谈话活动

在一日生活的各个环节,如早晨来园、晨间活动、盥洗、游戏、活动过渡的间隙、离园等时间,教师都可以利用这些零散的时间与部分儿童就某个话题进行交谈。但这种交谈并不是随意进行的,而是经过了一定的计划和准备的,教师要考虑好本次谈话要与哪些儿童交谈、谈什么、在交谈中发展他们的哪些言语技能和态度。教师应该把这部分内容列入到一日活动计划中。例如,早晨来园时,教师计划与班上较内向、语言能力相对较弱的四名儿童交谈,话题有两个:来园的路上都看到了什么和昨天最高兴的事。通过与儿童交谈,培养他们主动、大胆地与人交往的能力,鼓励儿童主动表达的积极性。交谈过程中,教师可以与一个或多个儿童交谈,儿童可以随时参加或退出谈话。日常个别谈话活动主要目的在于增强个别儿童的自信心,调动儿童参与谈话的兴趣和积极性。

#### 2. 日常集体交谈活动

与日常个别谈话活动相比,日常集体谈话活动的话题更自由,可以同时有多个话题。形式更活泼,可以是师生间的谈话,也可以是同伴间的谈话或是师生、同伴间的讨论等。这种谈话也遵循着"自由参加"的原则,儿童可以参加谈话活动,也可以从事其他活动。例如,在每日散步时,教师可以就园内的花草树木或其他的环境变化与儿童进行交谈和讨论。教师可以问:"滑梯旁新添的轮胎秋千可以怎么玩?你们猜一猜是谁把它搬到这儿来的?我们要怎样爱护轮胎秋千?"通过这样的日常集体谈话,教师既可以为儿童提供机会锻炼他们的表达能力,又可以培养儿童的观察力和注意力。

### (二) 有计划的谈话活动

这类活动是教师制定一定的计划和教育活动方案,依据事先确定的话题,有目的地组织儿童进行。谈话的话题可以各式各样,凡是儿童熟悉的或是与他们的生活紧密相关的,都可以加以选择。这些题目可由教师拟定,在大班也可以请儿童参与拟定。主要话题有:

我最喜欢的……(人物、动物、玩具、图书、衣服等);
我和周围的人(爸爸妈妈、爷爷奶奶、教师及同伴等);

我和节日(六一国际儿童节、国庆节、春节、三八妇女节等);

我参加的一些活动(春游、参观、访问、旅游等);

周围环境的变化(花草树木、建筑物、道路等)。

由于这类活动需要事先进行精心设计和准备,因此在指导活动过程中,教师要注意以下两点:第一,要努力创设良好的语言环境,鼓励每个儿童都能积极地发表自己的看法和见解。第二,要增加儿童语言交往的密集度。活动过程中,教师不仅要让儿童自己说,还要让他们积极地与同伴交谈,与教师交谈,在交谈中学习他人好的表达方式,不断提高语言运用能力。由于有计划的谈话活动对儿童的有意注意、有意记忆及言语能力的要求较高,因此不太适合小班上学期的儿童,可以从小班下学期开始进行。

### (三) 开放性的讨论活动

讨论活动是一种特殊的谈话活动形式。说其特殊,是由于它在话题形式、语言交往和教师的指导上都有开放性的特点。

讨论活动的话题一般都是开放性的问题,同时讨论所涉及的事物应与儿童已有生活经验相符合,但对儿童来讲又有一定的难度。例如,讨论的话题可以是"假如你有一朵七色花,你最想做的事是什么",这个话题可以让儿童自由想象,随意发挥,没有固定的答案。

讨论活动是一种开放性的语言交往活动。在讨论中,儿童可以就自己的观点与他人进行充分的语言交流。儿童既要清晰地向对方表达自己的看法,又要善于倾听他人的见解,并进行分析、反驳或赞同,从而使语言交往延续下去。这种语言交往对象可以是一一对应的,也可以是在小群体中进行的。可见,讨论活动对儿童语言能力、思维能力都提出了很高的要求,因此一般在中班以后才适合开展这项活动。

教师的指导态度要开放。与讨论的问题相对应,教师对儿童提出的看法也应采取开放的态度。不要一味地从成人的角度去判断儿童的某些看法合不合理。教师要将指导的重点转向儿童的语言交往能力,对儿童的某些富有想象力和创造力的想法采取接纳和鼓励的态度。例如,儿童说:"人不会飞是由于人没有翅膀,但人可以从小天使那儿借到一双翅膀,这样就可以像小鸟一样飞在高高的蓝天上了。"这样的答案教师不但要接受,还要在评议时给予积极的鼓励,引导其他儿童能像这个孩子一样,勇于创新、富于想象,并大胆地在集体中表述出来。

### 三、谈话活动设计与实施的基本结构

任何一种语言活动都有其自身的结构,但各种活动间的结构又有其特别的规律。谈话活动的目标、对象、活动方式的独特性,在活动设计与实施的结构中可以得到充分的体现。

### (一) 创设谈话情境,引出谈话话题

这是谈话活动的第一步。其目的在于引出谈话和讨论话题,使儿童在活动之初就能被吸引到活动中来,从而做好谈话的准备。要创设适当的、良好的谈话情境,打开谈话的思路。教师要做到以下两点。

**1. 营造一个宽松自由的谈话氛围**

这是针对开展谈话活动的精神环境而提出的。若教师在活动开始时非常严肃或大声地斥责儿童,那么整个活动室里都会弥漫着紧张不安的气氛,相信这时即使话题再有趣,也调动不了儿童的积极性。因此,在活动开始时教师一定要让周围的气氛轻松、自然,可以让儿童唱唱歌、做做游戏等,以使儿童的情绪稳定,将注意力迅速地集中到教师的身上。

**2. 创设生动、有趣的谈话情境**

谈话情境的创设,常见的主要有三种方式:

第一,用实物或直观教具创设谈话情境。通过挂图、幻灯片、墙饰布置、玩具、录像等各种不同的实物,向儿童提供与话题有关的可视现象,引起儿童谈话的兴趣,启发他们的思路。如小班谈话活动"美丽的服装",教师在活动角挂上各种衣服,让儿童在观赏中激发说话与交谈的欲望。

第二,用语言创设谈话情境。教师通过自己说一段话,提一些问题来唤起儿童的回忆,调动他们的经验,以便适时地切入话题。如中班讨论活动"怎样过马路",教师自己先说一段简短的开场白,并提出一些简单的问题,如"过马路时要注意什么"、"为什么要走人行横道线"等,以帮助儿童进入谈话情境,积极地进行思考。

第三,用游戏或表演的形式创设谈话情境。通过开展一些游戏或表演活动,来提供一些与谈话内容有关的情境,以引起儿童表述的愿望。如中班谈话活动"发生在公共汽车上的事",教师先请几个大班小朋友分别扮演司机和乘客,进行情景表演。当他们表演到没有人给老奶奶让座时,教师提出这样的问题"如果你和爸爸妈妈也在公共汽车上,你会怎么做"。运用这些形式创设谈话的情境,很容易调动儿童的积极性和兴趣,引起他们对所谈内容的回忆,为下一步骤奠定良好的基础。

教师要注意这个步骤只是将谈话话题引出,以便儿童自然地进入谈话活动,因此,无论是实物的展示、语言的解说,还是游戏或表演,都不应该喧宾夺主,时间分配上不宜占用过多比例,3—5分钟即可。

### (二) 围绕话题运用已有经验自由交谈

提出话题后,教师要向儿童提供围绕话题自由交谈的机会,目的在于调动儿童对谈话话题的已有经验,使儿童相互交流自己的见解。

1. 给儿童充分的自由讲述内心的真实感受的机会

一个谈话活动开展得如何,取决于教师对这个过程的把握程度。教师在指导中应尽量做到"一个围绕"、"两个自由"。所谓"一个围绕"是指教师指导儿童围绕中心话题大胆地与同伴交谈;所谓"两个自由"是指交谈的内容自由、交谈的对象自由。儿童只要围绕话题进行交谈就可以,教师不必过多地干涉儿童交谈的内容,相反地要让他们想说、多说。此外,儿童交谈的对象也是自由的,可以两两交谈,也可以分组交谈,或与教师交谈。教师不要阻止儿童转换交谈的对象,只要他们积极地参与到交谈中,就达到了教学的要求。

2. 注意自由交谈中的个别差异

自由交谈虽给儿童提供了开口说话的大好机会,但有些语言能力较差的儿童却恰恰在这个环节中得不到很好的锻炼,他们常常表现为光听不说。因此,教师在坚持"交谈对象自由选择"的原则时,要有意识地将语言能力较差和语言能力较强的儿童安排在一起,让他们互相促进,互相提高。此外,教师还要重点倾听语言能力较弱的儿童的谈话,提醒其他儿童在说完自己的感受后,注意倾听这些儿童的话语,经常给予他们充分的鼓励,以增强他们的自信心。

### (三) 围绕中心话题拓展交谈内容

在儿童运用已有的知识经验充分地交谈后,教师要适时地将儿童集中起来,以提问或启发的方式帮助儿童学习新的谈话技能和谈话规则,掌握正确的谈话思路和方法。这一过程是谈话活动的重点内容和核心。

1. 中心话题的拓展是逐步进行的

一般说来,中心话题是按这样的顺序拓展的:对话题对象的描述和基本态度——为什么会有这种态度——对话题对象的独特感受。如大班谈话活动"我喜爱的图书",教师设计的中心话题拓展顺序是,儿童从描述图书种类、对图书的基本态度,到谈论为什么会有这种态度,到最后谈论对图书的独特感受。用这样的方式设计话题的拓展,可以帮助儿童开拓思路,唤起更多的回忆和内心体验,在此基础上再帮助儿童获得新的交谈经验。而对中大班儿童来说,这种话题拓展模式也给他们提供了一种谈话的思路,这种宝贵思路的习得无论对他们有条理地讲述,还是今后的读、写,都是非常有意义的。

2. 正确地看待谈话技能、态度和规则的学习

谈话技能、态度和规则是需要经过一定的阶段才能逐渐习得的。教师在引导儿童学习新的谈话经验时,不要有急于求成、立竿见影的思想。因此,如果教师在谈话活动中,让儿童机械地反复练习某一交往技能,甚至让儿童将某些交往词语背诵下来,这种做法本身就违背了谈话活动话题不断拓展、谈话氛围宽松自由的要求,哪怕在活动中儿童"掌握"了许多交往

词语或技能,从实质上来讲这个活动也是失败的。

**(四)教师隐性示范新的谈话经验**

在通过逐层深入拓展儿童谈话内容的基础上,教师可以通过隐性示范向儿童提供谈话范例,帮助儿童掌握新的谈话经验,使儿童的谈话水平进一步提高,如"我喜欢的图书",教师可以谈一谈自己喜欢哪一本图书,喜欢的原因是什么。如:"我喜欢这本《科学小常识》。因为它告诉我蝴蝶是怎样从小虫转变而来的,原来蝴蝶穿着美丽的外衣在花丛中传播花粉之前,是一只虫子。我从这本书中学到了新知识,所以我喜欢并爱护这本书。"教师的示范可以给儿童提供模仿的样板。

## 教育活动设计方案

### 谈话活动方案1:春游去哪里玩(大班)

**设计思路**

大班的孩子具有强烈的探究欲望,并已具备了一定的春游的生活经验,在语言方面也能够较清楚地围绕某一主题展开讨论,表述人物、事件等内容。谈话活动是帮助学前儿童学习在一定的范围内运用语言与他人进行交流的活动,能促进儿童语言发展。因此,结合孩子们的生活经验,围绕"春天去哪里玩"展开具有思辨性的谈话活动,共同协商春游的去处。引导儿童在活动中大胆地表述自己的想法,鼓励幼儿表明反对或支持同伴的观点,说明选择或判断的理由,充分发挥幼儿的语言能力及解决问题的能力。

导入环节——谈话导入,说说自己春游想去的地方,并说明理由。中心环节——投票与分组辩论,幼儿通过投票的方式支持或反对同伴的观点,选出两个人气最高的地方进行分组辩论。结束环节——我的春游理想地,幼儿选出最终的春游理想地,并在活动延伸的个别化活动中录制春游倡议。

**活动目标**

1. 了解辩论的基本形式并能用包含因果关系等的句式提出想法,能积极与同伴协商春游的去处。
2. 尝试用较完整连贯的语言表达自己关于"春游去哪玩"的观点。
3. 愿意在集体讨论中倾听同伴的观点,乐于参加辩论活动。

**活动准备**

物质准备:投票板、幼儿自制春游计划

**活动过程**

经验准备：在活动前孩子们自主制定了自己的春游计划

一、讲一讲，我的春游计划——引出话题，调动已有经验自由交谈

师：请大家来介绍自己的春游计划吧！

幼：我想去森林公园。

二、辩一辩，春游我做主

(一) 投票活动——表明自己的观点，选择心仪的春游理想地

1. 出示投票板，幼儿自主投票。

师：听了同伴们的介绍，你心动了吗？请你为自己喜欢的地方投票吧。

规则：一人一票(贴纸)，在自己心仪的春游理想地的图片上贴上贴纸。

2. 说说你选择的理由。

接龙：我为……投票，因为它……好。

幼：我为动物园投票，因为有很多动物可以看。

幼：我为森林公园投票，因为它的景色好。

(二) 分组辩论——聚焦问题，选择最终的春游理想地

(1) 幼儿分成两组(一号地、二号地)，面对面坐成两排轮流辩论，一号地一辩选手阐述后，二号地一辩选手阐述。

(2) 辩论三步曲：亮观点(春游去哪里)——说理由(为什么要去这个地方春游)——说亮点(这个地方有什么特色)。

观察指导：

(1) 幼儿能够仔细倾听同伴的观点。

(2) 引导幼儿思考春游地点的优势，如：好玩、安全、出行方便等。

(3) 鼓励幼儿交谈时用句子结构"我认为春游应该去……玩，因为它……好"来表述。

三、决一决，确认"我的春游理想地"

1. 辩论完毕，幼儿举手表决自己的最后选择，举手多的地方为"我的春游理想地"。

2. 经过大家激烈的讨论，我们终于选出了大家都满意的"春游理想地"！

**活动分析**

教师选择了一个具体、有趣且贴近儿童生活经验的中心话题——

春游,这个话题贴近儿童日常生活,容易吸引儿童兴趣,而自主规划"春游去哪玩"对于儿童来说具有一定的新鲜感,利于激发儿童参与谈话的积极性,且对于大班儿童而言能够引发共同的讨论和辩论。

结合时令季节和儿童实际生活经验,教师选择了这一谈话主题,大班儿童已经有了一定的制定计划的能力,且在家庭、幼儿园环境中有一定的关于春游的直接经验,因此在谈话过程中儿童拥有的相关经验更加丰富,积累的相关素材更加充分,谈话的内容便会更广和更深,儿童能够在过程中真正做到有话可说。

谈话活动注重儿童的交往与对白语言,侧重师生间、同伴间的信息互动与交流补充,儿童的思维是向外发散、相互碰撞的。在活动过程中教师以参与者的身份参加谈话,进行间接引导,一方面用提问的方式引出中心话题,拓宽儿童谈话的思路,另一方面教师以平行谈话的方式对儿童进行隐性示范,分享自己的春游经验,并使用一定的逻辑思路和常用句式,引导同伴之间相互分享,暗示谈话的内容和方式。

最重要的是教师在谈话过程中创设了宽松自由的谈话语境。首先儿童能够自主在家制定自己的春游计划,在集体活动时完全可以根据自己的意愿和内心感受将所思所想自由直接地表达出来,儿童既可以讲自己要去森林公园,也可以说自己要去郊外踏青,只要话题围绕着"春游去哪玩"即可。其次,教师以"接龙"的方式鼓励班级每个儿童能够在集体面前表达自己的意见和看法,并通过分组辩论的环节鼓励儿童大胆与他人交谈,在活动中教师提供了一定的语句示范,为儿童在表达和交谈过程中提供了有力的支架,帮助儿童更好地组织语言。

纵观整个活动,各个环节相互贯通,紧紧围绕着"春游去哪玩"的中心话题来进行。本次活动主要采用了提问法、讨论法、间接示范法、操作练习法来进行教学,引导儿童充分调动已有经验,在参与谈话的过程中尝试用较完整连贯的语言表达自己的观点。通过提问引导儿童能够持续地关注中心话题并参与其中,通过讨论法营造宽松自由的谈话氛围,有利于儿童更加充分地表达所思所想。通过间接示范为儿童尝试使用连贯且具有一定逻辑性的语言进行表达提供了有力的支持,为解决本次集体活动的重难点提供了有效的载体。通过操作练习法引导全班儿童围绕中心话题进行讨论。通过实际操作在辩论环节培养儿童倾听同伴、自觉遵循轮流表达的次序、使用因果关系等较为丰富的表达方式等语言能力。整体环节层层深入,有利于实现活动目标,在教学内容中整合了语言和社会两大领域相关经验,符合《3—6岁儿童学习与发展指南》中语言领域大班儿童的发展目标,通过丰富且深入的沟通交流让儿童能够真正体会谈话的乐趣。

(资料来源:尔雅润育——幼儿园社会性主题教育系列教材)

**谈话活动方案 2:我最喜欢的礼物(小班)**

**设计思路**

喜、怒、哀、乐之情,人皆有之,快乐作为一种积极情绪也是心理健康的重要标志之一。《幼儿园教育指导纲要(试行)》指出"要高度重视幼儿的心理健康",一个心理健康的孩子,首先应该能逐渐学会调控自己的情绪,保持乐观向上的心境。开心是一种积极的情绪,悲伤是一种消极的情绪。教师应该注意帮助幼儿学会如何保持愉快的心情,并采取多种方排解已经出现的消极情绪,为快乐的人生奠定基础。因此,设计了"我最喜欢的礼物"这一活动,通过多媒体、动手操作、互动游戏等方式引导儿童围绕这一话题进行充分的交谈,培养儿童在集体环境中的谈话能力,鼓励幼儿学会用积极乐观的态度面对生活,培养幼儿的情绪控制、情绪调节以及共情能力。

本活动分为三个环节,导入环节为谈话导入,引出主题,让幼儿选择自己喜欢的表情。中心环节让幼儿说说为什么选择这个表情。结束环节让幼儿制作笑脸,跳圆圈舞感受快乐,从而培养幼儿的情绪调节能力,为养成活泼开朗的性格奠定基础。

**活动目标**

1. 知道收礼物是一件让人开心的事情,知道快乐有利于身体健康。
2. 能够注意倾听并作出一定的回应,学会用各种方法让他人和自己高兴。
3. 愿意结合一定的动作表达自己对"最喜欢的礼物"的想法。

**活动准备**

物质准备:开心卡、悲伤卡;音乐《洋娃娃和小熊跳舞》、《忧郁小夜曲》《歌声与微笑》;蛋糕盘、水彩笔、绳子。

**活动过程**

一、实物导入,引出主题

导入:孩子们,我是你们的好朋友——开心姐姐。今天除了我,还有很多的老师来和小朋友们一起做游戏,你们高兴吗?来表示一下吧!(鼓掌欢迎)今天开心姐姐给每位小朋友都带来了一份礼物,你们喜欢吗?(开心卡、悲伤卡,用笑脸和哭脸表示)

提问:你喜欢哪个表情?(悲伤、开心)指导语:我们一起来做一做这些表情吧。

小结:收礼物是我们最喜欢的事情啦,但是这份礼物有开心的表情也有难过的表情,现在小朋友选择自己喜欢的表情,然后把它戴在脖子上。

二、围绕话题,引导儿童调动关于情绪的已有经验,进行自由交谈

师:孩子们,你们为什么选择这张卡片呢?

师:那小朋友们有过开心或者悲伤吗?先和身边的小伙伴说一说。

师:

1. 开心的时候你会怎么样?(用动作表现)

2. 除了开心的事,我们还会遇到一些悲伤的事,谁来说一说你都遇到过一些什么悲伤的事?

3. 悲伤的时候你会怎样?(用动作表现)

小结:每个人都有悲伤的时候,悲伤的时候,可以唱唱歌、跳跳舞、玩玩玩具、看看电视或者大声地哭一哭,这样你就能消气,让自己快乐起来。

三、围绕话题进一步拓展,听听说说,体验开心和悲伤

提问:你们听这两首音乐有什么不同?

分别播放《洋娃娃和小熊跳舞》与《忧伤小夜曲》,体验音乐带来的情绪情感。

提问:

1. 你们觉得这两首音乐怎么样?是开心还是悲伤?你怎么感觉出来的?

2. 如果你的同伴遇到不开心的事,你会怎么帮助他呢?

3. 那你遇到悲伤的事情,你会怎么让自己开心起来呢?

小结:原来帮助别人是一件开心的事情,我们都要做一个快乐的好孩子。

四、制作开心笑脸,体验互赠礼物的快乐

过渡语:孩子们,这里有蛋糕盘、水彩笔、绳子,我们一起用这些材料制作一个属于自己的开心笑脸吧。

指导语:你们今天玩得都很高兴,你们看老师的脸上也洋溢着笑容。那么我们把自己制作的笑脸卡片送给你的小伙伴吧!也请他们上来和我们一起跳个圆圈舞,分享快乐,好吗?

播放快乐音乐《歌声与微笑》,老师和小朋友们共舞。

小结:今天我们玩得都特别高兴,那么现在我们用最快乐的声音跟我们的好朋友说谢谢,跟我们的老师说谢谢。走!跟开心姐姐一起把开心和快乐带给外面的其他小朋友吧。

**活动分析**

礼物是每个小朋友都喜欢并希望获得的,然而比礼物更珍贵的可能是在获得礼物的那一瞬间的愉悦和幸福感。保持积极乐观的心态,逐步尝试调节消极情绪,拥有良好的心理健康,有利于学前儿童的终身发展。小班儿童认知能力与社会性发展有限,在日常生活中往往比较情绪化,在集体生活中尚未掌握自我调节情绪和照顾回应同伴情绪的有效方式,对他人情绪的感知仍不敏感,这些也是在家庭教育中容易忽视的部分。另外,小班儿童语言能力有限,倾听与表达能力有待进一步发展。《3—6岁儿童学习与发展指南》中指出"愿意表达自己的需要和想法"、"能听懂日常会话"是3—4岁小班儿童语言领域重要发展目标,本活动正是契合了这一核心经验,旨在通过师幼之间、幼幼之间等多方互动培养儿童在集体生活中愿意谈话、口齿清晰,并能对他人予以回应的能力。另外,与社会领域相融合,在谈话过程中通过互相交流互相分享经验,从而讨论和梳理出对儿童来说可行且有效的调节消极情绪的方式,为幸福而有意义的童年以及长远发展奠定基础。整体活动环节流畅且衔接紧密,通过教具导出中心话题"我最喜欢的礼物",进而引导儿童围绕话题讨论各自在生活中开心和悲伤的情绪及经验,交流如何对待消极情绪,最后以音乐为载体加深儿童的情绪体验,循序渐进,逐步拓展话题。

(资料来源:尔雅润育——幼儿园社会性主题教育系列教材)

## 晴天和雨天（大班）

大班谈话活动"晴天和雨天"选择最为常见且特征显著的晴天和雨天作为活动的主要内容。一方面，"晴天和雨天"是儿童生活中常见的两种天气，也是差别较为显著、较易感知的，对于儿童而言是他们熟悉的，另一方面以多变的天气为话题能吸引儿童的兴趣，让儿童更加积极地参与谈话活动。

从活动目标来看，根据《3—6岁儿童学习与发展指南》，大班儿童已经初步建立了一定的倾听意识与习惯，并有一定的辨别和理解能力，然而"在集体中能注意听老师或其他人讲话""愿意与他人讨论问题，敢在众人面前说话""能有序、连贯、清楚地讲述"是大班儿童谈话能力的发展目标。基于此，"晴天和雨天"谈话活动确立了三条目标：(1)谈谈说说自己喜欢和不喜欢晴天或雨天的理由；(2)能针对别人的观点说出自己不同的想法，并尝试去说服别人；(3)愿意仔细倾听，培养初步辨析和应答的习惯与能力。目标的表述具体、明确、直接，范围全面且重难点突出，与活动内容和谈话主题紧密相连。

从活动的内容和组织来看，"晴天和雨天"采取了辩论的活动形式。"辩论"这种形式不仅需要儿童能表达，更需要其倾听并理解他人所说，并在此基础上进行内在加工；需要理解对方与自己是不同的立场，更需要进一步综合自己所理解的同伴所表达的观点，并在此基础上通过口头语言等形式进行有效输出，这样才能使"辩论"顺利进行下去。辩论不仅能促使儿童自发地围绕中心话题进行交谈，还能促进儿童的社会性交往，发展辩证性思维。这对于大班儿童而言是可以获得的核心经验，也是需要获得的发展。

教师精心设计了三个环节：导入环节"大声说"，主要目的是营造氛围，引出中心话题并引导儿童自由调动已有经验进行谈话。通过出示"大声说"的立牌，一起大声喊出"大声说"环节的"口号"，将儿童带入真实的辩论活动的情境中，营造自由谈话的氛围，随后出示"晴天"和"雨天"的图卡，让儿童自己发现和说出今天的谈话主题。接下来用提问的方式引导儿童进一步谈论"晴天和雨天"的基本特征，通过集体交流支持儿童互相交流，进而在同伴学习的过程中增进经验，在此基础上引导儿童明确态度与观点，即划分出支持晴天好的一方和支持雨天好的一方，为接下来的辩论做准备。第二个环节是"夸一夸"，在确立好正反方两队的基础上引导两方儿童各自说出自己支持己方的理由，也就是引导儿童提出论点并说出论据进行支撑。教师于其中重点关注了拓展谈话经验，在支持晴天好的儿童在说出自己的理由时，教师一方面通过提示的方式引导儿童在表达时清楚、连贯，另一方面教师以谈话者的身份参与活动，通过追问、谈论自己的经验给儿童示范新的谈话经验，帮助儿童丰富自己的论述。第三个环节是"辩一辩"，也是最关键的环节，由于辩论这种形式对于大班上的儿童而言较为陌生，因此，教师设置"阶梯"，先"说对方的不好的理由"，再尝试"说服对方让他听我的"，引导儿童在倾听的基础上进行辨析、理解，从而反驳对方提出自己观点。整体环节紧密相接，清晰流畅，过渡自然，在自由的氛围中引导儿童围绕中心话题不断拓展谈话内容，层层深入地表达见解，并掌握辩论的基本谈话规则，逐步促进核心经验的发展。

## 第三节　学前儿童讲述活动

讲述活动以培养学前儿童独立构思和表述一定内容的语言能力为基本目的，给儿童提供积极参与命题性质语言活动的实践机会。讲述活动是学前儿童语言教育的一种重要组织形式，在幼儿园语言教育中占据重要地位。但是，在讲述活动的设计与实施中却存在着种种问题，究其原因是教师对讲述活动的基本特征、本质及其自身的一些规律认识不够。因此，我们有必要深入地探讨讲述活动的一些基本问题，从而达到对讲述活动质量的目的。

### 一、讲述活动的基本特征

#### （一）讲述活动拥有一定的凭借物

与主要围绕已有经验进行交谈的谈话活动不同，讲述活动需要针对一些凭借物来开展。所谓凭借物即儿童在活动中讲述的对象，这决定了儿童讲述的内容范围和指向，这里所说的凭借物主要是指讲述活动中教师为儿童准备的或儿童自己参与准备的材料（如图片、情景、实物等）。在讲述活动中，一定的凭借物往往成为儿童讲述的载体，对儿童的讲述起着重要的作用。不同年龄儿童讲述活动的凭借物有所区别。小班儿童由于其语言能力和认知能力的局限，主要是进行实物讲述或简单的图片讲述，只要他们能将实物或图片的主要特征描述得清楚完整即可达到要求。而对中大班的儿童来说，不但要针对实物、图片、情景进行充分的讲述，还要学习如何利用凭借物进行创造性的讲述，即在凭借物本身内容的基础上，运用想象力创编出超越其原来内容的故事或事件，也就是编出凭借物本身没有反映的内容，如人物的心理状态、对话、内在动机等。

#### （二）讲述活动的语言是独白语言

讲述活动的语言交流有别于其他类型的语言活动，它要求儿童使用的是独白语言，是培养锻炼儿童独白语言的特别途径。所谓独白就是需要说话的人独自构思和表达对某一方面内容的完整认识。这是一种复杂、周密的口头语言表达形式，它需要儿童用完整、连贯的语言将内心的感受和体验准确无误地表达出来，并能得到他人的理解。

### （三）讲述活动具有相对正式的语言情境

与宽松、自由的交谈不同，讲述活动为儿童提供的是一种相对正式规范的语言运用场合。它不仅要求儿童能在小组中发表自己的见解和观点，还要求儿童能在集体面前用规范语言大胆地表达自己的认识。这种正式主要表现在：一是语言规范。儿童需要使用较为完整、连贯、清楚的语言进行表达。二是环境规范。一般是在专门的教育活动中和正式的语言学习环境中开展活动。实际上，讲述活动正是通过这种经过精心设计和准备的语言环境，鼓励儿童运用已有的经验，使用较为规范的语言来表达个人对某人某事某物的认识，进而培养起清楚连贯地在集体场合表达自己见解的能力。

### （四）讲述活动中需要调动儿童的多种能力

讲述时，儿童需要感知理解一定的凭借物，借助对这一凭借物的认识和已有的生活经验，构思组织自己的独白语言，从独立完整地编码到独立完整地输出。而且，不同讲述内容需要不同的思维方式，也有不同的逻辑顺序，这对儿童的观察力、记忆力、想象力和思维能力的要求都是极高的。如果儿童缺乏这些能力的配合，那么讲述的水平也不会提高。以看图讲述为例，如图片"下雨了"，儿童要将图画的内容清楚、有条理地描述出来，首先要完整仔细地观察图片，了解图片中的人物事件，这就需要儿童运用观察和分析综合能力；然后要理解画面的主要内容，要描述人物的动作和事件的主要内容，这就需要儿童凭借已有的生活经验加以联想、综合并作出判断；最后要深入地反映画面本质、深刻的意义。儿童还要思考人物的内心世界和对话，必须对画面进行综合性的推想，其内容涉及画面的人物、背景、事件等诸多因素之间的联系，反映了思维的深刻性和间接性。可见，只有多种综合能力的配合，才能保证讲述活动顺利、有效地开展下去。

## 二、讲述活动的主要类型

### （一）从讲述内容来分类

#### 1. 叙事性讲述

即用口头语言把人物的经历、行为或事情发生、发展、变化讲述出来。叙事要求说清楚人物、事件、时间和地点，并且要说明事情发生、发展的先后顺序。学前阶段只要求儿童简洁、清楚地按顺序讲述事件即可。

### 2. 描述性讲述

即用生动形象的语言,把人物的状态、动作或事物的性质、特征具体描述出来。在学前阶段,儿童学习描述性讲述的重点在于初步尝试使用具体、生动、形象的词语说话,同时抓住事物的主要特征进行描述。如讲述"一张照片",要求儿童具体描述照片上的人物是什么样的,正在干什么,他们的表情如何,自己看了照片以后的感觉等。

### 3. 说明性讲述

用简单明了的语言,把事物的形状、特征、用途等解说清楚的讲述形式。如讲述"我喜欢的玩具",要求儿童说明玩具是什么样的、用什么材料做的、怎么玩等。

### 4. 议论性讲述

议论是讲道理或论是非。议论性讲述通过摆事实、陈观点来说明自己赞成什么或者反对什么。学前阶段,因为儿童的逻辑思维水平不高,议论能力还不强,因此,只能进行初步的议论性讲述。如讲述"我喜欢夏天还是冬天",儿童可以结合自己的生活经验及个人喜好来讲述。这种讲述对于提高儿童语言逻辑水平,发展他们的逻辑思维能力极为有益。

## (二)从凭借物的特点来分类

### 1. 看图讲述

在讲述活动中使用图片来帮助儿童讲述,是人们所熟知的看图讲述。在这类活动中教师所提供的图片,可以是印刷出版的图片,可以是由教师自己绘制的图片,可以是边讲边绘画的图画,可以由儿童画图后讲述,也可以是用教师提供的人手一套图片来自由讲述。讲述的凭借物都是图片,即平面的具体画面。这类凭借物表现的是情景静止瞬间的暂停现象,在指导儿童观察理解并进行讲述时,需要帮助他们联想图片之外活动的形象和连接的情节。

看图讲述根据图片的运用和对儿童语言上的不同要求,还可以分为:

(1) 描述性的看图讲述。这种讲述要求儿童不仅能观察到图片上的对象和现象的主要特征,而且能观察到细节部分,分析事物之间的关系和联系,并能恰当地运用语言进行细致的描述,讲清楚图片上表现的是什么内容,还要求儿童根据画面描述人物的心理状态。

(2) 创造性的看图讲述。即要求儿童不仅要讲出图片的主要和次要内容的特征和相互关系,而且,要根据图片上提供的线索,编成简短的有情节的故事。创造性看图讲述还要求儿童根据自己的想象,创编出画面之外的内容,并用连贯性语言把这些事件表述出来。它的创造性表现在不仅要讲出画面上的内容,而且还需要讲出与画面内容有关,但在画面上没有表现出来的内容,如画面内容发生之前和发生之后的情节,无法在画面上反映的事件发生的原因、人物的心理活动、情绪情感等。

(3) 排图讲述。排图讲述是训练儿童判断和推理等思维能力的一种看图讲述形式。它主要是通过给儿童提供一套无序号的图片,让儿童根据画面的内容,结合自己的理解与想象,按照画面中所呈现出来的简单情节可能发生的顺序,将无序的图片排出一定的顺序,构成一个完整、连贯的情节,并将故事的内容讲述出来。同样的图片由于儿童理解与思维的结果不同,可能会被排成不同的序列,所编构的故事也就千差万别,出现了平铺直叙、插叙、倒叙等多种讲述方法,这种讲述方式对儿童的语言能力、思维能力的要求较高,比较适合大班儿童。

(4)拼图讲述。拼图讲述是看图讲述的一种,是看图讲述的拓展。拼图讲述的特点是教师不直接提供讲述的凭借物,而是向儿童提供各种构图材料,如积塑玩具、贴绒图片、磁铁图片七巧板、立体图片,其中有人物、动物、花草树木、天气状况及不同的地点等,以及一张大的背景图,儿童根据一定的主题自由构思,将这些图片摆放在背景图上,拼出各种各样的画面,然后展开丰富的想象,构成一个个完整的、有情节的故事,并将它们清楚地表达出来。拼图讲述在培养儿童口语表达能力的同时也锻炼了儿童的创造性思维能力。如立体图片"美丽的小河",儿童选择自己喜爱的动物大白鹅、小熊作为主人公,在地点"小河"旁边摆上各种花草树木,并挑选一个天气状况,如"阴天"。在创造出这样一种场面后,儿童可以根据自己的思路讲述与场景相吻合的故事,同一场景编出的故事可以多种多样。如"下雨了,河水上涨了,淹没了小桥,大白鹅帮助小熊过河……",或者"大白鹅和小熊一起到河边捉迷藏,大白鹅藏在河边的水草里……"。这种讲述可以让儿童自己拼出场景、自由讲述,也可以由几个儿童合作拼图并创编完整的故事。这种讲述形式灵活多变,克服了传统的看图讲述中图片完全是由教师准备的缺点,发挥了儿童的主动性,而且图片中形象、场景的设置和故事的构思完全依照儿童的爱好和想象而定,符合儿童心理发展的特点,实现了在讲述活动中动手、动脑、动口的目的。

(5)绘图讲述。所谓绘图讲述,从广义上讲是将绘画、泥工、折纸等手工活动与讲述结合起来的一种活动。与拼图讲述不同的是,绘图讲述是儿童自己制作讲述的材料,然后将这些材料组合成一个有情节的内容并将其讲述出来。而拼图讲述则注重"拼",儿童把教师提供的各种材料拼成一个完整的画面并讲述,儿童的讲述材料仍然有一定的参照物,而绘图讲述是没有参照物的,它要求儿童根据自己的生活经验,结合自己掌握的有关知识,独立绘图,独立构思,这对儿童的想象力、创造力、绘图能力、编构故事的能力都有一定的要求。它既保留了拼图讲述"动手、动口、动脑"的优点,又发展了儿童独立思考、创造性思维的能力,使儿童在动手操作和讲述中体验到自由创造的乐趣。

绘图讲述由儿童自己制作,刚开展这种活动时,可以分两次进行。第一次活动绘制材料,如绘画、捏泥等;第二次活动安排讲述。待儿童对这种活动形式熟悉后,可以将二者有机地结合在一次活动中。如儿童在捏完小兔和糖葫芦后,就可以开展讲述活动,儿童编出"小兔子拿着心爱的糖葫芦,蹦蹦跳跳地到草地上玩……"这样一个主题为"有物品与大家共享"的故事。但要注意的是,对不同年龄的儿童应有不同的要求。小班儿童允许他们先绘图后讲述,而中班可以边绘图边讲述,大班则应培养儿童先讲述后绘图的能力。

### 2. 实物讲述

实物讲述是以实物作为凭借物来帮助儿童讲述的一种活动,具有真实可信的特点。实物指真实的物品,如玩具、教具、动植物、日常生活用品和外在的自然景物等,指导儿童感知理解实物并进行讲述时,最重要的是帮助儿童把握实物的特征。在观察中或观察后,要求儿童将实物的基本特征、用途、使用的方法等多方面的内容清楚地描述出来。但值得注意的是,实物讲述活动一定要与科学教育活动区分开。与科学教育活动相比,实物讲述更侧重于描述实物的有关特征、用途等语言方面的目标,而不是着重于认识这种实物。也就是说,实物讲述应在已经熟悉这种实物的基础上进行,如大班"小型家用电器用处大"讲述活动,就应该在儿童对小型家用电器具有一定了解的基础上进行,否则儿童讲述时由于缺乏生活经验而使内容空洞,教师不得不花费大量的时间让儿童认识小型家用电器,这将冲淡语言方面的教育目标要求,出现"本末倒置"的现象。

### 3. 情景表演讲述

情景表演讲述是要求儿童凭借对情景表演的观察与理解来进行讲述的一种活动。在某种情景表演后,在教师的帮助下,儿童将表演中的情节、对话和内容较完整、连贯地表达出来。这种讲述包括真人表演的情景、用木偶表演的情景、真人与木偶共同表演的情景,或者是通过视频展示的一段情景,它们都体现了"角色表演"和"连续活动"的特点,以此向儿童展示可供讲述的内容。儿童在观看完表演后要马上把内容讲述出来,这要求他们在表演中集中注意力观察,讲述还考验儿童的记忆力,儿童不仅要记住人物和情节,还要记住人物的对话、动作,事件的发展过程,另外还要有一定的想象力和思维能力,要能感受人物的内心的情绪情感和心理状态,并准确地讲述出来。由于这种讲述难度较大,因此一般在小班后期或中班早期开始进行。

## 三、讲述活动设计与实施的基本结构

讲述活动的类型虽然多种多样,但由于其拥有共同的特点,因此在设计和实施时必然存在着一个相对固定的结构,遵循着一个稳定的规律,它是讲述活动设计和实施的基本步骤和展开顺序。

### (一) 感知理解讲述对象

感知理解讲述对象,主要是通过观察的途径进行。这里所说的观察,大部分是通过视觉获取信息,许多看图讲述、实物讲述、情景表演讲述,都是先让儿童仔细观察图片、实物、情景表演来感知理解讲述对象,这主要是通过视觉通道获得的。但也不排斥从其他感觉通道去获得认识,如听觉、触觉、味觉、嗅觉等。例如听音频讲述"夏天的池塘",教师先让儿童听一段音频,让儿童分辨出音频中的各种声响,如知了、青蛙的叫声等。通过听录音将各种声音联系起来,想象夏天池塘的环境以及发生的事情,这是从听觉途径去感知理解讲述对象。而触摸实物讲述"神奇的口袋",则要求儿童闭上眼睛从口袋里摸出一样实物,通过触摸感觉物体的特征,猜出物体名称并讲述物体的形状与性质。

教师在这一步骤中重点指导儿童观察、感知理解讲述对象,以便为讲述打好认识上的基础。教师要依据讲述类型的特点引导儿童去感知理解讲述对象。如叙事性讲述,应重点感知、理解事件发生的过程顺序以及人物在其中的作用。描述性讲述,应重点观察物体或人物的状态、动作、特征以及像什么等,只有从这样的角度把握住讲述对象,才能为讲述做好准备。另外,也可以依据凭借物的特点引导儿童感知理解讲述对象,还可以依据具体活动要求引导儿童感知理解讲述对象。每一次活动的目标要求是不一样的,有时要求儿童有中心、有重点地讲,有时要求有顺序地讲。教师的任务是根据活动的具体要求,指导儿童观察、讲述。

### (二) 运用已有经验自由讲述

在儿童感知理解讲述对象的基础上,教师指导儿童运用已有的经验进行讲述。这一步骤的活动组织,要求教师尽量放手让儿童自由讲述,给他们以充分的机会,运用已有的经验讲述。它是儿童讲述自由发挥的阶段,教师要改变过去讲述活动几个人讲多数人听的被动、单调的局面。儿童自由讲述对活跃活动气氛,帮助教师了解每个儿童的讲述水平,提高儿童参与活动的积极性起到了重要作用。组织儿童运用已有经验自由讲述的方式很多,主要有集体讲述、分组讲述、个别交流等。教师在指导这一活动时,需要注意:一是让儿童自由讲述之前,教师要交代清楚讲述的要求,提醒儿童要围绕感知理解的对象进行讲述;二是在儿童自由讲述的过程中,教师要注意倾听儿童的讲述内容,及时发现儿童讲述的"闪光点"以及存在的问题。在活动中,教师不要过多地指点,不要急于教导,而是要注意倾听,最多以插问、提问等方法引导儿童讲述,以免干扰儿童的正常讲述,降低儿童讲述的积极性。在设计和实施讲述活动中,这一步骤不可缺少,否则会影响讲述活动的效果。

### (三) 引进并学习新的讲述经验

新的学习经验,是每次讲述活动学习的重点。通过前两个层次的铺垫,教师可以根据本次活动目标要求,帮助儿童学习新的经验。新的讲述经验主要是指讲述的思路、讲述的全面性、讲述的基本方式。

#### 1. 讲述的思路

教师在示范新的讲述经验时,很重要的一点就是帮助儿童理清讲述的思路,使整个讲述有较强的顺序性和条理性。如看图讲述"捉迷藏",教师可以按照这样的思路来讲述:小熊来草地上干什么——后来谁来了——他们一起做什么——在捉迷藏过程中发生了什么事——

后来怎么样了。帮助儿童理顺讲述的思路是非常重要的,它可以帮助儿童将讲述的基本内容讲述出来,避免重大事件、重要人物的遗漏讲述或没有围绕事件发生的顺序来讲述现象的出现。教师可以示范新的讲述思路,就同一讲述对象发表教师个人的见解。但教师的示范绝对不是儿童复述的样板,否则会降低儿童讲述的积极性和创造性。

2. 讲述的全面性

在讲述中,教师要帮助儿童认识讲述的基本要素:人物(动作、对话和内心感受)——地点——事件(开始、过程、结束)——结果。儿童在讲述中往往会遗漏其中的某一方面内容,使讲述缺乏完整性和连贯性。因此教师要让儿童掌握这些基本要素,准确地将要表述的内容完整全面地讲述出来。教师可以用提问或插问的方式引导儿童一起讨论新的讲述内容,可以就某一个儿童的讲述内容入手,与孩子们一起分析其讲述的内容是否全面、完整,在讨论达成一致意见的同时,孩子们也就学习了新的讲述经验。

3. 讲述的基本方式

这些基本方式包括观察、感知理解讲述对象的哪些部分是重点内容,要多讲,哪些是次要部分,可以略讲或少讲。这种讲述方式对儿童分析、概括等思维能力的要求较高,因此一般在中班后期开始采用。

在讲述活动中,无论是看图讲述还是实物讲述,每种类型的讲述都要培养儿童按照一定的顺序进行讲述的能力。这种顺序包括从上到下、从左到右、从大到小、从近到远、从表面到本质的描述。所有这些基本的讲述方式都有助于儿童清楚、有条理地进行讲述。

## 教育活动设计方案

**讲述活动方案: 嘘,小声点(中班)**

**设计意图**　　中班幼儿的活动范围明显增大,接触到家庭以外的公共场合的机会也更多,《3—6岁儿童学习与发展指南》中要求4—5岁中班幼儿能够根据场合调节自己说话声音的大小,培养文明的语言习惯,而《嘘,小声点》契合了中班儿童发展这一核心经验的需要。《嘘,小声点》讲述了小主人公小龙儿在不同场合提醒同伴小声说话的故事,用贴合实际生活的场景和简明易懂的情节为儿童提供了积极榜样和正面示范,因此将其作为本次讲述活动的主要内容和凭借物。一方面,中班幼儿积累了一定的社会生活经验,对日常的公共规则有一定的了解,另一方面在日常生活中发现幼儿对班级常规仍缺乏遵循的意识和行为,在与家长进行家园沟通的过程中,也发现幼儿有时在地铁、公交车、电影院、餐厅等公共场合大声说话,打扰他人,且家长缺乏敏锐的教育意识和有效的教育方法。因此,以绘本《嘘,小声点》为载体设计了本次讲述活动,旨在培养幼儿遵守公共秩序文明用语的意识。

**故事梗概**

《嘘,小声点》讲述了小龙儿在不同的公共场所提醒好朋友要小声点,不要打扰别人的故事。如在公交车上提醒小明小声说话,电影院里提醒聪聪小声说话,餐厅中吃饭提醒小玉儿安静吃饭,小声说话,新生儿病房里看小宝宝时小声说话。

导入环节——音乐导入,知道言行"小声点"是一种文明礼貌。中心环节——通过不同的场景创设,知道在公共场合要言行"轻轻",感受轻轻说话的好处和重要性。结束环节——音乐游戏,能根据音乐和场景的转换表现"轻轻"。

**活动目标**

1. 仔细观察绘本画面,知道在公众场合轻轻说话是一种文明礼仪。

2. 能够较为连贯地讲述画面情节,并能对"在哪些场合应当轻轻说话"展开讨论。

3. 体会在公共场合小声说话的好处以及重要性,愿意根据不同场合调整说话声音的大小。

**活动准备**

物质准备:绘本《嘘,小声点》PPT、班级午休的照片、一段轻音乐、若干公共场所的场景。

经验准备:知道一些简单的社会规则。

**活动过程**

一、照片引入,知道"小声点"是一种礼貌

教师提问:

1. 照片里的小朋友在做什么? 看到小朋友们在睡觉,我们说话或者走路应该注意什么?

2. 为什么要小声点?

3. 怎样才能小声点?

小结:小声点是一种礼貌,不会影响别人。说话要控制音量,两个人讲话的时候不能让第三个人听见,也就是轻轻说话。走路也要轻轻的。

二、看图讲述,说说在不同场合小龙儿的行为表现。

(一)小龙儿在公交车上

师:小龙儿他是怎么做的?

幼:小龙儿不但自己小声地讲话,他还会在公交车上提醒小明小声说话。

师:做了什么动作?说什么?

幼:他伸出手指放在嘴前说:嘘,小声点。

师:公交车上乘客说了什么?

幼:乘客称赞小龙,你可真是有礼貌的好孩子。

(二)小龙儿在电影院里

师:小龙儿在电影院里怎样提醒聪聪小声说话?

幼:他把手套在聪聪的耳朵上说:嘘,小声点。

小结:用一个简单的动作,就能够提醒自己或者别人小声点。瞧,周围的人也觉得这是有礼貌的行为。

(三)小龙儿在餐厅中

师:小玉吃饭时高兴地大声喧哗,周围的客人是怎么做的?

提示幼儿观察餐厅客人的表情和动作,有的客人摇头,有的客人皱眉。

师:小龙儿提醒小玉儿安静吃饭。餐厅用餐的客人看到了有什么表示?

提示幼儿观察餐厅客人的表情和动作,有的客人对小龙儿点头微笑,有位客人还给小龙儿竖起大拇指,用不同的方式赞赏小龙儿。

(四)小龙儿在医院里

教师提问:

1. 小龙儿在新生儿病房里看小宝宝时是怎样说话的?

2. 小龙儿为什么小声说话呢?

(五)经验迁移,自由讲述。

教师提问:

1. 我们发现小龙儿在哪些场合小声说话了呀?

2. 还有哪些公共场合要小声点呢?(地铁、博物馆、展览馆等)

3. 请大家都来说一说自己在公共场合会怎样做?如果有人大声说话,我们可以怎么提醒他们呢?(引导幼儿讨论情境内容)

小结：在公共场合，我们要学会调节自己的音量。轻轻讲话能使别人和自己听上去都感到舒服。

三、音乐游戏：我是"轻轻"

听轻音乐，根据场景图示用语言、动作等表现"轻轻"。

场景：公交车、电影院、餐厅、医院、博物馆、展览馆等。

小结："轻轻"可以让我们更加文明懂礼。

**活动分析**

本活动环节流畅，过程清晰，注重领域融合。教师选择绘本图片及情境为儿童主要的讲述对象，根据中班儿童语言能力和认知能力的发展水平，不仅要求儿童在讲述时对图片和情境进行充分的讲述，还要求儿童能够在充分了解凭借物的基础上运用所有经验和想象力对故事进行一定的创造性讲述，如"为什么在公共场合要小声说话"以及"我们自己身处同样的情景应该怎么做"。通过精心设计和准备的语言环境，鼓励儿童运用已有的经验使用较为规范的语言在集体活动中表达自己对绘本《嘘，小声点》和公共场合文明语言习惯的想法。另外，在活动中教师注重调动儿童多种能力，引导儿童感知理解凭借物，并依据已有的生活经验和对凭借物的认识构建自己的独白语言调动观察力、记忆力、想象力、感知觉等多方面的能力，综合提升讲述能力。

**从活动目标来看**：活动目标适宜，表述清晰具体，符合布鲁姆三维目标基本框架，目标的制定符合中班儿童的年龄特点和《3—6岁儿童学习与发展指南》中4—5岁儿童语言领域中子领域"倾听与表达"的发展目标。另外，目标将语言领域和社会领域有机结合，体现了领域融合和重视儿童全面发展的教育观。

**从活动内容及活动环节来看**：本次讲述活动属于描述性讲述，旨在通过重点观察绘本《嘘，小声点》的关键画面引导儿童在集体面前讲述主人公小龙儿与他的同伴在公交车、餐厅等公共场合的言行，体会在公共场合应当"轻轻"说话的重要性，逐渐培养文明的语言习惯。活动内容符合儿童已有的生活经验，"公交车"、"餐厅"、"医院"、"电影院"等情境贴近儿童的实际生活，有利于引发儿童共鸣，调动儿童已有经验并支持儿童在生活中迁移使用活动中新获得的经验，也能进一步激发儿童参与活动的兴趣。另外，在活动中教师通过提问、讨论等教学方法引导儿童重点观察小龙儿及其同伴在不同公共场合的语言、行为、态度,充分地感知和理解讲述对象,为儿童自由讲述作铺垫。在此基础上,教师进一步引导儿童运用已有经验进行讲述,提供儿童充分的机会,营造较为活跃的活动气氛,鼓励全班儿童尽可能多地参与到讲述过程中来,通过提问的方式引导儿童围绕感知理解的对象即"在公共场合要小声说话"这一文明行为展开讲述。由于中班儿童认知能力和逻辑思维水平有限,对画面的观察和讲述易缺乏全面性和条理性。因此在儿童观察画面的时候教师通过提问和追问帮助儿童认识到讲述的基本要素,引导儿童完整连贯地将观察内容表述出来。

(资料来源:选自尔雅润育——幼儿园社会性主题教育系列教材)

## 水果多又多(中班)

描述性讲述是指幼儿通过观察把所看到对象的特征及对象之间的联系,用生动形象、恰当的语言清楚、连贯地讲述出来的能力。本活动是一个中班的讲述活动,目标契合幼儿发展需要与核心经验,环节清晰流畅,内容富有趣味性。

从活动目标上来看,《3—6岁儿童学习与发展指南》中指出,4—5岁儿童"能基本完整地讲述自己的所见所闻和经历的事情""讲述较连贯",而中班幼儿讲述普遍呈现无序性的特点,且讲述是呈点状的,而非完整的面状的讲述。讲述活动"水果多又多"正是结合《3—6岁儿童学习与发展指南》和中班幼儿年龄特点所设计与组织的,活动重难点清晰指向用较完整的语言表述水果的不同性状与特征,能力目标重点指向倾听能力中的"辨析性倾听",即区别、比较及辨别地倾听同伴的讲述内容,与小班有意识倾听相比,对幼儿的信息处理能力提出了更进一步的要求。情感目标则指向幼儿大胆、积极主动地讲述,而观察自然、探究自然也是科学领域的重要核心经验,因此本活动将语言领域、社会领域、科学领域相关核心经验有机结合,选取"水果"为讲述的主要凭借物,设计的三维目标全面、具体、清晰,且与活动内容紧密相连。

从活动内容来看,水果是日常生活中常见的物品,中班幼儿对水果积累了较为丰富的认识与经验,因此选取水果作为描述的主要凭借物对幼儿来说相对熟悉,因此描述的内容也会更加丰富多元。另一方面,进行观察与比较,在集体环境中倾听辨析同伴讲述,分享、拓展已有经验,是符合幼儿兴趣与发展需要的。

教师根据活动目标设计了相应的活动环节。从活动环节来看,实物性的讲述是一个逐步积累经验的过程,因此在设计讲述活动时重点应当是"言之有物,言之有序",通过环节的精心设计让讲述的过程变得更富有趣味性,让幼儿能快乐、自由、轻松地表达。在导入环节,教师首先调动了幼儿的已有经验,引导幼儿在观察水果的过程中运用完整的语言讲出所见所闻,接着教师使用了一个巧妙的道具激发幼儿兴趣并开门见山地引出主题——描述水果。利用有趣的水果呈现方式,引导幼儿尝试用一句话清楚讲清水果是怎样的。在第二环节中,教师设计了阶梯式递进的内容与环节,层层递进地从一句话讲述进阶到一段话的讲述,以游戏为主要形式并提供了大量同伴学习的机会。在一句话讲述中,由幼儿用一句话描述所见水果特征并由另一位幼儿进行猜测是什么水果,这不仅需要负责描述的幼儿仔细观察讲述特征,更需要负责猜测的幼儿仔细辨别倾听到的特征并进行梳理归纳猜想,进一步培养了幼儿辨析性倾听的能力。在此基础上,幼儿在游戏情境中自然过渡到一段话式的讲述,在猜谜的游戏情境中幼儿了解了尽可能完整地描述水果特征的重要性,也能在与同伴互动过程中补足经验。整体活动环节富有游戏性、趣味性,既能营造轻松活跃的活动气氛,又能让儿童以充分的机会积累更加立体、具象且丰富的直接经验。

最终环节以"水果品尝会"的游戏形式引导儿童在游戏的过程中巩固描述性讲述的综合能力,点睛之处在于教师使用代表水果的"形状""颜色""味觉""触觉"的图卡作为线索指引支持幼儿描述得更加完整有序,促进儿童讲述能力的发展。

## 第四节　学前儿童阅读准备活动

阅读准备活动主要是为学前儿童提供阅读图书的经验,其中包括了早期识字经验。从咿呀学语开始,学前儿童就对那些色彩鲜艳、画面形象生动的图书有浓厚的兴趣。随着年龄的增长,儿童在色彩感知、事物辨认、语言能力上有了长足的进步,他们对图书的兴趣也随之增长。在托儿所或幼儿园里,我们经常会看到孩子们或三五成群或独坐一隅,津津有味地阅读图书。看到精彩之处,孩子们还会眉飞色舞,边说边比划。遗憾的是,与学前儿童对图书所表现出的高涨热情和浓厚兴趣相反,学前儿童语言教育活动长期以来存在着忽视早期阅读的现象。近几年来,我国学前教育界开始关注学前儿童的早期阅读问题,但是在早期阅读方面学前教育工作者还要就一些基本问题达成共识,才能真正提高早期阅读的成效。

本节内容根据《3—6岁儿童学习与发展指南》对学前儿童阅读的目标设定,因此将文学作品教育也添加进来,作为学前儿童阅读准备活动的一部分来进行叙述。

以下是《3—6儿童学习与发展指南》中阅读活动的目标:

表 8-1　目标 1　喜欢听故事,看图书

| 3—4 岁 | 4—5 岁 | 5—6 岁 |
| --- | --- | --- |
| 1. 主动要求成人讲故事、读图书。<br>2. 喜欢跟读韵律感强的儿歌、童谣。<br>3. 爱护图书,不乱撕、乱扔。 | 1. 反复看自己喜欢的图书。<br>2. 喜欢把听过的故事或看过的图书讲给别人听。<br>3. 对生活中常见的标识、符号感兴趣,知道它们表示一定的意义。 | 1. 专注地阅读图书。<br>2. 喜欢与他人一起谈论图书和故事的有关内容。<br>3. 对图书和生活情境中的文字符号感兴趣,知道文字表示一定的意义。 |

表 8-2　目标 2　具有初步的阅读理解能力

| 3—4 岁 | 4—5 岁 | 5—6 岁 |
| --- | --- | --- |
| 1. 能听懂短小的儿歌或故事。<br>2. 会看画面,能根据画面说出图中有什么,发生了什么事等。<br>3. 能理解图书上的文字是和画面对应的,是用来表达画面意义的。 | 1. 能大体讲出所听故事的主要内容。<br>2. 能根据连续画面提供的信息,大致说出故事的情节。<br>3. 能随着作品的展开产生喜悦、担忧等相应的情绪反应,体会作品所表达的情绪情感。 | 1. 能说出所阅读的幼儿文学作品的主要内容。<br>2. 能根据故事的部分情节或图书画面的线索猜想故事情节的发展,或续编、创编故事。<br>3. 对看过的图书、听过的故事能说出自己的看法。<br>4. 能初步感受文学语言的美。 |

## 一、幼儿园的阅读准备活动

《幼儿园教育指导纲要(试行)》中规定:要培养儿童具有前阅读能力。而 2012 年国家教育部颁布的《3—6岁儿童学习与发展指南》中也提出,"喜欢阅读,有初步的阅读能力"。在实际工作中,我们常常难以把握什么是儿童的前阅读能力,以及它所包含的内容及其发展规律等问题。因此,我们有必要深入探讨早期阅读活动的基本问题,对学前儿童的早期阅读给予指导。

### (一)儿童前阅读能力的发展规律

#### 1. 幼儿前图书阅读能力的发展规律

在幼儿早期语言能力发展中,有一个很重要的方面是图书阅读能力。图书是幼儿阅读发展的重要媒介。有关研究表明,阅读能力强的儿童常来自阅读环境丰富的家庭,幼儿的早期图书阅读能够带领他们超越他们原有的语言形态。苏日比研究幼儿萌发的图书阅读行

为,他发现两三岁儿童的口语阅读图书的能力发展可分为以下五个阶段:

(1) 注意图画,但未形成故事。幼儿指着图画,述说所画的物品名称,将每一页当作是独立的,常跳着翻页,不能按顺序翻书,因而不能联结成一个故事。

(2) 注意图画并形成口语故事。幼儿边翻书边看画面,跟随画面内容,用讲述故事的语音语调说话,串连起一个完整的故事。

(3) 注意图画,阅读和讲故事。幼儿看着图画念读,有时以讲故事的语音语调念读,有时以一个读者的语音语调念读。

(4) 注意图画,开始形成书面的故事内容。幼儿看着图画念读,念读的字句和语调好像是在读书。

(5) 注意文字。这个阶段依次出现四种情况,先是只关注文字而忽略故事;接着是部分阅读,重点关注自己认识的字,继而以不平衡的策略读书,在读书时省略不认识的字,或者凭预测取代某个不认识的字;最后过渡到独立阅读文字书。

在苏日比研究的基础上,杨怡婷对汉语儿童图画书阅读行为发展进行了研究。她将汉语儿童图书阅读行为发展分成下列三个阶段:

(1) 看图画,未形成故事。幼儿从跳着翻页,说出食物名称,到手指图画,述说画面中人物的行动,逐步发展起用口语讲述图画内容的能力,但是还不能形成完整的故事。

(2) 看图书,形成故事。在这个阶段,幼儿能够从图书中看出故事的连贯性,开始用口语说出与书上部分情节内容相似的故事。

(3) 试着看文字。幼儿这时开始注意到书上的文字,他们从部分地读到以不平衡策略读,再进一步独立地读,最后学习独立而且完全阅读。

**2. 幼儿前识字能力的发展规律**

幼儿认字,主要是对字形的再认,一般不包括对字形的再现。幼儿前识字能力的发展与他们形象视觉的发展特点有密切的联系。心理学家认为,学前阶段的儿童已经具有模式识别的能力,即他们通过反复观察,把整个图案或面孔的印象原封不动地作为一个模式印进大脑,以后再遇见同样的印象,就可以认识。新近有关研究也证明,儿童掌握字形与实体的联系比掌握语音和实体的联系更为容易,他们往往把一个字甚至由两个字组成的词作为一个整体来感知,因此,与其说幼儿在认字,不如说他们在辨认图谱。

作为前阅读能力发展的一部分,儿童的前识字能力的发展和他们的口头语言发展密切联系,可以分为以下三个阶段:一是萌发阶段:孩子能够有兴趣地捧着书看,注意环境中的文字,会给书中的图画命名,能改编书中熟悉的故事内容,能辨认自己的名字,开始辨认某些字,喜爱重复儿歌和童谣;二是初期阶段:儿童开始了解文字是有意义的,改编故事时注意原作者的文字,愿意念书给别人听,能够在各种情况下辨认熟悉的字;三是流畅阶段:儿童能够自动处理文字的细节,能够独立阅读各种文字的形式(如诗歌、散文或者菜单等),会以适合文字形式风格的语速和语音语调阅读。研究发现,幼儿的阅读行为发展主要属于萌发阶段和初期阶段,他们以自己的独特方式探索文字,逐步扩展他们处理多种文字材料的能力。

### (二) 早期阅读活动的基本特征

#### 1. 早期阅读活动需要丰富的阅读环境

早期阅读活动重在为学前儿童提供阅读经验,因而需要向儿童提供含有较多阅读信息的教育环境。早期阅读环境包括以下两个基本点方面的含义。

(1) 精神环境。在早期阅读中,教师或家长要为儿童创设宽松、自由的阅读氛围。在一个特定的时间段内,儿童可以自己阅读图书,可以与同伴一起阅读,还可以围坐在教师或家长旁边欣赏有趣的图画故事。宽松自由的阅读氛围有助于儿童全身心地投入到阅读活动中,在阅读活动中获得无穷的乐趣。此外,教师、家长还要为儿童创设浓厚的阅读气氛。要做到这一点,教师或家长首先自己要为儿童树立良好的阅读榜样,试想如果教师或家长"嗜书如命",并常向儿童讲述图书中的动人故事,必定会影响儿童。因为儿童是好模仿的,他们会模仿成人看书的样子自觉地阅读,这就使儿童在浓厚的阅读氛围中耳濡目染、潜移默化地养成良好的阅读习惯和阅读能力。

(2) 物质环境。教师要努力为学前儿童创设丰富的阅读物质环境,这种物质环境包括为儿童提供阅读的时间、空间以及阅读信息和材料。

早期阅读经验仅仅通过几次专门性的阅读活动是不可能获得的,它需要在大量的日常阅读中习得并获得巩固和发展。因此,教师在安排完每月有计划的阅读活动之后,应该在日常活动中保证儿童有一定的阅读时间,这种时间的安排可以是随机的、不固定的。教师可以利用儿童日常生活的各个过渡环节让儿童进行阅读。如晨间来园时,儿童同伴之间可以相互欣赏各自从家里带来的图书或是幼儿园提供的阅读材料,教师也可以充分利用教育活动之间的间隙,如动作比较迅速的儿童可能很快就完成了盥洗、饮水等任务,教师应减少这部分儿童等待的时间,鼓励儿童到图书角阅读图书。教师要培养儿童充分利用各种机会阅读图书的习惯,但要提醒儿童阅读时保持安静,不要大声喧哗,以免影响其他小朋友的正常活动。此外,教师还可以利用午睡起床后、晚间离园前的各个时间段鼓励儿童进行阅读。从日常阅读时间的安排中,我们不仅看出教师对阅读活动的重视程度,还可以了解到教师的教育理念和认识。很显然,与其让儿童闲坐着聊天、无所事事,还不如抓住各个时机让他们做一些有意义的事情。

丰富的物质环境还包括阅读的空间,即教师为儿童提供足够的阅读场所,而且这些阅读场所应含有较为丰富的阅读信息。在幼儿园里,较常见的阅读场所是语言角和阅读区,阅读区内有许多适合儿童阅读的图书,儿童在欣赏完一本图书后可以到语言角,将图书的内容讲述给其他儿童听。此外,教师还应该将活动室看作是儿童阅读活动场所的扩展,在大班活动室的各个区域贴上相应的文字和拼音,使儿童在潜移默化中获得有关书面语言的知识。例如,在电灯开关上贴上"开关",在动手区贴上"小巧手",在鱼缸边贴上"小鱼"、"蝌蚪"的文字和拼音等,从而为儿童提供含有丰富阅读刺激和信息的教育环境。

2. 早期阅读活动与讲述活动紧密相联

早期阅读活动为学前儿童提供了众多有具体意义、形象生动的阅读内容,儿童在阅读过程中不仅要理解图书的主要内容,还要将图书的主要意思以口头表达的形式表现出来,这是阅读活动的一个主要目标。因此,阅读活动与讲述活动紧密结合在一起,儿童可以边看边说,也可以在看完之后把图书的大意讲述出来。从阅读讲述的组织方式来看,儿童可以独自讲述图书的主要内容,也可以在小组、集体中讲述;可以一个人讲述一本图书,也可以由两三个儿童共同讲述一本图书,儿童讲述的形式可以多种多样。通过讲述儿童不仅深入理解图书的主要内容,而且也发展了他们的语言表达能力、思维的综合概括能力。

但同时要引起注意的是,早期阅读活动不是看图讲述活动,教师应将早期阅读活动的目标与看图讲述活动的目标区分开。看图讲述活动发展的是儿童的独白语言,要求儿童运用正式规范的语言,将图片的内容完整、连贯性地表述出来。而早期阅读的重要功能在于让儿童理解图书,理解各画面之间、画面与整个故事之间的关系。因此,早期阅读更着重于让儿童理解,理解图书的基本结构,理解图书故事情节的发展,并对故事的结尾进行预测,在此基础上,再将理解后的内容以口头表达的形式表现出来。可见,早期阅读应是先理解后讲述,早期阅读中包含讲述的内容,但又不等同于讲述活动,教师只有正确地认识早期阅读活动,才可能避免在设计和实施早期阅读活动时走入误区。

**拓展阅读**

### 试析早期阅读与讲述活动教学指导的差异

早期阅读与讲述活动同属幼儿园语言教育教学活动的具体类型,两者密切关联,共同承担幼儿语言教育与发展的教学任务,但在实际的教学指导工作中,两者在核心要素、目标侧重、语言运用以及重点安排等方面存在差异,这些差异需要教师加以理解和重视。

**1. 核心要素不同**

早期阅读教学中的核心要素体现为图书、符号和文字,阅读兴趣、习惯和能力,前阅读、前识字和前书写等方面。讲述活动教学中需要把握的核心要素是凭借物、独立构思、较完整且连贯的语言表达、较为正式的场合等方面。

**2. 目标侧重不同**

早期阅读的目标呈多维复合的特点，涉及的纬度多，目标内容较为复杂。讲述活动的目标具有单向明确的特点，主要是为了培养幼儿独立、完整、连贯的语言表述能力。

**3. 语言运用不同**

早期阅读的语言运用方式是多样性和综合化的，也即在阅读活动中往往运用着多样的语言方式。讲述活动的语言方式主要是独白语言。

**4. 重点安排不同**

早期阅读的重点安排在幼儿自主阅读方面。讲述活动的重点安排在完整讲述方面。

（资料来源：严晓燕：《试析早期阅读与讲述活动教学指导的差异》，《宿州学院学报》2010年第4期）

### 3. 早期阅读活动应具有整合性的特点

早期阅读是一种整合性教育，它贯穿于各种活动中，应与语言教育活动、其他领域教育活动紧密结合起来。例如，将阅读活动与美工活动相结合，在儿童阅读完一本图书后，让他们制作图书中的人物头饰进行表演，或让他们模仿图书的基本结构自己制作图书，以此提高儿童参加阅读活动的兴趣和积极性。又如，将阅读活动与家园联系相结合，在儿童阅读一本好书后，让他们将图书的主要内容讲述给爸爸妈妈听，或让家长观察儿童在家中看书的情况，并将儿童在阅读中出现的新问题反馈给教师，使家、园配合形成合力，共同促进儿童阅读能力的提高。

早期阅读教育活动的整合性还体现在早期阅读是书面语言与口头语言的结合。阅读活动必定会促进儿童口头表达能力的发展，但同时，儿童在阅读中也会认识一些文字，了解书面语言的特点，获得有关书面语言的初步知识。因此，在早期阅读活动中，儿童可以适当地进行一些书面语言的学习。但要谨慎对待这种学习，教师要记住培养儿童良好的阅读习惯、正确的阅读方法和必要的阅读技能是主要方面，而认识文字及文字结构是次要方面，主次不能颠倒，否则阅读活动就会变成识字课，也偏离了其自身教育功能的轨道。

> **拓展阅读**
>
> **全阅读教育理念与儿童早期阅读**
>
> 全阅读教育理念影响下的儿童早期阅读并不排斥传统的知识获取和认知发展，书本仍然是全阅读教育实施的基本阅读介质和对象。与传统早期阅读教育不同的是，全阅读教育更强调为儿童创设一个全信息化的阅读环境，为儿童提供多元化的阅读方式和多样态的阅读对象，除了书本阅读外，全阅读教育还提倡环境式阅读、亲情式阅读、生态式阅读等。
>
> 1. 绘本式阅读：在阅读童书中涵养童年。
> 2. 环境式阅读：在阅读社区中发展儿童的亲社会性品质。
> (1) 阅读社区的公共设施。
> (2) 阅读社区的文化活动。
> (3) 阅读社区的风俗人情。
> 3. 亲情式阅读：在阅读家园中濡化伦理性精神。
> 4. 生态式阅读：在阅读自然中形成亲近自然的情感。
>
> （资料来源：李莉：《全阅读教育理念与儿童早期阅读》，《学前教育研究》2011年第2期）

### （三）早期阅读活动的主要类型

**1. 阅读区活动**

早期阅读目标除了在有计划的阅读中进行外，还应延伸到日常活动中去，其中最主要的活动是阅读区活动。阅读区应设在活动室光线充足的地方，并应设有便于儿童取放书籍的书橱或书架。阅读区具有以下三种功能。

（1）提高儿童的阅读水平。阅读区中投放的图书应根据年龄差异而有所区别。托儿班和小班一般投放的图书种类不要太多，但同一内容的书要准备充分。这种做法既有利于儿童利用同一本书进行交谈，又可以避免儿童因模仿而争抢图书。中大班投放的书籍数量和种类要丰富和充足，并且要经常替换。中大班既可以选择文字较少的图书，又可以选择有较多文字和拼音注释的图书，以利于儿童根据自己的兴趣爱好来选择图书。

儿童在阅读区活动时，教师要为儿童建立阅读情况记录表，对每个儿童到阅读区活动的次数、阅读图书的种类、阅读的喜好、阅读能力、阅读习惯及讲述水平做详细的观察记录，并以此作为依据，及时调整阅读活动目标、指导阅读活动的重点和图书角各类图书的设置。例如，当教师观察到有些图书几乎无人问津时，就要反思其被冷落的原因，如果是投放时间过长，图书的内容对儿童已经失去吸引力，那么就要及时撤换旧的图书，放入新的图书。如果是图书内容不吸引儿童，那就要看看这些图书画面人物是否不够突出，色彩是否不够鲜艳，图书的故事情节是否不符合儿童年龄特点和他们已有的知识经验。如果是，那就要吸取这些经验教训，避免类似情况的发生。通过以上方法，教师能较好地掌握儿童阅读区的情况，并提醒和鼓励那些很少光临阅读区的儿童积极参加阅读区的活动，从而有效地促进儿童阅读水平的提高。

（2）选择合适的图书，为有计划的阅读活动做准备。在阅读区和阅读活动中为儿童选择图书是至关重要的。只有那些适合儿童阅读经验和阅读水平的图书才能调动儿童阅读的兴趣，保证阅读的质量。为儿童选择图书应以图为主或图文并茂，这是由于儿童识字很少或不识字，若图书画面小而文字多，必然不适合儿童阅读。另外，图书的色彩要鲜艳，画面要生动活泼，背景不过分复杂，情节和形象生动有趣，高潮迭起，而且图书的内容要有启发性，宣扬真、善、美，鞭挞假、恶、丑，杜绝那些暴力邪恶的内容。只有符合上述标准的图书，才能成为早期阅读活动的内容。

由于儿童之间存在着年龄差异，因此在选择图书时一定要结合儿童的年龄特点和已有经验，遵循循序渐进和难度适宜的原则为不同年龄的儿童选取图书。

托班和小班应该选择故事情节简单、人物形象逼真、人物动作突出、色彩鲜艳并配有短句或词汇的单页单幅的图书，而在内容上应选择生动有趣的动物故事、家庭生活以及各种与儿童生活经验相符合的图书，如《拔萝卜》《小铃铛》等。中班儿童想象力有了长足的发展，他们一般对新奇的事物比较感兴趣，而且有意注意、有意记忆、思维能力、推理能力都有了很大的提高。针对中班儿童的这些认知发展特点，我们应该为他们选择情节较为复杂、画面之间关联较明显的单页多幅的图书，内容可涉及那些情节紧张、刺激或具有较丰富的动作性的动物故事，也可以是那些有鲜明的善恶报应结局的内容，以及那些能充分发挥儿童想象力的内容，如《小猴出海》《小猫上公园》等。大班儿童思维的分析、概括、判断能力和想象力都有了很大的发展，因此可以为他们选择情节较丰富、复杂的图书。而且，除了那些可供儿童以阅读为主的图书外，教师可以选择那些以欣赏为主的文字较多的童话故事或名篇名著，教师可以先为儿童朗读这些图书，待儿童对图书的基本内容有了一定的了解后再让他们自由翻阅，这样既有利于儿童将文字与画面内容结合起来进行阅读，又提高了儿童对名篇名著的兴趣和欣赏水平。此外，大班还可以选择那些常用字多、独体字较多的单页单幅图书，以培养儿童的识字兴趣。例如，图书《小蝌蚪找妈妈》的画面简洁、生动，文字中常用句、重复句多，而最关键的是儿童对故事内容已相当熟悉，在这种情况下，利用这本图书，教师只要稍加提示和点拨，就能有效地培养儿童对文字的初步感知能力，使他们获得识字的乐趣。

阅读区除了投放一些儿童喜闻乐见的或儿童从家中带来的图书外，还应该在有计划及专门的阅读活动进行前一周投放本次活动的图书。这样,儿童可以提前阅读教学活动的教材,从而基本了解图书中的人物、情节,理解画面和图书的主要内容,这样既可以避免阅读活动中新图书的新异刺激干扰儿童的注意力,又增强了儿童对图书的理解能力,提高阅读活动的质量。

(3) 培养儿童对图书的兴趣。儿童在阅读区中不仅可以阅读图书,还可以从事一些与图书有关的活动,如制作图书、修补图书等。在儿童了解图书的基本结构(封面、中间内容、封底)后,教师可以让儿童自制图书。自制图书可以有两种形式:①儿童从旧图画书上选择自己感兴趣的人物、动物、地点、背景等,并将它们剪贴在白纸上,构成一幅或几幅完整的画面,再加上自己绘画的封面和封底,就做成了一本完整的图书。②以绘画、折纸、剪贴的形式表现出来。这种制作有一定的主题,但较为复杂,一般要分几次才能完成。例如,儿童制作图书"春天",第一次儿童画了春天的变化;第二次儿童画了小朋友在春天的活动;第三次儿童又以折纸、粘贴的形式表现春天动植物的变化。每次制作后儿童都要给每张"书页"配解说词,由教师帮助他们写在画面上,并把儿童三次活动的内容汇总装订在一起,这样就变成了一本他们自己亲手制作的图文并茂的图书。当儿童手捧自己亲手制作的图书时,心中不仅充满了自豪感,而且对图书也产生了更加浓厚的兴趣。一般来说,第一种形式适合小班儿童,第二种形式适合中大班儿童。再则,为了培养儿童爱护图书的良好行为习惯,教师可以安排儿童在阅读区里,对那些由于使用不当或过多翻阅已经破损的图书进行修补活动。通过儿童亲自修补图书,既激发儿童爱护图书的愿望,又可以发展儿童的动手操作能力。教师在指导阅读区活动时要注意以下几个方面:

第一,阅读区活动应建立必要的规则。因为必要规则的建立有助于活动的顺利展开。这些规则包括:①阅读区人数的规定。一般在阅读区中使用"入区卡",当入区卡全部为儿童所使用时,后面的儿童就要自动地转到其他区角进行活动;②在阅读区中要保持安静,不能大声喧哗;③当两人共同阅读一本书时,由谁翻书由谁先讲述,都由两个人协商解决,不能因此而发生争执;④书架上的图书从何处拿取,阅读后即放回原处,不要随意拿取。教师不仅要建立以上规则,还要教给儿童如何遵守这些规则。

第二,要引导儿童积极主动地阅读图书。阅读区活动开展的好坏决定于图书的利用率,因此,教师要动脑筋让儿童主动地选取书架上的图书阅读。除了定期更换图书外,教师还可以采用以下的一些方法:

① 悬念法。教师可以为儿童讲述一个精彩的故事,当故事情节发展到高潮时戛然而止,然后告诉儿童阅读区有这本图书,想知道结果的儿童可以自己去翻书寻找。这种悬念法不仅可以调动儿童阅读图书的积极性,而且也在间接地向儿童传递这样一种信息:许多有用的知识可以从图书中获得。这样一种意识的建立有助于儿童养成通过阅读获取知识的一种新思路,对他们今后的学习帮助很大。

② 新书提示法。当教师投放了新书后,要将它们摆放在书架最醒目的位置,或对其进行简单的介绍,鼓励儿童积极主动地翻看新书。

第三,培养儿童良好的阅读习惯。阅读区活动时,教师仍要注意观察儿童的阅读习惯,时时提醒他们看书时注意坐姿,从前往后一页页翻阅图书,并带领中大班儿童修补旧书,使儿童树立起爱护图书的意识。

### 2. 有计划的早期阅读活动

有计划的阅读活动可以使儿童养成良好的阅读习惯和阅读态度,提高阅读的基本技能。这种阅读活动一般以分组形式进行,一组儿童与教师一起参加阅读活动,另一组儿童则进行与本次阅读活动内容相关的活动,如绘画图书中的人物形象或进行涂色等。分组可以使每个儿童都有表现的机会,也有利于教师观察、指导儿童的阅读行为表现。

### (四)早期阅读活动设计与实施的基本结构

早期阅读活动是有目的、有计划地发展儿童阅读能力,培养儿童具有良好的阅读习惯和阅读态度的活动,因此结合阅读活动的特点深入探讨它的活动结构是非常必要的。只有合理的结构才能调动儿童的积极主动性,使儿童投入到其乐无穷的阅读活动中去。

### 1. 阅读前的准备活动

学前儿童理解一本图书不是单靠一次活动就能完成的。而且,当儿童对图书的情节不够熟悉或难于理解时,他们就无法很好地回答教师提出的问题。这往往导致教师在活动中将指导的重点放在帮助儿童理解画面的表面意思上,而无法让儿童结合某些画面的细微特征深入地理解画面间、画面与整个故事间的逻辑关系。当一个阅读活动变成了一节反反复复的提问课和解说课,阅读活动就失去了它的真正意义。因此,在阅读活动前一两周,如果阅读的内容是儿童相当不熟悉的,教师则有必要让儿童先阅读一下图书,为正式阅读活动的开展打好基础。

教师在指导这个阶段的活动时应注意:第一,阅读前的准备活动只是为正式阅读作好铺垫,它并不能代替正式的阅读活动。因此,只要儿童对阅读内容有一个大概的了解就可以了,绝对不要让他们对图书的内容过于熟悉,否则儿童在正式阅读时就会对图书失去兴趣,影响正式阅读活动的质量;第二,准备活动中可以让儿童从头到尾翻看图书一两遍,或让他们边看边讲述图书的内容,教师指导的重点是儿童的阅读方法是否正确,阅读习惯是否良好,而对儿童阅读讲述的内容是否准确一般不给予过多的要求,要让儿童充分地按照自己的理解将图书内容讲述出来;第三,对儿童理解不正确的地方,教师可以给予提示,如"小兔正在招手,它为什么要招手呢"。提示完后教师不要将正确的答案告诉儿童,要提供给他们思考的机会,并将儿童共同的无法理解的地方记录下来,作为正式活动时的重点、难点问题加以解决。在这一环节中,儿童拥有了重复思考同一问题的机会,教师也能准确地了解本班儿童的特点,把握阅读活动的重点所在。

2. 儿童自由阅读

这是正式阅读活动的第一个阶段。如前所述,阅读活动适合个别化教学,因此每次阅读活动时儿童的人数不宜过多,一般是班级人数的一半以下,以便于教师对每个儿童的个别指导。教师在简单地介绍完图书的名称及封面内容后,就要提供机会让儿童自由阅读,使儿童能重新回忆曾经看过的重要情节,在此基础上再度对同一内容进行理解。儿童可以小声地边翻阅图书边讲述,也可以在翻阅完后讲述,这时儿童主要是独自讲述,一般不与同伴发生语言交往。

这个阶段教师在指导时应注意:第一,与前一个阶段不同的是,这个阶段教师在指导时要用提问的方式引导儿童的思路,教师要向他们提一些问题,使他们能带着问题边思考边阅读,这些问题具有启发性,因此对儿童在理解图书内容中的重点和难点有一定的帮助;第二,在教师巡回指导时,要注意观察每个儿童的表现。对那些阅读速度很快的儿童,要鼓励他们再仔细阅读图书中的细节部分,以了解其内容的发展线索,更好地掌握故事情节。而对那些阅读速度较慢的儿童,则要予以重点观察,了解他们是在哪些画面、哪些环节上碰到了问题,哪些内容是儿童不易理解与掌握的,从而为下一步的学习活动提供必要的依据。

3. 师生共同阅读

这是阅读活动的一个重要步骤。这个步骤又可以分为以下几个阶段。

(1) 师生一起阅读。由于儿童对图书的主要情节和内容已经具有一定的熟悉度,因此,教师可以用提问的方法与儿童一起阅读图书,了解和理解图书的大致内容。提问的问题不要太多,3—4个即可,但问题涵盖的画面要多,即儿童必须在理解1—2个画面的基础上才能回答出这个问题,这样可以有效地将阅读图书与看图讲述区分开,避免了反复观察一个画面的单调乏味的做法,使活动的形式更活泼,活动的流程更流畅。

(2) 围绕阅读重点开展活动。每个阅读活动都有其自身的重点、难点问题,对这些问题教师要给予特别的关注。由于图书具有前后联系和连续性强的特点,因此如果一个重点或难点画面没有得到正确的理解,往往会影响儿童对整本图书主要内容的把握,小班和中班前期的儿童尤其会如此。因此,教师一定要在前面几个阶段观察了解儿童实际困难的基础上,结合图书的主要难点对儿童进行必要的指导,使儿童能将图书的细节与内容相结合,从而深入地理解图书的主要内容,并能体验图书中人物的内心感受。

(3) 归纳图书内容。当儿童对图书的主要内容有深入的理解后,教师要鼓励儿童将主要内容总结、归纳出来,从而巩固、消化所学的内容。归纳图书内容,可以有以下三种形式。

**一句话归纳法**:这种形式要求儿童用一句话将图书的主要内容总结出来。比如,大班阅读活动"小白兔上公园"中,儿童这样总结图书内容:"这本图书讲的是小白兔和它的朋友们上公园时爱护环境、不乱扔东西的故事。"

**一段话归纳法**：这种形式要求儿童用一段话将故事的主要内容讲述出来。例如，中班阅读活动"小鸡和小鸭"中，儿童这样归纳："有一天，小鸡和小鸭去河边玩。小鸡一不小心掉到河里，小鸭将小鸡救了上来。中午时，他们的肚子都饿了，小鸡说：'小鸭，我来帮你找食物吧。'小鸡用自己尖尖的嘴巴叼起一条小虫喂给小鸭吃，小鸡和小鸭真是一对好朋友。"

**图书命名法**：要求儿童用简练的词或短句给图书起个名字，实际上是让儿童学习归纳图书内容的主题。例如，在给图书《小鸡和小鸭》命名时，有的儿童想出了"好朋友"的名称，有的则想出了"相互帮助"的名称，这些名称只要符合故事的主题，教师都应该予以支持与鼓励。

以上三种归纳图书的形式难度不同，适合不同年龄阶段的儿童使用。一句话归纳法和图书命名法要求儿童在理解图书内容的基础上，准确地用简短的语句将图书主要内容加以概括，还要求儿童具有丰富的想象力和一定的创造性思维能力，因此对儿童的要求较高，一般适合中班后期以后的儿童使用。而一段话归纳法仅仅要求儿童将图书的主要内容讲述出来即可，相对而言难度不如其他两种大，因此适合于小班后期和中班前期的儿童使用。

师生共同阅读是阅读活动中的重点环节。教师在指导时要把握好以下两个方面的问题：

第一，这个阶段提问使用的频率较高，更需要教师谨慎使用提问法，以免掉入一问一答的俗套中。仔细地思考一下不难发现，这一阶段的主要目标是让儿童深入地理解图书的主要内容，因此教师必须要调动儿童的多种感官，让他们通过听觉（倾听）、视觉（阅读）、动作（表演）、语言（讨论和讲述）等多种形式，多渠道地感受信息，以达到理解图书的目的。

第二，在这个阶段，教师在指导不同年龄的儿童进行阅读时其侧重点应有所不同。

小班：指导儿童从前往后一页页地理解单页单幅画面的内容，并能用一段话归纳图书的主要内容；

中班：知道图书下方页码的作用，能在一个问题的引导下理解2—3个单页单幅画面或一个单页多幅画面的主要内容，能为图书命名；

大班：能在教师的帮助下，将一本情节复杂、内容丰富的图书按情节的发展分成几个部分，用一句话归纳图书内容，并预期图书情节的发展。

**4. 儿童讲述阅读的主要内容**

这个阶段是儿童将所理解的图书内容以口头语言的形式表达出来，它是儿童将图画符号转化为语言符号的阶段，因此也是阅读活动中不可缺少的一个环节。儿童可以在小组内自由讲述，可以在集体中讲述，也可以同伴间合作讲述。教师在指导这个阶段时应注意：

第一，儿童讲述的内容是他们经过思维的加工后所理解的图书的主要内容，因此只要他们基本上将图书的主要内容讲述出来就可以了，而不必就每个画面进行反复的斟酌和认知，否则势必会降低儿童对阅读的兴趣。与此同时，教师还要鼓励儿童大胆想象，将与情节有关的人物、动作、对话和内心体验讲述出来,当然这并不是要求儿童用规范的语言将每个画面的意思都彻底讲清楚,而是希望儿童围绕图书重点,将主要情节尽可能讲得生动、详细。教师在指导时,一定要将这两种讲述区分开,使儿童能自由地依据自己的理解和想象,将图书的主要内容完整连贯地表达出来。

第二,在讲述时要注意儿童的个别差异。当儿童在集体面前独自或与小组合作讲述时,教师一定要注意兼顾对语言能力强弱不等的儿童的学习和指导。教师可以让语言能力较弱的儿童选择较简单的阅读内容进行讲述,从而使这部分儿童也能从讲述中获取乐趣、提高自信。

## 教育活动设计方案

### 早期阅读活动方案1:烟(大班)

**设计思路**

绘本《烟》讲述的是一对冤家胖子和瘦子的故事。胖子住在河东,瘦子住在河西,因为小事相互起了争执,导致他们不让自己的孩子与对方的孩子玩,孩子们也不让自己的狗和对方的狗玩,一直僵持着互不理睬。直到某天早晨,两家人烧早饭飘出的两股烟都向对方飘了过去,于是,胖子和瘦子两家人追逐着烟,到底在追逐的过程中发生了什么神奇的事,让两家人从刚开始的互不理睬到最后的友好相处呢?

大班幼儿逐渐能结合情境理解一些表示因果关系的相对复杂的句子,并在与同伴交往中能自己协商解决问题。设计本次活动是让幼儿先根据故事画面寻找胖子和瘦子成为冤家的行为表现,理解两家人互不往来的原因。再由神奇的"烟"作为纽带,转变思想,体验通过语言、行为等变化由冤家变成了朋友的过程,让幼儿明白在处理事情的过程中不能只想到自己,而应该互相欣赏、互相分享。

**活动目标**

1. 根据画面寻找胖子和瘦子成为冤家的行为表现。
2. 通过阅读理解作品中两家人一开始互不往来和烟自由交往的原因。
3. 体验在交往中由于语言、行为的变化所带来交往状况的改变。

**活动准备**

经验准备：熟悉绘本故事《烟》。

物质准备：多媒体课件、背景板、自制折叠书、故事图片若干幅、胖子瘦子背景图。

**活动过程**

一、"冤家"的由来

1. 教师提问：小朋友们什么是"冤家"？他们是怎么成为冤家的？

2. 教师再次讲述故事《烟》，引导幼儿带着问题听故事。

小结：因为这对冤家互不相让、互相指责、互相说对方的坏话，所以最后他们互不理睬了。

二、"破冰"成为好朋友

（一）故事情节一：受到控制的人和狗，不受控制的烟

教师提问：是因为瘦子和胖子是冤家，才造成谁和谁都互不往来了吗？

教师提问：两只狗想游到对岸成为朋友的时候，成功了吗？怎么回事？

小结：即使两只狗已经想扑向河对岸了，还是被硬生生地拉回来了，狗受到孩子们的控制，孩子们受到家人的控制。

（二）故事情节二：冲破控制在一起

教师关键提问：最后他们往来了吗？为什么最后还是成为朋友了呢？

小结：因为烟不受人的控制，它们自由自在地飘在了一起，亲密无间，缠绕的烟影响了河东河西所有的人们。

教师提问：谁冲破了控制最先到了一起？他们是通过什么方法在一起的？

小结：他们互相欣赏、互相分享，慢慢地变成了亲密无间的好朋友！

三、体验"理解"和"宽容"

教师提问：遇到矛盾就只能成为冤家吗？

小结：所以，遇到矛盾时，试一试、用一用这些好办法！我们就会像烟一样，亲密无间。

教师提问：在生活中，你和爸爸妈妈或者小伙伴有遇到矛盾的时候吗？你是怎么处理的呢？

活动延伸：小朋友们，我们把今天从阅读《烟》这一故事中学会的处理矛盾的方法，回家讲给爸爸妈妈听好不好呀？

**活动分析**

绘本《烟》是中国著名作家曹文轩和英籍华裔画家郁蓉的联袂之作。作品用剪纸技艺、诗意语言告诉了我们一个人与自然、理解与宽容的故事，在表达方式上具有浓浓的中国风，剪纸风的画面质朴而灵动，语言充满中国式的写意与诗情，内容上讲述了具有中国民间风味的故事，看似在讲两家人之间的家长里短，实则呼吁人与人相处应当相互理解和包容，克服矛盾，和谐共处。整个故事看似简单易懂但又富有底蕴，适合大班儿童阅读。

通过呈现绘本中的关键故事情节的画面，引导儿童仔细观察画面，寻找胖子和瘦子成为冤家的行为表现，将画面符号与故事情境进一步联系起来，由此支持儿童探寻故事线索及相关情节，从而有条理地说出故事大致内容并能猜想情节的发展。在此基础上教师将绘本内容抽丝剥缕，而非停留在对单个绘本画面的观察叙述上，进一步提炼出绘本的故事主线和核心价值，从"结冤家"再到"破冰"，教师牢牢把握住这条线索，通过提问与讨论，循序渐进逐步深入，支持儿童调动已有阅读及生活经验真正理解故事中两家人互不往来和两家的烟自由交往的原因。最后自然过渡到理解绘本《烟》的核心主旨——理解与宽容。绘本中胖子和瘦子本是邻居，却因为一些小矛盾而成为了难解的"冤家"，而后受到烟的影响，最终化解矛盾言归于好。教师引导儿童在充分理解故事的基础上将阅读获得的经验迁移到实际生活中，鼓励儿童对故事说出自己的想法，将绘本故事中提到的解决两家矛盾的方法与生活中实际经验进行匹配与讨论。

（资料来源：选自尔雅润育——幼儿园社会性主题教育系列教材）

### 早期阅读活动方案2：猪哥哥和镜子小猪（小班）

**设计思路**

《猪哥哥和镜子小猪》是日本著名绘本作家秋山匡创作的一本有趣的绘本，画面简洁、主角明确、色彩鲜艳、内容风趣幽默且简明易懂，适合小班幼儿阅读。故事通过猪哥哥一次次照镜子，使镜子中的小猪呈现出不同的形态，勾起幼儿浓厚的兴趣。幼儿的表达和理解需要建立在观察的基础上，所以本节活动作为第二课时，之前已让幼儿充分熟悉和感知故事情节，为更好地观察细节和表述理由奠定了基础，在第二课时让幼儿有更充分的机会和时间去观察思考，通过亲身实践进行探索，提升幼儿有逻辑的语言表达能力，以及厘清自我意识中自我认知的概念，即在不断变化的外界条件中，依然能够明确主体的唯一性。鼓励幼儿在看看、讲讲、做做的过程中，感受猪哥哥与镜子小猪的关系。

**活动目标**

1. 知道镜子小猪的变化是由外界的变化引起的，尝试用简单的语言进行解释。
2. 能够理解镜子里和镜子外都是同一个人/猪。
3. 愿意积极探索、主动分享，体验照镜子的乐趣。

**活动准备**

经验准备：已阅读过绘本、熟悉故事情节、有照镜子的经验。

物质准备：绘本PPT、墨镜若干、彩色眼镜若干、水汽视频、亲子自制书。

**活动过程**

一、回忆内容

提问：我们前几天一起看了一本有趣的书，还记得它吗？

小结：猪哥哥最爱照镜子。照镜子的时候，会有许多不同的样子哦！

二、重现情节

（一）情节一：小猪戴墨镜

提问：你们瞧，镜子小猪怎么了？为什么变黑了？会和墨镜有关系吗？小猪有点搞不清楚，我准备了墨镜，谁想试试？戴上墨镜后，看出来和刚才一样吗？哪里不一样了？我们快来照照镜子吧，镜子里的你变了吗？

提问：谁能向我们解释清楚，镜子小猪变黑的原因？

提问：我还有几副彩色镜片的眼镜，看出来会是什么颜色呢？

小结：原来是墨镜镜片的秘密，镜片颜色不同，看出去的颜色也不同，猪哥哥戴墨镜照镜子，看上去镜子小猪变黑了，其实它没有变，是因为墨镜的关系。

（二）情节二：小猪喷热气

书里还有非常有趣的情节（小猪对着镜子喷热气，镜子小猪不见了）。

提问：镜子小猪真的消失了吗，他去哪里了？

提问：怎么让镜子小猪再出现呢？

小结：其实镜子里的猪一直都在镜子里，只是水蒸气喷在镜子上,遮住了它。

三、分享自制书

师:原来照镜子这么有趣,会变色、会消失。在家里,你和爸爸妈妈也看了这本书,你们也和镜子玩了好玩的游戏是吗?瞧!爸爸妈妈多有心啊,把你们有趣的照片记录下来,做成了一本本属于你们的照镜子小书。

师:快来看看,好朋友是怎么和镜子做游戏的?

提问:有谁愿意来分享一下你的书呢?镜子里的是谁?是呀,就是你。镜子外的是你,镜子里的也是你,你们就是一个人。

小结:镜子外是猪哥哥,镜子里的也是猪哥哥,他们就是同一只猪。照镜子真是有趣,有时能照出一样的自己,有时候也会有点不一样哦。但无论如何,那都是我们自己。

**活动分析**

"猪哥哥和镜子小猪"将语言领域和社会领域有机结合,包含了阅读理解和自我意识等多元核心经验。从活动目标来看,目标的表述具体全面且具有可行性,紧紧贴合小班儿童的年龄特点和语言发展目标,重难点清晰,旨在让儿童通过一系列活动听懂故事,理解猪哥哥和镜子小猪是同一只猪并尝试用语言表达,促进儿童语言能力及社会性的发展。《3—6岁儿童学习与发展指南》语言领域中指出"会看画面,能根据画面说出图中有什么,发生了什么事等",基于此目标教师要求儿童在回忆已有阅读经验的同时,引导儿童仔细观察画面,结合关键画面讨论故事内容,为理解绘本主要内容和主旨要义奠定基础。从活动内容来看,教师从小班幼儿的兴趣点出发,小猪和镜子都是他们日常生活中熟悉的事物,有一定的已有经验,所选的教具如墨镜、彩色眼睛等既容易激发儿童参与活动的兴趣,又能调动儿童已有经验。活动中引导幼儿猜测并用简单的语言梳理在照镜子时,猪哥哥与镜子小猪发生的变化及其原因。活动难度层层推进,通过真实道具的使用和家园共育等多元的形式,丰富幼儿的体验,加深幼儿的理解。《3—6岁儿童学习与发展指南》中要求要为儿童提供尽可能多的"直接感知、亲身体验、实际操作"的方式,以游戏为活动的主要方式。教师在活动过程中很好地秉承了《3—6岁儿童学习与发展指南》中提出的这一重要原则,活动重点落在通过操作实验、借助道具还原故事情节,让儿童置身于情节中,和小猪一起在不同的情境中照镜子并仔细观察，从而更加直观地获得直接经验并更好地理解现象和解释背后的原因。活动难点落在观察画面理解猪哥哥的故事，并尝试儿童用有一定逻辑的语言进行表达，另外，还需要引导儿童理解镜子小猪的变化是由外界的变化和多种原因造成的，从而判断镜子的变化和镜子小猪变化的关系，明确猪哥哥与镜子小猪是同一个主体的唯一性，从而将认知经验迁移至自身，知道镜子里外都是同一个自己，厘清自我认知的相关概念，增强自尊心和自信心。

（资料来源：选自尔雅润育——幼儿园社会性主题教育系列教材）

## 蛋糕哪去了（大班）

早期阅读对促进幼儿语言发展具有重要的价值。《幼儿园教育指导纲要（试行）》中明确把幼儿早期阅读纳入了语言教育目标体系，提出要培养幼儿对生活中常见的简单标记和文字符号的兴趣；利用图书、绘画和其他多种方式，引发幼儿对书籍、阅读和书写的兴趣，培养前阅读和前书写技能。大班幼儿对阅读已经产生了较为浓厚的兴趣，并掌握了一定的阅读方法。如：能较自主地阅读图画故事书；能将故事的前后画面联系起来理解内容等。《3—6岁儿童学习与发展指南》语言领域中对5—6岁幼儿阅读与书写准备的教育目标有：能根据故事的部分情节或图书画面的线索猜想故事情节的发展，或续编、创编故事。

"蛋糕哪去了"这一活动源于一本无字绘本，绘本画面丰富，明线暗线层层叠错，虽无文字却妙趣横生，在狗先生与狗太太追回蛋糕的整个过程中，交叉隐藏着多条故事线索。画面细节符合逻辑的叙事性，随意翻开某一画面便能发现有趣的故事，某个角落里发现有一条盯着蛋糕的小蛇、看似一座山实则是恐龙、猪宝宝竟然走到了悬崖边……看似不经意的细微之处深深吸引着儿童一起去寻找发生在各个人物身上的故事，并通过观察不断地挖掘和发现画中隐藏的线索，对绘本故事进行解读，体验寻找和探索的乐趣。不仅故事有趣，内容更是以真善美为主旨，包含满满的爱。这本绘本非常锻炼儿童敏锐的观察力和解读绘本语言的能力，能让儿童充分感受到画面细节之间的逻辑性和叙事性。但如何帮助儿童理清阅读讲述的思路，也成了阅读此类绘本的难点。

本活动目标清晰具体，重难点突出，聚焦于儿童观察画面、解析画面和创编故事等三方面的语言领域核心经验。活动内容和环节设计适宜，契合大班儿童兴趣经验与发展需要。活动前准备工作全面,通过组织儿童自主阅读和相关区域活动,帮助儿童积累对于绘本的阅读经验,为阅读活动的开展奠定基础。只有在儿童对绘本建立了基本的了解与认识后,方能对绘本信息进行组织和辨析,在集体活动中才能不仅仅停留在看图说话的层面,而是真正对绘本主要情节进行进一步的梳理与深度的信息加工。活动环节环环相扣衔接,紧密围绕活动目标层层递进,采用经验导入法,调动儿童前期已有的阅读经验,通过开放式的提问引导儿童了解故事中的人物及主要情节,将儿童的注意力吸引到阅读活动中来。中心环节是引导儿童学习和尝试用多种形式追踪线索,表现故事情节。教师通过师幼互动、幼幼互动循序渐进地引导儿童学习观察画面,寻找故事中人物以及事件发生的线索。首先,教师鼓励儿童分享在阅读绘本时"谁和谁之间发生的事情最有意思",引导儿童了解可以从人物关系入手寻找故事线索。在此基础上鼓励儿童用寻找线索的方式再次阅读绘本,为儿童的阅读提供梳理的思路。接着采用集体讨论的方式,引导儿童分享自己在区角活动阅读该绘本的照片与经验。通过儿童展示在区角活动中将自己从绘本中获得的线索制作成自制图书,梳理用自制书追踪线索的方法。然后采取故事表演法,以游戏的方式鼓励儿童亲身体验同一故事用不同线索建构不同故事的乐趣。结束环节帮助儿童进一步拓展经验,引导儿童根据画面细节尝试创编或改编新的故事,从而促进儿童早期阅读能力的发展。

## 二、幼儿园文学作品教育活动

学前儿童文学作品是指那些与0—6岁儿童心理发展水平、接受能力和阅读能力相适应的各类文学作品的总称。它包括寓言、童话、儿童故事、儿歌、儿童诗、谜语诗、绕口令、儿童散文、儿童小说、儿童科学文艺等多种体裁。

### (一)学前儿童文学作品的基本认识

#### 1. 学前儿童文学作品的价值取向

文学作品对儿童究竟有什么教育意义,其教育价值体现在哪里?首先我们要了解儿童文学作品自身的价值。

首先,儿童文学作品包含了作家对所描写的对象乃至对整个人类社会和宇宙的认识和评价。与其他艺术相比,在文学的感性认识中沉淀着很丰富的理性成分。儿童文学的内容应有尽有,需要给儿童传递的各种文化知识、观念、态度和情感,这些都可以编到作品里,可以有超越时空的大量的细节描述,使形象栩栩如生,对人物内心世界的刻画入木三分,同时使文学中的每一个形象都各具特色。

其次，儿童文学是用语言塑造文学形象的艺术。语言具有间接性和模糊性的特点。文学的真、善、美的形式不像美术那样直接以视觉形象显现，而是隐含在语言中的。读者必须通过对语言文字信息进行理解和想象，才能在头脑中产生画面，因此文学的形象不在时空中，而是在人的头脑中。这一特点留给读者比美术更为广阔的艺术想象的空间。接受美学认为，文学的艺术想象是由作品和读者共同创造的，读者是否被作品所感动，要看读者的想象力在多大程度上填补了作品留给读者的艺术空间。读者大脑中的形象越细腻、越丰满、越鲜活，文学作品也就越激动人心。

从上述特点看，以文学作品向儿童进行的教育有多元价值。作为艺术品，首要的是审美价值：语言美、形象美、心灵美、意境美；其次是多功能的其他认识价值：科学知识的，人际关系的，行为品质的；第三是娱乐价值：引起美感享受，愉悦身心；第四是促进想象力、创造力、情感体验等审美心理发展的价值。上述均能够产生审美效应，应作为教育目标让儿童去实现。

### 2. 学前儿童学习儿童文学作品的主要表现

我们很容易观察到儿童在接受作品时的种种表现。他们时而喜，时而忧，时而惊，时而怒……他们为乌龟战胜大灰狼而欢乐，为掉进池塘的小鸡的命运而担忧，为不敢过独木桥的小熊鼓劲，为魔术师打不完的喷嚏、猪八戒四仰八叉的跟斗发出阵阵笑声。儿童接受作品丰富内涵的过程，是作品描绘的生活图景和情感世界与儿童的知、情、意、行系统相互作用的过程。只有根据学前儿童的情绪特点，让他们动情，感到快乐，他们才能感受到文学作品的真、善、美。所以这一过程，是真的启迪、善的熏陶、美的享受的过程，也是心灵相互沟通，情感交融共鸣的过程。作品中的人物、景物都是鲜明可见的。在儿童的体验和想象中，作品中的人物早就从语言文字的外衣中走出来，走进自己的心灵，与自己进行对话、嬉戏。儿童与作品的相互作用，是主体全身心地"拥抱"闯进自己心灵世界的另一群生命体，是主、客体生命运动"力"的契合，他们在忘情时，常常分不清那是作品里的事，还是自己的事。

### 3. 作品与学前儿童的语言学习产生互动

文学作品是一个开放的系统，必须有读者的参与与创造才能放出奇光异彩。儿童的心灵也是一个开放的系统，他们在感受、体验、移情、理解的同时，情不自禁地进行复述、朗诵或表演，把自己的情感体验融入作品，不断地对原作品的形象和文学性语言进行再现、补充、扩大，甚至改造。经验告诉我们：不少儿童对某些优秀作品看不厌、听不够，不是因为儿童喜欢机械的重复，而是因为每欣赏一次都有新的感觉、新的发现、新的享受，又有新的形象被整合到作品形象中。在反复的相互作用中，他们自身也被作品所同化，在情感、行为上趋向于作品中的真、善、美的形象。在两个开放系统之间的相互作用中，文学教育的多元价值也得到了实现。这说明儿童文学教育活动与其他艺术活动一样，是一种创造性很强的活动，在满足儿童创造欲望、培养他们的创造能力方面具有特殊的意义。对于学前儿童来说,接受教育与参与创造是在同一过程中实现的。

**(二)幼儿园文学作品教育活动的基本认识**

幼儿园文学作品教育活动是通过欣赏文学作品来学习语言的一种活动类型。其目的在于向学前儿童展示成熟的语言,使其学习与积累文学语言,扩展词汇量,培养儿童倾听的有关技能,鼓励儿童创造性地运用语言,并培养儿童的艺术想象力。文学作品对学前儿童所产生的潜移默化的影响,有的已远远超过我们已有的认识。在此,我们从语言教育的角度来认识与探讨文学教育的一些基本问题。

1. 学前儿童文学作品内容的选择

学前儿童文学作品既是教育目标的载体,又是活动的依据。作品选得好,教育目标的实现就有了保证。选择作品内容既要考虑到作品的教育功能,又要考虑到学前儿童的欣赏趣味和欣赏能力。可用于学前儿童文学教育的作品题材主要有生活故事、童话、寓言、民间传说、儿歌、儿童诗、抒情散文以及童话剧等。无论哪种体裁,都要选择适合儿童年龄特点的作品,为儿童所喜爱。

(1)作品中的形象鲜明生动。学前儿童文学作品所塑造的形象要活灵活现,不论主人公是小朋友还是小动物,都要抓住其外部特征,写出其神态和动作。如儿歌《小白兔》:"小白兔白又白,两只耳朵竖起来。爱吃萝卜爱吃菜,蹦蹦跳跳真可爱!"前两句主要写了小白兔的神态和外部特征,后两句重点描述了小白兔的动态和习性。这些生动形象的描写增加了作品的艺术感染力和表现力,也深受儿童的喜爱,提高了儿童的学习兴趣。

(2)作品结构简单,情节单纯而有趣。由于儿童对事物相互关系的理解往往比较简单,且停留于表面,因此,给儿童讲的故事情节不要太复杂。通常一部作品主要讲一件事,而且这件事所涉及的人物不要太多,人物关系也不要太复杂。在结构方面,儿童文学作品多采用"开门见山"的方式,如《狼和小羊》一开头就写双方的冲突:"一只小羊在河边喝水,一只狼走过来说:'这河里的水是我的,你为什么喝我的水?'"这样一下子就把儿童吸引到故事的情节中去了。

(3)作品的语言浅显易懂、具体生动。根据儿童理解词义的发展特点,他们不能准确地理解抽象水平很高的词汇,比较容易理解一些反映事物具体特征的词汇。如,儿童能理解"山路高低不平",但不一定理解"山路崎岖不平";能理解"心里难过",不一定能理解"心情不好"。因此,教师在为儿童选择文学作品时,一定要对作品的用词进行分析。如果发现作品中有对儿童来说显得过深过难的词语,教师可以在不影响作品原意的前提下稍加改动,换用儿童能理解的词汇讲给儿童听。另外,句子要尽量口语化,多用简单句、主动句、短句,少用复杂句、被动句或长句。如"这一切被躲在树上的小猴尽收眼底"就不如"猴子躲在树上,把什么都看见了"更容易被小班儿童所理解。当然前者可能更易被中大班儿童所接受。有时语言的多样性表述方式也是儿童所喜爱的。他们往往为了学习不同的表述方式而自觉模仿作品中的文学语言和人物对话中的成熟语言,从而获得不同样式和不同风格的语言。

(4) 作品的题材以学前儿童熟悉的生活为主。对儿童进行艺术和文学语言的启蒙以及审美情趣的萌发时,应注意选择作品的题材。在确定作品内容时还应注意以下几点:首先,应为儿童选择多种题材的作品,让沉淀在文学作品中的大量的间接经验与儿童发生相互作用。如含有哲学启蒙知识的《小马过河》,主要说明要亲自实践调查研究,具体事情具体分析;又如《谁的本领大》,主要说明每个人的优势都是相对的,各有各的长处。学前儿童文学作品的主题和主要情节应取材于儿童所熟悉的事物,如小朋友(小动物)之间的交往和游戏,发生在日常生活中的轶闻趣事、四季景色的变化、周围环境的特点等。

以上是作品内容选择的笼统要求。为了更好地让儿童在文学教育活动中得到一定的语言发展和智力启蒙,培养正确的思维方式以及良好品德行为习惯,有时还可以选择一些经典、传统的文学作品,如《刻舟求剑》《守株待兔》,这两个作品都表明了不能适应已经变化了的情况,是一种可笑的愚蠢和思维的僵化。这些作品虽然不是专为儿童所写的,但儿童能够理解。还有代表人类的智慧、勇气和诚实等美德的文学作品,如《手捧空花盆的孩子》、《曹冲称象》,也都充满着人生的哲理。还有一些反映自然规律和科学幻想的作品,如《葫芦娃》、《七色花》,以及表达科学家对科学事业的不懈追求的作品,都在启迪着儿童的智慧。

其次,从审美教育角度考虑,应选择各种体裁的作品。儿童诗及儿歌,情感洋溢、想象丰富、语言含蓄而凝练,并集中体现了文学语言的形式美的特征,如节奏感、韵律感、音乐性、形象性、对称、均衡或错落有致的整体结构。故事有引人入胜的情节,有用拟人、夸张、象征的表现手法所创造的个性化的人物形象,有人物活动特定的时空环境,有重复变化、多样统一、均衡、完满的整体结构,它的思想情感和故事情节能引起儿童的情感共鸣。故事的语言浅显易懂,想象丰富奇特,内容应有尽有,可以满足儿童多方面的精神需要。散文以优美抒情为其主要特征,常采用比喻、象征、拟人等手法,用精美的语言、动态的描述,展现一幅幅富有色彩、印象和流动感的画面,使儿童感受到生命的运动魅力。散文能使儿童在感受意境美、情感美的同时,提高对自然美、社会美的敏感性。还有古诗、古代寓言及神话故事等,只要是儿童能够理解的都可以提供给儿童学习。

再次,适当选择名人名著。这一类作品一般都是美的形式和真、善、美的内容高度统一的典范,经过多少年代、多少国度的传播,仍然光彩照人。欣赏一篇儿童所能感受、理解的名著,其作用不是一般的故事、儿歌所能比拟的。我们可以为儿童选择一些他们能够欣赏的名篇,如丹麦作家安徒生的《卖火柴的小女孩》《海的女儿》《丑小鸭》等,德国作家格林的《白雪公主》,法国作家贝洛的《小红帽》,我国作家方惠珍、盛璐德的《小蝌蚪找妈妈》、金近的《小猫钓鱼》,俄国作家普希金的《渔夫和金鱼的故事》等。

### 2. 文学作品教育活动的基本特征

（1）围绕文学作品展开一系列活动。学前儿童文学作品教育活动的突出特征之一，就是从文学作品教学入手，围绕作品教学开展活动。其主要目的不在于通过文学作品进行知识教育和道德教育，而是更侧重于儿童审美能力和文学理解能力、想象力方面的培养。因此，文学教育活动是一个包含理解美、欣赏美、表现美以及表达自己对文学作品的理解和想象的系列多层次活动，仅仅通过一次活动就完成一个文学作品的学习，那只能说是没有从实质上理解文学作品的特点，只是将文学作品教育与普通的语言教育、知识和道德教育混为一谈。例如，在大班散文教学《秋天》中，我们可以设计这样的系列活动。活动一：感知理解作品的主要内容、季节特征及文学语言的特色；活动二：以折纸、粘贴、绘画等多种形式表现秋天的美丽景象，并在表现美的同时理解和学习作品中的文学语言；活动三：改编或仿编散文《秋天》，加深儿童对作品的理解。通过这一系列活动，儿童真正感受到了作品所描述的秋天的美丽意境，理解了作品中文学语言的特色，这种层层深入的活动设计才真正体现出文学作品的教育功能，达到文学教育的目的。

（2）整合相关学科的学习内容。学前儿童因其特殊的心理特点：具体形象性思维占优势，有意注意和有意记忆的时间较短，语言表达水平较低，因此儿童文学作品一般使用儿童较熟悉的形象和生活经验。但学前儿童文学作品教育活动是从文学作品教学出发，由于儿童的生活经验和知识经验有限，因此在开展文学教育活动时，经常要整合与其相关的其他学科内容形成系列的活动，使得儿童有更多的机会认识某一个文学作品中表现的社会生活内容，促进他们对文学作品的感知。如故事《小熊开商店》中就涉及以下一些内容：小熊开了一个鞋店，但这个鞋店却经常关门，原来小熊的鞋店中总是缺乏顾客需要的鞋。大象要大鞋，老鼠要小鞋，小兔子穿四只鞋，蜘蛛穿八只鞋，而蜈蚣穿十六只鞋。在这里，小兔子、蜘蛛、蜈蚣为什么会穿不同数量的鞋呢？这个知识点如果不解决，势必会影响儿童对作品的理解，因此在本次活动中，要利用图片、幻灯等形式穿插进行科学教育，只有这样才能保证儿童全面、细致地理解作品的内容和作品的巧妙之处。

（3）提供多种与文学作品相互作用的途径。有关理论告诉我们，儿童发展是他们自己与外界环境交互作用而建构起来的，并且需要通过自身的操作活动与外界环境进行交互作用。儿童语言的发展也同样如此，因此，学前儿童文学作品教育活动，应当着重引导儿童积极地与文学作品交互作用，在这一过程中，通过操作途径让儿童得到发展。用活动的形式来组织儿童文学教育过程，使儿童在动手、动口、动脑、动眼、动耳等多种途径的学习中获得亲身体验，即调动儿童的视觉、听觉、触摸觉等多种感官参与到活动中，使其对文学作品有更深刻、更全面地理解与感受。

（4）扩大儿童自主活动的范围。在学前儿童文学作品教育活动中，儿童往往有较大的活动自主性,他们在教师的引导下,能比较自由地进行讨论、操作表演、编构等,在亲自操作实践、探索和想象创造中,有机地将个人的直接经验和文学作品提供的间接经验结合起来,达到对作品和文学语言准确、深刻的理解和感知。

### 三、幼儿园文学作品教育活动的设计与实施

幼儿园文学作品教育活动主要包括文学欣赏活动和文学创造活动两种形式。

#### (一) 文学欣赏活动的设计与实施

文学欣赏是一种能动的反映活动,是对作品再现的生活及作家在作品中表现的审美认识进行再创造和再评价的过程。研究表明学前期儿童已具有学习欣赏的基础。成人可以通过欣赏教育帮助儿童逐渐学习品味作品的形式和寓意,可以说文学欣赏是通过儿童想象将作品的语言材料转换成他们头脑中的视觉的、听觉的表象(画面)过程。这一活动设计与实施的步骤如下。

##### 1. 文学欣赏作品的传递

文学欣赏作品的传递是文学欣赏活动展开的第一步,选用何种方式将作品呈现在孩子们面前,这关系到能否调动儿童学习兴趣的问题。主要有以下几种传递形式:

(1) 成人口述作品内容。有些文学作品内容浅显易懂或是儿童有一定的相关生活经验,教师则可以直接口述,无须画蛇添足地运用教具等辅助教学材料。如托班儿歌《小雨点儿,慢慢下》(全文:小雨点儿,慢慢下,妈妈下班快回家。淋到我,不要紧,可别淋湿我妈妈)。对妈妈的深情厚谊与母子情深渗透在字里行间,孩子对妈妈的热爱溢于言表,每个儿童对此都有体验,像这一类的作品完全可以直接传递。

(2) 利用图书或图片。有些文学作品的内容知识性强,儿童在某一经验上比较欠缺,对作品内容在理解上具有一定的障碍,教师必须为孩子提供一些直观材料,增强孩子的感性认识,以帮助儿童更好地把握和理解内容。如中班故事《取皮球》。

(3) 利用视音频和情景表演。可以通过视、听文学作品在儿童的头脑中形成知觉表象,由文学作品的具体形象唤起儿童的情感体验和情感反应。

无论哪一种形式,为了引起儿童的共鸣与兴趣,教师的描述要抑扬顿挫、栩栩如生,图象要生动形象,这样才能很快抓住儿童的注意,使其进入心理加工状态。

##### 2. 多通道的相互作用

成人在欣赏文学作品时,脑子里虽然很"热闹",外表却显得比较平静。学前儿童的动作尚未完全内化,还做不到仅凭倾听语言符号对文学作品进行静态的艺术再加工,使大脑"热闹"起来,在4岁之前尤其如此。所以,在给儿童欣赏作品时,成人必须借助一些手段,使儿童的视觉、听觉、动觉同时与作品发生作用,对作品进行动态加工,在动中求思、育情。主要方

法如下：

(1) 作品欣赏与活动教具或动作参与相结合。如组织小班儿童欣赏儿歌《我要自己走》(全文：妈妈,妈妈,你快撒手,我要自己走,你看小燕儿能飞,小兔儿能跳,小鱼儿能游……我为什么不能自己走,妈妈,妈妈,你快撒手)。这是一首与儿童的情绪、经验非常贴近的小诗。短短的篇幅,融入了孩子要求"自立"的呼唤,无论是依赖性强的孩子,还是自主性强的孩子都会产生强烈的情感共鸣。这样一个好作品,当我们采用精致的画面进行欣赏、示范朗诵、提问、学习朗诵时,却基本上是被动的语言模仿,缺乏生气。然而,当我们在另一个班上改成活动的拉线教具(在底图上,拉上线条,孩子被妈妈抱着的形象化教具是活动的,可以取下来,独自放在妈妈的前方,燕、兔、狗、鱼等的教具都是贴片的),情况就大不一样了。教师在朗诵时,说到谁,谁的图像就贴到背景上,孩子的情绪一下子就被调动起来了,他们情不自禁地跟着教师念诗歌,接着大家又兴致勃勃地学燕飞、学兔跳、学狗跑、学鱼游。在学习作品的基础上,教师又在背景图上贴猫、熊等儿童熟悉的小动物形象,并提问,有谁也会自己走? 孩子毫不费劲地为诗歌进行了形象的扩充并进行仿编活动。

(2) 作品欣赏与音乐活动结合。经常利用音乐为背景,或者将文学作品作为音乐背景出现,从无意识进入意识区,如散文《月亮书》,在儿童欣赏《渔光曲》的音乐声中以"旁白"插入,声音由轻至响,表示由远及近,从背景音乐中传达出来,与音乐换位,把儿童带进诗情画意的境地。在其他文学与音乐配合的活动中,如我国著名作家冰波的童话《梨子小提琴》,教师讲故事与小提琴音乐声轮流出现;在《雪孩子》的故事欣赏中唱歌与讲故事交替出现等。

(3) 作品欣赏与游戏结合。这种结合可以把孩子尽快带入故事情境,如《小猪奴里》的欣赏,教师一开始就把自己当作猪妈妈,把小朋友当作小猪,故事中的对话由教师和儿童分别担任,儿童即使初次听故事,也会配合默契;又如欣赏故事《耳朵上的绿星星》,每个孩子都成为小松鼠,与花儿、小草对话,学习语气、语调的变化,体会故事中的人物形象。

(4) 作品欣赏与歌舞结合。如欣赏儿歌《云》,儿童在音乐声中身披薄纱学云跳舞,边跳边听："云儿云儿真美丽,我把云儿摘下地,云儿云儿真听话,我把云儿变小鸡。"当教师念到"摘"时,儿童伸手上举摘云,"云"摘下后,就蹲在地上用粉笔画云,每个孩子都可以画出不同的形象为儿歌续编不同的句子,如"我把云儿变小山""我把云儿变飞机"。

上述方法都有效地帮助儿童走进作品,与作品形象互动,产生整体形象及体验。随着年龄的增长,儿童动作将逐渐内化,心灵操作逐渐增加,直至养成静听、静思的习惯。

### 3. 通过形象性地解释帮助儿童理解作品内容

儿童作品,一般都突出人、境、物的形象,并不需要作过多的语言解释;但是在大班,成人可以利用形象的语言,解释一些难度较大的作品,通过解释,帮助儿童产生作品形象。词的解释,比其他形象的解释有更大的模糊性,有助于发展儿童的想象,形成对作品的审美意象。

同时,对文学语言的凝练、含蓄、拟人、隐喻、象征等表现手法有更多的感受,有助于儿童与文学词语建立审美的关系。如古诗《春晓》,教师可以这样解释:春夜我睡得多么香甜,不知不觉已到了天明。是鸟儿婉转的啼鸣,把我从睡梦中唤醒。猛想起昨夜的风声雨声,有多少花瓣儿已经凋零。前两句写景,后两句抒情,景情交融,脍炙人口。作者热爱大好春光,热爱大自然之情,无不浓浓地融会在诗歌的字里行间。如果能在欣赏古诗前,观察与欣赏春天里鸟语花香、春雨绵绵的景象,那么,在儿童欣赏时,随着朗诵和解释,在儿童的头脑中就会浮现出作品的画面。

### 4. 采用开放性的提问方式

开放性的提问是指答案不确定的提问。在学前儿童语言教育活动中,教师的提问方式有以下多种:

(1) 针对儿童记忆系统的提问。这种类型的提问,往往答案是确定的,也就是说是显而易见的。如故事或者诗歌叫什么名字?作品里面都有谁?谁对谁说了什么?一般说来,针对理解、想象和情感提问,答案就会渗入儿童的理解、记忆、情感体验和想象创造的成分。如听完故事或诗歌后,让儿童谈谈听到了什么,成人可及时了解到儿童能记得和懂得什么,忘记了什么,新增加了什么,这些都是进行进一步提问或欣赏的依据。在儿童故事中,经常只交代人物的所作所为,而对人物的心理描述较少。成人可就人物的心理动态进行提问,如谁是怎么想的?说了什么?让儿童组织自己的经验,猜测作品内容,填补作品空白。成人可从中了解不同儿童的思维想象能力和语言运用能力。

(2) 针对细节的提问。这种类型的提问,儿童须复述细节,这往往能激发儿童的情绪,因为细节描述,既可以讲,也可以做出表情或动作。如在《猴子学样》中,先问:小猴子为什么要把老爷爷的草帽拿走?他们是怎样拿走老爷爷的草帽的?再请儿童把猴子学老爷爷的动作进行表演。通过讲和演,突出了猴子的淘气和老爷爷的机智。教师也可以在儿童回答得较为笼统时,用提问启发儿童把问题展开。如在《白色的蛋》中儿童讲:"小云看到从蛋壳里钻出来的是一只乌龟,很生气。"教师可以问:"乌龟是怎么从蛋壳里钻出来的?你是从什么地方感觉到小云在生气的?你从哪儿看到小云后悔了?"让儿童更形象地感受乌龟对新生活的好奇、向往,小云由原来的渴望、期待、失望、伤心,直到发火,然后向后悔、难过、内疚的情绪过渡。这些细节,可以让孩子从小感受到人类情感世界的细腻复杂丰富多变。我们此处所需要的是一种细致微妙形象的描绘和感受,在此基础上自然达到某些情感的概括以及词的意义的表达。

(3) 针对情感识别与匹配的提问。让儿童对文学作品中某一角色的情感,与儿童生活中自己的情感体验,以及作品中的其他人物的情感进行识别和相应的匹配。如"什么时候谁也会这么高兴或难过?你在什么时候也会这么高兴或难过?"

(4) 针对作品的主题或情节的提问。如喜欢故事里的谁？喜欢他什么？为什么？在小班只要求用操作的经验或自我中心的回答，中、大班可要求情境或非情境的、比较客观的、具有社会意义的回答。

(5) 针对作品中文学语言的提问。文学语言的学习是文学欣赏活动重要的活动目标之一。教师在活动中，应请儿童把作品中自己喜欢的词找出来，在小班或中班初期，一般由教师示范为主，如：蹦蹦跳跳、安安静静、乌云密布、汗流浃背等这些词好听吗？引起儿童对文学语言的敏感性和浓厚的兴趣。中班后期则可以让儿童自己寻找作品中好听的语言，并讲一讲好听的原因。

(6) 针对作品的整体结构形式的提问。一般应从中班后期或大班开始，可以把用来作为对照的两首儿歌写在黑板上，边指着字，边念给儿童听，听完后，大家来讨论，每一句话有几个字？是否每句话都一样长？两首儿歌的韵脚有什么不一样？哪一首听起来更好听？有什么感觉？你更喜欢哪一首？还是两首都喜欢？

(7) 针对生活原型与作品形象进行比较的提问。从中班后期开始进行，如在故事《城里来的恐龙》中，故事里的小熊与动物园里的小熊有什么不一样？故事里恐龙讲述的城市和我们生活的城市有什么区别？

上述提问包括了引导儿童的感知、理解、想象、情感等心理功能与作品展开全方位的相互作用，但不是说所有作品都需要这样做。成人可以针对目标、作品、班级、整体教育的需要灵活设计提问。如果重点在情感教育，可以在情感方面拓宽、深入。

### (二) 文学创造活动的设计与实施

根据儿童的水平，将儿童对文学形象的再创造，自外向内的文学再加工过程中的表达活动和自内向外的文学制作实践，都归并为文学再创造活动。儿童文学创造活动主要形式的设计与实施的方法如下。

#### 1. 复述和朗诵

复述和朗诵是建立在感受体验基础上的艺术形象创造的活动，是欣赏过程在大脑中产生的作品意象的表达或表现。故事复述有全文复述或细节复述两种形式。用于全文复述的作品大致需具备下列特征：篇幅不长，结构比较工整，语言和情节有适当反复，词语优美爽朗，通俗易懂，形象富有童趣。有些作品难度较大、篇幅较长，但文中有些描述或人物对话特别精彩动人，可让儿童在欣赏的基础上复述某一段或某几段。儿歌或儿童诗的篇幅都特别短，而且整体形象感特别强，基本上都可学会全文朗诵，一般情况下不作部分朗诵的要求。

出声的复述和朗诵，一方面是儿童对作品语言的语音、语调、音量、语气、韵律、节奏的玩味，另一方面，玩味必须受语义的控制。出声操练语言的过程，是寻找特定音响与文学内涵相契合的过程。由于经常性的欣赏和朗诵讲述的双重练习，儿童就会对各语言层次，如语音、语感、语义、语法、修辞,以及各语言单位,如词、词组、句子和篇章结构等所具有的特征产生较强的直觉敏感性。与具体作品结合时,就能自发地进行声韵的自我调整,找到自己喜欢的感觉。所以,有美感的复述和朗诵是绝对不可缺少的。

成人可以用多种方法帮助儿童学习复述和朗诵,如:

(1) 有变化地反复欣赏同一个作品。

(2) 参与和作品有关的系列活动,如绘画、手工制作、参观、观察、歌舞、劳动等。

(3) 积累不同语境中的表达经验。成人可以帮助孩子找到声音特征与情感的关系,如提醒孩子仔细观察倾听同伴的话语,猜测他此刻的心情,也可以问说话者本人刚才说话时是否高兴;成人还可帮助儿童找到声音与场合的关系,如上课发言时声音要响亮,个别交谈时应轻轻讲话。实践表明,通过开展"说悄悄话""我和星星打电话"等语言游戏,能有效地培养儿童对语言强弱高低快慢的控制能力。孩子年龄越小,游戏的方法越有效。

(4) 成人的语言榜样。成人抑扬顿挫、声情并茂的朗诵和讲述,既带给孩子语言美的享受,又激发了他们模仿的愿望。

(5) 在音乐伴奏声中学习朗诵。儿童朗诵时的声音能在不知不觉中受到音乐的调节,并因此富有韵律感和节奏感。以后只要告诉儿童像唱歌那样朗诵,韵味就出来了。

(6) 在日常生活中自由分散地利用玩具和道具练习复述和朗诵,互相评议,互相模仿。

过去,我们在语言教育活动中进行复述和朗诵,往往让儿童在集体中轮流练习,靠机械重复,死记硬背全文,无论是念的人还是听的人都是有声无情,谁也吸引不了谁。现在在组织这类活动时,我们提倡儿童互相欣赏,把自己最好的感觉、最好听的声音表现出来,大家就会感到一种愉悦的享受,而不是枯燥乏味的重复,儿童的注意力自然就被艺术活动所吸引。朗诵或复述的主动性、能力、自信都会在相互模仿、自我调整中不断提高。

### 2. 表演

表演一般都由复述自然转入。从文本的复述到表演,从语言到动态形象的表达,是早期的戏剧创作实践活动,极具创造性。而且儿童十分喜欢作品表演活动,成人完全可以利用一个作品尽可能地扩大教育效益,凡学会复述的作品都可以组织儿童进行表演。

(1) 表演的分层次内容如下:

第一层,情境性对话;

第二层,根据现有作品或自创作品进行出声或不出声的表演,包括个人的哑剧表演;

第三层,主要人物形象的立体动态塑造;

第四层,作品段落的表演;

第五层,作品完整形象的表演。

第一层次到第四层次的表演,可以在欣赏和朗诵活动中穿插进行,也可以在学会复述之后即兴地进行。在大班可以由儿童互相邀请,谁表演什么角色,表演哪个片段。第五层一般在学会复述的基础上进行,会达到更好的效果,这样儿童不必再为回忆语言而分散注意力,可以把注意力集中在动作表情以及彼此的相互关系上。同时也在表演中加深体验,提高复述水平。

(2) 表演技能的掌握要求:

第一,通过在塑造形象的实践中提高技能。

第二,随时随地内化表演模式。

当今的艺术传播媒介很多,电影、电视中有许多儿童喜欢的形体动作和语言的艺术性表现图式,都可以被儿童在不知不觉中内化积淀,当有实践机会时,这些积淀就会一触即发。如大班儿童在塑造大灰狼想吃小动物的形象时,提抓着两只手,伸长着舌头,耷拉着脑袋,东张张西望望,使大灰狼贪婪凶残的嘴脸暴露无遗。而报信的翠鸟则轻轻悄悄、风风火火地飞来飞去,叫小动物们赶快躲避,翠鸟的热心和焦急,小动物们的慌张、不安,孩子们演得都很传神、很投入。表演技能的实践需要,又会使儿童更加细致认真地去观察吸收周围生活中不同角色的动态和表情,使表演的兴趣和能力在实践中不断提高。

### 3. 创编

儿童进行创编,必须有两个条件:一是经验,二是动机(制作动力)。成人应帮助儿童逐渐获得经验和动机。

关于经验,包括认识经验(直接经验和间接经验)、情绪经验(兴趣和其他内部情感)、语言经验(音、词、语法)、作品经验(结构图式)、儿童的文学制作实践经验等。儿童的作品创造就是作品与各种经验的组合。但这种组合是一种儿童心理内化后的组合,而不是诸多经验的简单相加,这就需要另一个条件——情感和动机的激励。

关于动机,包括内部动机和外部动机。内部动机是儿童内在的兴趣需要和表达的成功体验,是儿童对语言的交往需要,对文学语言的好奇心和自发的探索兴趣。他们随时随地都在有意无意地吸收(内化)口头交往和文学作品中的语言信息,许多语言信息都是从背景材料进入儿童的无意识层面,进而沉淀在心理结构中的,一旦遇到适合的情境(外部动机),儿童就会将这些分散的信息通过心理加工进行聚合。外部动机就是成人的鼓励和要求、气氛感染、同伴间的相互模仿。而长期的作品熏陶会使人对作品产生迷恋。迷恋往往使人们产生创造的向往,向往就将成为创造的动机。一些儿童后来之所以成为文学爱好者或作家,和他们童年时的早期阅读不无关联。成人为孩子朗读作品,与孩子在一起编故事、儿歌等都会激励儿童产生联想、想象。这又说明外部动机可向内部动机转化,因此,创造的动机就是内部动机和外部动机的有机结合和相互转化。

儿童文学作品的创编大致可分为以下三类:

(1) 对欣赏的作品内容进行编构和仿编。这类创编活动都是和欣赏、朗诵、复述结伴而来的,是对原著这一开放系统的向外拓展,是儿童对更大的艺术空间的填补,是一种创造性的语言活动,其间需要儿童具备多种条件,如对故事图式的理解、有关知识经验的准备和语言的准备等。它是建立在儿童理解童话和故事作品体裁特点,积累大量知识经验基础上的创造活动,对学前儿童具有积极的挑战意义。编构活动包括扩编和续编等形式。扩编是通过想象和联想,对原作品的某些部分进行扩充。在有组织的活动中成人通常是通过提问来激发儿童的想象和联想的,例如,针对故事《萝卜回来了》,问小熊还会把萝卜送给谁,谁又会把它怎么样。还可以借助某些活动与操作材料,凭借儿童丰富的想象进行编构,如剪贴编故事、绘画编故事、看手帕编故事、用玩具和木偶编故事、表演编故事和听音乐编故事等。续编是让儿童根据故事的开头和发展编出结尾或者是情节高潮部分,或者在原有诗歌的基础上继续编出新的段落。不同年龄儿童编构故事活动应贯彻从理解到表达的原则,服从文学教育活动的整体要求,同时又有不同的具体要求。小班编构故事的重点是编构故事的结局,中班编构的重点是编构故事的高潮部分,大班则是编构完整的故事。

仿编活动是儿童在文学欣赏、理解文学作品内容及构成的基础上的一种创造性学习活动。要求儿童仿照某一篇作品的框架或某一个段落,调动个人经验进行扩展想象,编出自己的文学作品或段落。这种想象往往是在文学欣赏活动的基础上进行的,对儿童发展想象力及创造性地学习文学作品大有裨益。仿编活动设计与实施有其基本结构:一是做好仿编活动前的准备,包括对所仿照的作品要充分地熟悉和理解,对要仿编作品的内容和形式要有所认识,要有一定的知识经验,还要有一定的想象力和语言表达能力;二是组织儿童进行讨论和示范,讨论仿编中比较关键的问题,教师还要进行示范仿编;三是启发儿童想象与在此基础上开展仿编;四是教师对儿童仿编的内容进行串联和总结。根据不同的年龄仿编有不同的要求。小班仿编活动的重点是要求儿童在原有画面的基础上更换某一个词汇,通过换词来体现文学作品画面的变化;中班仿编活动的重点是要求儿童通过更换某一个词汇而构成句子的变化;大班仿编活动的重点是要求儿童对原来文学作品的结构进行部分变动,也可以根据儿童已有的知识经验仅向儿童提供一个开头作为仿编的线索,引导儿童自己独立完成文学作品的仿编活动。总之,大班儿童的仿编在结构上的限制相对少一些,允许儿童大胆想象进行再创造。

(2) 根据语义内容转换成描述和叙述性语言。提供语义内容的材料有乐曲、声音、绘画、图片、表演(哑剧)及其他儿童化的情境。过去这一部分都作为语言教育中的连贯性讲述内容,其实这一做法并不全面。这些语义材料是否能够作为文学制作的材料,要看是否具有故事要素:主题、虚构的人物形象、场景和情节发展、儿童情趣等。我们可以安排将艺术符号相互转换的活动,将画面或乐曲等转换成故事或诗歌,如根据剪贴拼成的画面编故事;根据儿童自己的绘画作品编故事;观察儿童手帕上的图案编故事;用桌面玩具编故事;用木偶编故事;表演编故事;听音乐编故事等。儿童可以依据这些语义材料编出不同的作品。

(3) 凭借想象独立编构完整的文学作品。这类创编是不凭借语义和作品,只凭儿童独立想象和联想构思而成的,如同绘画中的意愿画。它可以分为两种类型:一是根据题目进行口头创编,当儿童具有较多的编构故事的经验和生活经验后,可让儿童自己随意编故事,不要给儿童过多的制约因素,以扩大他们的自主创作范围;二是让儿童先把用来编构故事的事件画成图画,再根据图画编构故事。它可以避免儿童"前讲后忘"现象的发生,使故事的内容和儿童的语序变得比较稳定。在编讲时又会围绕中心产生新的联想,使故事更加丰满。成人可以把儿童对绘画作品内容的口述记录在他的图画旁边。如果成人能把儿童每次的绘画和语言创编积累成册,就能从中看到儿童在图画和故事内容两方面的心理发展进程。

当前"视听型"文化兴起,更需要让儿童从小接触优秀文化的熏陶,使他们在内化的基础上,不断滋长语言实践的兴趣和能力,养成动口、动手、动脑的习惯,这将有助于儿童克服普遍存在的惰性,为成为勤奋、创造型人才打好基础。

### (三) 文学作品教育活动设计与实施的基本结构

幼儿园文学作品教育活动的目的是引导儿童积极主动地学习语言文学作品,感知语言文学作品,并能创造性地运用所学语言。教师要贯彻文学教育的基本理念,组织好教育过程,就需要具有某种规范性的活动结构,把握好以下几个层次。

#### 1. 学习文学作品内容

将文学作品传授给儿童,这是文学教育活动的首要环节。但是作品内容以何种形式传递给儿童,这是教师必须予以充分考虑的问题。教师往往根据作品的难易程度、本班儿童的实际水平以及活动环境与材料利用的便利与否,而采取不同的形式来组织教学。有的采用比较直观形象的图片、幻灯片、录像、多媒体等视觉教育手段;有的采用音频、教师讲述、教具、玩具等辅助教育手段呈现作品内容;有的通过观看情景表演或哑剧等来接近学习内容。如果作品内容比较浅显易懂,儿童有直接的生活经验,则可直接呈现在儿童面前。教师的直接朗读,可以减少许多繁琐的程序。

在这一环节中,教师要将学习的重点放在儿童的理解上。教师首先需注意,不要在第一次接触作品时过多地重复讲述作品,以免降低儿童对文学作品的兴趣。故事类作品的讲述次数应在两遍以下为宜。其次,不要强调让儿童机械记忆文学作品的内容,而应使儿童注意的焦点更多地投向对作品的理解和思考。第三,用提问的方式组织儿童讨论,帮助他们理解作品的情节、人物形象和主题倾向,尤其是注意引导儿童用已有的个人经验或假设性的问题进行深入思考和想象。如大班学习文学作品《团结果》时,教师可以让儿童讨论:"故事里的小动物们遇到了一件什么事? 他们开始是怎样做的? 后来听了聪明人的话又是怎样做的?这次他们成功了吗?"这种讨论可以使儿童对作品的内容进行回忆。在回忆的基础上,教师还可以引导儿童继续探讨:"故事里的小动物为什么会吵架闹不团结呢?""为什么他们要去请教聪明人呢?"这一类问题可以引发儿童进一步思考,激发他们继续学习的兴趣与愿望。

### 2. 理解体验作品经验

在学习作品内容的基础上,教师还有必要进一步引导儿童去理解作品、体验作品,尤其是让儿童通过亲身感受去体验作品中所展示的人物的情感历程和心理世界。教师可以围绕作品内容设计和组织几个相关的活动,如观察走访,观看图片、动画片,情景表演,组织认识自然和社会的活动,采用绘画、纸工等艺术创作手法,引导儿童讨论、表达和表现文学作品内容。不管采取何种方式,都必须紧紧围绕着作品内容引导儿童理解与思考。

### 3. 迁移作品经验

在帮助儿童深入理解作品的基础上,教师还可以进一步引导儿童迁移作品的经验。因为文学作品向儿童展示的是建立在儿童生活经验基础上的间接经验。这种间接经验让儿童感到既熟悉又新奇有趣。但是,仅仅让儿童的学习停留在理解这些间接经验的基础上仍是不够的,还不能充分地将这些间接经验与儿童的直接经验联系起来。因此,需要进一步组织与作品重点内容有关的操作、游戏、角色扮演等活动,向儿童提供一个将文学作品经验迁移到生活中,与儿童生活经验和体验有机结合的机会。这样既可以使儿童进一步加深对作品的理解和体验,又可以扩展儿童的生活经验。如在诗歌《春风妈妈》的教育活动中,儿童学习了:"春风妈妈亲亲树,树儿换上绿衣服;春风妈妈亲亲花,花儿开出一朵朵;春风妈妈亲亲小河,小河笑开小酒窝;春风妈妈亲亲我,我天天长大真快乐。"这一作品内容,教师可以引导儿童用诗歌中"春风妈妈"的眼睛去观察周围环境在春风的吹拂下,自然界和社会生活中的变化,用口头描述或绘画的方式来迁移作品的经验,儿童会说出或画出花草树木,以及动物、人们在春天里的许多活动内容,加深了对作品的理解,为下一步扩展想象和语言表述打下基础。

### 4. 创造性想象和语言表述

教师可以进一步创设条件,让儿童扩展自己的想象,并创造性地运用语言去表达自己的认识与想象。创造性想象和语言表述仍然立足于已学的文学作品内容,在这一层次活动中,教师可以让儿童学习续编故事,也可以让儿童仿编诗歌,还可以让儿童围绕文学作品内容想象讲述。通过这样的创造性学习活动,儿童尝试进行语言材料的想象和创造,培养儿童对语言艺术的敏感性,增长儿童的艺术思维能力和创造潜能。主要可以从以下三个方面着手培养。

(1) 指导儿童艺术地再现文学作品。再现文学作品的方式有多种:复述、朗诵、表演、用音乐或美术手段再现其思想内涵和情感氛围等。其中,前三种再现方式与语言运用关系比较大,也是儿童文学教育经常采用的活动方式。无论复述、朗诵,还是表演,教师都需要指导儿童在准确理解作品的基础上,借用作品的一些原词原句,加上自己的解释以及辅助性的情感表达手段,如表情、声调变化等,将原作品中吸收来的词汇和句式加以分析和选择,根据朗诵或表演的需要进行一番"加工"。多次经历这些活动可以使儿童逐渐把原作品的词汇和句式化为己有,从而提高运用语词进行口语表达的能力。

(2) 指导儿童学习仿编文学作品。同再现相比,文学作品的仿编活动对儿童创造性地运用语言提出了挑战。实际上,儿童仿编文学作品的过程也是一个再造或仿造的过程。儿童先感知理解作品中一句话或一段话的结构特点,然后凭借想象构思出新的内容,再借用原作品的结构,通过换一个词或换几个词,甚至换几个句子的方式完成仿编活动。例如,小班儿歌《叫声》原文是:"我爱我的小鸭,小鸭怎样叫?呷呷呷,呷呷呷,小鸭这样叫。"儿童换了一些词后,仿编成:"我爱我的小鸡,小鸡怎样叫?叽叽叽,叽叽叽,小鸡这样叫。"或者是把"小鸭"换成"小狗""小猫"等其他动物,叫声则相应换成"汪汪汪""喵喵喵"。通过文学作品仿编活动,教师可以引导儿童理解语言结构形式与语言内容的关系,即不同的思想内容可以通过同一种语言结构表达出来;同时,教师还可以鼓励儿童大胆想象,创造性地进行词语的搭配组合,表达丰富多彩的思想内容。儿童也从自己仿编的作品里体验到成功所带来的快乐,提高自信心,在提高用词造句、练句成段等组织语言能力之余,也大大增加了对语言学习的兴趣。

(3) 指导儿童创编文学作品。在大量感知文学作品以及仿编文学作品的基础上,教师可以鼓励儿童进行文学创编活动。最初的文学创编活动往往需要图画及教师语言的帮助。如儿童编构故事活动,教师可以请儿童根据故事开头所提供的线索,展开丰富的想象继续编构故事,从而编出一定的故事情节。在指导儿童创编文学作品时,教师既可以让儿童编出一句或一个段落,也可以视儿童的能力鼓励他们编出完整的文学作品。

### (四) 幼儿园文学作品教育活动设计与实施中应注意的问题

#### 1. 充分发掘文学作品的整体功能

儿童文学与学前儿童教育密不可分。儿童文学与学前儿童教育的服务对象都是儿童,它们在服务方向即培养一代新人的终期目标上也是一致的,而儿童文学寓教于乐的品格,又使学前教育工作者非常重视并乐于借助文学的感染力进行学前教育。儿童文学作品的整体功能可以概括为:知识启蒙、智力启蒙、人生启蒙。知识启蒙是文学作品的表层功能,通常表现为让儿童通过文学教育获得某些信息,学习某些知识经验,懂得某些道理,掌握某些词句。生命之初首先是婴幼儿期,这时的儿童刚刚脱离母体,思维意识混沌一片,生活对于他们是新奇的,世界对于他们是崭新的。于生存中认识世界,于认识中发展思维,便成了摆在他们面前的重要学习内容。于是儿童文学作品首先成为儿童知识启蒙的重要工具。教师要在儿童文学教育中充分发掘文学作品知识启蒙的功能,让儿童获得丰富的自然知识和社会知识。而智力启蒙和人生启蒙则为文学作品的深层功能,进入幼儿期,儿童文学作品的教育功能便由最初的知识启蒙为重点转向智力启蒙和人生启蒙,这中间并没有截然不可逾越的界限。实际上学前儿童在接受儿歌、故事等知识启蒙的同时,也在或多或少地接受着智力启蒙和人生启蒙。如谜语歌《月亮》:"有时像香蕉,有时像圆盘,白天看不到,晚上才出现。"不仅在传授知识的同时满足了儿童的好奇心和求知欲,而且对于训练儿童的推理判断和联想能力也是极为有用的。但是教师由于受到对文学作品教育的深层功能认识和重视程度不足,在儿童文学教育活动中,往往容易忽视对文学作品深层功能的发掘,或者从严格意义上说,发掘得还相当不够。因此,应在文学教育活动中让儿童学习文学语言,增强文学理解,增强文学艺术的想象力等,更主要的是激发其创造性思维和创造潜能。如童话的基本特征是幻想,这一时期儿童思维的最大特色是天人合一的原始思维占绝对优势,与童话所表现的幻想内容十分吻合,因此对童话的青睐无疑会丰富和发展儿童已有的想象力,促进智力的发展。如童话《白雪公主》《渔夫和金鱼》等,在丰富儿童知识的同时,也发挥了巨大的智力启蒙作用。显然,没有丰富的想象力,就不会有巨大的创造力,就会阻碍智力的发展。另外,文学作品中那些栩栩如生的形象、生动有趣的情节,直接展现社会生活,为儿童展示了一个他们未曾经历的世界,使他们能够深入细致地体验了解主人公的情感、态度、行为和心理世界等,从而形成一定的认识和经验,这对于加速儿童的社会化进程有很大的帮助。因此,在儿童文学教育活动中既要注意发掘文学作品的表层功能,又要注意深层功能的发掘,整体发挥其功能,以促进儿童语言水平的提高。

### 2. 在日常生活中渗透文学教育

在日常生活中,教师可以在墙饰布置中安排故事和诗歌的内容,在听觉背景中安排故事和诗歌,使之在不经意中影响儿童。一些在日常生活中出现过的作品,当移到正式的学习活动中时,儿童往往会产生"似曾相识"之感,从而有了进一步学习和探究的兴趣。教师也可以培养儿童主动学习的习惯,如让儿童独立自主地选择图书、视音频等,操作音响设备和电脑,收听或收看文学作品,也可以在其他领域的教育活动中渗透文学教育。如儿童穿衣时,教师念儿歌"抓领子,盖房子,小老鼠,出洞子,吱溜吱溜上房子"。儿童一边听,一边学穿衣,增加生活的情趣,像玩游戏似地就把衣服穿好了。年龄越小的班级,越要让作品融入日常生活中,使之在儿童的操作中内化形成文学表象。

### 3. 不断充实时代感强、符合儿童欣赏情趣的儿童文学作品

幼儿园语言教育不同于小学语文教育,它没有统一的教材,有的教育内容必须由教师自己选择与确定。这样一来,要想使选择的文学作品能够真正体现语言教育的目标,促进儿童语言的发展,教师必须增强时代意识,不断充实符合时代气息的儿童文学作品,以提高儿童学习文学作品的兴趣。

从儿童的情趣出发,就是要选择使儿童感到有趣的作品,例如文学作品中的人物形象及

其动态与日常生活中的形象既有联系又有较大的反差,儿童往往特别感兴趣。如小松鼠错把乌龟背当作大石头,把房子造到乌龟的背上,当出现险情时,才发现自己犯了粗心大意的毛病。儿童见过许多造房子的情景,但却从未看到过会动的房子,更没有看过乌龟背上造房子,他们就会感到滑稽可笑。另外,还有想象力丰富的作品,动作性强、情节和语言循环往复、结局完满的作品,都符合儿童的情感和期望,教师可以及时选择这一类的文学作品,增加与补充到语言学习的内容中去,使儿童已有的经验在想象中得到整合与创新。

在儿童的经验范围内,教师还要注意充实一些人物、情节、情感变化比较复杂的文学作品。有关研究表明,适度复杂的作品与儿童相互作用时,更富有挑战性,有助于儿童全面调动自身的文学心理功能,使学习文学的潜能得到开发。

### 教育活动设计方案

**文学欣赏活动方案1:清明(中班)**

**设计思路**

清明节源自上古时代的祖先信仰与春祭礼俗,兼具自然与人文两大内涵,既是自然节气点,也是传统节日。清明节是传统的重大春祭节日,扫墓祭祀、缅怀祖先是中华民族自古以来的优良传统,不仅有利于弘扬孝道亲情、唤醒家族共同记忆,还可促进家族成员乃至民族的凝聚力和认同感。清明节融汇自然节气与人文风俗为一体,是天时地利人和的合一,充分体现了中华民族先祖们追求"天、地、人"的和谐合一,讲究顺应天时地宜、遵循自然规律的思想。清明节的节俗丰富,扫墓祭祖与踏青郊游是清明节的两大礼俗主题,这两大传统礼俗主题在中国自古传承,至今不辍。而唐代文学家杜牧所著《清明》则是描绘清明节及抒发缅怀先人的绵绵忧愁的代表之作。此诗写清明春雨中所见,色彩清淡,心境凄冷,历来广为传诵。

综上,古诗《清明》对于儿童语言是可理解且具有丰厚文化底蕴的优秀文学作品,让中班儿童阅读欣赏有利于激发儿童对古诗的阅读兴趣,增强儿童对中国古代优秀传统文化的认同感和文化自信。因此,在清明节来临之际,依据古诗《清明》设计了本次文学欣赏活动,旨在引导儿童在充分赏析古诗《清明》的基础上体会诗句之中浓浓的忧愁之情,孩子通过纪念革命先烈、祭奠逝去亲人,祭祀华夏始祖,可以弘扬传统文化,增强民族意识和民族凝聚力,增强孩子热爱环境、保护自然的意识,这也使文化习俗焕发新的时代精神。清明节

| | |
|---|---|
| | 作为我国的法定传统假日,有着其悠远的文化内涵,通过资料的收集等,让孩子逐步了解清明的文化习俗,从中感受到中华民族文化的魅力与丰富内涵,增加孩子的文化知识和对祖国的热爱之情。 |
| 活动目标 | 1. 知道清明是中国的传统节日,是合家团聚、上坟扫墓和郊游踏青的日子。<br>2. 理解"欲断魂"是给亲人扫墓时的伤心悲痛的情绪。<br>3. 体会诗人借酒浇愁、缓解伤心情绪的感受。 |
| 活动准备 | 物质准备:关于清明节的 PPT、古诗《清明》的水墨画图片、难过和开心的表情。<br>经验准备:幼儿通过前期调查了解关于清明节的习俗、《清明》的古诗已会诵读。 |
| 活动过程 | 一、话说清明节,了解节日传统<br>提问:我们刚刚过了一个中国传统节日,4月5日是什么节?<br>小结:每年的4月5日前后是清明节(每年日期不一样),清明节是我们中国传统的节日。<br>提问:在刚刚过去的清明节中,我们都做过了小记者,说说你做小记者调查的清明节的习俗。<br>幼儿介绍自己的小记者调查结果。<br>小结:清明节是所有中国人很重要的节日,清明节是我们合家团聚、怀念家里的祖先、给祖先上坟扫墓的日子。清明节还有很多习俗:郊游踏青、荡秋千、放风筝、吃青团等。<br>二、走近古诗《清明》,感受古诗中的情绪情感<br>过渡语:有一首诗描写的就是清明节,我们一起来诵读一下。<br>幼儿集体诵读《清明》。<br>(一)寻找诗中的清明节气特色<br>出示水墨画图片,进行诗配画。<br>提问:这里有几幅画,请小朋友找一找与这首《清明》诗中匹配的景色。<br>雨纷纷:清明节的时候正好是春雨绵绵的时候。<br>杏花村:春天杏花开满了村庄,所以就叫杏花村。<br>小结:在这首诗里,雨纷纷的春雨和开满杏花的村庄都是清明这 |

个季节特有的景色。

(二)寻找诗中关于清明节的情感(悲伤)

1. 分组讨论、找一找诗中的心情。

出示两幅图:诗一二句一幅,诗三四句一幅。

出示笑脸和哭脸,请幼儿分别为这两个表情找到匹配的诗句。

提问:在诵读这首诗时,能从诗中感受到诗人的心情吗?请你用笑脸和哭脸这两个不同的表情来表现诗中诗人的心情。

听音乐,幼儿贴表情。

2. 共同赏析和理解诗人在诗中心情。

提问:为什么把悲伤的表情贴在第一幅画上?

提问:"欲断魂"是什么意思呢?

小结:雨纷纷的季节和诗人的心情匹配,诗人心中非常怀念已故的先人,这些先人已经离我们远去了,因此诗人心中非常悲伤,所以诗人用"欲断魂"来表达自己的心情。

提问:为什么把开心的表情贴在第二幅画上?

小结:诗人的悲伤和难过的心情需要缓解,因此诗人想要找酒家,结果牧童告诉了他杏花村——一个充满了春暖花开、幸福美好的地方。

三、配乐诵读古诗,感受古诗的韵味

让我们一起带着诗人的情感——悲伤、难过和幸福、向往的心情,再一次诵读这首古诗吧。

**活动分析**

本次活动属于文学欣赏活动,融合了语言领域和社会领域的内容,这首诗既包括提升儿童阅读理解能力的目标,也包括让儿童了解传统节俗文化的含义。《清明》这首诗情感浓郁,语言含蓄而凝练,字句富有节奏感、韵律感、形象性,七言绝句的形式使得诗歌集中体现了古代文学语言的形式美,由此,教师制定了本次活动的目标。《3—6岁儿童学习与发展指南》中指出"4—5岁儿童应当能随着作品的展开产生喜悦、担忧等相应的情绪反应,体会作品所表达的情绪情感",上述文学欣赏活动契合这一发展目标。活动目标在表述上全面具体,具有较好的可操作性和评价性,主要围绕对古诗在表情达意上的理解和体会,重难点突出。

在活动内容和环节方面,古诗《清明》对清明节的描述鲜明生动,极具艺术感染力和表现力,容易激发儿童的共鸣和兴趣。另外,这首古诗语言浅显易懂,结构较为简单且有起承转合,对中班儿童而言兼具文学价值和艺术审美价值。首先,教师在活动导入环节让儿童分享前期对清明节的习俗调查的结果,调动儿童已有经验,并激发了儿童参与活动的主动性和积极性,尊重儿童的活动主体地位。同伴间通过分享能够互相增进关于清明节习俗的认知,为引出《清明》作铺垫,有助于活动目标中认知目标的实现。其次,用水墨画的图片以及朗诵的方式将《清明》直接传递给儿童。通过提供水墨画让儿童进行诗配画,在中国古代传统文人文化中,诗画本就一体,互相成全其中意境,因此这个环节不仅具有一定的游戏性,还帮助儿童将文字符号转化成更加易于理解的直观的画面,更加贴近儿童的认知特点,且水墨画也能让儿童进一步领会清明节的景色特点以及《清明》的意境和古代传统诗学的美。接下来进入对《清明》中具体诗句所表达的情感赏析。教师并没有局限于对字词的深究,而是重在让儿童领悟诗中的意境。鉴于中班儿童的年龄特点,教师选择了根据诗句匹配心情图的方式,并配以音乐,支持儿童对作品进行动态加工,使儿童在实际操作的时候获得直接经验,实现了多通道的相互作用。最后,通过提问和集体讨论,进一步深入理解清明节扫墓愁郁满怀,借酒浇愁、缓解伤心情绪的感受。

(资料来源:选自尔雅润育——幼儿园社会性主题教育系列教材)

**文学欣赏活动方案 2:难过的感受——《无题》(大班)**

**设计思路**

幼儿时期是孩子学习古诗的最佳时期。对幼儿进行古诗教学,可以使幼儿在古诗中感受中华民族的灿烂文化,提高幼儿的审美能力,丰富知识,启迪智慧,发展潜能,陶冶情操。《幼儿园教育指导纲要(试行)》中指出:教学既要适合幼儿的现有水平,又要有一定的挑战性;对于传统文化要去其糟粕取其精华,适合幼儿身心发展,适应幼儿最近发展区。古诗在遣词造句中情中有景,景中有情。寄情于景,情景交融。

这个活动我们将通过 2—3 个课时来完成,帮助孩子了解难舍难分离别的心情。第一课时熟悉了解诗歌;第二课时感受理解诗歌前四句的意思,分别体会《无题》古诗词中难过的情感;第三课时学习诗歌后四句并完整感受。本次活动为第二课时,试图从对诗歌的理解中学诗移情,使幼儿愿意把自己难过的心情告诉亲近的人,并在安慰中缓解悲伤的情绪。

　　导入环节——经验导入,欣赏徐小凤歌曲《别亦难》,感受古诗中难舍难分的离别心情。激发幼儿对学习诗歌的渴望。中心环节——品读入境,借助联想,描述画面。寻像入境,理解诗歌,情感再起跟随诗人一同感受离别的难过心情。结束环节——讨论、画一画,分享交流,从而获得排解难过心情的好方法。

**活动目标**

1. 欣赏古诗,了解古诗中难舍难分的离别心情。
2. 初步理解诗歌中诗人看到某些情景伤心难过的情节。
3. 愿意把自己难过的心情告诉亲近的人。

**活动准备**

物质准备:

1. 音乐1段:徐小凤歌曲《别亦难》。
2. 视频2段:春蚕吐丝的视频;蜡烛燃烧的视频。
3. 多媒体PPT:诗人李商隐简介。
4. 图片:花朵凋谢的图片。

经验准备:

有欣赏诗歌的经验

**活动过程**

一、经验导入,感受古诗中难舍难分的离别心情

(一)播放乐曲,《别亦难》

　　提问:听完这首歌后,你有什么感受?

(二)初读诗歌,知人论世

　　提问:1.这首歌的歌词是谁写的呢? 2.李商隐是一个什么样的人呢,他怎么会写这一首诗呢?(播放PPT)

　　小结:李商隐是晚唐最出色的诗人之一,这首诗以《无题》为题,表达了见面很难,分别时更加难过悲伤的心情。

二、品读入境,情感再起感受离别的心情

(一)借助联想,描述画面

　　提问:1.又一次听完这首诗,诗里的哪些句子,表达出了离别难过的心情?

2. 说到"相见时难"和"别亦难"时,你想象到的画面是什么样的?

3. 你有没有与好朋友或亲人难得一见,但又不得不分别的经历?

小结:"相见时难别亦难"第一个难是指相见的困难,第二个难是分别时的痛苦难过。在生活中我们会因为住得很远、不一样的时间、不同的事情安排,让我们与好朋友、亲人很难时刻呆在一起,难得见面。见了面又会觉得在一起的时间太少了,分别时就会伤心难过。

(二)寻像入境,理解诗歌

【出示图片:花朵凋谢的照片】

提问:1. 东风是指什么季节呢? 2. 春天到来花朵都怎样了? 3. 春天到了,图上的花儿怎么了?(凋谢)4. 看到花儿凋谢了,你的心情怎样呀?

小结:"东风无力百花残",诗人写了自然环境,用花儿凋谢的场景表达自己难过的心情。暮春时节,东风也没有力量不让花朵凋谢。平时,我们经常会遇到一些让我们不开心不快乐的事情。这也是无法避免的,也无可奈何。

【播放视频一:春蚕吐丝】字面理解"春蚕到死丝方尽"的意思

提问:1. 春蚕吐丝到最后,蚕的结局会怎么样呢? 2. 诗人对好朋友和亲人的思念有多长呢?

小结:"春蚕到死丝方尽"说明诗人对好朋友和亲人的思念很长很长,如同春蚕吐丝,一直到死才能停止。

【播放视频二:蜡烛燃烧的视频】字面理解"蜡炬成灰泪始干"的意思

提问:1. 蜡烛在燃烧时会突然熄灭吗? 2. 蜡烛燃烧时流淌下的烛油的情景像什么? 3. 这个情景和伤心难过有什么联系?

小结:原来"蜡炬成灰泪始干"的意思是蜡烛要烧成灰烬时像泪一样的蜡油才能滴干。诗人的每一句话都表达了难过的心情,表达了好朋友亲人久久留在心上的情感。诗人怀念亲人和朋友时可以作诗表达出心里的难过感受。

三、能找到自己难过时排解的心情的好方法

(一)整体感受诗歌加深对离别意境的理解

提问:你和家人、朋友分离时,会难过吗?

(二) 记录排解难过心情的办法

提问：你会用什么方法排解难过的心情呢，请画一画？

小结：当我们心里感到难过时，千万不能憋在心里。我们可以告诉最亲近的人，可以大哭一场，可以大吃一顿，可以用画画的方法画出来，也可以用唱歌的方法唱出来。我们可以把想念的人放在心里，开心地过好每一天。

**活动分析**

情绪管理是现代社会对教育提出的新要求，能够选择合适的方式调节和缓解心理负面情绪，拥有充足的心理弹性，对于处在充满压力的现代生活中的我们的终身发展有重要意义。而含蓄表达是我们中国传统文化的印记，相当一部分的成人在产生难过、愁郁等负面情绪时只能埋在心里而不知道如何表达和缓释。著名诗人李商隐所著的《无题》正是描述了因为离别而难舍难分、心中愁苦的心情。这首诗情感浓郁，从头至尾都熔铸着痛苦、失望而又缠绵、执着的感情，诗中每一联都是这种感情状态的反映，但是各联的具体意境又彼此有别。它们从不同的方面反复表现着融贯全诗的复杂感情，同时又以彼此之间的密切衔接而纵向地反映以这种复杂感情为内容的心理过程。这样的抒情，连绵往复，细微精深，成功地再现了心底的绵邈深情。用词优美而精炼形象，其中所使用的意象如"东风"、"春蚕"、"蜡炬"，对儿童而言在生活中都有一定的认知。情绪调节与管理能力需要在学前阶段就开始重视培养，由此可见本次活动正是基于教师对这一核心经验的把握。从活动目标来看，在表述上具体全面，在内容上符合大班儿童年龄特点及发展需要，契合《3—6岁儿童学习与发展指南》中语言领域中提及的"对图书感兴趣，知道文字表示一定的含义""能说出所阅读的幼儿文学作品的主要内容"，并"对看过的文学作品能说出自己的想法"的发展目标，重难点定位于理解古诗中体现的伤心难过的心情，并愿意与他人分享，进而拥有积极向上的心态，融合了语言领域和社会领域的目标。

从活动内容来看，教师以欣赏歌曲《别亦难》导入，采用视听结合的方式在儿童头脑中形成知觉表象，将文学作品的具体形象作为媒介引发儿童的情感共鸣和兴趣，帮助儿童对作品获得初步的整体感知。在活动过程中，教师使用图片、音频等方式帮助儿童理解作品内容。通过花朵凋零的图片、春蚕吐丝以及蜡烛燃烧的视频解释诗句，如此有利于提供充足的想象空间,调动直接经验,在帮助儿童更加直观地理解的同时,还有助于支持儿童与文学作品间建立审美关系。另外,教师通过对细节、情感、主旨及情节等开放性的提问讨论的方式,还有针对实际生活体验的提问,分句逐步理解和深入,且重点放在情感教育上。在导入环节之后,教师通过开放性提问引导,引导儿童组织已有经验对古诗表达的情绪进行思考和表达。接下来教师针对诗中的细节进行提问,包括表现离别难过心情的词句,对百花凋零、春蚕吐丝等意象的讨论和分析,通过具体的意象引导儿童进一步感知诗人对离别愁郁的细致入微的描绘与抒发。以循序渐进的提问逐步深入,从联想情境再聚焦到具体的意象分析,都围绕了本次活动的目标二——初步理解诗歌中诗人看到某些情景伤心难过的情节,有利于促进大班儿童阅读理解能力的提升,多元化的形式也有利于激发儿童对古诗这种文学形式的兴趣。最后一个环节对活动进行了升华,教师并没有止步于让儿童理解古诗本身表现的伤离愁之情,而是挖掘出诗词最后表现出哀而不伤的内蕴,引导儿童在理解古诗的基础上进一步迁移到实际生活中,讨论面对这种伤心难过的情绪时,自己应该如何解决,进而实现目标三。整体活动环节流畅且衔接紧密,有利于目标的实现。

(资料来源:选自尔雅润育——幼儿园社会性主题教育系列教材)

## 大狮子和小老鼠(中班)

  文学作品教育活动旨在引导幼儿积极主动地感知和理解文学作品,并能创造性地运用所学发表与文学作品相关的观点,培养文学艺术思维。"大狮子和小老鼠"这一活动属于文学欣赏与创编相结合的活动,以故事表演为主要形式。《幼儿园教育指导纲要(试行)》中指出,要引导幼儿接触优秀的儿童文学作品,使之感受语言的丰富和优美,并通过多种活动帮助幼儿加深对作品的体验和理解。本活动内容选自《伊索寓言》,整体故事短小精炼,对故事主人公大狮子和小老鼠的动作、语言、表情等描绘生动,叙述清晰易于理解,大量的对话及内心独白使得语句偏口语化,从而更加贴近中班儿童认知发展水平。同时,此故事在情节上具有趣味性,大狮子和小老鼠的形象对比鲜明,情节起伏鲜明,契合幼儿的兴趣和经验,在内涵上又能够引发思考,帮助幼儿对其蕴含的哲理产生感性的体验,兼具文学价值和社会性发展价值,是一部优秀的文学作品。其中,大狮子的经历贯穿着故事的起承转合,其心理变化对于中班幼儿来说是需要理解的重难点。

从活动目标来看,目标的制定体现了布鲁姆目标分类学的基本要求,其认知与能力目标主要围绕对故事中大狮子的情绪心理的感知和表达,而情感目标则着眼于幼儿在本次活动中的情绪体验,并体现了与社会领域的融合。《3—6岁儿童学习与发展指南》指出,4—5岁儿童应当能随着作品的展开产生喜悦、担忧等相应的情绪反应,体会作品所表达的情绪情感;能结合情境感受不同语气、语调所表达的不同意思。本活动的目标契合了语言领域的发展目标,同时紧紧围绕活动内容,具有较好的可操作性和评价性,重难点突出。

从活动的教学实施来看,教师设计的活动环节流畅且富有游戏性,围绕活动目标逐步展开且逻辑层次清晰,注重以儿童视角出发提供充分的直接感知、亲身体验、实际操作的活动机会。首先,教师采用经验导入的方式,调动幼儿的已有经验回顾对《大狮子和小老鼠》的了解和感受,教师根据作品的难易程度、本班儿童对故事较为熟悉的现状以及活动环境与材料利用的条件,采取回忆的方式,开门见山又直接有效地将幼儿带入情境。在此基础上,教师进一步引导幼儿重点感知和理解大狮子的情绪和神态变化。教师将原有的故事线索进一步提炼,通过开放性的提问、PPT和录像、教师示范、师幼及幼幼之间的互动,以多元化的途径和通道将核心经验传递给幼儿。教师注重让幼儿通过亲身感受去体验作品中所展示的人物的情感历程和心理世界,用提问和模仿的方式组织幼儿讨论,帮助他们理解作品的情节、人物形象和主题倾向,尤其注意引导幼儿用已有的个人经验或假设性的问题进行深入思考和想象。

最后,教师设计了幼儿合作进行角色扮演活动,向幼儿提供一个将文学作品经验迁移到生活中与生活经验和体验有机结合的机会,创设了同伴合作与交往的情境,同时也将幼儿对故事的兴趣进一步激发,有利于培养积极的阅读兴趣。对于中班幼儿而言,同伴交往是内在需要,也是社会性发展的重要途径。在系统熟悉故事内容之后,及时引导幼儿两两合作,不仅能巩固新获得的经验,也能在与同伴互动过程中学习分享各自的经验,在游戏中丰富自己的经验。

## 第五节 学前儿童书写准备活动

书写准备活动主要是帮助学前儿童养成书写的好习惯,其中包括了早期的书写经验。

从咿呀学语开始,学前儿童就对那些色彩鲜艳、画面形象生动的图书有浓厚的兴趣。

而学前儿童能书写吗?学前儿童要书写吗?这是学界争论已久的一个问题。反对者认为,学前期幼儿小肌肉动作、手眼协调、注意力等发展还不完善,而且这一年龄段的幼儿多书写松散,与汉字一笔一画的要求相去甚远,不利于以后书写能力的培养,所以,没必要在学前期强求儿童书写。然而,根据李连珠的研究,未接受正式认字写字教学的3—6岁孩子,已经开始显示出他们逐渐发展中的文字概念,以及他们对语言关系的各种假设;幼儿尝试使用各种不同的符号(包括传统中国文字、其他文字形式、图画、数字、注音符号、标志或英文字母)来表达不同意思。孩子的书写作品反映出他们对中国文字特质所进行的假设与发明,而在形式上有逐渐趋向传统的规范,其中大多数幼儿的书写形式接近中国文字结构,即使非中国字,也是外形近似。因此,幼儿书写是完全可行的。

我国教育部2012年颁布的《3—6岁儿童学习与发展指南》,明确把"具有书写的愿望和初步的书写技能"定为儿童发展的一个基本标准。也正是因为这一纲领性文件,让许多人在"教"与"不教"的犹豫不定中找准了方向。然而这一时期,幼儿的书写还不能完全等同于"真正的书写",在学龄前早期更是如此。因而,我们把这一阶段定义为"前书写"。

其实,最早关于前书写的研究还要追溯到由玛丽·克莱在其博士论文中提出的"早期读写能力"(Emergent Literacy),她认为学习读写是一个从个体出生就开始,并且是不断连续发展的过程,同时也是一种文化适应的过程。之后,她在《早期读写能力萌芽:书写和阅读》(*Emergent Literacy*:*Reading and Writing*)一书中,正式提出这一概念,并解释道:幼儿"早期读写能力"不同于传统意义的阅读和书写——在某一特定时间内发生,而是在真实的家庭和幼儿园生活情境中萌生对书面语言的兴趣和敏感性,开始观察、体验有关书面语言的读写经验。

经学者们多年的研究发现,读写已然成为儿童发展自然的部分,并且儿童专家们也最终意识到,"在很大程度上学习写是一种发现行为",所以在教育过程中,教师要满足幼儿书写的愿望,培养幼儿初步的读写技能。我国学前儿童语言教育的年龄阶段目标就明确规定大班儿童在早期读写方面要"知道书面语言和口语的不同表达方式;对阅读文字感兴趣,积极学认常见的文字;喜欢按一定规则画出图形、写独体字,握笔姿势正确;会按规范的笔顺写自己的名字"。同时,我国《幼儿园教育指导纲要(试行)》也提出:"培养幼儿对生活中常见的简单标志和文字符号的兴趣;利用图书、绘画和其他多种方式,引发幼儿对书籍、阅读和书写的兴趣,培养前阅读和前书写技能。"《3—6岁儿童学习与发展指南》更是要求:"为儿童提供适当的环境,鼓励儿童大胆地涂涂、画画、写写,让他们感受其中的乐趣;让儿童在绘画和学习中学习书写的基本笔画和姿势;在生活中让儿童体验文字的功能,激发书写的愿望。"

因而,学前儿童前书写能力的重要性在学前教育学界已达成了广泛共识。如此,"前书写"究竟指什么?"前书写"阶段幼儿是如何发展书写能力的?教师应如何把握规律呢?下面我们将就这一问题进行详细讨论,以期对学前儿童书写准备活动给予指导。

## 一、前书写的概念

幼儿学习书写的方式与学习识字和阅读相似,都要经历尝试和探索的过程。他们先因觉得好玩儿而在纸上涂涂画画,继而慢慢了解写字的各种形式,最后开始试着写出类似文字的东西。如张晶在《美国各州早期学习标准的内容分析及启示》一文中写道,前书写主要包括书写和字母表意识。所谓"书写"是指儿童明白书写的目的,并且开始能够用涂鸦、形状、图片表达自己的看法,鼓励儿童用多种书写工具或文字来表达自己。对于"字母表意识",是指儿童开始认识一些字母,知道其形状及发音。譬如,美国某些州对这一指标的具体表现指标为:儿童开始认识自己名字中的发音、字母的形状、发音与字母之间的关系(如,当儿童看到有字母 A 的玩具时,把它挑出来,并说"我的名字里有个'A'";儿童认识一个生活中的标志,如"STOP")。

虽然中美两国在文化、教育背景,尤其在造字法等方面存在诸多差异,但在研究幼儿前书写能力发展过程时,依然能发现惊人的相似。如王纬虹、申毅、庞青所著的《幼儿前书写活动的研究与实践》中指出,前书写是指学龄前儿童以笔墨纸张以及其他书写替代物为工具,通过画图和涂写,运用图画、图形、文字及其符号,表达信息、传递信息,与周围的同伴和成人分享与交流其思想、情感和经验的游戏及学习活动。然而,这种"近似文字的书写"不简单等同于涂鸦和画画,为了更好地了解其含义,下面就前书写和涂鸦、绘画进行比较。

### (一) 前书写与涂鸦

幼儿最早尝试的书写是涂鸦。大概在 18 个月的时候,幼儿就喜欢拿起笔在纸上乱涂、乱写、乱画。而且,处于这一阶段的幼儿,你问他们在干什么,他们都很难给你一个确切的答案。通常,他们都是无意识涂鸦,仅仅是探索、摆弄绘画的工具,而没有在头脑中形成特别的作品。因而,幼儿的书写显现的是随意的、无规则的,甚至有可能是凌乱的。不过,幼儿越早开始有意识地模仿其他作品,那他们开始有意识地书写也越早。

### (二) 前书写与绘画

绘画与书写都是符号表征的重要方式,但二者却有很大的区别。绘画要求图画与所画的对象不能相差甚远,追求画与物的相似性,而书写就不要求。不过,在学龄前期,幼儿是分辨不出绘画与书写的区别的,因为,对他们而言,两种都是外部世界的表达方式,都很重要。所以,Baghban(2007)指出,让学前儿童每天在他们的本上,继续画他们的故事或者画每天发生的事情,是很重要的,"因为画画促进了最早的书写,这个书写则会成为最早的阅读,而作者就是自己"。

## 二、3—6岁幼儿前书写发展的规律

根据研究,幼儿前书写发展的特点表现为:

(1) 幼儿通常都很主动地学习写字。

(2) 幼儿必须在有意义的环境中使用语言和文字,才能学习写字。

(3) 幼儿学习写字是借假设、尝试和逐渐修正有关语言运用和书写系统的规则,从而学会正确的写字方式。

(4) 幼儿能使用正确的写字方式,通常并非直接教学的结果,而是由于逐步地理解学习的过程。

(5) 幼儿在学习写字时,必须有机会配合自身不同的需要和目的,有意义地使用和发挥语言文字的功能。

(6) 书写语言是很复杂的,没有人能完全地描述和说明其规则和内涵,因此无法给予幼儿十分明确的说明和解释,而主要是幼儿运用自己的力量去学习。

随着年龄的增长,幼儿的书写也不再如早期一样杂乱无章,而会慢慢形成自己的书写逻辑。新泽西读写专家克莱发现,幼儿在创造他们自己书写知识的同时,也会从周围的书写中提炼出一定信息,她将此称之为原则和概念,具体是:

(1) 循环原则:用同样的形状一遍又一遍地书写。

(2) 生成原则:书写由有限的字母构成,可以生成无限的书写。

(3) 符号概念:印刷文字除了本身之外还代表一些东西,但是这些东西看起来并不像它代表的东西。

(4) 灵活原则:同一个字母形式可能有不同的写法,但是字母的朝向是一样的。

(5) 页面排列原则:英语的书面文字在页面中,通常是从左到右、从上到下的顺序排列。

近年来,国内也开始逐渐关注幼儿前书写能力的培养,有越来越多的学者对此进行研究。例如,为调查幼儿汉字书写的现状,找出汉字书写发展的特点和规律,及其是否与幼儿空间分析(Space Analysis)有关联,林泳海等对3.5—4.5岁幼儿名字书写的一般发展状况进行了研究,其基本结果如下:

(1) 名字书写发展趋向。幼儿名字书写的能力从3.5—6.5岁是在不断发展的。其中,4.5—5.5岁进步平缓,而3.5—4.5岁和5.5—6.5岁是快速发展的两个时期。由于汉字是一种图形文字,汉字书写需要一定的空间能力,这一时期书写的发展与其思维发展的象征性特点紧密相连。5.5岁的儿童近一半能够较好地书写自己的名字。

(2) 名字书写的笔顺情况。3.5—4.5岁幼儿基本上不能按笔顺来书写,一小部分4.5—5.5岁幼儿可以按笔顺书写名字。而到了小学一年级这种情况完全改观,这是幼儿年龄增大、书写技能提高以及教育训练的结果。

(3) 绘画技能与名字书写的关系。幼儿的绘画技能水平比起书写表现得更高些,说明书写是一种比绘画更困难的活动。幼儿的文字书写经验不仅涉及认知技巧,而且它本身就是一个复杂的社会心理语言活动。幼儿的写字反应呈现出情感、知识、沟通和创造性的个别差异。借助于绘画和文字的想象力、读写萌发的经验,幼儿才能够对书写文字有很好的理解。

总之,国内幼儿的书写作品在内容上反映出他们对中国文字特质所持有的各种假设与发明,而在形式上逐渐趋向传统的规范,大多数幼儿的书写形式接近中国文字结构,即使是错别字,也在外形上近似。近一半5.5岁儿童可以规范地书写,大部分6.5岁幼儿能做到正确规范。

### 三、促进学前儿童书写准备活动的策略

#### 1. 区角活动：创设书写区

要促进幼儿书写能力的发展,教师就要为幼儿创设一个环境,譬如区角:书写区。在这个区角内,教师可以为幼儿提供与幼儿身高大小合适的书桌或画架以及多种多样的材料,如各式各样的书写工具:铅笔、彩笔、蜡笔、马克笔……又或者单独竖一块小黑板在区角内,让幼儿自己探索粉笔书写。除了这些正规的书写工具外,教师还可以提供一些沙盘、豆盘、盐盘,鼓励幼儿用手指在沙、豆子堆或盐粒里"书写"。当然,既然是区角活动,教师也要制定一些规则,规则既可以是由教师制定,也可以是幼儿做主,确定每次进去的人数,书写区的规则等,这样可以保证区角活动有序愉快地开展。

#### 2. 专门活动：书写教育

专门的书写活动,不是强求幼儿端坐在书桌前面,一笔一画、工工整整地书写,而是要求教师在绘画和游戏中,让幼儿学习书写的基本笔画和姿势。因为,对于学龄前期的幼儿而言,汉字还是符号的抽象表征,他们不太可能对"成人式"书写感兴趣,所以,教师要为专门的书写活动创设情景或背景。如《3—6岁儿童学习与发展指南》所建议的:"通过走迷宫、一笔画等游戏,帮助儿童学会能沿着一定的方向运笔的技能;让儿童通过画人行横道线、格子手帕或走迷宫的方式,学习由上至下、由左至右的基本书写笔画。"幼儿前书写活动还处在探索阶段,教师也可以发挥自己的聪明才智,创造适合幼儿前书写的好途径。

#### 3. 渗透活动：整合教育

幼儿通常都很主动地学习书写,但是只有在明白了文字是有意义的,能概括出日常生活中所见、所闻、所思、所想的基础上,才可能学会写字。因而,教师要整合教育,将书写渗透到幼儿一日生活中,让幼儿体验文字的神奇功能,激发幼儿的书写愿望。例如,在幼儿园里充满着各种文字符号,教师就可以遇见一个,指认一个,告诉幼儿"这是……";或者当幼儿兴致勃勃地讲了一个好听的故事,教师也可以用文字将其记录下来,使幼儿明白文字是可以记录

生活中的语言的,同时还有一个神奇的作用:可以使"故事"更容易分享与保存;又或者鼓励幼儿制作图画书,让幼儿综合运用绘画、符号、文字等多种形式创造故事,主题可以来源于幼儿感兴趣的话题,也可以是对自己喜爱的故事的重新创编,这样让幼儿大胆构思、大胆创作、大胆绘画,更能吸引幼儿的积极参与,每个"幼儿作者"讲解并与大家分享自己的图画,由教师记录,再鼓励幼儿署上自己的名字,就成了一本有着幼儿独家版权的图画书了。

图8-1 幼儿尝试书写

图8-2 握笔写字

综上所述,学期儿童的书写准备活动并不是一个书写活动,为了写字而活动,而是个"前书写"活动,为了幼儿将来写字而活动。因而,在实际教学中,我们不能生搬硬套地以"正确、工整、整洁"为标准,强求幼儿一笔一画,这不仅与幼儿身心发展特点不符(手眼协调能力、小肌肉动作、手腕动作都还未成熟),而且也会大大减低幼儿学习的积极性,阻碍书写能力的提高。所以,在幼儿园中要注重培养幼儿对书写活动的兴趣,使其产生对文字标识的敏感度,同时要以游戏和动手操作为主,进行游戏化的教学活动。

## 第六节 学前儿童听说游戏

听说游戏是一种特殊形式的语言教育活动,其活动的目标是以培养儿童倾听和表述能力为主的,活动的内容主要集中在听和说的理解和表达方面。它是用游戏的方式组织儿童进行的语言教育活动,含有较多的规则游戏的成分,能够较好地吸引儿童参与到语言学习的活动中,并在积极愉快的活动中完成语言学习的任务。用听说游戏的方式来实施语言教学,并不是一件全新的事情。过去,在幼儿园传统的语言教育活动中,无论是以"语言教学游戏"还是用"智力游戏"的名称出现在语言活动中,使用游戏的方式来开展语言活动都能产生良好的效果,因为它能满足儿童的学习需要,深受儿童的喜爱,并能产生事半功倍的教育效果。

## 一、听说游戏的基本特征

作为一种特殊形式的语言教育活动,听说游戏主要具有以下基本特征。

### (一)语言教育目标内隐于游戏之中

听说游戏有明确的语言教育目标,每一个听说游戏都包含着对儿童语言学习的具体要求。教师通过对听说游戏活动的设计和实施,将近阶段根据儿童语言发展水平和语言学习需要所提出的语言教育目标,内隐于听说游戏活动的内容和过程中,落实到儿童接受理解和尝试掌握的教育过程中。

### (二)游戏规则即为语言学习的重点内容

凡是听说游戏,都带有一定的游戏规则。教师在设计听说游戏时,根据具体的教育目标,选择适当的语言学习内容,并将本次活动的语言学习重点转化为一定的游戏规则,游戏的规则可能是竞赛性质的,也可能是非竞赛性质的。当儿童参与听说游戏时,他们必须遵守一定的游戏规则,按照规则进行游戏,并在活动中锻炼听说能力。如小班"商店里的东西"游戏中教师制定的游戏规则是:"顾客"一定要对售货员说清楚买什么商品,售货员才能将商品卖给他。如果发音不清楚,暂时不卖,直到说对了再卖给他。这就要求儿童必须发准"柿(shì)"、"石(shí)"、"车(chē)"等音,才能顺利地买到自己需要的"商品"。

### (三)活动过程中逐步扩大游戏的成分

听说游戏活动兼有游戏和活动双重性质,从活动组织形式上看,具有从活动入手,逐步扩大游戏成分的特征。由于听说游戏活动带有明确的学习任务,活动开始时,教师需要帮助儿童理解活动的内容,交待游戏的规则,并示范游戏的玩法。然后教师带领儿童开展游戏,在儿童熟悉并逐步掌握游戏规则后,再放手让儿童独立进行游戏。应当说,听说游戏活动开始时以活动的方式进入,而最后以游戏的方式结束,教师的主导作用在开始时体现得最为明显,而后随着儿童熟悉水平的提高而逐渐减少,直到儿童完全自主地进行游戏。

## 二、听说游戏的主要类型

### (一)语音练习的游戏

这类游戏是以练习儿童正确发音,提高儿童辨音能力为目的的一种活动,形式和结构都较简单。在听说游戏中,着重为儿童提供练习发音的机会,以利于儿童学习或复习巩固发音。可以让儿童着重练习他们感到困难的或容易发错的语音,也可以组织儿童进行方言干扰音的练习、普通话声调的练习、发声用气的练习等。但每次练习的语音不要过多,以免难点过于集中,影响儿童的学习效果。如小班儿童普通话发音的难点主要有"zh、ch、sh、r"四个辅音,教师可以根据儿童的实际情况,选取这些声母与一定的韵母结合的音节,设计一些游戏活动,如小班听说游戏活动"卖柿子",就较好地利用了游戏的形式帮助儿童掌握这些难发的语音。

**教育活动设计方案**

### 听说游戏方案1:"公鸡头,母鸡头"(小班)

**活动目标**

1. 能够正确发出"g、j、h"的音,正确说出公鸡、母鸡、黄豆等词,并会用礼貌用语打招呼。
2. 在游戏中培养注意倾听的习惯,能够听懂并理解简单的游戏规则。
3. 乐意与同伴一起游戏,共同参与猜测和判断的游戏活动。

**活动准备**

1. 手指玩偶公鸡和母鸡。
2. 黄豆、红豆、积木等小物品若干。

**活动过程**

1. 出示手指玩偶,设置游戏情境。

教师分别出示手指玩偶,以玩偶的口吻与幼儿问好,如:我是公鸡头,小朋友好!通过自我介绍和相互问好的形式带领幼儿练习发准"公鸡"和"母鸡"的字音。教师要及时纠正幼儿的发音,告诉幼儿下面做个游戏,猜猜黄豆在哪头。

2. 教师出示黄豆,表演游戏。

教师边念游戏儿歌,边表演动作,最后伸出两个拳头,请幼儿猜猜黄豆在哪头。游戏进行2—3次。教师重点带领幼儿练习公鸡、母鸡、黄豆等词的发音,先集体练习,后请个别幼儿念一念,及时纠正不正确的发音。

3. 教师引导幼儿游戏。

教师请两位幼儿表演"公鸡头,母鸡头"的游戏活动,让幼儿纠正不正确的发音,掌握游戏的玩法。提醒幼儿注意规则:猜错了就继续游戏,猜对了就将黄豆交给对方,交换角色,重新开始游戏。

4. 幼儿自主游戏。

## （二）词汇练习的游戏

这类游戏是以丰富儿童的词汇和正确运用词汇为目的的。学前阶段儿童语言学习的一个重要方面是大量积累词汇，增加口语表达的内容。应该说，学前儿童的词汇是在日常生活经验的积聚过程中逐步地增长起来的，几乎没有一个研究能确切地证明究竟一个儿童每天能习得多少词汇。用听说游戏的活动方式帮助儿童学习词汇，是专门考察儿童对词汇敏感程度的机会。这类集中学习词汇的游戏，着重引导儿童练习词汇的运用。

### 1. 同类词组词的经验

听说游戏往往让儿童做同一类词汇如何扩大增加的练习，鼓励儿童在听说游戏过程中按照一定的规则去组织扩展。例如"怎样走"的听说游戏，要求儿童用一定的副词描述怎样走的动作，儿童可以说"快快地走"、"慢慢地走"、"三步并作两步地走"、"一蹦一跳地走"等。要边说边做动作，既要说对又要做对动作。

### 2. 不同类词搭配的经验

词汇的搭配通常与语言习惯经验有关，是一种社会约定俗成的表现，但也有一定的规则。例如，量词有明显的搭配规则，到大班阶段，儿童对量词开始产生一定的敏感性。在这个时期教师可以给他们提供听说量词的游戏机会，帮助他们掌握一般量词使用方法。此外还有介词（方位词）的学习等，都可以通过听说游戏活动产生良好的教育效果。

## （三）句子和语法练习的游戏

学前阶段在语言学习过程中，大量地积累句型，按语法规则组词成句，这是他们语法习得和发展的重要阶段。一般来说，学前儿童将从简单句过渡到复合句水平。学前阶段后期，幼儿开始进入理解嵌入句的水平。无论是简单句还是复合句，都有多种类型的句式，要儿童理解、掌握并熟悉运用都需要经过一定的练习。学前儿童在日常生活中可能获得运用句法的机会，而听说游戏是有意识地帮助儿童练习，可以让他们通过专门的集中的学习迅速地把握某一种句法的特点和规律，并在尝试运用的过程中提高熟练使用的水平。例如，大班听说游戏"盖楼房"，儿童通过用"……越来越……"和"……越……，……越……"的句式学习句型。在游戏中学习句型，有一定的激励机制，儿童可以产生较高的积极性。这种游戏主要在中大班进行。

## （四）描述练习的游戏

这类游戏是以训练儿童用比较连贯的语言，具体形象地描述事物，提高口语表达能力为目的的。它要求儿童的语言完整、连贯，具有一定的描述能力。如大班听说游戏活动"金锁银锁"，让儿童以对答的形式念儿歌，帮助儿童学习用简短而有节奏的词语形容和描述一件事物。这种游戏主要在大班进行。

> **拓展阅读**
>
> **儿歌《小动物找食物》**
>
> 这是教师和儿童采用对歌的形式,学习动物的名称并模仿动物的叫声的听说游戏。
>
> 1. 教师与幼儿分别选一种头饰戴上说:"我是小花猫、我是小鸭子。"教师带领幼儿跑一跑、跳一跳。
>
> 2. 幼儿边说儿歌边找食物,找到后做吃的动作,并将食物放入小筐,幼儿找得越多越棒。游戏反复进行。
>
> 附儿歌:《小动物怎么叫》
>
> 小花猫,喵喵喵,捉到老鼠喵喵喵。
>
> 小小鸡,叽叽叽,找到虫子叽叽叽。
>
> 小鸭子,呷呷呷,吃到鱼虾呷呷呷。
>
> 小黄狗,汪汪汪,啃着骨头汪汪汪。

### 三、听说游戏设计与实施的基本结构

听说游戏的设计与实施有其独特的规律,按照下列结构去设计实施活动,可以产生更好的教育效果。

#### (一) 创设游戏情景,引发儿童兴趣

在听说游戏开始时,教师需要运用一些手段去设置游戏情景。如用物品、动作或语言创设游戏情景,目的在于向儿童展示听说游戏的氛围,引发儿童参与游戏的兴趣。

**1. 用物品创设游戏情景**

教师使用一些与听说活动有关的物品,如玩具、日用品等,布置游戏的情景,制造游戏的氛围,引发幼儿参与游戏的兴趣。比如在小班听说游戏"捉蜻蜓"活动中,教师边抖动蜻蜓玩教具,边念儿歌,吸引幼儿参与活动,进而重点引导幼儿练习发准"天、灵、捉、蜻蜓"等字音。

## 教育活动设计方案

**听说游戏方案：猜猜我是谁（小班）**

**设计思路**

小班孩子进入新的集体，难免会对集体、对同伴有陌生感。在同伴交往过程中，游戏和社会性的活动能提供儿童进一步发展其在家庭生活中初步获得的社会生活技能的环境。因此，帮助幼儿创设人际交往的情景并帮助其学习和运用人际交往的技巧显得尤为重要。在乐意交往的学习主题下，我们借助幼儿最喜欢的游戏"猜猜我是谁"，让小班幼儿在游戏情景中，自然而然地参与听说游戏，减缓他们的焦虑情绪，并在听说游戏中熟悉班级里的同伴。

导入环节——说说猜猜，激发幼儿语言表达的兴趣。中心环节——让孩子通过玩玩猜猜的方式和同伴游戏，并用简单的语言介绍自己和同伴的名字。结束环节——通过幼儿熟悉的捉迷藏游戏激发幼儿在游戏中说出自己的名字，感受被同伴认同的快乐。

**活动目标**

1. 知道向他人介绍自己姓名以及与他人打招呼的基本方式。
2. 尝试用"我是×××"的短句介绍自己，仔细倾听他人介绍自己，进而熟悉同伴的姓名。
3. 体验遵循游戏规则和在集体中被同伴认同的快乐。

**活动准备**

物质准备：玩偶、旋律欢快的音乐（幼儿曾欣赏过，较为熟悉的音乐）。
经验准备：能进行简单的自我介绍（问好，介绍名字、年龄等）。

**活动过程**

一、说说猜猜，激发幼儿语言表达的兴趣

师：我们一起来做个游戏，我来念名字，你说：对对对。

教师面对幼儿报名字，幼儿回答"对对对，我是×××"。

小结：每个人都有自己的名字，我们可以大声地说出自己的名字，让朋友记住。

二、玩玩猜猜，用简单的语言介绍自己和同伴的名字

（一）说说我的名字

1. 我们再来做击鼓传花的游戏，玩偶传到谁，谁就来介绍自己的名字。引导幼儿讲述语句：大家好，我是×××。

2. 引导幼儿集体回答"很高兴认识你，×××"。

(二)说说同伴的名字

1. 还记得他的名字吗?他叫什么名字?

2. 引导幼儿回答"我是开心的×××"。

小结:你们真厉害,不仅记住了自己的名字,还说出了别的小朋友的名字。

三、找找猜猜,游戏中感受被同伴认同的快乐

(一)捉迷藏游戏

1. 我们再来玩捉迷藏游戏,请听音乐找地方躲起来,音乐一停我就要来找你们啦。

2. 当你被找到后,请你们进行自我介绍

找到后教师要讲出孩子的姓名,"我知道你是×××",引导被找到的孩子要告诉大家"是的,我是×××"。

(二)教师和幼儿一同来寻找同伴

引导幼儿找到同伴后说"你是×××吗?"被找到的幼儿说"是的,我是×××。"

(三)教师和幼儿互换角色进行游戏

小结:今天我们大胆地说出了自己的名字,也知道了朋友的名字,下次我们再和朋友们一起玩游戏。

**活动分析**

本次活动是一次小班的听说游戏,旨在通过"猜猜我是谁"的游戏形式引导儿童学习介绍自己,并在游戏过程中学习遵守游戏规则,培养在熟悉的人面前大方地打招呼的意愿,以及倾听他人并及时予以回应的语言能力,与此同时还能熟悉社会交往的基本规则,促进社会性的发展。总体来看,活动的设计切合小班儿童年龄特点和《3—6岁儿童学习与发展指南》中儿童语言发展的目标,活动环节衔接紧密流畅,为儿童提供了充分的直接感知、亲身体验和实际操作的空间。游戏性强,有利于激发儿童参与活动的兴趣。活动目标具体清晰,聚焦于让儿童学习和运用人际交往的技巧,增强社会交往技能,通过让儿童在集体活动中与教师、同伴多方互动来学习介绍自己以及和同伴相互介绍的基本方式,即"我是×××",在学习短句的同时还能进一步熟悉同伴,培养集体意识和对班级团体的归属感、安全感及认同感,这对于入园不久且对集体生活尚未完全适应的小班儿童而言无疑十分重要。

> 从活动内容来看,"猜猜我是谁"这一听说游戏贴近儿童生活经验,儿童在日常生活中也会经常看到成人相互介绍或在家长的要求下介绍自己,然而本次活动不仅是能够介绍自己,更重要的是能够用短句与同伴互相介绍,有利于小班儿童提升"认真听并能听懂常用语言"以及"愿意说话并能清楚表达"的核心经验,并有利于丰富儿童在集体生活中的社会交往技能及社交经验。
>
> 从具体的活动环节来看,首先教师开门见山,以师幼互动的游戏形式帮助儿童熟悉其他班级同伴的名字,创设游戏情境,从而引发儿童参与活动的兴趣和主动性。接下来以击鼓传花、捉迷藏等游戏形式帮助儿童在游戏情境中熟悉、实践、巩固活动中获得的在集体中自我介绍和互相介绍的新的经验。由于是小班儿童,教师选取的游戏都是儿童较为熟悉且规则较为简单的形式,每当引进新的游戏形式,教师会用简洁明了的语言介绍游戏规则,并在实际进行时采用阶梯式方式,先由教师说明,再向儿童进行游戏示范,在儿童较为熟悉游戏的基础上再进一步退出,让儿童自主游戏,并提供引导和评价。
>
> (资料来源:选自尔雅润育——幼儿园社会性主题教育系列教材)

#### 2. 用动作创设游戏情景

教师用动作表演,让儿童想象出游戏的角色或者游戏的场所,进而产生游戏情景的气氛。例如小班游戏活动"下雨了",教师假想一个游戏情景,告诉幼儿"老师是小鸡妈妈,小朋友们就是小鸡",如果教师说"天晴了","小鸡妈妈"就带你们到外面找虫子;如果说"下雨了",就要回到"小鸡妈妈"身边来。如此开始活动,幼儿兴趣十足,乐在其中。

#### 3. 用语言创设游戏情景

教师通过自己所说的话,直接描述或指出游戏中角色以及所处的环境。比如小班听说游戏活动"水果在哪里",教师直接对小朋友说:"秋天里,水果丰收了,我们和小动物一起到果园里去摘水果吧!"教师用语言引导儿童进入角色,营造游戏的气氛,同样可以达到创设游戏情景的作用。

### (二)交待游戏规则,明确游戏玩法

在创设游戏情景之后,教师接着就要向儿童交待游戏的规则,这一步骤的目的是要儿童通过教师布置任务、讲解要求,明确游戏的玩法。教师通过用讲解和示范相结合的方式,引

导儿童理解游戏的规则。如中班"开火车"游戏,教师用积木搭火车,通过这个情景引发儿童游戏的兴趣。游戏开始后,教师交待游戏的规则,有一人做火车头,其他小朋友都做小火车车厢。游戏开始时,大家一起念儿歌,"点兵点将,点到谁,谁就是我的火车厢",由火车头边念儿歌边用手轮流点小朋友,当儿歌念完后,最后被点到的小朋友站起身,从火车头的包里摸出一张图片,并用量词说出图上的东西。说对的小朋友站在火车头后做一节车厢。说错了则不能做车厢。大家再重新念儿歌,寻找另外一个火车厢。

教师在交代游戏规则时要注意:第一,用简洁明了的语言讲解。在交待游戏规则时,切忌啰嗦、冗长的解释,以免儿童抓不住要领,不能及时领悟理解游戏规则,影响游戏的进程。第二,要讲清楚听说游戏的规则要点和游戏的开展顺序。听说游戏的规则要点一般都是游戏中儿童要按照规范说话,教师应当让儿童基本明白说什么和怎样说,以便他们能够在参与游戏时付诸实施。同时要帮助儿童清楚地理解游戏开展的顺序,先做什么,后做什么,什么角色做什么,这样他们才能够顺利地开展活动。第三,教师用较慢的语速进行讲解和示范。教师在交代游戏规则时使用的语言应当是相对减慢速度的语言。尤其是针对游戏规则回答问题或说一句话时,一定要保证让儿童听清楚,因为这种语言带有示范的性质。

### (三) 教师指导儿童游戏

教师带领儿童开展游戏,是一种以教师为主导指导儿童游戏的过程。在这一段时间内,教师在游戏中充当重要的角色,可以主宰游戏的进程。此时,儿童可以部分地参与游戏过程,即一部分儿童参加游戏,实行轮换,可使另一部分儿童有观察熟悉的机会。也可以是全体儿童参加游戏的一部分,待儿童熟悉游戏的规则和玩法后再参加全部的游戏。

教师指导儿童游戏,有利于儿童在活动过程中熟悉游戏规则,进一步明确和掌握游戏的玩法,掌握在游戏中运用语言交往的基本思路,从而为独立开展听说游戏做好充分的准备。

### (四) 儿童自主游戏

通过前面三个步骤的活动,儿童已经比较熟悉和掌握了游戏的规则和玩法,具备独自开展听说游戏的基础。在儿童自主游戏的阶段,教师可以放手让儿童自己开展活动。此时,教师已从游戏领导者的身份退出,处于旁观的地位。在观察儿童游戏时,注意对个别不熟悉规则和玩法的儿童进行及时的指导点拨,帮助这些儿童更快地加入到游戏中去。教师还要注意及时解决游戏中可能出现的矛盾和纠纷,以免因角色分配不当或其他问题影响游戏的顺利进行。教师对儿童游戏行为的评价和态度能激发儿童游戏的积极性,促使儿童更加主动、积极地活动,圆满地完成听说游戏的教育任务。

## 仔细听，认真记（大班）

《3—6岁儿童学习与发展指南》中明确提出，大班儿童应当在集体中能注意听教师或其他人讲话，能有序、连贯、清楚地讲述一件事情，"仔细听，认真记"正是旨在培养大班儿童倾听与表达两方面的核心经验，通过一环接一环的游戏增强儿童的仔细倾听、理解与准确表达的能力。

在导入环节，教师结合动作和语言创设游戏情景，指着耳朵请儿童猜一猜今天要玩的游戏，而不是直接将游戏介绍出来，引导儿童进入角色，营造积极主动的游戏氛围。而后，教师向儿童介绍要进行的游戏——"把我的话变成你的动作"，通过提问引发儿童主动思考游戏规则，激发儿童参与的兴趣，帮助儿童熟悉通过倾听和理解指令做出相应动作的基本游戏规则与流程。

在此基础上，教师进一步提升游戏难度，要求儿童听指令完成任务。在这个环节中，教师出示了一系列教具，为培养儿童在集体环境中倾听与辨析指令的能力提供支持。在游戏环节中通过教师的语言指导、个别儿童的示范帮助儿童及时掌握游戏规则。这一环节中，教师的指令语更加复杂，修饰词更多，儿童需要将"不是……"转换为"是……"，对思维有一定的挑战性，还需要对教具进行细致的观察比较，并对空间位置进行辨别，才能完成任务。因此，教师通过重复的环节和不同的具体语境与儿童进行互动游戏并及时评价与反馈，鼓励儿童用自己的口头语言对指令进行转述，引导儿童理解复杂情景中的指令语句。当儿童面对长指令出现困惑时，教师及时把握教育契机，引导其更加仔细地倾听，帮助儿童初步尝试将长句缩略为短句并表达出来，即通过倾听提取关键词并在理解的基础上有效输出。

接下来，教师要求儿童不受干扰听清指令。一方面教师准备了几段在嘈杂的集体环境中出现指令的音频，另一方面教师提供了不同的干扰情境。这一环节对儿童注意倾听的能力提出了进一步的挑战。之后的游戏环节中，教师要求儿童在有限的时间内能够记住三位教师念的一首儿歌，三位教师戴着不同的发饰、做着不同动作、念着不同的部分。在这一环节中，教师为儿童提供了有力支架，即引导儿童在听他人讲话时要看着对方眼睛，这样方能更好地记住对方特征。儿歌短小凝练，挑战富有趣味，儿童乐于参与其中。

最后一个游戏为"传话游戏"，教师明确游戏规则，要求游戏中的儿童认真倾听并传达准确，观察的儿童要保持安静，遵循文明的语言习惯。在游戏过程中，教师充分利用游戏情境，引导儿童体会仔细倾听、理解记忆，正确表达的重要性。整个听说游戏活动，环节设计流程紧密，游戏本身具有清晰的游戏规则、层层递进的难度与层次，教师通过生动的语言、体态以及适宜的介入逐步实现活动目标。此外，教师始终尊重儿童在游戏中的主体地位及权利，营造宽松自主的活动氛围。

> **拓展阅读**
>
> **幼儿游戏过程中，在什么情况下教师必须介入**
>
> 一般来说，当幼儿出现以下情况时教师应当介入：
> 1. 当幼儿遇到困难、挫折，即将放弃游戏时；
> 2. 当幼儿在与环境的互动中产生认知冲突时；
> 3. 当游戏中出现不安全的因素时；
> 4. 当幼儿主动寻求帮助时；
> 5. 当游戏中出现不利于游戏开展的过激行为时；
> 6. 当游戏中出现消极内容时。

 **本章练习题**

1. 试述学前儿童语言教育活动的特点。
2. 试述学前儿童语言教育活动设计和实施的原则。
3. 试述对学前儿童文学作品和文学教育活动的基本认识。
4. 试述文学教育活动设计与实施的基本结构。
5. 试述谈话活动设计与实施的基本结构。
6. 试述讲述活动设计与实施的基本结构。
7. 试述听说游戏活动设计与实施的基本结构。
8. 试述早期阅读活动设计与实施的基本结构。
9. 试述学前儿童的书写准备活动。

# 第九章 学前儿童语言教育的评价体系

 学习目标

1. 了解学前儿童语言教育评价的作用。
2. 掌握学前儿童语言教育评价的原则。

教育评价就是衡量教育工作的价值。学前儿童语言教育评价即收集教育活动系统各方面的信息,并依据一定的客观标准对学前儿童语言发展状况和儿童语言教育过程、内容、方法、效果等作出客观的衡量和科学的判定的过程。对学前儿童语言教育评价的认识,是随着对儿童语言发展和语言教育的认识的不断深化而发展起来的。在《幼儿园教育指导纲要(试行)》中,特别强调教育评价的作用,认为教育评价是幼儿园教育工作的重要组成部分,是了解教育的适宜性、有效性,调整和改进工作,促进每一个幼儿发展,提高教育质量的必要手段。我国的学前儿童语言教育评价,强调把语言教育作为一个整体来进行评价,包括从儿童语言发展的状况来评价教育效果,从语言教育实体的各个部分及对其相关关系的分析和判断来评价教育活动过程的实际运行状况,还需要对语言教育本身作出价值判断,对教师的教和儿童的学的过程与结果作出评价。语言教育评价是学前儿童语言教育过程中一个不可缺少的环节,它调节、控制着整个教育过程,使之朝着语言教育的预期目标前进,并最终达成目标。

## 第一节 学前儿童语言教育评价的作用和原则

语言教育评价是语言教育整体结构中的一个要素,它通过对其他各要素的评价以及对语言教育整体运行中各个步骤的反馈、诊断和监测,对语言教育整体效果作出评价。学前儿童语言教育整体结构包括语言教育目标、语言教育内容、语言教育过程和语言教育评价四个要素。教育评价是语言教育整体结构中不可缺少的组成部分,它也是语言教育运行中每一轮与下一轮之间连接和转换的环节。

## 一、学前儿童语言教育评价的作用

### (一) 反馈作用

所谓"反馈"就是将教育成果信息返回给教师,用以调整和改进教育过程。评价作为一种反馈——矫正系统,主要判断语言教育整体结构中每一个环节是否有效;如果无效,则必须及时采取改正和补救措施,以确保教育的有效性。通过教师自身以及他人的评价,可以反馈与确认教师的教育和儿童的学习是否有效;可以激发教师改进和调整语言教育活动的策略和方法,强化成功经验,消退失败经验等。根据评价结果的信息反馈,可以大大提高教师自我教育评价和改进教育工作的能力。

### (二) 诊断作用

诊断是语言教育评价的一个基本作用。通过评价,可以诊断学前儿童在语言教育整体运行中的语言发展状况;可以诊断儿童在学习语言时,知识经验和能力技能的准备程度,已有的语言发展水平如何,由此来决定儿童语言教育的目标和内容。通过评价,可以诊断儿童语言教育活动的实际效果,还可以诊断本班儿童在语言方面的兴趣、个性、能力等的差异,以便教师因材施教。总之,通过语言教育评价来诊断语言教育内容和目标的适合程度,内容与儿童语言发展水平的适合程度,内容和方法与儿童兴趣点的适合程度,然后根据评价所得到的诊断结果,及时调整语言教育内容、改进语言教育方法。

### (三) 增效作用

教育评价在语言教育整体运行中具有增效作用。若能做到在语言教育过程中每走一步都作出评价,并以此为基础再走下一步,就可能避免许多"无效劳动",使教师和儿童的时间、精力花费在能取得实效的活动上。经常性的评价还可为学期或学年总评价积累素材,进行客观的归纳和总结。虽然增加了教师暂时的负担,却换取了长远的效益,教师多付出的劳动量能随着评价体系及工具的建立和完善而逐渐减少。

**拓展阅读**

#### 反思笔记

这是一篇来自张雯雯老师的反思笔记。她在对小班幼儿进行绘本教学《没有声音的运动会》时,综合运用了上述评价原则,通过课后反思,既发现了亮点,又找到了不足,有助于以后语言教育活动的更好开展。

《没有声音的运动会》讲述了老鼠爷爷过生日,老鼠家的大大小小决定做一个世界上最大、最好吃的蛋糕送给爷爷,但是一定不要让老鼠爷爷知道,要给爷爷一个惊喜,所以他们在无声中悄悄地进行着,就像一场没有声音的运动会。

图9-1 《没有声音的运动会》

这个绘本诙谐有趣,适合小班幼儿年龄特点,一开始我设想通过静态PPT课件和动态课件的使用,让幼儿在动静交替中感受故事,进而喜爱故事。活动一开始我不断向孩子抛出各种问题,帮助幼儿深层次理解绘本。在实际教学过程中,我发现:适当调换幻灯片顺序,让孩子先观察后提问,更有利于幼儿畅所欲言。而且在最后完整欣赏整篇绘本的时候,若能切换到不同的角度,让孩子自然说出他们是相亲相爱的一家人,明白老鼠家的大大小小都爱爷爷,更能推动幼儿语言的发展。

(资料来源:张雯雯:《语言活动:没有声音的运动会》,《儿童与健康》2012年第10期)

在当前幼儿教师普遍感到语言教育改革比较困难的情况下,语言教育评价还可以作为剖析语言教育实践,形成语言教育整体结构和运行机制的一种手段。例如,教师或园长可用语言教育整体结构四要素来对照本班或本园的语言教育实践,从中发现薄弱环节和不足之处,予以加强和改进。也可用各种评价工具对儿童的语言能力发展,对儿童语言学习过程的设计和实施,对语言教育目标和教育内容等进行检验,从而发现优点加以发扬,找出弱点加以改进。

## 二、学前儿童语言教育评价的原则

语言教育评价原则是在进行语言教育评价时必须遵守的基本要求。无论是谁来进行评价,都必须遵循以下的原则。

### (一)客观公正性原则

客观公正性原则是指实施语言教育评价时,必须采取客观的、公正的、实事求是的态度,而不能凭主观臆断或掺杂个人的情感因素,妄加评论,妄加指责。这是进行语言教育活动评价的最基本原则。实践证明,活动评价如果是客观的,就可以有效地促进语言教育活动的展开与改进工作;反之则会产生阻碍的作用,使得评价活动失去其真正的意义。

在活动评价中要做到遵循客观公正性原则,首先要求评价者采用客观公正的评价方法和手段,根据教育目标来实施评价,评价标准一旦确定,就不能随意改动。其次,要求制定的标准应适合每一个评价对象,否则就不能称为客观公正的标准。再次,要求在实施评价的过程中,要以客观公正的态度对待每一个评价对象,不能因评价者本人的好恶、固有观念等主观因素而使评价结果出现偏差。保证评价的客观公正还需要有充分的理论或实证的支撑,如果评价者不能以客观公正的态度对待评价对象,在评价过程中包含主观成见或个人情感色彩,则会产生不良的后果。

### (二) 连续全面性原则

教育实践是一个不断运动、全面性发展的过程,教育评价必须是连续不断地对语言教育活动的各个组成部分和各个构成要素进行全面的评价。这就要求评价者既要对学前儿童语言发展情况进行评价,又要对教师的教学进行评价;既要对语言教育目标进行评价,又要对语言教育内容和方法进行评价;既要对教具、学具的选择和利用进行评价,又要对教师与儿童之间的互动情况进行评价;既要对静态的活动要素进行评价,又要对动态的活动要素进行评价。同时,评价者所用的评价方法和评价工具还应有连续性,对学前儿童语言教育的评价记录资料还应妥善安置,形成制度,只有这样才能保证评价的连续性和全面性。

**拓展阅读**

## 档案袋评价

在幼儿园中,最常见的一种评价方式就是档案袋评价。每个幼儿都是按照自己的节奏前进发展,有着属于自己的发展路径,而教师能做的就是尊重幼儿发展的独特性。通过档案袋的方式记录幼儿的成长,还能体现出评价的客观公正性原则以及连续全面性原则。如"语言"这一领域,教师就可以事先做一张"核心项目单",然后对照着目标将幼儿的表现记录投放到档案袋中。详细内容见表9-1。

表9-1 核心项目工作单

| 课程领域:语言 |
| --- |
| 发展目标:幼儿清晰地表达自己的意思并让别人了解 |
| 预设活动:① 猜猜我是谁<br>② 小小叶博士<br>③ 我会穿衣服<br>④ 冬天的食物 |

幼儿可能的作品/呈现方式：
- 口语表达(录音带或书面记录)
- 绘画作品
- 立体作品如泥塑等(照片)
- 角色扮演(录音带或录像带与轶事记录)
- 表述故事(录音带与书面记录)
- 表格或练习单

(资料来源：谢慧琪：《档案袋评价在幼儿班级中的实践探索》，《山东教育》2005年第36期)

### （三）诊断有针对性原则

教育评价的目的是改进教与学，所以对教育目标的达成既要有量的显示，也要有质的评定。不仅要能看出是否达到目标的数量和程度，还要能看出达到的各种具体情况以便找到原因，以便有针对性地进行教育教学。如对儿童普通话发音的评价，在新入园时用语音测查的方法来了解每一个儿童的发音情况，对未发准音的儿童做记录，分析原因，这样就能有针对性地进行练习和个别辅导。

### （四）参照性原则

参照性原则是指制定的语言教育评价标准要有一定的依据。首先，要依据国家制定的具有法规性质的文件，这是确定语言教育评价的根本依据。其次，要依据学前儿童语言发展的基本规律。根据儿童在每一个年龄阶段应有的语言发展水平作出恰当的规定，不可任意提高或降低评价的标准。再次，要依据语言教育的目标。目标不但是语言教育活动的指南，而且也是语言教育评价的指南和参照。在评价过程中，那种脱离目标另定标准的做法是不可取的，也是缺乏科学性的典型表现。

## 第二节　学前儿童语言教育评价的内容和方法

学前儿童语言教育评价应包括两方面的内容：一是对学前儿童语言发展状况的评价，包括对儿童的发音、词汇、倾听、表述等能力的评价；二是对语言教育活动的评价，包括对活动的目标、内容、方法和过程等的评价；三是对幼儿教师在教育活动中设计和组织情况的评价。对不同方面的评价内容，应采取相应的评价方法。

## 一、学前儿童语言教育评价的内容

### (一) 对学前儿童语言发展状况的评价

#### 1. 对幼儿目标达成的评价

对照《幼儿园教育指导纲要(试行)》(以下简称《纲要》)"语言领域目标"的规定,幼儿的语言发展最终应达成以下四方面目标:(1)喜欢与人谈话、交流;(2)注意倾听并能理解对方的话;(3)能清楚地说出自己想说的事;(4)喜欢听故事、看图书。

语言领域的内容包括发展幼儿的知识、技能、能力、情感态度等等,所以对幼儿目标达成的考察主要涉及以下三方面:

一是认知目标的达成情况,即了解儿童是否获得了目标所规定的语言知识,是否掌握了有关的语音、词汇、句型;是否能顺利进行口头语言的理解和表达以及书面语言的学习。其中值得关注的是,幼儿的口头表述与动作表达有密切的联系,特别是在 4—5 岁的时候。所以,评价幼儿口头表述时,要考虑到与动作表达相关的特点。有研究指出,提前进行书面语言学习,可以促进幼儿大脑,尤其是与书面语认知相关脑区的发育及成熟。书面语言学习效果越好,幼儿在阅读兴趣和自发阅读方面表现也就越好。所以对幼儿书面语言习得的评价也十分重要和必要。

二是情感与态度目标的达成情况,即了解一下儿童是否养成了注意倾听的习惯;是否使用礼貌语言与人交往,养成了文明交往的习惯;是否乐意在集体中讲述;是否掌握并遵守语言交往中的一些规则。

三是技能目标的达成情况,即了解儿童构词成句的能力和在具体语境中运用语言的能力。儿童的语言运用能力是儿童整体语言学习和发展的驱动力。从质性的角度评价儿童语言交流行为的发展,有三个基本的评价指标:语言交流行为表达的清晰度、新的语言交流行为类型的生成,以及儿童合作交流的行为水平。幼儿的交往倾向表达越清楚,言语交往类型越丰富,儿童对交往情境的敏感和交流双方的相互理解程度越高,幼儿语言的功能性就体现得越好。另外,儿童在使用语言时的合作交流程度越高,他们的语言所产生的功能作用和对交流对方的影响就越强。

#### 2. 对幼儿参与活动程度的评价

对学前儿童语言发展状况评价的另一方面,就是对幼儿在活动中的参与和投入程度的评价,记录幼儿在活动中的表现,依次评价幼儿参与活动的程度、注意力集中程度、情绪愉悦表现、活动的持续性、接受活动的挑战性等。当这些指标呈现较好的倾向时,就认为儿童正积极主动地投入活动中,这是儿童参与活动的理想状态。反之,则认为儿童是在消极、被动地参与,甚至不参与活动。

### (二) 对学前儿童语言教育活动的评价

《纲要》第四部分"教育活动评价"中指出,对教育活动的评价应建立在对本班幼儿实际了解的基础上;教育活动的目标、内容、组织与实施方式,以及环境能否向幼儿提供有益的学习经验,有效地促进其符合目的地发展;教育内容、方式、环境条件能否调动起幼儿学习的积极性,有利于他们主动学习;活动内容方式是否能兼顾群体需要和个性差异,使每个幼儿都有进步和成功的体验;教师的指导是否有利于幼儿进一步探索与思考,有利于扩展、整理幼儿的经验。下面我们将分别对活动的目标、内容、组织形式、过程、环境逐一进行分析。

#### 1. 活动的目标

《纲要》第三部分"教育活动的组织与实施"中明确规定,幼儿园的教育活动是有目的、有计划引导幼儿生动、活泼、主动参与多种形式的教育活动,所以考察语言教育活动时,首先需评价幼儿语言教育的活动目标,即活动的目标是否符合《幼儿园工作规程》和《纲要》的保育教育目标;是否根据本班幼儿的发展水平和原有经验来制定目标;在目标中是否包含了认知、情感、能力三方面的内容。

#### 2. 活动的内容

活动的内容可以是专门的语言活动,比如听故事、看图书、学儿歌等活动。活动可以采取多种形式,比如教师引导幼儿围绕主题展开讨论,幼儿自由地表达自己的观点和感受等。

语言活动还可以是各领域中渗透的语言活动。《纲要》"语言指导要点"第二条规定:"幼儿语言的发展与情感、经验、思维、社会交往能力等其他方面发展密切相关。"加拿大蒙顿城的一群教师曾共同发表一份工作报告。该报告指出,当幼儿用语言表达自己对事物的理解时,他们同时也在发展自己的表达能力及对科目中相关概念的理解。所以,相互渗透的各领域的教育是发展幼儿语言的重要途径,因为无论哪个领域都无不与语言有密切的关系。比如,在社会领域中,幼儿学习如何有礼貌地讲话;在艺术领域,幼儿会对美的事物进行描述;在科学活动中,幼儿会与同伴共同探究、讨论,或者表达自己对某个科学现象的发现等,这些都是语言具体得以应用的实例。

语言活动也是幼儿日常生活的重要组成部分。《纲要》指出:"幼儿的语言是通过在生活中积极主动的运用而发展起来的,单靠教师直接的'教'是难以掌握的。教师应充分利用各种机会,引导幼儿积极运用语言交往。"在日常生活的每一天、每个时刻,幼儿都有可能进行语言学习,都有运用语言的机会。日常语言交往有着真实、丰富的场景,有实际语言交往的需求,幼儿也很愿意投入到真实的语言交往活动中。如果选取生活语言活动的片段进行评价,能总结出幼儿实际运用语言的能力。

### 3. 活动的组织形式

《纲要》中规定"教育活动的组织形式应根据需要合理安排,以便为幼儿提供多样化的学习机会和条件,提高效益"。所以在评价语言教育活动组织形式时,需要分析教师在活动展开过程中,是否因时、因地、因内容和幼儿的学习特点,是否灵活运用了集体活动、小组活动和个别活动的活动形式;分组中是否考虑到幼儿的知识、技能、情感以及社会交往能力;教师有没有保证幼儿每天有充足的时间自主地进行活动。

### 4. 活动的过程

对活动过程的评价重点在两方面:一方面是人与人互动,即师幼互动和同伴间的互动。语言具有个别化的特点,教师与幼儿的个别交流和幼儿之间的自由交谈,是评价的重点之一。教师在教育活动中应是幼儿的支持者、合作者、引导者,以平等、关怀、尊重的态度与幼儿交流;时时注意反思幼儿在活动中的各种表现,寻找原因,制定策略;把握幼儿的个体差异,用适当方式给予帮助和指导;变化谈话方式,不要一味地提问,也让孩子自己有主动质疑、反问的机会,倾听孩子的问题,并给予适当的解释和引导;同伴间应有更多讨论和商量的时间和机会。

另一方面是人与物互动,即教师和幼儿如何在活动中使用玩教具。包括教师是否选择了适合活动内容和儿童实际水平的操作材料;教具是否有利于语言活动的展开;儿童的学具是否适合于儿童的操作;玩教具是否被充分、有效地利用了。

### 5. 活动的环境

《纲要》中涉及教师创设的活动环境包括几个方面:一是教师是否创设了一个自由、宽松的语言交往环境,是否支持、鼓励、吸引幼儿与教师、同伴交谈,体验语言交流的乐趣;二是教师是否提供了普通话的语言环境,帮助幼儿熟悉、听懂并学说普通话;三是处在活动环境中的教师的态度和管理方式是否有助于形成安全、温馨的环境,教师的言语举止是幼儿学习的良好榜样;四是活动的材料和常规是否有利于幼儿的主动探索以及和同伴的交往。

## (三)对幼儿教师的评价

在幼儿园语言教育活动的评价中,对教师本身的评价也是一个很重要的方面。有效的评价可以促进教师自身的发展,促进幼儿园语言领域教育目标的达成,提高学前儿童语言教育活动的质量。对教师进行评价,主要从以下几个方面进行考虑:①教师的语言素质:教师的口语表达能力和普通话水平;教师对于示范性表达的注意程度;教师对文学的爱好程度以及创作和改编故事、儿歌、散文的能力;教师对幼儿语言能力的了解程度和帮助幼儿提高语言发展水平的能力;教师是否有意识地强化幼儿的疑问句;教师是否有意识地通过各类语言活动,特别是文学活动培养幼儿的创造性人格;教师是否积极进行语言随机教育。②教师与儿童的互动情况;教师是否充分发挥了主导作用;教师是否创设了有利于激发幼儿语言能力发展的物质环境和可轻松愉快地发挥儿童语言学习的主体性作用的精神环境;教师与儿童在活动过程中的交往是否和谐融洽;儿童的注意力、兴趣、情绪、意志、性格等非智力因素方面的表现如何。

> **拓展阅读**
>
> ### 语言活动"我想飞"反思
>
> 今天的语言活动是学习《我想飞》,凭着对教材的理解,我开始上课。"孩子们,你们有没有想过要飞啊?为什么想飞?"随着简单的导入,孩子们的思维被紧紧地吸引到活动主题上来,我顺势引出了今天的教学内容。孩子们的回答让我感觉到这个教材写出了孩子的心愿。每个孩子都希望自己能像小鸟一样自由自在地在蓝天上飞翔。因此,孩子们理解小纸人的心愿和行动。基于这样的发现,我在课中引用了第一人称进行教学,我让孩子们把自己想象成那个小纸人,当伙伴们讽刺嘲笑你时,你会怎么说?当遇到困难时,你会怎么想?怎么做?当你飞上蓝天时,你的心情怎样……我发现,这样的教学,使孩子将自己融入到角色中去,以自己的经验理解着角色的心理变化,仿佛是诉说着自己的故事。当看到钟意张开双臂,仰着头喊着"我想飞、想飞、想飞"时,当看到丁丁表演着一头栽到地上时的情境,当和小星说着对白时,我发现,这已经不是书本上的故事,而是孩子们的故事。在这样的教学中,书本上文本中的语言、词汇已经显得不精彩也不重要了,更多的是孩子们用自己的思维组织着语言,用自己的语言抒发着情感。
>
> 整节课上了35分钟,孩子们讲述、表演、讨论的时间用了近25分钟,90%的孩子参与到整个说、演的过程中来。在这节语言课中,孩子们想说、愿说,积极渴望参与表演,并在表演中得到满足。下课后,孩子们的热情还没有消退。总结下来有以下几个方面:一是对教材的把握正确。我很好地将孩子的愿望与小纸人的愿望融合在一起,直接提取了幼儿的情感体验,让幼儿有感而说,有感而发。二是教师的激情投入。在演绎故事的过程中,我全身心投入,用自己的语音、语调和肢体动作,表达了小纸人真切的愿望和情感,孩子们深受感染,并由此激发了他们表达的欲望。所以说,教师的激情是点燃孩子学习热情的火种。三是教学策略的适当运用。第一人称式的讲述,并不适用于每一个故事。只有令孩子身在其中,深有体会,才能成功实现角色转换。

## 二、学前儿童语言教育评价的方法

对语言教育活动进行评价,需要有一定的方法。评价的方法实际上是收集信息的方法。评价时,可以综合运用几种方法,收集多方面的信息,作为评价的量和质的客观资料,为科学的教育评价提供依据。

### (一)自由叙述评价法

自由叙述评价法是将对教育活动的意见、判断等自由地说出来或写下来,通过口头语言或文字叙述的形式对教育活动加以评价的方法。这种方法既适合于自我评价,也适合于对他人的评价。

这一方法的最大特点是不作定量分析,不需要专门的测量工具和复杂的评价程序,有利于综合反映活动过程中的情况,既可以对静态的因素(如活动目标、内容、方法、材料、环境布置等)进行分析,又可以对动态的因素(如儿童在活动中的行为表现)加以分析。

### (二)观察评价法

近年来我国学前儿童语言教育领域提倡"学前儿童发展水平观察评估",这是一种既有科学性又切实可行的评价儿童发展的方法。通过观察可以获得大量的评价信息,可以及时了解教育活动的运行状况,还可以通过观察得来的反馈信息,随时调整活动的内容、方法和组织形式。这一方法主要通过对儿童行为表现的观察了解,来对整个教育活动的效果进行分析,这是一种行之有效的评价方法。

它的具体运用可以通过多种途径来进行。最常见的是在自然情况下进行观察。有时也可以通过提问,来观察儿童语言表述情况。在自由活动时,教师可以通过与儿童的个别交往和巡视来观察儿童的语言发展情况。对日常生活中不易观察到的情况,教师可以根据评价指标设计专门的语言教育活动,创设相应的条件促使儿童自然地表现其语言发展状况。

### (三)综合等级评定法

为了在评价中获得对语言教育活动的总体印象,在语言教育活动的评价中还可以采用综合等级评定法。这一方法是从纵向和横向两个维度确定评价指标的,既对活动的各种因素进行分析和评价,又对活动的各种状态进行分析与评价,从而能够得到综合的评价信息。纵向包括构成语言教育活动的各种因素,主要有目标、内容、形式、儿童参与活动程度、材料利用情况、师生互动。横向包括教育活动各因素在运行过程中的状态及其等级(见表9-2),根据这两个维度制成综合等级评定表。教师在活动评价中,只要在相应的位置打上勾即可。使用此方法,可以获取多重评价信息,评价者借助于这些信息材料,既可以对教育活动进行定量分析,又可以对教育活动进行定性分析,还可以对教育活动进行因子分析。

表9-2 综合等级评定表

| | 目标 | 完全达到 | | | 基本达到 | 未达到 |
|---|---|---|---|---|---|---|
| 目标达成分析 | 目标1 | | | | | |
| | 目标2 | | | | | |
| | 目标3 | | | | | |
| 适合程度分析 | 内容 | 完全适合 | | | 部分适合 | 不适合 |
| | 形式 | | | | | |
| 活动因素分析 | 参与程度 | 主动积极 | | | 一般参与 | 未参与 |
| | 材料利用 | 充分利用 | 一般利用 | 未利用 | | |
| | 师生互动 | 积极互动 | 一般配合 | 消极被动 | | |

## 本章练习题

1. 试述学前儿童语言教育评价的作用。
2. 试述学前儿童语言教育评价的原则。
3. 试述学前儿童语言教育评价的方法。
4. 试述学前儿童语言教育评价的内容。

# 附录 1

# 《幼儿园教育指导纲要(试行)》

## 第一部分 总 则

一、为贯彻《中华人民共和国教育法》、《幼儿园管理条例》和《幼儿园工作规程》,指导幼儿园深入实施素质教育,特制定本纲要。

二、幼儿园教育是基础教育的重要组成部分,是我国学校教育和终身教育的奠基阶段。城乡各类幼儿园都应从实际出发,因地制宜地实施素质教育,为幼儿一生的发展打好基础。

三、幼儿园应与家庭、社区密切合作,与小学相互衔接,综合利用各种教育资源,共同为幼儿的发展创造良好的条件。

四、幼儿园应为幼儿提供健康、丰富的生活和活动环境,满足他们多方面发展的需要,使他们在快乐的童年生活中获得有益于身心发展的经验。

五、幼儿园教育应尊重幼儿的人格和权利,尊重幼儿身心发展的规律和学习特点,以游戏为基本活动,保教并重,关注个别差异,促进每个幼儿富有个性的发展。

## 第二部分 教育内容与要求

幼儿园的教育内容是全面的、启蒙性的,可以相对划分为健康、语言、社会、科学、艺术等五个领域,也可作其他不同的划分。各领域的内容相互渗透,从不同的角度促进幼儿情感、态度、能力、知识、技能等方面的发展。

## 一、健康

### (一) 目标

1. 身体健康,在集体生活中情绪安定、愉快;
2. 生活、卫生习惯良好,有基本的生活自理能力;
3. 知道必要的安全保健常识,学习保护自己;
4. 喜欢参加体育活动,动作协调、灵活。

### (二) 内容与要求

1. 建立良好的师生、同伴关系,让幼儿在集体生活中感到温暖,心情愉快,形成安全感、信赖感。
2. 与家长配合,根据幼儿的需要建立科学的生活常规。培养幼儿良好的饮食、睡眠、盥洗、排泄等生活习惯和生活自理能力。
3. 教育幼儿爱清洁、讲卫生,注意保持个人和生活场所的整洁和卫生。
4. 密切结合幼儿的生活进行安全、营养和保健教育,提高幼儿的自我保护意识和能力。
5. 开展丰富多彩的户外游戏和体育活动,培养幼儿参加体育活动的兴趣和习惯,增强体质,提高对环境的适应能力。
6. 用幼儿感兴趣的方式发展基本动作,提高动作的协调性、灵活性。
7. 在体育活动中,培养幼儿坚强、勇敢、不怕困难的意志品质和主动、乐观、合作的态度。

### (三) 指导要点

1. 幼儿园必须把保护幼儿的生命和促进幼儿的健康放在工作的首位。树立正确的健康观念,在重视幼儿身体健康的同时,要高度重视幼儿的心理健康。
2. 既要高度重视和满足幼儿受保护、受照顾的需要,又要尊重和满足他们不断增长的独立要求,避免过度保护和包办代替,鼓励并指导幼儿自理、自立的尝试。
3. 健康领域的活动要充分尊重幼儿生长发育的规律,严禁以任何名义进行有损幼儿健康的比赛、表演或训练等。
4. 培养幼儿对体育活动的兴趣是幼儿园体育的重要目标,要根据幼儿的特点组织生动有趣、形式多样的体育活动,吸引幼儿主动参与。

## 二、语言

### (一) 目标

1. 乐意与人交谈,讲话礼貌;

2. 注意倾听对方讲话,能理解日常用语;

3. 能清楚地说出自己想说的事;

4. 喜欢听故事、看图书;

5. 能听懂和会说普通话。

(二) 内容与要求

1. 创造一个自由、宽松的语言交往环境,支持、鼓励、吸引幼儿与教师、同伴或其他人交谈,体验语言交流的乐趣,学习使用适当的、礼貌的语言交往。

2. 养成幼儿注意倾听的习惯,发展语言理解能力。

3. 鼓励幼儿大胆、清楚地表达自己的想法和感受,尝试说明、描述简单的事物或过程,发展语言表达能力和思维能力。

4. 引导幼儿接触优秀的儿童文学作品,使之感受语言的丰富和优美,并通过多种活动帮助幼儿加深对作品的体验和理解。

5. 培养幼儿对生活中常见的简单标记和文字符号的兴趣。

6. 利用图书、绘画和其他多种方式,引发幼儿对书籍、阅读和书写的兴趣,培养前阅读和前书写技能。

7. 提供普通话的语言环境,帮助幼儿熟悉、听懂并学说普通话。少数民族地区还应帮助幼儿学习本民族语言。

(三) 指导要点

1. 语言能力是在运用的过程中发展起来的,发展幼儿语言的关键是创设一个能使他们想说、敢说、喜欢说、有机会说并能得到积极应答的环境。

2. 幼儿语言的发展与其情感、经验、思维、社会交往能力等其他方面的发展密切相关,因此,发展幼儿语言的重要途径是通过互相渗透的各领域的教育,在丰富多彩的活动中去扩展幼儿的经验,提供促进语言发展的条件。

3. 幼儿的语言学习具有个别化的特点,教师与幼儿的个别交流、幼儿之间的自由交谈等,对幼儿语言发展具有特殊意义。

4. 对有语言障碍的儿童要给予特别关注,要与家长和有关方面密切配合,积极地帮助他们提高语言能力。

三、社会

(一) 目标

1. 能主动地参与各项活动,有自信心;

2. 乐意与人交往,学习互助、合作和分享,有同情心;

3. 理解并遵守日常生活中基本的社会行为规则;

4. 能努力做好力所能及的事,不怕困难,有初步的责任感;

5. 爱父母长辈、老师和同伴,爱集体、爱家乡、爱祖国。

### (二) 内容与要求

1. 引导幼儿参加各种集体活动,体验与教师、同伴等共同生活的乐趣,帮助他们正确认识自己和他人,养成对他人、社会亲近、合作的态度,学习初步的人际交往技能。

2. 为每个幼儿提供表现自己长处和获得成功的机会,增强其自尊心和自信心。

3. 提供自由活动的机会,支持幼儿自主地选择、计划活动,鼓励他们通过多方面的努力解决问题,不轻易放弃克服困难的尝试。

4. 在共同的生活和活动中,以多种方式引导幼儿认识、体验并理解基本的社会行为规则,学习自律和尊重他人。

5. 教育幼儿爱护玩具和其他物品,爱护公物和公共环境。

6. 与家庭、社区合作,引导幼儿了解自己的亲人以及与自己生活有关的各行各业人们的劳动,培养其对劳动者的热爱和对劳动成果的尊重。

7. 充分利用社会资源,引导幼儿实际感受祖国文化的丰富与优秀,感受家乡的变化和发展,激发幼儿爱家乡、爱祖国的情感。

8. 适当向幼儿介绍我国各民族和世界其他国家、民族的文化,使其感知人类文化的多样性和差异性,培养理解、尊重、平等的态度。

### (三) 指导要点

1. 社会领域的教育具有潜移默化的特点。幼儿社会态度和社会情感的培养尤应渗透在多种活动和一日生活的各个环节之中,要创设一个能使幼儿感受到接纳、关爱和支持的良好环境,避免单一呆板的言语说教。

2. 幼儿与成人、同伴之间的共同生活、交往、探索、游戏等,是其社会学习的重要途径。应为幼儿提供人际间相互交往和共同活动的机会和条件,并加以指导。

3. 社会学习是一个漫长的积累过程,需要幼儿园、家庭和社会密切合作,协调一致,共同促进幼儿良好社会性品质的形成。

## 四、科学

### (一) 目标

1. 对周围的事物、现象感兴趣,有好奇心和求知欲;

2. 能运用各种感官,动手动脑,探究问题;

3. 能用适当的方式表达、交流探索的过程和结果;

4. 能从生活和游戏中感受事物的数量关系并体验到数学的重要和有趣;

5. 爱护动植物,关心周围环境,亲近大自然,珍惜自然资源,有初步的环保意识。

(二) 内容与要求

1. 引导幼儿对身边常见事物和现象的特点、变化规律产生兴趣和探究的欲望。

2. 为幼儿的探究活动创造宽松的环境,让每个幼儿都有机会参与尝试,支持、鼓励他们大胆提出问题,发表不同意见,学会尊重别人的观点和经验。

3. 提供丰富的可操作的材料,为每个幼儿都能运用多种感官、多种方式进行探索提供活动的条件。

4. 通过引导幼儿积极参加小组讨论、探索等方式,培养幼儿合作学习的意识和能力,学习用多种方式表现、交流、分享探索的过程和结果。

5. 引导幼儿对周围环境中的数、量、形、时间和空间等现象产生兴趣,建构初步的数概念,并学习用简单的数学方法解决生活和游戏中某些简单的问题。

6. 从生活或媒体中幼儿熟悉的科技成果入手,引导幼儿感受科学技术对生活的影响,培养他们对科学的兴趣和对科学家的崇敬。

7. 在幼儿生活经验的基础上,帮助幼儿了解自然、环境与人类生活的关系。从身边的小事入手,培养初步的环保意识和行为。

(三) 指导要点

1. 幼儿的科学教育是科学启蒙教育,重在激发幼儿的认识兴趣和探究欲望。

2. 要尽量创造条件让幼儿实际参加探究活动,使他们感受科学探究的过程和方法,体验发现的乐趣。

3. 科学教育应密切联系幼儿的实际生活进行,利用身边的事物与现象作为科学探索的对象。

## 五、艺术

(一) 目标

1. 能初步感受并喜爱环境、生活和艺术中的美;

2. 喜欢参加艺术活动,并能大胆地表现自己的情感和体验;

3. 能用自己喜欢的方式进行艺术表现活动。

### (二) 内容与要求

1. 引导幼儿接触周围环境和生活中美好的人、事、物,丰富他们的感性经验和审美情趣,激发他们表现美、创造美的情趣。

2. 在艺术活动中面向全体幼儿,要针对他们的不同特点和需要,让每个幼儿都得到美的熏陶和培养。对有艺术天赋的幼儿要注意发展他们的艺术潜能。

3. 提供自由表现的机会,鼓励幼儿用不同艺术形式大胆地表达自己的情感、理解和想象,尊重每个幼儿的想法和创造,肯定和接纳他们独特的审美感受和表现方式,分享他们创造的快乐。

4. 在支持、鼓励幼儿积极参加各种艺术活动并大胆表现的同时,帮助他们提高表现的技能和能力。

5. 指导幼儿利用身边的物品或废旧材料制作玩具、手工艺品等来美化自己的生活或开展其他活动。

6. 为幼儿创设展示自己作品的条件,引导幼儿相互交流、相互欣赏、共同提高。

### (三) 指导要点

1. 艺术是实施美育的主要途径,应充分发挥艺术的情感教育功能,促进幼儿健全人格的形成。要避免仅仅重视表现技能或艺术活动的结果,而忽视幼儿在活动过程中的情感体验和态度的倾向。

2. 幼儿的创作过程和作品是他们表达自己的认识和情感的重要方式,应支持幼儿富有个性和创造性的表达,克服过分强调技能技巧和标准化要求的偏向。

3. 幼儿艺术活动的能力是在大胆表现的过程中逐渐发展起来的,教师的作用应主要在于激发幼儿感受美、表现美的情趣,丰富他们的审美经验,使之体验自由表达和创造的快乐。在此基础上,根据幼儿的发展状况和需要,对表现方式和技能技巧给予适时、适当的指导。

## 第三部分 组织与实施

一、幼儿园的教育是为所有在园幼儿的健康成长服务的,要为每一个儿童,包括有特殊需要的儿童提供积极的支持和帮助。

二、幼儿园的教育活动,是教师以多种形式有目的、有计划地引导幼儿生动、活泼、主动活动的教育过程。

三、教育活动的组织与实施过程是教师创造性地开展工作的过程。教师要根据本《纲要》,从本地、本园的条件出发,结合本班幼儿的实际情况,制定切实可行的工作计划并灵活地执行。

四、教育活动目标要以《幼儿园工作规程》和本《纲要》所提出的各领域目标为指导,结合本班幼儿的发展水平、经验和需要来确定。

五、教育活动内容的选择应遵照本《纲要》第二部分的有关条款进行,同时体现以下原则:

(一)既适合幼儿的现有水平,又有一定的挑战性。

(二)既符合幼儿的现实需要,又有利于其长远发展。

(三)既贴近幼儿的生活来选择幼儿感兴趣的事物和问题,又有助于拓展幼儿的经验和视野。

六、教育活动内容的组织应充分考虑幼儿的学习特点和认识规律,各领域的内容要有机联系,相互渗透,注重综合性、趣味性、活动性,寓教育于生活、游戏之中。

七、教育活动的组织形式应根据需要合理安排,因时、因地、因内容、因材料灵活地运用。

八、环境是重要的教育资源,应通过环境的创设和利用,有效地促进幼儿的发展。

(一)幼儿园的空间、设施、活动材料和常规要求等应有利于引发、支持幼儿的游戏和各种探索活动,有利于引发、支持幼儿与周围环境之间积极的相互作用。

(二)幼儿同伴群体及幼儿园教师集体是宝贵的教育资源,应充分发挥这一资源的作用。

(三)教师的态度和管理方式应有助于形成安全、温馨的心理环境;言行举止应成为幼儿学习的良好榜样。

(四)家庭是幼儿园重要的合作伙伴。应本着尊重、平等、合作的原则,争取家长的理解、支持和主动参与,并积极支持、帮助家长提高教育能力。

(五)充分利用自然环境和社区的教育资源,扩展幼儿生活和学习的空间。幼儿园同时应为社区的早期教育提供服务。

九、科学、合理地安排和组织一日生活。

(一)时间安排应有相对的稳定性与灵活性,既有利于形成秩序,又能满足幼儿的合理需要,照顾到个体差异。

(二)教师直接指导的活动和间接指导的活动相结合,保证幼儿每天有适当的自主选择和自由活动时间。教师直接指导的集体活动要能保证幼儿的积极参与,避免时间的隐性浪费。

(三)尽量减少不必要的集体行动和过渡环节,减少和消除消极等待现象。

(四)建立良好的常规,避免不必要的管理行为,逐步引导幼儿学习自我管理。

十、教师应成为幼儿学习活动的支持者、合作者、引导者。

(一)以关怀、接纳、尊重的态度与幼儿交往。耐心倾听,努力理解幼儿的想法与感受,支持、鼓励他们大胆探索与表达。

(二)善于发现幼儿感兴趣的事物、游戏和偶发事件中所隐含的教育价值,把握时机,积极引导。

（三）关注幼儿在活动中的表现和反应，敏感地察觉他们的需要，及时以适当的方式应答，形成合作探究式的师生互动。

（四）尊重幼儿在发展水平、能力、经验、学习方式等方面的个体差异，因人施教，努力使每一个幼儿都能获得满足和成功。

（五）关注幼儿的特殊需要，包括各种发展潜能和不同发展障碍，与家庭密切配合，共同促进幼儿健康成长。

十一、幼儿园教育要与0—3岁儿童的保育教育以及小学教育相互衔接。

## 第四部分　教育评价

一、教育评价是幼儿园教育工作的重要组成部分，是了解教育的适宜性、有效性，调整和改进工作，促进每一个幼儿发展，提高教育质量的必要手段。

二、管理人员、教师、幼儿及其家长均是幼儿园教育评价工作的参与者。评价过程是各方共同参与、相互支持与合作的过程。

三、评价的过程，是教师运用专业知识审视教育实践，发现、分析、研究、解决问题的过程，也是其自我成长的重要途径。

四、幼儿园教育工作评价实行以教师自评为主，园长以及有关管理人员、其他教师和家长等参与评价的制度。

五、评价应自然地伴随着整个教育过程进行。综合采用观察、谈话、作品分析等多种方法。

六、幼儿的行为表现和发展变化具有重要的评价意义，教师应视之为重要的评价信息和改进工作的依据。

七、教育工作评价宜重点考察以下方面：

（一）教育计划和教育活动的目标是否建立在了解本班幼儿现状的基础上。

（二）教育的内容、方式、策略、环境条件是否能调动幼儿学习的积极性。

（三）教育过程是否能为幼儿提供有益的学习经验，并符合其发展需要。

（四）教育内容、要求能否兼顾群体需要和个体差异，使每个幼儿都能得到发展，都有成功感。

（五）教师的指导是否有利于幼儿主动、有效地学习。

八、对幼儿发展状况的评估，要注意：

（一）明确评价的目的是了解幼儿的发展需要，以便提供更加适宜的帮助和指导。

（二）全面了解幼儿的发展状况，防止片面性，尤其要避免只重知识和技能，忽略情感、社会性和实际能力的倾向。

（三）在日常活动与教育教学过程中采用自然的方法进行。平时观察所获的具有典型意义的幼儿行为表现和所积累的各种作品等，是评价的重要依据。

（四）承认和关注幼儿的个体差异，避免用划一的标准评价不同的幼儿，在幼儿面前慎用横向的比较。

（五）以发展的眼光看待幼儿，既要了解现有水平，更要关注其发展的速度、特点和倾向等。

# 附录 2

# 《3—6岁儿童学习与发展指南》

## 目　录

| 说　明 | 282 |
| 一、健康 | 283 |
| 　（一）身心状况 | 283 |
| 　（二）动作发展 | 285 |
| 　（三）生活习惯与生活能力 | 287 |
| 二、语言 | 289 |
| 　（一）倾听与表达 | 290 |
| 　（二）阅读与书写准备 | 292 |
| 三、社会 | 294 |
| 　（一）人际交往 | 294 |
| 　（二）社会适应 | 297 |
| 四、科学 | 299 |
| 　（一）科学探究 | 300 |
| 　（二）数学认知 | 303 |
| 五、艺术 | 306 |
| 　（一）感受与欣赏 | 306 |
| 　（二）表现与创造 | 308 |

## 说　明

一、为深入贯彻《国家中长期教育改革和发展规划纲要（2010—2020年）》和《国务院关于当前发展学前教育的若干意见》（国发〔2010〕41号），指导幼儿园和家庭实施科学的保育和教育，促进幼儿身心全面和谐发展，制定《3—6岁儿童学习与发展指南》（以下简称《指南》）。

二、《指南》以为幼儿后继学习和终身发展奠定良好素质基础为目标，以促进幼儿体、智、德、美各方面的协调发展为核心，通过提出3—6岁各年龄段儿童学习与发展目标和相应的教育建议，帮助幼儿园教师和家长了解3—6岁幼儿学习与发展的基本规律和特点，建立对幼儿发展的合理期望，实施科学的保育和教育，让幼儿度过快乐而有意义的童年。

三、《指南》从健康、语言、社会、科学、艺术五个领域描述幼儿的学习与发展。每个领域按照幼儿学习与发展最基本、最重要的内容划分为若干方面。每个方面由学习与发展目标和教育建议两部分组成。

目标部分分别对3—4岁、4—5岁、5—6岁三个年龄段末期幼儿应该知道什么、能做什么，大致可以达到什么发展水平提出了合理期望，指明了幼儿学习与发展的具体方向；教育建议部分列举了一些能够有效帮助和促进幼儿学习与发展的教育途径与方法。

四、实施《指南》应把握以下几个方面：

1. 关注幼儿学习与发展的整体性。儿童的发展是一个整体，要注重领域之间、目标之间的相互渗透和整合，促进幼儿身心全面协调发展，而不应片面追求某一方面或几方面的发展。

2. 尊重幼儿发展的个体差异。幼儿的发展是一个持续、渐进的过程，同时也表现出一定的阶段性特征。每个幼儿在沿着相似进程发展的过程中，各自的发展速度和到达某一水平的时间不完全相同。要充分理解和尊重幼儿发展进程中的个别差异，支持和引导他们从原有水平向更高水平发展，按照自身的速度和方式到达《指南》所呈现的发展"阶梯"，切忌用一把"尺子"衡量所有幼儿。

3. 理解幼儿的学习方式和特点。幼儿的学习是以直接经验为基础，在游戏和日常生活中进行的。要珍视游戏和生活的独特价值，创设丰富的教育环境，合理安排一日生活，最大限度地支持和满足幼儿通过直接感知、实际操作和亲身体验获取经验的需要，严禁"拔苗助长"式的超前教育和强化训练。

4. 重视幼儿的学习品质。幼儿在活动过程中表现出的积极态度和良好行为倾向是终身学习与发展所必需的宝贵品质。要充分尊重和保护幼儿的好奇心和学习兴趣，帮助幼儿逐步养成积极主动、认真专注、不怕困难、敢于探究和尝试、乐于想象和创造等良好学习品质。忽视幼儿学习品质培养，单纯追求知识技能学习的做法是短视而有害的。

## 一、健康

健康是指人在身体、心理和社会适应方面的良好状态。幼儿阶段是儿童身体发育和机能发展极为迅速的时期,也是形成安全感和乐观态度的重要阶段。发育良好的身体、愉快的情绪、强健的体质、协调的动作、良好的生活习惯和基本生活能力是幼儿身心健康的重要标志,也是其他领域学习与发展的基础。

为有效促进幼儿身心健康发展,成人应为幼儿提供合理均衡的营养,保证充足的睡眠和适宜的锻炼,满足幼儿生长发育的需要;创设温馨的人际环境,让幼儿充分感受到亲情和关爱,形成积极稳定的情绪情感;帮助幼儿养成良好的生活与卫生习惯,提高自我保护能力,形成使其终身受益的生活能力和文明生活方式。

幼儿身心发育尚未成熟,需要成人的精心呵护和照顾,但不宜过度保护和包办代替,以免剥夺幼儿自主学习的机会,养成过于依赖的不良习惯,影响其主动性、独立性的发展。

### (一) 身心状况

**目标1　具有健康的体态**

| 3—4岁 | 4—5岁 | 5—6岁 |
| --- | --- | --- |
| 1. 身高和体重适宜。参考标准:<br>男孩:<br>身高:94.9—111.7厘米<br>体重:12.7—21.2公斤<br>女孩:<br>身高:94.1—111.3厘米<br>体重:12.3—21.5公斤<br>2. 在提醒下能自然坐直、站直。 | 1. 身高和体重适宜。参考标准:<br>男孩:<br>身高:100.7—119.2厘米<br>体重:14.1—24.2公斤<br>女孩:<br>身高:99.9—118.9厘米<br>体重:13.7—24.9公斤<br>2. 在提醒下能保持正确的站、坐和行走姿势。 | 1. 身高和体重适宜。参考标准:<br>男孩:<br>身高:106.1—125.8厘米<br>体重:15.9—27.1公斤<br>女孩:<br>身高:104.9—125.4厘米<br>体重:15.3—27.8公斤<br>2. 经常保持正确的站、坐和行走姿势。 |

注:身高和体重数据来源:《2006年世界卫生组织儿童生长标准》4、5、6周岁儿童身高和体重的参考数据。

**教育建议:**

1. 为幼儿提供营养丰富、健康的饮食。如:

● 参照《中国孕期、哺乳期妇女和0—6岁儿童膳食指南》,为幼儿提供谷物、蔬菜、水果、肉、奶、蛋、豆制品等多样化的食物,均衡搭配。

● 烹调方式要科学,尽量少煎炸、烧烤、腌制。

2. 保证幼儿每天睡11—12小时,其中午睡一般应达到2小时左右。午睡时间可根据幼儿的年龄、季节的变化和个体差异适当减少。

3. 注意幼儿的体态,帮助他们形成正确的姿势。如:

● 提醒幼儿要保持正确的站、坐、走姿势;发现有八字脚、罗圈腿、驼背等骨骼发育异常的情况,应及时就医矫治。

● 桌、椅和床要合适。椅子的高度以幼儿写画时双脚能自然着地、大腿基本保持水平状为宜;桌子的高度以写画时身体能坐直,不驼背、不耸肩为宜;床不宜过软。

4. 每年为幼儿进行健康检查。

### 目标2 情绪安定愉快

| 3—4岁 | 4—5岁 | 5—6岁 |
| --- | --- | --- |
| 1. 情绪比较稳定,很少因一点小事哭闹不止。<br>2. 有比较强烈的情绪反应时,能在成人的安抚下逐渐平静下来。 | 1. 经常保持愉快的情绪,不高兴时能较快缓解。<br>2. 有比较强烈情绪反应时,能在成人提醒下逐渐平静下来。<br>3. 愿意把自己的情绪告诉亲近的人,一起分享快乐或求得安慰。 | 1. 经常保持愉快的情绪。知道引起自己某种情绪的原因,并努力缓解。<br>2. 表达情绪的方式比较适度,不乱发脾气。<br>3. 能随着活动的需要转换情绪和注意。 |

**教育建议:**

1. 营造温暖、轻松的心理环境,让幼儿形成安全感和信赖感。如:

● 保持良好的情绪状态,以积极、愉快的情绪影响幼儿。

● 以欣赏的态度对待幼儿。注意发现幼儿的优点,接纳他们的个体差异,不简单与同伴做横向比较。

● 幼儿做错事时要冷静处理,不厉声斥责,更不能打骂。

2. 帮助幼儿学会恰当表达和调控情绪。如:

● 成人用恰当的方式表达情绪,为幼儿做出榜样。如生气时不乱发脾气,不迁怒于人。

● 成人和幼儿一起谈论自己高兴或生气的事,鼓励幼儿与人分享自己的情绪。

● 允许幼儿表达自己的情绪,并给予适当的引导。如幼儿发脾气时不硬性压制,等其平静后告诉他什么行为是可以接受的。

● 发现幼儿不高兴时,主动询问情况,帮助他们化解消极情绪。

**目标 3　具有一定的适应能力**

| 3—4 岁 | 4—5 岁 | 5—6 岁 |
| --- | --- | --- |
| 1. 能在较热或较冷的户外环境中活动。<br>2. 换新环境时情绪能较快稳定，睡眠、饮食基本正常。<br>3. 在帮助下能较快适应集体生活。 | 1. 能在较热或较冷的户外环境中连续活动半小时左右。<br>2. 换新环境时较少出现身体不适。<br>3. 能较快适应人际环境中发生的变化。如换了新老师能较快适应。 | 1. 能在较热或较冷的户外环境中连续活动半小时以上。<br>2. 天气变化时较少感冒，能适应车、船等交通工具造成的轻微颠簸。<br>3. 能较快融入新的人际关系环境。如换了新的幼儿园或班级能较快适应。 |

教育建议：

1. 保证幼儿的户外活动时间，提高幼儿适应季节变化的能力。

● 幼儿每天的户外活动时间一般不少于两小时，其中体育活动时间不少于 1 小时，季节交替时要坚持。

● 气温过热或过冷的季节或地区应因地制宜，选择温度适当的时间段开展户外活动，也可根据气温的变化和幼儿的个体差异，适当减少活动的时间。

2. 经常与幼儿玩拉手转圈、秋千、转椅等游戏活动，让幼儿适应轻微的摆动、颠簸、旋转，促进其平衡机能的发展。

3. 锻炼幼儿适应生活环境变化的能力。如：

● 注意观察幼儿在新环境中的饮食、睡眠、游戏等方面的情况，采取相应的措施帮助他们尽快适应新环境。

● 经常带幼儿接触不同的人际环境，如参加亲戚朋友聚会，多和不熟悉的小朋友玩，使幼儿较快适应新的人际关系。

**(二) 动作发展**

**目标 1　具有一定的平衡能力，动作协调、灵敏**

| 3—4 岁 | 4—5 岁 | 5—6 岁 |
| --- | --- | --- |
| 1. 能沿地面直线或在较窄的低矮物体上走一段距离。<br>2. 能双脚灵活交替上下楼梯。<br>3. 能身体平稳地双脚连续向前跳。<br>4. 分散跑时能躲避他人的碰撞。<br>5. 能双手向上抛球。 | 1. 能在较窄的低矮物体上平稳地走一段距离。<br>2. 能以匍匐、膝盖悬空等多种方式钻爬。<br>3. 能助跑跨跳过一定距离，或助跑跨跳过一定高度的物体。<br>4. 能与他人玩追逐、躲闪跑的游戏。<br>5. 能连续自抛自接球。 | 1. 能在斜坡、荡桥和有一定间隔的物体上较平稳地行走。<br>2. 能以手脚并用的方式安全地爬攀登架、网等。<br>3. 能连续跳绳。<br>4. 能躲避他人滚过来的球或扔过来的沙包。<br>5. 能连续拍球。 |

教育建议:

1. 利用多种活动发展身体平衡和协调能力。如:

- 走平衡木,或沿着地面直线、田埂行走。
- 玩跳房子、踢毽子、蒙眼走路、踩小高跷等游戏活动。

2. 发展幼儿动作的协调性和灵活性。如:

- 鼓励幼儿进行跑跳、钻爬、攀登、投掷、拍球等活动。
- 玩跳竹竿、滚铁环等传统体育游戏。

3. 对于拍球、跳绳等技能性活动,不要过于要求数量,更不能机械训练。

4. 结合活动内容对幼儿进行安全教育,注重在活动中培养幼儿的自我保护能力。

**目标2  具有一定的力量和耐力**

| 3—4岁 | 4—5岁 | 5—6岁 |
| --- | --- | --- |
| 1. 能双手抓杠悬空吊起10秒左右。<br>2. 能单手将沙包向前投掷2米左右。<br>3. 能单脚连续向前跳2米左右。<br>4. 能快跑15米左右。<br>5. 能行走1公里左右(途中可适当停歇)。 | 1. 能双手抓杠悬空吊起15秒左右。<br>2. 能单手将沙包向前投掷4米左右。<br>3. 能单脚连续向前跳5米左右。<br>4. 能快跑20米左右。<br>5. 能连续行走1.5公里左右(途中可适当停歇)。 | 1. 能双手抓杠悬空吊起20秒左右。<br>2. 能单手将沙包向前投掷5米左右。<br>3. 能单脚连续向前跳8米左右。<br>4. 能快跑25米左右。<br>5. 能连续行走1.5公里以上(途中可适当停歇)。 |

教育建议:

1. 开展丰富多样、适合幼儿年龄特点的各种身体活动,如走、跑、跳、攀、爬等,鼓励幼儿坚持下来,不怕累。

2. 日常生活中鼓励幼儿多走路、少坐车;自己上下楼梯、自己背包。

**目标3  手的动作灵活协调**

| 3—4岁 | 4—5岁 | 5—6岁 |
| --- | --- | --- |
| 1. 能用笔涂涂画画。<br>2. 能熟练地用勺子吃饭。<br>3. 能用剪刀沿直线剪,边线基本吻合。 | 1. 能沿边线较直地画出简单图形,或能边线基本对齐地折纸。<br>2. 会用筷子吃饭。<br>3. 能沿轮廓线剪出由直线构成的简单图形,边线吻合。 | 1. 能根据需要画出图形,线条基本平滑。<br>2. 能熟练使用筷子。<br>3. 能沿轮廓线剪出由曲线构成的简单图形,边线吻合且平滑。<br>4. 能使用简单的劳动工具或用具。 |

**教育建议：**

1. 创造条件和机会，促进幼儿手的动作灵活协调。如：

● 提供画笔、剪刀、纸张、泥团等工具和材料，或充分利用各种自然、废旧材料和常见物品，让幼儿进行画、剪、折、粘等美工活动。

● 引导幼儿生活自理或参与家务劳动，发展其手的动作。如练习自己用筷子吃饭、扣扣子，帮助家人择菜叶、做面食等。

● 幼儿园在布置娃娃家、商店等活动区时，多提供原材料和半成品，让幼儿有更多机会参与制作活动。

2. 引导幼儿注意活动安全。如：

● 为幼儿提供的塑料粒、珠子等活动材料要足够大，材质要安全，以免造成异物进入气管、铅中毒等伤害。提供幼儿用安全剪刀。

● 为幼儿示范拿筷子、握笔的正确姿势以及使用剪刀、锤子等工具的方法。

● 提醒幼儿不要拿剪刀等锋利工具玩耍，用完后要放回原处。

### （三）生活习惯与生活能力

**目标 1　具有良好的生活与卫生习惯**

| 3—4 岁 | 4—5 岁 | 5—6 岁 |
| --- | --- | --- |
| 1. 在提醒下，按时睡觉和起床，并能坚持午睡。<br>2. 喜欢参加体育活动。<br>3. 在引导下，不偏食、挑食。喜欢吃瓜果、蔬菜等新鲜食品。<br>4. 愿意饮用白开水，不贪喝饮料。<br>5. 不用脏手揉眼睛，连续看电视等不超过 15 分钟。<br>6. 在提醒下，每天早晚刷牙、饭前便后洗手。 | 1. 每天按时睡觉和起床，并能坚持午睡。<br>2. 喜欢参加体育活动。<br>3. 不偏食、挑食，不暴饮暴食。喜欢吃瓜果、蔬菜等新鲜食品。<br>4. 常喝白开水，不贪喝饮料。<br>5. 知道保护眼睛，不在光线过强或过暗的地方看书，连续看电视等不超过 20 分钟。<br>6. 每天早晚刷牙、饭前便后洗手，方法基本正确。 | 1. 养成每天按时睡觉和起床的习惯。<br>2. 能主动参加体育活动。<br>3. 吃东西时细嚼慢咽。<br>4. 主动饮用白开水，不贪喝饮料。<br>5. 主动保护眼睛。不在光线过强或过暗的地方看书，连续看电视等不超过 30 分钟。<br>6. 每天早晚主动刷牙，饭前便后主动洗手，方法正确。 |

**教育建议：**

1. 让幼儿保持有规律的生活，养成良好的作息习惯。如：早睡早起、每天午睡、按时进餐、吃好早餐等。

2. 帮助幼儿养成良好的饮食习惯。如：

● 合理安排餐点，帮助幼儿养成定点、定时、定量进餐的习惯。

● 帮助幼儿了解食物的营养价值，引导他们不偏食不挑食、少吃或不吃不利于健康的食品；多喝白开水，少喝饮料。

- 吃饭时不过分催促,提醒幼儿细嚼慢咽,不要边吃边玩。

3. 帮助幼儿养成良好的个人卫生习惯。如:
- 早晚刷牙、饭后漱口。
- 勤为幼儿洗澡、换衣服、剪指甲。
- 提醒幼儿保护五官,如不乱挖耳朵、鼻孔,看电视时保持3米左右的距离等。

4. 激发幼儿参加体育活动的兴趣,养成锻炼的习惯。如:
- 为幼儿准备多种体育活动材料,鼓励他选择自己喜欢的材料开展活动。
- 经常和幼儿一起在户外运动和游戏,鼓励幼儿和同伴一起开展体育活动。
- 和幼儿一起观看体育比赛或有关体育赛事的电视节目,培养他对体育活动的兴趣。

### 目标2　具有基本的生活自理能力

| 3—4岁 | 4—5岁 | 5—6岁 |
| --- | --- | --- |
| 1. 在帮助下能穿脱衣服或鞋袜。<br>2. 能将玩具和图书放回原处。 | 1. 能自己穿脱衣服、鞋袜、扣钮扣。<br>2. 能整理自己的物品。 | 1. 能知道根据冷热增减衣服。<br>2. 会自己系鞋带。<br>3. 能按类别整理好自己的物品。 |

教育建议:

1. 鼓励幼儿做力所能及的事情,对幼儿的尝试与努力给予肯定,不因做不好或做得慢而包办代替。

2. 指导幼儿学习和掌握生活自理的基本方法,如穿脱衣服和鞋袜、洗手洗脸、擦鼻涕、擦屁股的正确方法。

3. 提供有利于幼儿生活自理的条件。如:
- 提供一些纸箱、盒子,供幼儿收拾和存放自己的玩具、图书或生活用品等。
- 幼儿的衣服、鞋子等要简单实用,便于自己穿脱。

### 目标3　具备基本的安全知识和自我保护能力

| 3—4岁 | 4—5岁 | 5—6岁 |
| --- | --- | --- |
| 1. 不吃陌生人给的东西,不跟陌生人走。<br>2. 在提醒下能注意安全,不做危险的事。<br>3. 在公共场所走失时,能向警察或有关人员说出自己和家长的名字、电话号码等简单信息。 | 1. 知道在公共场合不远离成人的视线单独活动。<br>2. 认识常见的安全标志,能遵守安全规则。<br>3. 运动时能主动躲避危险。<br>4. 知道简单的求助方式。 | 1. 未经大人允许不给陌生人开门。<br>2. 能自觉遵守基本的安全规则和交通规则。<br>3. 运动时能注意安全,不给他人造成危险。<br>4. 知道一些基本的防灾知识。 |

教育建议：

1. 创设安全的生活环境，提供必要的保护措施。如：

● 要把热水瓶、药品、火柴、刀具等物品放到幼儿够不到的地方；阳台或窗台要有安全保护措施；要使用安全的电源插座等。

● 在公共场所要注意照看好幼儿；幼儿乘车、乘电梯时要有成人陪伴；不把幼儿单独留在家里或汽车里等。

2. 结合生活实际对幼儿进行安全教育。如：

● 外出时，提醒幼儿要紧跟成人，不远离成人的视线，不跟陌生人走，不吃陌生人给的东西；不在河边和马路边玩耍；要遵守交通规则等。

● 帮助幼儿了解周围环境中不安全的事物，不做危险的事。如不动热水壶，不玩火柴或打火机，不摸电源插座，不攀爬窗户或阳台等。

● 帮助幼儿认识常见的安全标识，如：小心触电、小心有毒、禁止下河游泳、紧急出口等。

● 告诉幼儿不允许别人触摸自己的隐私部位。

3. 教给幼儿简单的自救和求救的方法。如：

● 记住自己家庭的住址、电话号码、父母的姓名和单位，一旦走失时知道向成人求助，并能提供必要信息。

● 遇到火灾或其他紧急情况时，知道要拨打110、120、119等求救电话。

● 可利用图书、音像等材料对幼儿进行逃生和求救方面的教育，并运用游戏方式模拟练习。

● 幼儿园应定期进行火灾、地震等自然灾害的逃生演习。

## 二、语言

语言是交流和思维的工具。幼儿期是语言发展，特别是口语发展的重要时期。幼儿语言的发展贯穿于各个领域，也对其他领域的学习与发展有着重要的影响：幼儿在运用语言进行交流的同时，也在发展着人际交往能力、理解他人和判断交往情境的能力、组织自己思想的能力。通过语言获取信息，幼儿的学习逐步超越个体的直接感知。

幼儿的语言能力是在交流和运用的过程中发展起来的。应为幼儿创设自由、宽松的语言交往环境，鼓励和支持幼儿与成人、同伴交流，让幼儿想说、敢说、喜欢说并能得到积极回应。为幼儿提供丰富、适宜的低幼读物，经常和幼儿一起看图书、讲故事，丰富其语言表达能力，培养阅读兴趣和良好的阅读习惯，进一步拓展学习经验。

幼儿的语言学习需要相应的社会经验支持，应通过多种活动扩展幼儿的生活经验，丰富语言的内容，增强理解和表达能力。应在生活情境和阅读活动中引导幼儿自然而然地产生对文字的兴趣，用机械记忆和强化训练的方式让幼儿过早识字不符合其学习特点和接受能力。

## （一）倾听与表达

**目标1　认真听并能听懂常用语言**

| 3—4岁 | 4—5岁 | 5—6岁 |
| --- | --- | --- |
| 1. 别人对自己说话时能注意听并做出回应。<br>2. 能听懂日常会话。 | 1. 在群体中能有意识地听与自己有关的信息。<br>2. 能结合情境感受到不同语气、语调所表达的不同意思。<br>3. 方言地区和少数民族幼儿能基本听懂普通话。 | 1. 在集体中能注意听老师或其他人讲话。<br>2. 听不懂或有疑问时能主动提问。<br>3. 能结合情境理解一些表示因果、假设等相对复杂的句子。 |

教育建议：

1. 多给幼儿提供倾听和交谈的机会。如：经常和幼儿一起谈论他感兴趣的话题，或一起看图书、讲故事。

2. 引导幼儿学会认真倾听。如：

● 成人要耐心倾听别人（包括幼儿）的讲话，等别人讲完再表达自己的观点。

● 与幼儿交谈时，要用幼儿能听得懂的语言。

● 对幼儿提要求和布置任务时要求他注意听，鼓励他主动提问。

3. 对幼儿讲话时，注意结合情境使用丰富的语言，以便于幼儿理解。如：

● 说话时注意语气、语调，让幼儿感受语气、语调的作用。如对幼儿的不合理要求以比较坚定的语气表示不同意；讲故事时，尽量把故事人物高兴、悲伤的心情用不同的语气、语调表现出来。

● 根据幼儿的理解水平有意识地使用一些反映因果、假设、条件等关系的句子。

**目标2　愿意讲话并能清楚地表达**

| 3—4岁 | 4—5岁 | 5—6岁 |
| --- | --- | --- |
| 1. 愿意在熟悉的人面前说话，能大方地与人打招呼。<br>2. 基本会说本民族或本地区的语言。<br>3. 愿意表达自己的需要和想法，必要时能配以手势动作。<br>4. 能口齿清楚地说儿歌、童谣或复述简短的故事。 | 1. 愿意与他人交谈，喜欢谈论自己感兴趣的话题。<br>2. 会说本民族或本地区的语言，基本会说普通话。少数民族聚居地区幼儿会用普通话进行日常会话。<br>3. 能基本完整地讲述自己的所见所闻和经历的事情。<br>4. 讲述比较连贯。 | 1. 愿意与他人讨论问题，敢在众人面前说话。<br>2. 会说本民族或本地区的语言和普通话，发音正确清晰。少数民族聚居地区幼儿基本会说普通话。<br>3. 能有序、连贯、清楚地讲述一件事情。<br>4. 讲述时能使用常见的形容词、同义词等，语言比较生动。 |

教育建议:

1. 为幼儿创造说话的机会并体验语言交往的乐趣。
- 每天有足够的时间与幼儿交谈。如谈论他感兴趣的话题,询问和听取他对自己事情的意见等。
- 尊重和接纳幼儿的说话方式,无论幼儿的表达水平如何,都应认真地倾听并给予积极的回应。
- 鼓励和支持幼儿与同伴一起玩耍、交谈,相互讲述见闻、趣事或看过的图书、动画片等。
- 方言和少数民族地区应积极为幼儿创设用普通话交流的语言环境。

2. 引导幼儿清楚地表达。如:
- 和幼儿讲话时,成人自身的语言要清楚、简洁。
- 当幼儿因为急于表达而说不清楚的时候,提醒他不要着急,慢慢说;同时要耐心倾听,给予必要的补充,帮助他理清思路并清晰地说出来。

**目标3　具有文明的语言习惯**

| 3—4岁 | 4—5岁 | 5—6岁 |
| --- | --- | --- |
| 1. 与别人讲话时知道眼睛要看着对方。<br>2. 说话自然,声音大小适中。<br>3. 能在成人的提醒下使用恰当的礼貌用语。 | 1. 别人对自己讲话时能回应。<br>2. 能根据场合调节自己说话声音的大小。<br>3. 能主动使用礼貌用语,不说脏话、粗话。 | 1. 别人讲话时能积极主动地回应。<br>2. 能根据谈话对象和需要,调整说话的语气。<br>3. 懂得按次序轮流讲话,不随意打断别人。<br>4. 能依据所处情境使用恰当的语言。如在别人难过时会用恰当的语言表示安慰。 |

教育建议:

1. 成人注意语言文明,为幼儿做出表率。如:
- 与他人交谈时,认真倾听,使用礼貌用语。
- 在公共场合不大声说话,不说脏话、粗话。
- 幼儿表达意见时,成人可蹲下来,眼睛平视幼儿,耐心听他把话说完。

2. 帮助幼儿养成良好的语言行为习惯。如:
- 结合情境提醒幼儿一些必要的交流礼节。如对长辈说话要有礼貌,客人来访时要打招呼,得到帮助时要说谢谢等。
- 提醒幼儿遵守集体生活的语言规则,如轮流发言,不随意打断别人讲话等。
- 提醒幼儿注意公共场所的语言文明,如不大声喧哗。

## (二) 阅读与书写准备

**目标 1　喜欢听故事,看图书**

| 3—4 岁 | 4—5 岁 | 5—6 岁 |
| --- | --- | --- |
| 1. 主动要求成人讲故事、读图书。<br>2. 喜欢跟读韵律感强的儿歌、童谣。<br>3. 爱护图书,不乱撕、乱扔。 | 1. 反复看自己喜欢的图书。<br>2. 喜欢把听过的故事或看过的图书讲给别人听。<br>3. 对生活中常见的标识、符号感兴趣,知道它们表示一定的意义。 | 1. 专注地阅读图书。<br>2. 喜欢与他人一起谈论图书和故事的有关内容。<br>3. 对图书和生活情境中的文字符号感兴趣,知道文字表示一定的意义。 |

教育建议:

1. 为幼儿提供良好的阅读环境和条件。如:

● 提供一定数量、符合幼儿年龄特点、富有童趣的图画书。

● 提供相对安静的地方,尽量减少干扰,保证幼儿自主阅读。

2. 激发幼儿的阅读兴趣,培养阅读习惯。如:

● 经常抽时间与幼儿一起看图书、讲故事。

● 提供童谣、故事和诗歌等不同体裁的儿童文学作品,让幼儿自主选择和阅读。

● 当幼儿遇到感兴趣的事物或问题时,和他一起查阅图书资料,让他感受图书的作用,体会通过阅读获取信息的乐趣。

3. 引导幼儿体会标识、文字符号的用途。如:

● 向幼儿介绍医院、公用电话等生活中的常见标识,让他知道标识可以代表具体事物。

● 结合生活实际,帮助幼儿体会文字的用途。如买来新玩具时,把说明书上的文字念给幼儿听,了解玩具的玩法。

**目标 2　具有初步的阅读理解能力**

| 3—4 岁 | 4—5 岁 | 5—6 岁 |
| --- | --- | --- |
| 1. 能听懂短小的儿歌或故事。<br>2. 会看画面,能根据画面说出图中有什么,发生了什么事等。<br>3. 能理解图书上的文字是和画面对应的,是用来表达画面意义的。 | 1. 能大体讲出所听故事的主要内容。<br>2. 能根据连续画面提供的信息,大致说出故事的情节。<br>3. 能随着作品的展开产生喜悦、担忧等相应的情绪反应,体会作品所表达的情绪情感。 | 1. 能说出所阅读的幼儿文学作品的主要内容。<br>2. 能根据故事的部分情节或图书画面的线索猜想故事情节的发展,或续编、创编故事。<br>3. 对看过的图书、听过的故事能说出自己的看法。<br>4. 能初步感受文学语言的美。 |

教育建议:

1. 经常和幼儿一起阅读,引导他以自己的经验为基础理解图书的内容。如:

● 引导幼儿仔细观察画面,结合画面讨论故事内容,学习建立画面与故事内容的联系。

● 和幼儿一起讨论或回忆书中的故事情节,引导他有条理地说出故事的大致内容。

● 在给幼儿读书或讲故事时,可先不告诉名字,让幼儿听完后自己命名,并说出这样命名的理由。

● 鼓励幼儿自主阅读,并与他人讨论自己在阅读中的发现、体会和想法。

2. 在阅读中发展幼儿的想象和创造能力。如:

● 鼓励幼儿依据画面线索讲述故事,大胆推测、想象故事情节的发展,改编故事部分情节或续编故事结尾。

● 鼓励幼儿用故事表演、绘画等不同的方式表达自己对图书和故事的理解。

● 鼓励和支持幼儿自编故事,并为自编的故事配上图画,制成图画书。

3. 引导幼儿感受文学作品的美。如:

● 有意识地引导幼儿欣赏或模仿文学作品的语言节奏和韵律。

● 给幼儿读书时,通过表情、动作和抑扬顿挫的声音传达书中的情绪情感,让幼儿体会作品的感染力和表现力。

**目标3  具有书面表达的愿望和初步技能**

| 3—4岁 | 4—5岁 | 5—6岁 |
| --- | --- | --- |
| 喜欢用涂涂画画表达一定的意思。 | 1. 愿意用图画和符号表达自己的愿望和想法。<br>2. 在成人提醒下,写写画画时姿势正确。 | 1. 愿意用图画和符号表现事物或故事。<br>2. 会正确书写自己的名字。<br>3. 写画时姿势正确。 |

教育建议:

1. 让幼儿在写写画画的过程中体验文字符号的功能,培养书写兴趣。如:

● 准备供幼儿随时取放的纸、笔等材料,也可利用沙地、树枝等自然材料,满足幼儿自由涂画的需要。

● 鼓励幼儿将自己感兴趣的事情或故事画下来并讲给别人听,让幼儿体会写写画画的方式可以表达自己的想法和情感。

● 把幼儿讲过的事情用文字记录下来,并念给他听,使幼儿知道说的话可以用文字记录下来,从中体会文字的用途。

2. 在绘画和游戏中做必要的书写准备,如:

- 通过把虚线画出的图形轮廓连成实线等游戏,促进手眼协调,同时帮助幼儿学习由上至下、由左至右的运笔技能。
- 鼓励幼儿学习书写自己的名字。
- 提醒幼儿写画时保持正确姿势。

### 三、社会

幼儿社会领域的学习与发展过程是其社会性不断完善并奠定健全人格基础的过程。人际交往和社会适应是幼儿社会学习的主要内容,也是其社会性发展的基本途径。幼儿在与成人和同伴交往的过程中,不仅学习如何与人友好相处,也在学习如何看待自己、对待他人,不断发展适应社会生活的能力。良好的社会性发展对幼儿身心健康和其他各方面的发展都具有重要影响。

家庭、幼儿园和社会应共同努力,为幼儿创设温暖、关爱、平等的家庭和集体生活氛围,建立良好的亲子关系、师生关系和同伴关系,让幼儿在积极健康的人际关系中获得安全感和信任感,发展自信和自尊,在良好的社会环境及文化的熏陶中学会遵守规则,形成基本的认同感和归属感。

幼儿的社会性主要是在日常生活和游戏中通过观察和模仿潜移默化地发展起来的。成人应注重自己言行的榜样作用,避免简单生硬的说教。

(一)人际交往

**目标1　愿意与人交往**

| 3—4岁 | 4—5岁 | 5—6岁 |
| --- | --- | --- |
| 1. 愿意和小朋友一起游戏。<br>2. 愿意与熟悉的长辈一起活动。 | 1. 喜欢和小朋友一起游戏,有经常一起玩的小伙伴。<br>2. 喜欢和长辈交谈,有事愿意告诉长辈。 | 1. 有自己的好朋友,也喜欢结交新朋友。<br>2. 有问题愿意向别人请教。<br>3. 有高兴的或有趣的事愿意与大家分享。 |

教育建议:

1. 主动亲近和关心幼儿,经常和他一起游戏或活动,让幼儿感受到与成人交往的快乐,建立亲密的亲子关系和师生关系。

2. 创造交往的机会,让幼儿体会交往的乐趣。如:

- 利用走亲戚、到朋友家做客或有客人来访的时机,鼓励幼儿与他人接触和交谈。
- 鼓励幼儿参加小朋友的游戏,邀请小朋友到家里玩,感受有朋友一起玩的快乐。
- 幼儿园应多为幼儿提供自由交往和游戏的机会,鼓励他们自主选择、自由结伴开展活动。

### 目标2　能与同伴友好相处

| 3—4岁 | 4—5岁 | 5—6岁 |
| --- | --- | --- |
| 1. 想加入同伴的游戏时,能友好地提出请求。<br>2. 在成人指导下,不争抢、不独霸玩具。<br>3. 与同伴发生冲突时,能听从成人的劝解。 | 1. 会运用介绍自己、交换玩具等简单技巧加入同伴游戏。<br>2. 对大家都喜欢的东西能轮流、分享。<br>3. 与同伴发生冲突时,能在他人帮助下和平解决。<br>4. 活动时愿意接受同伴的意见和建议。<br>5. 不欺负弱小。 | 1. 能想办法吸引同伴和自己一起游戏。<br>2. 活动时能与同伴分工合作,遇到困难能一起克服。<br>3. 与同伴发生冲突时能自己协商解决。<br>4. 知道别人的想法有时和自己不一样,能倾听和接受别人的意见,不能接受时会说明理由。<br>5. 不欺负别人,也不允许别人欺负自己。 |

教育建议:

1. 结合具体情境,指导幼儿学习交往的基本规则和技能。如:

- 当幼儿不知怎样加入同伴游戏,或提出请求不被接受时,建议他拿出玩具邀请大家一起玩;或者扮成某个角色加入同伴的游戏。
- 对幼儿与别人分享玩具、图书等行为给予肯定,让他对自己的表现感到高兴和满足。
- 当幼儿与同伴发生矛盾或冲突时,指导他尝试用协商、交换、轮流玩、合作等方式解决冲突。
- 利用相关的图书、故事,结合幼儿的交往经验,和他讨论什么样的行为受大家欢迎,想要得到别人的接纳应该怎样做。
- 幼儿园应多为幼儿提供需要大家齐心协力才能完成的活动,让幼儿在具体活动中体会合作的重要性,学习分工合作。

2. 结合具体情境,引导幼儿换位思考,学习理解别人。如:

- 幼儿有争抢玩具等不友好行为时,引导他们想想"假如你是那个小朋友,你有什么感受?"让幼儿学习理解别人的想法和感受。

3. 和幼儿一起谈谈他的好朋友,说说喜欢这个朋友的原因,引导他多发现同伴的优点、长处。

### 目标3  具有自尊、自信、自主的表现

| 3—4岁 | 4—5岁 | 5—6岁 |
| --- | --- | --- |
| 1. 能根据自己的兴趣选择游戏或其他活动。<br>2. 为自己的好行为或活动成果感到高兴。<br>3. 自己能做的事情愿意自己做。<br>4. 喜欢承担一些小任务。 | 1. 能按自己的想法进行游戏或其他活动。<br>2. 知道自己的一些优点和长处,并对此感到满意。<br>3. 自己的事情尽量自己做,不愿意依赖别人。<br>4. 敢于尝试有一定难度的活动和任务。 | 1. 能主动发起活动或在活动中出主意、想办法。<br>2. 做了好事或取得了成功后还想做得更好。<br>3. 自己的事情自己做,不会的愿意学。<br>4. 主动承担任务,遇到困难能够坚持而不轻易求助。<br>5. 与别人的看法不同时,敢于坚持自己的意见并说出理由。 |

教育建议:

1. 关注幼儿的感受,保护其自尊心和自信心。如:

● 能以平等的态度对待幼儿,使幼儿切实感受到自己被尊重。

● 对幼儿好的行为表现多给予具体、有针对性的肯定和表扬,让他对自己优点和长处有所认识并感到满足和自豪。

● 不要拿幼儿的不足与其他幼儿的优点作比较。

2. 鼓励幼儿自主决定,独立做事,增强其自尊心和自信心。如:

● 与幼儿有关的事情要征求他的意见,即使他的意见与成人不同,也要认真倾听,接受他的合理要求。

● 在保证安全的情况下,支持幼儿按自己的想法做事;或提供必要的条件,帮助他实现自己的想法。

● 幼儿自己的事情尽量放手让他自己做,即使做得不够好,也应鼓励并给予一定的指导,让他在做事中树立自尊和自信。

● 鼓励幼儿尝试有一定难度的任务,并注意调整难度,让他感受经过努力获得的成就感。

### 目标4  关心尊重他人

| 3—4岁 | 4—5岁 | 5—6岁 |
| --- | --- | --- |
| 1. 长辈讲话时能认真听,并能听从长辈的要求。<br>2. 身边的人生病或不开心时表示同情。<br>3. 在提醒下能做到不打扰别人。 | 1. 会用礼貌的方式向长辈表达自己的要求和想法。<br>2. 能注意到别人的情绪,并有关心、体贴的表现。<br>3. 知道父母的职业,能体会到父母为养育自己所付出的辛劳。 | 1. 能有礼貌地与人交往。<br>2. 能关注别人的情绪和需要,并能给予力所能及的帮助。<br>3. 尊重为大家提供服务的人,珍惜他们的劳动成果。<br>4. 接纳、尊重与自己的生活方式或习惯不同的人。 |

教育建议:

1. 成人以身作则,以尊重、关心的态度对待自己的父母、长辈和其他人。如:
- 经常问候父母,主动做家务。
- 礼貌地对待老年人,如坐车时主动为老人让座。
- 看到别人有困难能主动关心并给予一定的帮助。

2. 引导幼儿尊重、关心长辈和身边的人,尊重他人劳动及成果。如:
- 提醒幼儿关心身边的人,如妈妈累了,知道让她安静休息一会儿。
- 借助故事、图书等给幼儿讲讲父母抚育孩子成长的经历,让幼儿理解和体会父爱与母爱。
- 结合实际情境,提醒幼儿注意别人的情绪,了解他们的需要,给予适当的关心和帮助。
- 利用生活机会和角色游戏,帮助幼儿了解与自己关系密切的社会服务机构及其工作,如商场、邮局、医院等,体会这些机构给大家提供的便利和服务,懂得尊重工作人员的劳动,珍惜劳动成果。

3. 引导幼儿学习用平等、接纳和尊重的态度对待差异。如:
- 了解每个人都有自己的兴趣、爱好和特长,可以相互学习。
- 利用民间游戏、传统节日等,适当向幼儿介绍我国主要民族和世界其他国家和民族的文化,帮助幼儿感知文化的多样性和差异性,理解人们之间是平等的,应该互相尊重,友好相处。

## (二) 社会适应

### 目标1 喜欢并适应群体生活

| 3—4岁 | 4—5岁 | 5—6岁 |
| --- | --- | --- |
| 1. 对群体活动有兴趣。<br>2. 对幼儿园的生活好奇,喜欢上幼儿园。 | 1. 愿意并主动参加群体活动。<br>2. 愿意与家长一起参加社区的一些群体活动。 | 1. 在群体活动中积极、快乐。<br>2. 对小学生活有好奇和向往。 |

教育建议:

1. 经常和幼儿一起参加一些群体性的活动,让幼儿体会群体活动的乐趣。如:参加亲戚、朋友和同事间的聚会以及适合幼儿参加的社区活动等,支持幼儿和不同群体的同伴一起游戏,丰富其群体活动的经验。

2. 幼儿园组织活动时,可以经常打破班级的界限,让幼儿有更多机会参加不同群体的活动。

3. 带领大班幼儿参观小学,讲讲小学有趣的活动,唤起他们对小学生活的好奇和向往,为入学做好心理准备。

**目标 2 遵守基本的行为规范**

| 3—4 岁 | 4—5 岁 | 5—6 岁 |
|---|---|---|
| 1. 在提醒下,能遵守游戏和公共场所的规则。<br>2. 知道不经允许不能拿别人的东西,借别人的东西要归还。<br>3. 在成人提醒下,爱护玩具和其他物品。 | 1. 感受规则的意义,并能基本遵守规则。<br>2. 不私自拿不属于自己的东西。<br>3. 知道说谎是不对的。<br>4. 知道接受了的任务要努力完成。<br>5. 在提醒下,能节约粮食、水电等。 | 1. 理解规则的意义,能与同伴协商制定游戏和活动规则。<br>2. 爱惜物品,用别人的东西时也知道爱护。<br>3. 做了错事敢于承认,不说谎。<br>4. 能认真负责地完成自己所接受的任务。<br>5. 爱护身边的环境,注意节约资源。 |

教育建议:

1. 成人要遵守社会行为规则,为幼儿树立良好的榜样。如:答应幼儿的事一定要做到,尊老爱幼,爱护公共环境,节约水电等。

2. 结合社会生活实际,帮助幼儿了解基本行为规则或其他游戏规则,体会规则的重要性,学习自觉遵守规则。如:

● 经常和幼儿玩带有规则的游戏,遵守共同约定的游戏规则。

● 利用实际生活情境和图书故事,向幼儿介绍一些必要的社会行为规则,以及为什么要遵守这些规则。

● 在幼儿园的区域活动中,创设情境,让幼儿体会没有规则的不方便,鼓励他们讨论制定规则并自觉遵守。

● 对幼儿表现出的遵守规则的行为要及时肯定,对违规行为给予纠正。如:幼儿主动为老人让座时要表扬;幼儿损害别人的物品或公共物品时要及时制止并主动赔偿。

3. 教育幼儿要诚实守信。如:

● 对幼儿诚实守信的行为要及时肯定。

● 允许幼儿犯错误,告诉他改了就好。不要打骂幼儿,以免他因害怕惩罚而说谎。

● 小年龄幼儿经常分不清想象和现实,成人不要误认为他是在说谎。

● 发现幼儿说谎时,要反思是否是因自己对幼儿的要求过高过严造成的。如果是,要及时调整自己的行为,同时要严肃地告诉幼儿说谎是不对的。

● 经常给幼儿分配一些力所能及的任务,要求他完成并及时给予表扬,培养他的责任感和认真负责的态度。

**目标3  具有初步的归属感**

| 3—4岁 | 4—5岁 | 5—6岁 |
| --- | --- | --- |
| 1. 知道和自己一起生活的家庭成员及与自己的关系,体会到自己是家庭的一员。<br>2. 能感受到家庭生活的温暖,爱父母,亲近与信赖长辈。<br>3. 能说出自己家所在街道、小区(乡镇、村)的名称。<br>4. 认识国旗,知道国歌。 | 1. 喜欢自己所在的幼儿园和班级,积极参加集体活动。<br>2. 能说出自己家所在地的省、市、县(区)名称,知道当地有代表性的物产或景观。<br>3. 知道自己是中国人。<br>4. 奏国歌、升国旗时能自动站好。 | 1. 愿意为集体做事,为集体的成绩感到高兴。<br>2. 能感受到家乡的发展变化并为此感到高兴。<br>3. 知道自己的民族,知道中国是一个多民族的大家庭,各民族之间要互相尊重,团结友爱。<br>4. 知道国家一些重大成就,爱祖国,为自己是中国人感到自豪。 |

**教育建议:**

1. 亲切地对待幼儿,关心幼儿,让他感到长辈是可亲、可近、可信赖的,家庭和幼儿园是温暖的。如:

● 多和孩子一起游戏、谈笑,尽量在家庭和班级中营造温馨的氛围。

● 通过和幼儿一起翻阅照片、讲幼儿成长的故事等,让幼儿感受到家庭和幼儿园的温暖,老师的和蔼可亲,对养育自己的人产生感激之情。

2. 吸引和鼓励幼儿参加集体活动,萌发集体意识。如:

● 幼儿园和班级里的重大事情和计划,请幼儿集体讨论决定。

● 幼儿园应经常组织多种形式的集体活动,萌发幼儿的集体荣誉感。

3. 运用幼儿喜闻乐见和能够理解的方式激发幼儿爱家乡、爱祖国的情感。如:

● 和幼儿说一说或在地图上找一找自己家所在的省、市、县(区)名称。

● 和幼儿一起外出游玩,一起看有关的电视节目或画报等;和他们一起收集有关家乡、祖国各地的风景名胜、著名的建筑、独特物产的图片等,在观看和欣赏的过程中激发幼儿的自豪感和热爱之情。

● 利用电视节目或参加升旗等活动,向幼儿介绍国旗、国歌以及观看升旗、奏国歌的礼仪。

● 向幼儿介绍反映中国人聪明才智的发明和创造,激发幼儿的民族自豪感。

## 四、科学

幼儿的科学学习是在探究具体事物和解决实际问题中,尝试发现事物间的异同和联系的过程。幼儿在对自然事物的探究和运用数学解决实际生活问题的过程中,不仅获得丰富的感性经验,充分发展形象思维,而且初步尝试归类、排序、判断、推理,逐步发展逻辑思维能力,为其他领域的深入学习奠定基础。

幼儿科学学习的核心是激发探究兴趣,体验探究过程,发展初步的探究能力。成人要善于发现和保护幼儿的好奇心,充分利用自然和实际生活机会,引导幼儿通过观察、比较、操作、实验等方法,学习发现问题、分析问题和解决问题;帮助幼儿不断积累经验,并运用于新的学习活动,形成受益终身的学习态度和能力。

幼儿的思维特点是以具体形象思维为主,应注重引导幼儿通过直接感知、亲身体验和实际操作进行科学学习,不应为追求知识和技能的掌握,对幼儿进行灌输和强化训练。

(一) 科学探究

**目标1　亲近自然,喜欢探究**

| 3—4岁 | 4—5岁 | 5—6岁 |
| --- | --- | --- |
| 1. 喜欢接触大自然,对周围的很多事物和现象感兴趣。<br>2. 经常问各种问题,或好奇地摆弄物品。 | 1. 喜欢接触新事物,经常问一些与新事物有关的问题。<br>2. 常常动手动脑探索物体和材料,并乐在其中。 | 1. 对自己感兴趣的问题总是刨根问底。<br>2. 能经常动手动脑寻找问题的答案。<br>3. 探索中有所发现时感到兴奋和满足。 |

教育建议:

1. 经常带幼儿接触大自然,激发其好奇心与探究欲望。如:
- 为幼儿提供一些有趣的探究工具,用自己的好奇心和探究积极性感染和带动幼儿。
- 和幼儿一起发现并分享周围新奇、有趣的事物或现象,一起寻找问题的答案。
- 通过拍照和画图等方式保留和积累有趣的探索与发现。

2. 真诚地接纳、多方面支持和鼓励幼儿的探索行为。如:
- 认真对待幼儿的问题,引导他们猜一猜、想一想,有条件时和幼儿一起做一些简易的调查或有趣的小实验。
- 容忍幼儿因探究而弄脏、弄乱,甚至破坏物品的行为,引导他们活动后做好收拾整理。
- 多为幼儿选择一些能操作、多变化、多功能的玩具材料或废旧材料,在保证安全的前提下,鼓励幼儿拆装或动手自制玩具。

**目标 2   具有初步的探究能力**

| 3—4 岁 | 4—5 岁 | 5—6 岁 |
| --- | --- | --- |
| 1. 对感兴趣的事物能仔细观察，发现其明显特征。<br>2. 能用多种感官或动作去探索物体，关注动作所产生的结果。 | 1. 能对事物或现象进行观察比较，发现其相同与不同。<br>2. 能根据观察结果提出问题，并大胆猜测答案。<br>3. 能通过简单的调查收集信息。<br>4. 能用图画或其他符号进行记录。 | 1. 能通过观察、比较与分析，发现并描述不同种类物体的特征或某个事物前后的变化。<br>2. 能用一定的方法验证自己的猜测。<br>3. 在成人的帮助下能制定简单的调查计划并执行。<br>4. 能用数字、图画、图表或其他符号记录。<br>5. 探究中能与他人合作与交流。 |

**教育建议：**

1. 有意识地引导幼儿观察周围事物，学习观察的基本方法，培养观察与分类能力。如：

- 支持幼儿自发的观察活动，对其发现表示赞赏。
- 通过提问等方式引导幼儿思考并对事物进行比较观察和连续观察。
- 引导幼儿在观察和探索的基础上，尝试进行简单的分类、概括。如：根据运动方式给动物分类，根据生长环境给植物分类，根据外部特征给物体分类等等。

2. 支持和鼓励幼儿在探究的过程中积极动手动脑寻找答案或解决问题。如：

- 鼓励幼儿根据观察或发现提出值得继续探究的问题，或成人提出有探究意义且能激发幼儿兴趣的问题。如：皮球、轮胎、竹筒等物体滚动时都走直线吗？怎样让橡皮泥球浮在水面上？
- 支持和鼓励幼儿大胆联想、猜测问题的答案，并设法验证。如：玩风车时，鼓励幼儿猜测风车转动方向及速度快慢的原因和条件，并实际去验证。
- 支持、引导幼儿学习用适宜的方法探究和解决问题，或为自己的想法收集证据。如：想知道院子里有多少种植物，可以进行实地调查；想知道球在平地上还是在斜坡上滚得快，可以动手试一试；想证明影子的方向与太阳的位置有关，可以做个小实验进行验证等。

3. 鼓励和引导幼儿学习做简单的计划和记录，并与他人交流分享。如：

- 和幼儿共同制定调查计划，讨论调查对象、步骤和方法等，也可以和幼儿一起设法用图画、箭头等标识呈现计划。
- 鼓励幼儿用绘画、照相、做标本等办法记录观察和探究的过程与结果，注意要让记录有意义，通过记录帮助幼儿丰富观察经验、建立事物之间的联系和分享发现。

● 支持幼儿与同伴合作探究与分享交流,引导他们在交流中尝试整理、概括自己探究的成果,体验合作探究和发现的乐趣。如一起讨论和分享自己的问题与发现,一起想办法收集资料和验证猜测。

4. 帮助幼儿回顾自己探究过程,讨论自己做了什么,怎么做的,结果与计划目标是否一致,分析一下原因以及下一步要怎样做等。

**目标3　在探究中认识周围事物和现象**

| 3—4岁 | 4—5岁 | 5—6岁 |
|---|---|---|
| 1. 认识常见的动植物,能注意并发现周围的动植物是多种多样的。<br>2. 能感知和发现物体和材料的软硬、光滑和粗糙等特性。<br>3. 能感知和体验天气对自己生活和活动的影响。<br>4. 初步了解和体会动植物和人们生活的关系。 | 1. 能感知和发现动植物的生长变化及其基本条件。<br>2. 能感知和发现常见材料的溶解、传热等性质或用途。<br>3. 能感知和发现简单物理现象,如物体形态或位置变化等。<br>4. 能感知和发现不同季节的特点,体验季节对动植物和人的影响。<br>5. 初步感知常用科技产品与自己生活的关系,知道科技产品有利也有弊。 | 1. 能察觉到动植物的外形特征、习性与生存环境的适应关系。<br>2. 能发现常见物体的结构与功能之间的关系。<br>3. 能探索并发现常见的物理现象产生的条件或影响因素,如影子、沉浮等。<br>4. 感知并了解季节变化的周期性,知道变化的顺序。<br>5. 初步了解人们的生活与自然环境的密切关系,知道尊重和珍惜生命,保护环境。 |

**教育建议:**

1. 支持幼儿在接触自然、生活事物和现象中积累有益的直接经验和感性认识。如:

● 和幼儿一起通过户外活动、参观考察、种植和饲养活动,感知生物的多样性和独特性,以及生长发育、繁殖和死亡的过程。

● 给幼儿提供丰富的材料和适宜的工具,支持幼儿在游戏过程中探索并感知常见物质、材料的特性和物体的结构特点。

2. 引导幼儿在探究中思考,尝试进行简单的推理和分析,发现事物之间明显的关联。如:

● 引导5岁以上幼儿关注和思考动植物的外部特征、习性与生活环境对动植物生存的意义。如兔子的长耳朵具有自我保护的作用;植物种子的形状有助于其传播等。

● 引导幼儿根据常见物质、材料的特性和物体的结构特点,推测和证实它们的用途。如:带轮子的物体方便移动;不同用途的车辆有不同的结构等等。

3. 引导幼儿关注和了解自然、科技产品与人们生活的密切关系,逐渐懂得热爱、尊重、保护自然。如:

● 结合幼儿的生活需要,引导他们体会人与自然、动植物的依赖关系。如:动植物、季节变化与人们生活的关系、常见灾害性天气给人们生产和生活带来的影响等。

● 和幼儿一起讨论常见科技产品的用途和弊端,如:汽车等交通工具给生活带来的方便和对环境的污染等。

(二) 数学认知

**目标 1　初步感知生活中数学的有用和有趣**

| 3—4岁 | 4—5岁 | 5—6岁 |
| --- | --- | --- |
| 1. 感知和发现周围物体的形状是多种多样的,对不同的形状感兴趣。<br>2. 体验和发现生活中很多地方都用到数。 | 1. 在指导下,感知和体会有些事物可以用形状来描述。<br>2. 在指导下,感知和体会有些事物可以用数来描述,对环境中各种数字的含义有进一步探究的兴趣。 | 1. 能发现事物简单的排列规律,并尝试创造新的排列规律。<br>2. 能发现生活中许多问题都可以用数学的方法来解决,体验解决问题的乐趣。 |

教育建议:

1. 引导幼儿注意事物的形状特征,尝试用表示形状的词来描述事物,体会描述的生动形象性和趣味性。如:

● 参观游览后,和幼儿一起谈论所看到的事物的形状,鼓励幼儿产生联想,并用自己的语言进行描述。如:熊猫的身体圆圆的,全身好像是一个个的圆形组成的。

● 和幼儿交谈或读书讲故事时,适当地运用一些有关形状的词汇来描述事物,如看图片时,和幼儿讨论奥运会场馆的形状,体会为什么有的场馆叫"水立方",有的叫"鸟巢"。

2. 引导幼儿感知和体会生活中很多地方都用到数,关注周围与自己生活密切相关的数的信息,体会数可以代表不同的意义。如:

● 和幼儿一起寻找发现生活中用数字作标识的事物,如电话号码、时钟、日历和商品的价签等。

● 引导幼儿了解和感受数用在不同的地方,表示的意义是不一样的。如天气预报中表示气温的数代表冷热状况;钟表上的数表明时间的早晚等。

● 鼓励幼儿尝试使用数的信息进行一些简单的推理。如知道今天是星期五,能推断明天是星期六,爸爸妈妈休息。

3. 引导幼儿观察发现按照一定规律排列的事物,体会其中的排列特点与规律,并尝试自己创造出新的排列规律。如:

● 和幼儿一起发现和体会按一定顺序排列的队形整齐有序。

● 提供具有重复性旋律和词语的音乐、儿歌和故事,或利用环境中有序排列的图案(如按颜色间隔排列的瓷砖、按形状间隔排列的珠帘等),鼓励幼儿发现和感受其中的规律。

● 鼓励幼儿尝试自己设计有规律的花边图案、创编有一定规律的动作,或者按某种规律进行搭建活动。

● 引导幼儿体会生活中很多事情都是有一定顺序和规律的,如一周七天的顺序是从周一到周日,一年四季按照春夏秋冬轮回等。

4. 鼓励和支持幼儿发现、尝试解决日常生活中需要用到数学的问题,体会数学的用处。如:

● 拍球、跳绳、跳远或投沙包时,可通过数数、测量的方法确定名次。

● 讨论春游去哪里玩时,让幼儿商量想去哪里玩,每个想去的地方有多少人,根据统计结果做出决定。

● 滑滑梯时,按照"先来先玩"的规则有序地排队玩。

**目标2　感知和理解数、量及数量关系**

| 3—4岁 | 4—5岁 | 5—6岁 |
| --- | --- | --- |
| 1. 能感知和区分物体的大小、多少、高矮长短等量方面的特点,并能用相应的词表示。<br>2. 能通过一一对应的方法比较两组物体的多少。<br>3. 能手口一致地点数5个以内的物体,并能说出总数。能按数取物。<br>4. 能用数词描述事物或动作。如我有4本图书。 | 1. 能感知和区分物体的粗细、厚薄、轻重等量方面的特点,并能用相应的词语描述。<br>2. 能通过数数比较两组物体的多少。<br>3. 能通过实际操作理解数与数之间的关系,如5比4多1;2和3合在一起是5。<br>4. 会用数词描述事物的排列顺序和位置。 | 1. 初步理解量的相对性。<br>2. 借助实际情境和操作(如合并或拿取)理解"加"和"减"的实际意义。<br>3. 能通过实物操作或其他方法进行10以内的加减运算。<br>4. 能用简单的记录表、统计图等表示简单的数量关系。 |

教育建议:

1. 引导幼儿感知和理解事物"量"的特征。如:

● 感知常见事物的大小、多少、高矮、粗细等量的特征,学习使用相应的词汇描述这些特征。

● 结合具体事物让幼儿通过多次比较逐渐理解"量"是相对的。如小亮比小明高,但比小强矮。

● 收拾物品时,根据情况,鼓励幼儿按照物体量的特征分类整理。如整理图书时按照大小摆放。

2. 结合日常生活,指导幼儿学习通过对应或数数的方式比较物体的多少。如:

● 鼓励幼儿在一对一配对的过程中发现两组物体的多少。如,在给桌子上的每个碗配上勺子时,发现碗和勺多少的不同。

● 鼓励幼儿通过数数比较两样东西的多少。如数一数有多少个苹果,多少个梨,判断苹果和梨哪个多,哪个少。

3. 利用生活和游戏中的实际情境,引导幼儿理解数概念。如:

● 结合生活需要,和幼儿一起手口一致点数物体,得出物体的总数。

● 通过点数的方式让幼儿体会物体的数量不会因排列形式、空间位置的不同而发生变化。如鼓励幼儿将一定数量的扣子以不同的形式摆放,体会扣子的数量是不变的。

● 结合日常生活,为幼儿提供"按数取物"的机会,如游戏时,请幼儿按要求拿出几个球。

4. 通过实物操作引导幼儿理解数与数之间的关系,并用"加"或"减"的办法来解决问题。如:

● 游戏中遇到让4个小动物住进两间房子的问题,或生活中遇到将5块饼干分给两个小朋友问题时,让幼儿尝试不同的分法。

● 鼓励幼儿尝试自己解决生活中的数学问题。如家里来了5位客人,桌子上只有3个杯子,还需要几个杯子等。

● 购少量物品时,有意识地鼓励幼儿参与计算和付款的过程等。

**目标3　感知形状与空间关系**

| 3—4岁 | 4—5岁 | 5—6岁 |
|---|---|---|
| 1. 能注意物体较明显的形状特征,并能用自己的语言描述。<br>2. 能感知物体基本的空间位置与方位,理解上下、前后、里外等方位词。 | 1. 能感知物体的形体结构特征,画出或拼搭出该物体的造型。<br>2. 能感知和发现常见几何图形的基本特征,并能进行分类。<br>3. 能使用上下、前后、里外、中间、旁边等方位词描述物体的位置和运动方向。 | 1. 能用常见的几何形体有创意地拼搭和画出物体的造型。<br>2. 能按语言指示或根据简单示意图正确取放物品。<br>3. 能辨别自己的左右。 |

教育建议:

1. 用多种方法帮助幼儿在物体与几何形体之间建立联系。如:

● 引导幼儿感受生活中各种物品的形状特征,并尝试识别和描述。如感受和识别盘子、桌子、车轮、地砖等物品的形状特征。

● 鼓励和支持幼儿用积木、纸盒、拼板等各种形状材料进行建构游戏或制作活动。如用长方形的纸盒加两个圆形瓶盖制作"汽车"。

● 收拾整理积木时,引导幼儿体验图形之间的转换。如两个三角形可组合成一个正方形,两个正方形可组合成一个长方形。

● 引导幼儿注意观察生活物品的图形特征,鼓励他们按形状分类整理物品。

2. 丰富幼儿空间方位识别的经验,引导幼儿运用空间方位经验解决问题。如:

● 请幼儿取放物体时,使用他们能够理解的方位词,如把桌子下面的东西放到窗台上,把花盆放在大树旁边等。

● 和幼儿一起识别熟悉场所的位置。如超市在家的旁边,邮局在幼儿园的前面。

● 在体育、音乐和舞蹈活动中,引导幼儿感受空间方位和运动方向。

● 和幼儿玩按指令找宝的游戏。对年龄小的幼儿要求他们按语言指令寻找,对年龄大些的幼儿可要求按照简单的示意图寻找。

### 五、艺术

艺术是人类感受美、表现美和创造美的重要形式,也是表达自己对周围世界的认识和情绪态度的独特方式。

每个幼儿心里都有一颗美的种子。幼儿艺术领域学习的关键在于充分创造条件和机会,在大自然和社会文化生活中萌发幼儿对美的感受和体验,丰富其想象力和创造力,引导幼儿学会用心灵去感受和发现美,用自己的方式去表现和创造美。

幼儿对事物的感受和理解不同于成人,他们表达自己认识和情感的方式也有别于成人。幼儿独特的笔触、动作和语言往往蕴含着丰富的想象和情感,成人应对幼儿的艺术表现给予充分的理解和尊重,不能用自己的审美标准去评判幼儿,更不能为追求结果的"完美"而对幼儿进行千篇一律的训练,以免扼杀其想象与创造的萌芽。

#### (一) 感受与欣赏

**目标 1　喜欢自然界与生活中美的事物**

| 3—4 岁 | 4—5 岁 | 5—6 岁 |
| --- | --- | --- |
| 1. 喜欢观看花草树木、日月星空等大自然中美的事物。<br>2. 容易被自然界中的鸟鸣、风声、雨声等好听的声音所吸引。 | 1. 在欣赏自然界和生活环境中美的事物时,关注其色彩、形态等特征。<br>2. 喜欢倾听各种好听的声音,感知声音的高低、长短、强弱等变化。 | 1. 乐于收集美的物品或向别人介绍所发现的美的事物。<br>2. 乐于模仿自然界和生活环境中有特点的声音,并产生相应的联想。 |

**教育建议：**

1. 和幼儿一起感受、发现和欣赏自然环境和人文景观中美的事物。如：
- 让幼儿多接触大自然，感受和欣赏美丽的景色和好听的声音。
- 经常带幼儿参观园林、名胜古迹等人文景观，讲讲有关的历史故事、传说，与幼儿一起讨论和交流对美的感受。

2. 和幼儿一起发现美的事物的特征，感受和欣赏美。如：
- 让幼儿观察常见动植物以及其他物体，引导幼儿用自己的语言、动作等描述它们美的方面，如颜色、形状、形态等。
- 让幼儿倾听和分辨各种声响，引导幼儿用自己的方式来表达他对音色、强弱、快慢的感受。
- 支持幼儿收集喜欢的物品并和他一起欣赏。

### 目标2 喜欢欣赏多种多样的艺术形式和作品

| 3—4岁 | 4—5岁 | 5—6岁 |
| --- | --- | --- |
| 1. 喜欢听音乐或观看舞蹈、戏剧等表演。<br>2. 乐于观看绘画、泥塑或其他艺术形式的作品。 | 1. 能够专心地观看自己喜欢的文艺演出或艺术品，有模仿和参与的愿望。<br>2. 欣赏艺术作品时会产生相应的联想和情绪反应。 | 1. 艺术欣赏时常常用表情、动作、语言等方式表达自己的理解。<br>2. 愿意和别人分享、交流自己喜爱的艺术作品和美感体验。 |

**教育建议：**

1. 创造条件让幼儿接触多种艺术形式和作品。如：
- 经常让幼儿接触适宜的、各种形式的音乐作品，丰富幼儿对音乐的感受和体验。
- 和幼儿一起用图画、手工制品等装饰和美化环境。
- 带幼儿观看或共同参与传统民间艺术和地方民俗文化活动，如皮影戏、剪纸和捏面人等。
- 有条件的情况下，带幼儿去剧院、美术馆、博物馆等欣赏文艺表演和艺术作品。

2. 尊重幼儿的兴趣和独特感受，理解他们欣赏时的行为。如：
- 理解和尊重幼儿在欣赏艺术作品时的手舞足蹈、即兴模仿等行为。
- 当幼儿主动介绍自己喜爱的舞蹈、戏曲、绘画或工艺品时，要耐心倾听并给予积极回应和鼓励。

## (二) 表现与创造

**目标 1　喜欢进行艺术活动并大胆表现**

| 3—4岁 | 4—5岁 | 5—6岁 |
|---|---|---|
| 1. 经常自哼自唱或模仿有趣的动作、表情和声调。<br>2. 经常涂涂画画、粘粘贴贴并乐在其中。 | 1. 经常唱唱跳跳,愿意参加歌唱、律动、舞蹈、表演等活动。<br>2. 经常用绘画、捏泥、手工制作等多种方式表现自己的所见所想。 | 1. 积极参与艺术活动,有自己比较喜欢的活动形式。<br>2. 能用多种工具、材料或不同的表现手法表达自己的感受和想象。<br>3. 艺术活动中能与他人相互配合,也能独立表现。 |

**教育建议:**

1. 创造机会和条件,支持幼儿自发的艺术表现和创造。

● 提供丰富的便于幼儿取放的材料、工具或物品,支持幼儿进行自主绘画、手工、歌唱、表演等艺术活动。

● 经常和幼儿一起唱歌、表演、绘画、制作,共同分享艺术活动的乐趣。

2. 营造安全的心理氛围,让幼儿敢于并乐于表达表现。如:

● 欣赏和回应幼儿的哼哼唱唱、模仿表演等自发的艺术活动,赞赏他独特的表现方式。

● 在幼儿自主表达创作过程中,不做过多干预或把自己的意愿强加给幼儿,在幼儿需要时再给予具体的帮助。

● 了解并倾听幼儿艺术表现的想法或感受,领会并尊重幼儿的创作意图,不简单用"像不像"、"好不好"等成人标准来评价。

● 展示幼儿的作品,鼓励幼儿用自己的作品或艺术品布置环境。

**目标 2　具有初步的艺术表现与创造能力**

| 3—4岁 | 4—5岁 | 5—6岁 |
|---|---|---|
| 1. 能模仿学唱短小歌曲。<br>2. 能跟随熟悉的音乐做身体动作。<br>3. 能用声音、动作、姿态模拟自然界的事物和生活情景。<br>4. 能用简单的线条和色彩大体画出自己想画的人或事物。 | 1. 能用自然的、音量适中的声音基本准确地唱歌。<br>2. 能通过即兴哼唱、即兴表演或给熟悉的歌曲编词来表达自己的心情。<br>3. 能用拍手、踏脚等身体动作或可敲击的物品敲打节拍和基本节奏。<br>4. 能运用绘画、手工制作等表现自己观察到或想象的事物。 | 1. 能用基本准确的节奏和音调唱歌。<br>2. 能用律动或简单的舞蹈动作表现自己的情绪或自然界的情景。<br>3. 能自编自演故事,并为表演选择和搭配简单的服饰、道具或布景。<br>4. 能用自己制作的美术作品布置环境、美化生活。 |

**教育建议：**

尊重幼儿自发的表现和创造，并给予适当的指导。如：

- 鼓励幼儿在生活中细心观察、体验，为艺术活动积累经验与素材。如，观察不同树种的形态、色彩等。
- 提供丰富的材料，如图书、照片、绘画或音乐作品等，让幼儿自主选择，用自己喜欢的方式去模仿或创作，成人不做过多要求。
- 根据幼儿的生活经验，与幼儿共同确定艺术表达表现的主题，引导幼儿围绕主题展开想象，进行艺术表现。
- 幼儿绘画时，不宜提供范画，特别不应要求幼儿完全按照范画来画。
- 肯定幼儿作品的优点，用表达自己感受的方式引导其提高。如，"你的画用了这么多红颜色，感觉就像过年一样喜庆"、"你扮演的大灰狼声音真像，要是表情再凶一点就更好了"等。

# 后　记

随着《幼儿园教育指导纲要(试行)》(以下简称《纲要》)的全面贯彻及《3—6岁儿童学习与发展指南》(以下简称《指南》)的颁布，为了顺应《指南》的新精神和新要求，适应我国学前儿童语言教育改革和发展的需要，我们对《学前儿童语言教育与活动指导(第3版)》及时进行了修订，力求使第4版教材全面系统地反映《纲要》的精神，与《指南》的目标与内容相一致，体现时代性、科学性和实践性的特点。

党的二十大报告提出，要办好人民满意的教育；同时，对发展素质教育、强化学前教育普惠发展等提出了要求。本教材聚焦学前儿童语言教育，注重幼儿语言能力与习惯的培养，符合素质教育的内涵与要求，例如在第四至八章叙述了幼儿的语言发展特点、语言教育的目标与内容、方法与途径、活动设计与实施等。党的二十大报告还指出，要深化教育领域综合改革，完善学校管理和教育评价体系。本教材在第九章介绍了学前儿童语言教育的评价体系，有利于检验幼儿园语言教育的实践，继而促进幼儿的语言发展不断迈向新的水平。

在本次修订中，我们保留了教材内容全面、结构合理、贴近幼儿园语言教育实践等优点，删减了过时、陈旧的观点，提供了丰富详实的资料拓展，增加了更多的幼儿园语言教育活动案例，反映了学前儿童语言教育的最新研究成果。本教材修订的主旨在于加强学生对《纲要》和《指南》的学习与把握，提高学生学习的兴趣，增强学生理论联系实际的能力，便于学生掌握学前儿童语言发展的规律以及设计、实施语言教育活动的基本技能，及时了解与掌握语言教育的最新、最前沿、最科学的研究成果。

全书由张明红编著，张婷、汤轶琴参与了编写工作，夏志凤、后娟、王春燕、陈菲菲、冯霞、王珏等参与了资料收集、筛选和结构讨论工作，袁瑜翎参与了修订工作。

本书在编写过程中，全国幼教界的同行们给予了关心和鼓励；教材中还引用了国内外同行的一些研究成果，在此一并表示衷心的感谢。由于本人学识水平和能力有限，本书难免有不妥之处，敬请批评指正，以便不断修改完善。

张明红

2023年5月于华东师范大学